Nando Belardi
SUPERVISION
Von der Praxisberatung zur Organisationsentwicklung

Nando Belardi

SUPERVISION

Von der Praxisberatung zur Organisationsentwicklung

Junfermann Verlag · Paderborn
1992

Satz: adrupa Paderborn
Druck: PDC – Paderborner Druck Centrum

Vom Fachbereich 22 „Erziehungs- und Unterrichtswissenschaften" der Technischen Universität Berlin zur Verleihung der venia legendi für das Lehrgebiet „Erziehungswissenschaft mit dem Schwerpunkt Sozialpädagogik/Sozialarbeit" genehmigte Habilitationsschrift vom 17.6.1992.
Habilitationsausschuß: Prof. Dr. Helga Marburger (Prodekanin).
Berichterstatter: Prof. Dr. Manfred Kappeler, Prof. Dr. C.W. Müller.

CIP-Titelaufnahme der Deutschen Bibliothek

Belardi, Nando:
Supervision – Von der Praxisberatung zur Organisationsentwicklung / Nando Belardi. – Paderborn: Junfermann, 1992
ISBN 3-87387-089-4
NE : GT

ISBN 3-87387-089-4

Inhalt

Vorwort von Astrid Schreyögg 9

Einleitung 11

I. Geschichte der Supervision 13

Fragen zum Verhältnis von Sozialarbeit und Supervision . 15

Handlungsdefizit der Sozialen Arbeit und Innovationsmöglichkeiten durch Supervision 21

Zur Professionalisierungsdebatte 24
Probleme des Helferberufs 25
Strukturveränderungen in der Ausbildung 26
Soziale Arbeit findet im Organisationskontext statt 28
Supervision als Innovation Sozialer Arbeit? 29

Friendly Visitor und Supervisor 33

Anfänge in den USA 33
Casework, Supervision und Psychoanalyse vor 1933 36
Entwicklung der Supervision in den USA 39
Unterschiedliche Supervisions-Konzepte 41
Zur aktuellen Situation in den USA 43
Transferveränderungen 47

Rezeption der Supervision in Deutschland 49

Die amerikanischen Methoden kommen zu uns 49
Die ersten deutschsprachigen Beiträge zur Supervision (1950 bis 1954) 51
Einzelhilfe und Supervision als persönliche Befreiung 57

Widerstände gegen die Supervision 58
Die Verbreitung der Casework-Methode 60
Die Praxisberater-Ausbildung 60
Einflüsse aus der Schweiz und den Niederlanden 61
Anfänge der Supervisions-Weiterbildung 62
Die Supervision verunsichert 63
Befragungsergebnisse zum Arbeitseinsatz der Praxisberater 65
Die Supervision geht an die Ausbildungsstätten 67

Die Supervisionsliteratur von 1970 bis 1992 69

Begriffsgeschichte der Supervision in Deutschland 69
Zur deutschsprachigen Supervisions-Literatur der siebziger Jahre 71
Die Vielfalt der aktuellen Supervisions-Definitionen 73
Literaturanalyse zur Supervision der Sozialen Arbeit 1970 bis 1992 78

In den siebziger Jahren werden die Methoden verändert . . 85

Entstehung der Gruppendynamik in den USA 85
Die Episode der Gruppenpädagogik 87
Die Gruppendynamik kommt nach Deutschland 88
Auch die Methodenkritik verändert die klassische Supervision 90

Der Methodenpluralismus ersetzt die Pionierfunktion . . . 93

Methodendefizit und Psychoboom 93
Dominanz der Psychoanalyse 96

Arbeitsformen der Supervision 101

Einzelsupervision 101
Rollenberatung – Leitungsberatung 102
Gruppensupervision 105
Kollegiale Supervision 111
Team-Supervision 113
Balint-Gruppen 120

Organisationsentwicklung und Soziale Arbeit **125**

Anfänge der Organisationsentwicklung 126
Einige Positionen aktueller Organisationsentwicklung 129
Neuere organisationsanalytische Ansätze 132
Traditionalismus von Organisationen:
M. Webers Bürokratiemodell 136
Person, Berufsrolle und Institution 137
Organisationen in der Sozialen Arbeit:
Strukturprobleme 140
Organisationsentwicklung in der Sozialen Arbeit 143
Konzeptionen der Organisationsentwicklung
für die Soziale Arbeit 151
Institutionsberatung (Fürstenau) 151
Sozioanalyse und Institutionsanalyse (Wellendorf) 153
Organisationsentwicklung am Beispiel einer Suchtklinik . . . 157
Ergebnisse zur Geschichte der Supervision 162

II. Perspektiven einer Supervision der Sozialen Arbeit . . . **167**

Einleitung **169**

Faktoren im Supervisionsprozeß **171**

Analyse der Supervisions-Nachfrage 172
Wer ist der Klient? 178
Wer ist der Supervisor? 182

Grundfragen der Supervisionsdiskussion **193**

Feldkompetenz oder Beratungskompetenz? 193
Parteilichkeit oder Abstinenz der Supervision? 198
Effizienz, Effekte und Ökonomie der Supervision 201
Abgrenzung der Supervision von Psychotherapie
und Selbsterfahrung 202
Macht und Ohnmacht in der Supervision 207
Zum Menschenbild der Supervision 211
Ethik und Supervision 213

Rechtliche Fragen der Supervision 216
Professionalisierung der Supervision? 219
Praxisforschung von Supervision 228

Ergebnisse für die Supervision der Sozialen Arbeit 245

1. Die Anfänge der Supervision in Deutschland 245
2. Der Methodenpluralismus beginnt 246
3. Neue Arbeitsformen und Orientierungen 247
4. Anleihen und Abgrenzungen 248
5. Die Supervisorenrolle 250
6. Evaluation der Supervision ist notwendig 251
7. Schlußbemerkung 253

Anmerkungen 257

Literaturverzeichnis und Bibliographie zur Supervision der Sozialen Arbeit 261

Personenverzeichnis 323

Sachwortregister 333

Vorwort

Dieses Buch stellt einen Beitrag zur Supervisionsforschung dar.

Wenn der Autor die Entwicklungslinien von Supervision in der amerikanischen und deutschen Sozialarbeit bis heute nachzeichnet, müssen wir staunend zur Kenntnis nehmen, wie reich doch schon der Fundus all der vielen Vordenker in diesem Feld war. Dann erscheint etwa der in unseren Tagen als „neu" gepriesene Einbezug organisatorischer Systeme fast als „alter Hut"; denn frühe Supervisoren in der Sozialarbeit waren bei ihren Supervisanden, deren Klienten, aber auch bei ihrer eigenen Arbeit schon ganz unmittelbar mit institutionellen, sozioökonomischen, politischen und sonstigen Kontextfaktoren konfrontiert. Dementsprechend dehnten sie ihre Intentionen oft weit über die aktuelle berufsspezifische Beratung auf gesellschaftliche Veränderungen aus.

Aus dieser Sicht muß dann der Beitrag psychotherapeutischer Ansätze für die Entwicklung von Supervision fast reduktionistisch erscheinen; denn hier wird bis heute oft nur die personengebundene Kompetenz von Professionellen supervidiert. Und mit der vielfach bemühten „therapeutischen Abstinenz" in diesen Konzepten geht oft auch die gegenüber sozialpolitischen Problemstellungen einher.

Hier zeigt der Autor, daß wir die Ursprungsideen der Gründergeneration verraten, wenn wir Supervision nur als wertfreies „Couching" für den einzelnen, ohne Ansehen seiner Bezugssysteme und seines sozialpolitischen Umfeldes, verstehen wollten. In dem Buch wird vielmehr deutlich, welch hoher ethischer Anspruch am Beginn der Supervisionsgeschichte stand, nämlich das eigene Wirken in soziale Zusammenhänge hinein immer wieder kritisch zu hinterfragen. Die sozialarbeiterische Tradition von Supervision hat in diesem Punkt fraglos Modellcharakter für viele andere Berufsgruppen gehabt, indem hier nämlich die kritische Auseinandersetzung mit dem eigenen gesellschaftlichen Handeln – eben durch Supervision – schon früh institutionalisiert wurde.

Nun ist Supervision, wie im vorliegenden Werk mehrfach erläutert, heute nicht mehr auf die Sozialarbeit begrenzt und sollte auch nicht auf sie begrenzt bleiben; denn selbstkritische Reflexion eigener Handlungsvollzüge steht auch anderen Berufsgruppen gut an.

Dadurch hat sie sich als interdisziplinäres Gebiet entwickelt, das derzeit durch unterschiedlichste Berufsgruppen, wie Pädagogen,

Theologen, Psychologen, Ärzte usw. inspiriert wird. Und wenn, wie hier vertreten, Supervision generell personengebundene und organisationsspezifische Kompetenzen Professioneller zu beraten beansprucht, müssen psychologische, soziologische, gesellschaftstheoretische und selbstverständlich auch psychotherapeutische Ansätze in der Modellbildung berücksichtigt werden. Dabei sind, wie hier ebenfalls postuliert, reflektierte Formen von Theorie- und Methodenpluralität zu verwenden.

Was uns nun die Supervisionstradition von Sozialarbeit – und damit das vorliegende Buch mit seiner sorgfältigen Aufarbeitung der Rezeptionsgeschichte – vorrangig lehrt, ist die Bedeutung der normativen Verankerung von Supervision. Sie entstand als konstruktive Bewältigungsstrategie von Unsicherheiten früher Sozialarbeiter, indem sie eben institutionalisiert fragten, ob das eigene Tun sozialpolitisch wirklich hilfreich ist. Diese Botschaft sollten wir bei allen unseren supervisorischen Aktivitäten oder Beiträgen zur Konzeptbildung von Supervision zum Ausgangspunkt engagierter Parteilichkeit für die Supervisanden, für die Klienten und für die Förderung lebenswerter Verhältnisse überhaupt nehmen.

Hagen, Juni 1992 *Astrid Schreyögg*

Einleitung

Die Soziale Arbeit in unserer Gesellschaft befindet sich in einer randständigen Position. Die Sozialarbeiter[1] üben in der Regel eine abhängige Dienstleistung für andere Menschen in institutionellen Zusammenhängen aus. Ihre Berufsvollzüge sind auch interaktionsabhängig und deswegen bezüglich der Erfolge schwer kontrollierbar. Die Vorläufer der heutigen Sozialarbeiter-Supervision entstanden Ende des letzten Jahrhunderts in den USA, um die Leistungsfähigkeit der Sozialarbeit zu erhöhen.

Dabei wurde auch ein wichtiger Beitrag der Sozialarbeit für die Sozialwissenschaften entwickelt. Mit der Begründung der Supervision hat man nämlich begonnen, die **Selbstreflexion** im Berufsvollzug zu institutionalisieren. Sieht man einmal von der erzwungenen Selbstreflexion der katholischen Priester, in Form der Beichte, und des formalen Revisionsverfahrens bei den Richtern ab, so handelt es sich um eine einzigartige berufspolitische Pionierleistung der Sozialarbeit, die viel später in anderen Professionen eine Entsprechung gefunden hat. Erst seit 1920 folgte die in beruflicher Hinsicht privilegierte psychoanalytische Ausbildung mit einem ähnlichen Schritt – der Errichtung der „Kontrollanalyse".

In Deutschland ist das Thema Selbstreflexion vor allem seit den 70er Jahren bei vielen Berufsgruppen stärker in den Mittelpunkt gerückt: Psychologen, Psychotherapeuten, Lehrer, Angehörige weiterer pädagogischer, sozialer und helfender Berufe im Gesundheitswesen. Sogar in Wirtschaft und Verwaltung ist die Reflexion des eigenen Handelns ein Thema geworden. Darüber hat man die Pionierfunktion der Sozialarbeit vergessen, die vor allem mit dem Begriff der Supervision verbunden ist.

Diese Geschichte der Selbstreflexion im Berufsvollzug der Sozialarbeiter soll in der vorliegenden Untersuchung beschrieben werden.

Die folgende Studie gliedert sich in zwei Teile. Im **ersten Teil** wird – ausgehend von den amerikanischen Ursprüngen – die **Geschichte der Supervision** in Deutschland dargestellt. Es war ein langer Weg von der amerikanischen Vorgesetzten-Supervision zur Stützung der Organisation über die Methoden der Sozialarbeit, zur deutschen Praxisberatung, dem Bedeutungsverlust der Sozialarbeiter-Methoden, dem Aufkommen neuer methodischer Verfahren bis zur Hinwendung zu den Organisationen der Sozialen Arbeit.

Im **zweiten Teil** soll unter systematischen Gesichtspunkten untersucht werden, welche Fragestellungen aus der Fülle der Supervisions-Literatur für eine Supervision der Sozialen Arbeit wichtig sind. Wo könnte sich die Sozialarbeit noch stärker den neuen Verfahren gegenüber öffnen, in welcher Hinsicht hat sich die Sozialarbeiter-Supervision von anderen Richtungen abzugrenzen? Es wird nach den **Perspektiven einer Supervision der Sozialen Arbeit** gefragt.

Prof. Dr. C. W. Müller und Prof. Dr. M. Kappeler (Institut für Sozialpädagogik, T.U. Berlin) haben die Arbeit nicht nur begutachtet, sondern in einer ungewöhnlich engagierten Weise geholfen, den Text mit Vorschlägen und Anregungen zu bereichern. Meine Freunde PD Dr. Horst Brück (Universität Giessen) und Dr. Astrid Schreyögg (Hagen) haben durch kritische Lektüre zur inhaltlichen und sprachlichen Verbesserung des Textes beigetragen. Stud. Soz. Päd. Claudia Johannsen (Köln) half bei der leidigen Fehlersuche.

Prof. Dr. Hilarion Petzold (FPI Düsseldorf/Freie Universität Amsterdam) und Herr Probst vom Junfermann Verlag ermöglichten eine zügige Drucklegung.

Meiner Frau Hildegard und unseren drei Kindern danke ich für manche Entlastung und Nachsicht.

Gegenüber dem Text der genehmigten Habilitationsschrift sind nur noch einige sprachliche Verbesserungen und Aktualisierungen vorgenommen worden.

I. Geschichte der Supervision

Fragen zum Verhältnis von Sozialarbeit und Supervision

Im Geleitwort zu Aichhorns „Verwahrloste Jugend“ (1925/1974, S. 7) schrieb Freud den Satz von den „drei unmöglichen Berufen – als da sind: Erziehen, Kurieren, Regieren“. „Unmöglich“, meinte Freud, sei diesen Berufen gegenüber den an sie gestellten Anforderungen genügen zu können. So gesehen, vereinen die Angehörigen der Sozialberufe häufig zwei dieser drei „unmöglichen“ Tätigkeiten in sich. Supervision soll die Ausübung dieser „unmöglichen“ Berufstätigkeiten erleichtern, ist aber noch schwieriger zu handhaben. Denn die Supervision beinhaltet noch als Pendant des dritten „unmöglichen“ Berufes, des Regierens, den Umgang mit personengebundener und institutioneller Macht.

Alle diese drei Aspekte der unmöglichen Berufe, Erziehen, Kurieren und Machtausübung können in der Supervision eine wichtige Rolle spielen.

Im Jahre 1975 erschien die für den Bereich Supervision und Sozialarbeit bisher ausführlichste und in ihrer Tendenz negativ getönte Publikation von Huppertz über „Supervision. Analyse eines problematischen Kapitels der Sozialarbeit“. Er resümiert in seiner sekundäranalytischen Untersuchung des Konzeptionsstandes von über 20 Jahren Supervisionsliteratur, daß es darin eine „Unmenge an sog. Leerformeln“ (Huppertz, 1975, S. 143) gibt. Er vermißt ebenso Auskünfte darüber „was in der Supervision tatsächlich vor sich geht“, wie auch klare Anleitungen dahingehend, „wie Supervision durchzuführen sei“ (S. 143). Vor allem die aus der Tiefenpsychologie entstammenden Konzepte der Supervision entzögen sich „vielfach einer kritischen Überprüfung“ (S. 146). Supervision in der Sozialarbeit gewinne so „den Charakter einer Eigentherapie der Akteure“, in der aber „Hilfe für den Klienten propagiert wird“ (S. 130). Wenn die Supervisoren[2] sich supervidieren lassen, dann könne Supervision zur „Beratungsmanie“ entarten (S. 131). Ein Jahr vorher veröffentlichten Blinkert/Huppertz einen Aufsatz über den „Mythos der Supervision“, der ihrer Meinung nach die einzige empirische Untersuchung über diesen Gegenstand sein soll. Sie beschreiben, daß die Befragten weitgehend alle behaupten, Supervision sei „eine Hilfe“ (S. 117), unklar sei jedoch, was diese Hilfe ausmache. Denn andererseits glauben Blinkert/Huppertz aufgrund ihrer Befragungspopulation mit 104 bzw. 137 Personen, von denen nur 28 Supervisionserfahrung hatten, folgendes nachgewiesen zu haben: „Ob jemand an Supervision teilnimmt oder nicht, hat keinerlei Konsequenzen für seine ‚Störung der beruflichen Identität'. Gemessen an unserem Datenmaterial muß der Einfluß der Supervision als vernaShlässigbar angesehen werden" (S. 124). Diese Form der Verallgemeinerung ist mehr als fraglich. Man vergleiche dagegen die differenzierte empirische Befragung über Supervision bei Klüsche (1990, S. 185ff).

Die Veröffentlichung von Huppertz Buch fand breite – positive und negative – Resonanz in der Fachliteratur. „Unserer Meinung nach gehen Blinkert/Huppertz von vornherein davon aus, daß Supervision nicht effektiv ist, als überflüssig betrachtet werden kann" (Lützow, u.a., 1975, S. 195). Im „Sozialmagazin" (Nr. 9/1979, S. 36ff) sind weitere Stellungnahmen veröffentlicht worden. Seit 1975 hat sich die Supervisionsszene in Deutschland beträchtlich verändert. Huppertz bezog sich noch vorwiegend auf die alte, „klassische" Supervisionsliteratur amerikanischen und niederländischen Einflusses, die heute fast bedeutungslos ist. Schon in den 70er Jahren entwickelte sich in Deutschland eine neue Supervisionsszene, die stärker von der Psychoanalyse, Gruppendynamik und den neuen Psychotherapieformen geprägt ist. Auch haben soziologische Konzepte die Supervisionsarbeit bis zur Organisationsberatung weiter vorangetrieben. Durch Psychologisierung und Professionalisierung ist das Bild der Supervision so verändert worden, daß sich diese von ihrem Ursprung, der Sozialen Arbeit, entfernt zu haben scheint.

Ziel dieser Untersuchung ist es,

- in groben Zügen nachzuzeichnen, wie die Rezeption der Supervision in Deutschland auch durch Anleihen aus den USA und den Niederlanden in ihrem Verhältnis zur Sozialen Arbeit verlaufen ist.
- Die enge Verbindung von Case-Work (Einzelhilfe) und Supervision zu beschreiben und darzustellen, wie mit dem Niedergang der klassischen Methoden der Sozialarbeit in Verbindung mit den Strukturveränderungen an den Ausbildungsstätten seit Anfang der 70er Jahre, die alte Sozialarbeiter-Supervision einen Bedeutungsverlust erlitten hat.

- Zu fragen, welche Einflüsse von Seiten der psychologischen und soziologischen Verfahren auf die heutige Supervision existieren, und ob noch Bezüge zu den alten Methoden der Sozialarbeit bestehen.
- Neuerdings hat die Diskussion um Leitung und Organisation sozialer Einrichtungen sowie um Sozialmanagement zugenommen. Die Supervision der Sozialen Arbeit scheint immer mehr durch Ansätze der Organisationsberatung und Organisationsentwicklung eine Ergänzung zu finden. Wie stellt sich hierbei der aktuelle Diskussionsstand dar?
- Welche Arbeitsformen der Supervision haben sich entwickelt und wie ist deren Bedeutung für die Soziale Arbeit zu bewerten?
- Welche Themen werden in der Supervisionsliteratur diskutiert?
- Die Supervision versucht sich zu professionalisieren; welche Konsequenzen hat das für die Soziale Arbeit?
- Wie steht es um die „Wissenschaftlichkeit" der Supervision?
- Wie sieht der gegenwärtige Publikations- und Weiterbildungsmarkt zur Supervision der Sozialen Arbeit bei uns aus?
- Welche Anforderungen können an eine Supervision der Sozialen Arbeit, auch in Abgrenzung zur Supervision anderer Gebiete (Psychotherapie, Pädagogik, u.a.) gestellt werden?
- Insgesamt soll eine historische Beschreibung des Verhältnisses der Sozialen Arbeit zur Supervisionsentwicklung – vor allem der Zeit von 1970 bis 1992 – unter systematischen und thematischen Gesichtspunkten geleistet werden. Auch will diese Untersuchung ein Beitrag sein zur Entwicklung einer **Supervision der Sozialen Arbeit**, die sich von der Supervision anderer Arbeitsfelder – wie Supervision der Psychotherapie, der Schulpädagogik u.a. – abgrenzt. Das Untersuchungsverfahren orientiert sich an der hermeneutischen Textanalyse.

„Bekannt ist, daß es keine geschlossene, verallgemeinerungsfähige Theorie der Supervision gibt" (Pühl, 1990a, S. 1). Gleiches gilt für die Methodik der Supervision, deswegen „greifen viele Supervisoren auf therapeutische Verfahren zurück, um den Supervisionsprozeß methodisch leiten zu können" (Pühl/Schmidbauer, 1986, S. 17). Das Hauptziel dieser Arbeit ist es, das Verhältnis der gegenwärtigen Supervision zur Sozialen Arbeit zu klären, nicht aber die Supervisionstheorien insgesamt zu beschreiben. Aus diesem Grunde kann eine Darstellung oder gar ein Vergleich von Theorien,

Methoden, Inhalten und Prozessen der Supervision nicht vorgenommen werden.

Gerade seit den 80er Jahren hat eine neue Form der Supervisionsliteratur zugenommen, die teilweise sehr arbeitsfeldunspezifisch ist. Neue Grundlagenliteratur liegt seit Beginn der 90er Jahre vor. Fatzer/Eck (1990) und Pühl (1990) publizierten umfangreiche Handbücher. Von Rappe-Giesecke stammt eine am Balint-Gruppenmodell orientierte und durch systemtheoretische Überlegungen angereicherte Beschreibung der Gruppen- und Teamsupervision (1990). Brandau stellte die Supervision aus systemischer Sicht (1991) vor. Die umfangreichste Neuerscheinung ist gegenwärtig die Dissertation von Schreyögg über „Supervision. Ein Integratives Modell. Lehrbuch zu Theorie und Praxis" (1991f). Hierbei wird auf über 500 Seiten erstmals ein „methodenplurales Modell" der Supervision vorgestellt.

Zu unterschiedlich sind die Supervisionsansätze von ihren theoretischen Ursprüngen her. Einige dominieren durch häufige Publikationen, wie die aus der Psychoanalyse und Balint-Arbeit stammenden. Über andere Ansätze zur Supervision wird relativ wenig publiziert, obwohl auch sie in der Sozialen Arbeit verwendet werden, gerade wenn sie methodenübergreifend oder gar eklektisch sind. Es kann vermutet werden, daß die Häufigkeit von schulenorientierten Publikationen nicht unbedingt etwas über den positiven Gewinn dieser Supervisionsformen für die Praxis der Sozialen Arbeit aussagen, sondern auch über die Publikationsmöglichkeiten dieser Autoren. Hiermit ist schon die nächste Relativierung dieser Studie angesprochen. Die hier verarbeitete Fachliteratur bezieht sich, ähnlich wie die Studie von Huppertz, auf einen Zeitraum von etwa zwanzig Jahren, also der Jahre 1970 bis 1992.

Huppertz veröffentlichte 1975 erstmals eine umfangreiche Bibliographie von über 130 ausschließlich deutschsprachigen (einschließlich Übersetzungen) Titeln (1975, S. 161ff). In einem Supervisions-Buch von v. Caemmerer/Kröger/Schiller u.a., das 1977 im „Haus Schwalbach" erschienen ist, legte Kröger die bisher umfangreichste Bibliographie zur Supervision mit insgesamt etwa 300 Titeln vor (Kröger, 1977, S. 108ff). Hierunter sind jedoch ähnlich wie bei Huppertz viele Artikel, die aus den Bereichen Sozialarbeit, Einzelhilfe, Gruppenpädagogik und Gruppendynamik stammen. Die Dissertation von Ringshausen-Krüger über die Entwicklung der Supervision in Deutschland während der Jahre 1954-1974 enthält ein Verzeichnis von etwa 180 Supervisions-Titeln; darunter befinden sich ebenfalls viele ausländische Quellen und unveröffentlichte Texte der deutschen Ausbildungsinstitute (1977, S. 188ff).

Für die vorliegende Studie wurde eine Analyse der wichtigsten Beiträge seit 1945 und vor allem der supervisionsbezogenen Beiträge in den Fachzeitschriften seit 1970 vorgenommen, sowie die in den letzten Jahren vermehrt über das Thema Supervision erschienenen Bücher durchgesehen. Insgesamt konnten knapp 1000 Titel zur sozialarbeitsbezogenen und allgemeinen Supervision im Text verarbeitet werden (siehe: kommentierte Bibliographie). Auffällig ist dabei, daß

- die Literatur einfach unüberschaubar geworden ist. So konnte vergriffene oder „graue" Literatur nicht immer erfaßt werden.
- Viele Publikationen dienen der Selbstdarstellung bestimmter Autoren und Supervisionsrichtungen.
- Die Bezüge dieser Veröffentlichungen zur Sozialen Arbeit sind oft nicht erkennbar.
- Es scheint kaum noch eine eigenständige, nur für den Sektor der Sozialen Arbeit definierbare Supervisionsliteratur zu existieren.

Bemerkenswert ist, daß in den speziellen, vor allem verbandlich ungebundenen Publikationsorganen der Sozialen Arbeit das Thema Supervision randständig geworden zu sein scheint. So finden sich beispielsweise in der „Deutschen Jugend" seit 1970 drei Fachbeiträge über Supervision. Im „Sozialmagazin" konnten nach deren erstem Erscheinungsjahr 1976 nur wenige Beiträge über Supervisionsthemen gefunden werden (9/1979, S. 26ff; 1/1980, S. 9ff; Nr. 6/1987, S. 44ff), sowie ein Artikel über Organisationsentwicklung (Nr. 5/1988, S. 34ff). Alleine die Beiträge über Psychoanalyse, Familientherapie, Gestalttherapie u.a. betragen ein Vielfaches. Noch deutlicher wird die Diskrepanz zwischen Beschäftigung mit Supervision und Bedarf, wenn man in die Anzeigenrubriken der Fachzeitschriften schaut. Hier wimmelt es geradezu von Ausbildungsangeboten. In der eher akademischen und von berufstätigen Sozialarbeitern weniger gelesenen „Neue Praxis" erschienen in den 70er Jahren relativ viele Beiträge zur Supervision.

Eine Literaturanalyse kann nur berichten, was publiziert wurde. Bedauerlicherweise sind viele interne Protokolle und Arbeitspapiere der Ausbildungsinstitute und Berufsverbände nicht verfügbar gewesen, so daß vorwiegend offizielles Material herangezogen werden mußte. Die Supervision in Deutschland ist teilweise akademisiert und hochprofessionalisiert. Zudem konkurrieren psychotherapeutische Schulen auf dem Supervisions-Markt. Schon deswegen können die Publikationen nicht „repräsentativ" sein für die Bedeutung der Supervision in der Sozialen Arbeit.

Darum soll hier schon auf die meines Erachtens grundsätzlich notwendige Trennung von

1. Supervision der Sozialen Arbeit,
2. Supervision der Psychotherapie,
3. Supervision im Schul- und Bildungsbereich und
4. Supervision bzw. Organisationsberatung/Organisationsentwicklung in Wirtschaft und Verwaltung hingewiesen werden.

Während in den Veröffentlichungen zur Supervision der sozialen Arbeitsfelder häufig von einer notwendigen Feldkompetenz des Supervisors im jeweiligen Bereich ausgegangen wird, scheint das in der allgemeinen Supervisionsliteratur weniger der Fall zu sein. Unklarheiten treten vor allem bezüglich der Abgrenzung von Supervision in der Sozialen Arbeit und Supervision in der Psychotherapie auf.

Beide Arbeitsfelder haben, obwohl sie helfende Tätigkeiten betreffen, grundsätzlich unterschiedliche Settings, Ziele und Schwerpunkte. Wenn Psychotherapeuten dann ihrerseits Sozialarbeiter – oft in Unkenntnis der fremden Berufsfelder und des sehr unterschiedlichen Klientels – supervidieren, besteht die Gefahr von Therapeutisierung und Klientifizierung.

Handlungsdefizit der Sozialen Arbeit und Innovationsmöglichkeiten durch Supervision

In den vergangenen Jahrhunderten hat die Soziale Arbeit „einen Prozeß fortlaufender innerer Differenzierung durchlaufen", sie kann daher auch als eine „Geschichte der Auseinandersetzungen" über den „gesellschaftlichen Regelungsbedarf sozialer Probleme" beschrieben werden (Busch/Hommerich, 1986, S. 137). Wie die historische Entwicklung des sozialpädagogischen/sozialarbeiterischen Handelns zeigt (Belardi, 1980a, 1980c; Marburger, 1979; C. W. Müller, 1982, 1988; Münchmeier, 1981; Wendt, 1985a; Wolf, 1977 u.a.), setzt Reflexion über methodisches Handeln in der Sozialen Arbeit erst relativ spät im 19. Jahrhundert ein.

Der Kontext der Sozialen Arbeit hat sich in den letzten Jahren sehr geändert. Die Integration der Neuen Bundesländer bringt unlösbare Probleme und wohl auch eine geographische „Zwei-Drittel/Ein-Drittel-Gesellschaft" mit sich. Eine grundsätzliche „Wohlfahrtswende" (Grottian, 1988) droht.

Der Reformoptimismus der Hochkonjunkturphase ist vorüber. Massen- und Dauerarbeitslosigkeit ist zur „Normalsituation" in der „Zwei-Drittel/Ein-Drittel-Gesellschaft" geworden. Bis zum Jahr 2000 werden in der Alt-BRD etwa 3 bis 4 Millionen Arbeitsplätze verlorengehen. Die Folgen der wirtschaftlichen und sozialen Probleme durch die Eingliederung der DDR auf die sozialen Dienstleistungen und den Sozialstaat sind noch überhaupt nicht absehbar. Ein gängiges Modell zur Beschreibung unserer Gesellschaft ist das der „Risikogesellschaft" von Beck (1986, 1988). Die „gesellschaftliche Produktion von Reichtum" geht „systematisch einher mit der gesellschaftlichen Produktion von Risiken" (Beck, 1986, S. 25). Bedeutungsrückgang sozialer und proletarischer Milieus, hohe soziale Mobilität, Verlust von kollektivem Identitätsbewußtsein sind Merkmale eines „Individualisierungsschubes" (1986, S. 208). Vor allem für junge Menschen ist der „bildungsoptimistische Lebensentwurf zerbröckelt" (Böhnisch/Münchmeier, 1987, S. 56). Das dabei auftretende „Qualifikationsparadox" (S. 60) besagt, daß, weil und obwohl mehr junge Menschen als je zuvor besser und länger schulisch ausgebildet werden als ihre Elterngeneration, sie trotzdem mehr Probleme als diese auf dem Arbeitsmarkt haben.

Der rasche Zerfall beruflicher Qualifikationsmerkmale im Rahmen einer kapitalistischen Weltökonomie trägt dazu bei.

Angesichts des Wandels zu „postmaterialistischen Werten" vor allem bei Teilen der jüngeren Generation (Jugendwerk 1981), dem Bedeutungsrückgang von Eltern, traditionellen Autoritäten und Institutionen kann sich Soziale Arbeit nicht mehr an scheinbar verbindlichen Wert- und Lebensentwürfen orientieren. Denn parallel zu einem gesamtgesellschaftlichen Strukturwandel haben sich die Familien verändert. In der Alt-BRD leben nach dem „Achten Jugendbericht" der Bundesregierung von 1990 etwa 11% der unter 15jährigen in unvollständigen Familien. 595.000 Mütter und 90.000 Väter sind alleinerziehend (Der Bundesminister, 1990, S. 36, S. 41). Kinderreiche Geschwister-Familien sind beträchtlich zurückgegangen. So stieg der Anteil der Einzelkinder und Ein-Geschwister-Kinder von 1961 (66%) auf 1987 (80%) (S. 37). Im Jahre 1988 kam es zu 128.000 Ehescheidungen. Scheidung und Trennung bilden eine Ursache der Sozialhilfebedürftigkeit (S. 41).

Tendenzen zur „Zwei-Drittel/Ein-Drittel-Gesellschaft" zeigen sich auch an der Verteilung der Einkommen und der Zunahme der Sozialhilfeempfänger. Während das Volkseinkommen von 1980 bis 1988 um knapp 44% anstieg, nahmen die Besitzeinkünfte um 72%, die Einkünfte aus unselbständiger Arbeit jedoch nur um 33% zu. Im gleichen Zeitraum stieg in der Alt-BRD der Anteil der Sozialhilfeempfänger um 56% (real von 2,1 auf 3,3 Mio.). Etwa 1,6 Mio aus dieser Gruppe erhielten 1988 laufend Sozialhilfe (Frankfurter Rundschau, 25.5.1990, S. 23). Bevölkerungsentwicklung (Pflegeversicherung), Übersiedler und Asylanten, zunehmende ungesicherte Arbeitsverhältnisse wie auch die Probleme in den neuen Bundesländern werfen zusätzlich die Frage nach der Finanzierung des Wohlfahrtsstaates auf.

Bei vielen Klientengruppen (arbeitslose Jugendliche und Erwachsene, Sozialhilfeempfänger, neue Problemgruppen: AIDS, Aussiedler, u. a.) steht längst nicht mehr die Befähigung zu „Leistung (Schulen, Beruf, Arbeit) und die Förderung der Sekundärtugenden wie Pflichterfüllung, Treue, Gehorsam, Pünktlichkeit (...) im Mittelpunkt, sondern die Stabilisierung der Persönlichkeit und die Entfaltung ihrer sozialen und kreativen Möglichkeiten und die Förderung der Primärtugenden wie Geduld und (Selbst-)Vertrauen" (Scherpner, 1990, S. 10). Auf diese Situation sind die Helfer oft unzureichend vorbereitet.

Kreft unterscheidet **„drei Praxisebenen"** der Sozialen Arbeit:

1. Die „Handlungsebene" des unmittelbaren Kontaktes mit der Klientel.
2. Die „Bearbeitungsebene", so beispielsweise die Bereiche der Verwaltung oder Sozial- und Jugendhilfeplanung der öffentlichen und freien Träger sowie
3. die politische „Entscheidungsebene" (Kreft, 1987, S. 24).

Diese Praxisebenen können in bezug zu Bronfenbrenners „Ökologie menschlicher Entwicklung" gesetzt werden. Die Handlungsebene entspricht dann dem **„Mikrosystem**, einem unmittelbaren Setting", in das eine Person eingebunden ist; beispielsweise der Familie, Schule oder dem Arbeitsplatz und wo diese Person spezifische Rollen (Kind, Schüler, Sozialarbeiter) wahrnimmt.

Das **„Mesosystem"** umfaßt die „Beziehungen zwischen den wichtigeren Settings", etwa den Interaktionen zwischen Familie, Schule, Peer-Group und sozialen Dienstleistungssystemen (Bronfenbrenner, 1978, S. 35f). So betrachtet, ist das Mesosystem „ein System von Mikrosystemen" (S. 36).

Soziale Arbeit findet vorwiegend auf der „Handlungsebene" der „Mikrosysteme" und des „Mesosystems" statt. Hierzu gehört auch die „Bearbeitungsebene" als eine spezifische Institution des Mesosystems. Interaktionen zwischen Supervisanden und Klienten spielen sich auf der „Handlungsebene" in den Mikrosystemen Familie, Heim, Bewährungshilfe, Jugendarbeit u. a. sozialen Dienstleistungsstellen als Arbeitsplätzen der Sozialarbeiter ab. Diese werden von anderen Mikrosystemen (Verwaltung, Träger) als Teil des Mesosystems angeleitet und überwacht. Supervision kann innovativ sein zwischen diesen Mikrosystemen und ebenso auf der Handlungs- wie der Bearbeitungsebene. Die „politische Entscheidungsebene" als Ausdruck von **„Exosystem"** und **„Makrosystem"** unterliegt in der Regel nicht dem Einfluß der Sozialen Arbeit und Supervision (Bronfenbrenner, 1978, S. 36; 1989).

Auf der politischen Entscheidungsebene wird der Sozialstaat zumindest in Teilbereichen immer wieder in Frage gestellt. Dessen Mittelkürzungen wirken sich derart aus, daß auf der Bearbeitungsebene umfängliche „Reformvorhaben" initiiert worden sind: Kommunalisierung der Sozialpolitik, Dezentralisierung oder „Effektivierung" der sozialen Dienste (Bronke, 1987, S. 23). In den USA haben die ökonomische Situation und die Kürzungen im Sozialbereich zu einem Bedeutungszuwachs der Supervision geführt. Finanzknappheit brachte dort die Notwendigkeit mit sich, „mehr mit weniger" zu leisten, um die „Produktivität des Sozialarbeiters zu erhöhen" (Kadushin, 1985, S. XI f). Diese Grenzen von Sozialarbeit und Supervision gilt es im folgenden zu bedenken.

In diesem Zusammenhang sollen noch **fünf Gesichtspunkte** sozialarbeiterischen Handelns skizziert werden, um den Blick auf die beschränkten Innovationsmöglichkeiten von Sozialarbeit und Supervision zu lenken.

Zur Professionalisierungsdebatte

In der Sozialen Arbeit ist zu unterscheiden zwischen der historisch älteren Verberuflichung und deren Weiterentwicklung durch die Verwissenschaftlichung der Ausbildung, die man auch mit dem Begriff Professionalisierung bezeichnen kann.

Die Verberuflichung begann vor allem seit Anfang des letzten Jahrhunderts durch die freiwillige, unbezahlte Soziale Arbeit von Frauen aus dem Bürgertum.

Etwa seit der Jahrhundertwende finden systematische und wissenschaftsbezogene Ausbildungskurse für die Soziale Arbeit statt (Belardi, 1980a, S. 31).

Je länger und akademisierter die Ausbildungsgänge wurden (Fachschulen, Höhere Fachschulen, Fachhochschulen, Universitäten), desto weniger Wert legte man auf eine vorherige Berufserfahrung und ein höheres Lebensalter der Studienbewerber. Die Auszubildenden für die Soziale Arbeit sind in dem Maße, wie die Ausbildung immer mehr „verwissenschaftlicht" wurde, ihrerseits immer „jünger" geworden.

Bei den gegenwärtigen Ausbildungsgängen wird somit unterstellt, daß die Akademisierung eine geringere Lebenserfahrung zumindest kompensieren könne.

Dieser Gesichtspunkt enthält einen problematischen Aspekt der gegenwärtigen Professionalisierung der Sozialen Arbeit.

Die in den letzten Jahren geführte Diskussion um die Professionalisierungsproblematik (Projektgruppe, 1981) in der Sozialen Arbeit geht in ihren Ursprüngen davon aus, daß die Sozialarbeiter als Beruf gegenüber den „klassischen" Berufen (Arzt, Anwalt, Pfarrer) keine volle berufliche Autonomie und Identität hätten und deswegen unfertige Berufe, „Semi-Professions", (Etzioni 1969, Toren 1969, 1972) seien. Hierüber hat es in der Fachliteratur lange Kontroversen (Peters, 1971) gegeben, die eigentlich mit der grundlegenden Arbeit von Dewe/Otto (1984, S. 775ff) als abgeschlossen betrachtet werden können. Die Fixierungen auf diese Diskussion führen nicht weiter. Sei es der „Traum vom unabhängigen Experten" (R. Wolf, 1971, S. 73) oder die Frage, ob diese gesamte Diskussion etwas mit „Kompetenzberaubungsmodellen" (Dewe/Otto, S. 807) zu tun habe. Im Grunde genommen ist diese Diskussion eine Scheindebatte, denn die Sozialberufe gehören wie die meisten anderen Berufe zu den abhängigen Dienstleistungsberufen in unserer Gesellschaft. Das Ideal der bürgerlichen Professionalität vergangener Zeiten hilft hier nicht weiter. Trotzdem besteht ein Zusammenhang zwischen Professionalisierung der Sozialarbeit und dem Bedeutungsanstieg ihrer Methoden in früheren Jahrzehnten. So kann man vor allem mit Blick auf die Entwicklung des Case-Work geradezu von einer Professionalisierung durch Methoden sprechen, und nach Kadushin ist die Supervision aufs engste mit der Professionalisierung der Sozialarbeit verbunden (1985, S. 18).

Probleme des Helferberufs

Die Helferdiskussion, ausgelöst durch Schmidbauers Buch „Die hilflosen Helfer" (1977), ist zwar häufig als für die Berufsgruppe nachteilig bis hin zur Selbststigmatisierung von Betroffenen beschrieben worden und steht sicherlich auch im Zusammenhang mit der erwähnten Professionalisierungsthematik. Andererseits zählt B. Müller die „Diskussion über die Motivationen helfenden Handelns" zu den „drei Tendenzen", die in der „theoretischen Auseinandersetzung der letzten Jahre von Bedeutung waren" (B. Müller, 1985, S. 25). Weitgehend unbekannt ist, daß diese Helferdiskussion auch historische Vorläufer hatte. Schon Salomon warnte vor den „Helfernaturen" (1927, S. 75) in der Sozialarbeit. „Die soziale Berufsarbeit beansprucht die ganze Persönlichkeit, nicht nur die Kräfte des Körpers, des Verstandes oder der Seele, sondern den ganzen Menschen. Sie trägt Enttäuschungen und Entmutigungen ohne Zahl ein" (S. 199f). Ferner weist sie darauf hin, daß die Frage, „ob ein Mensch den Belastungen des sozialen Berufs gewachsen ist", nur zu einem „geringen Teil von der Schule und den Lehrern, von der Durchbildung und Vertiefung der Ausbildung“ (S. 201) abhänge. Der soziale Beruf sei ein „Eignungsberuf“, vieles von dem, was man beherrschen müsse, „kann in der Schule nicht gelehrt werden“ (S. 201f). Die Motive zum Studium der Sozialen Arbeit in der Gegenwart sind jedoch wesentlich differenzierter und nicht nur auf den Wunsch zu helfen (Helfer, 1971, S. 75) oder auf Persönlichkeitsprobleme zurückzuführen. „Abwechslungsreich Arbeiten“ scheint gegenwärtig auch ein wichtiges Studienmotiv zu sein (Kolleck, 1991).

Vielfältige empirische Untersuchungen haben in den letzten Jahren gezeigt, daß es sich bei Studienanfängern vor allem um junge Menschen im Ablöse- und Entwicklungsprozeß handelt. Es herrschen eher „postmaterialistische“ Wertorientierungen vor, es wird Sinnhaftigkeit und Selbstverwirklichung in der Arbeit gesucht; zum Teil ist man durch nebenberufliche Tätigkeit schon gut über die Praxis der Sozialen Arbeit informiert (Gildenmeister, 1983; Göppner, 1988; Koch/Ohlenburg, 1982 u.a.). Zur schwierigen Berufssituation in der Sozialen Arbeit, der breit gestreuten Motivationslage und dem relativ niedrigen Lebensalter der Absolventen kommt noch eine vielfältige Problematik an den Hauptausbildungsstätten, den Hochschulen, hinzu.

Strukturveränderungen in der Ausbildung

Ein Gesichtspunkt hierbei ist die Verwissenschaftlichung der Ausbildung, die zugunsten von Theoriediskussionen „das Pädagogische an der Sozialpädagogik so weit in den Hintergrund gedrängt“ hat, daß es nach Meinung von Fattke/Hornstein „kaum noch sichtbar“ ist. Ihrer Auffassung nach gilt die „gestiegene Zahl von Publikationen“ über den Wohlfahrtsstaat und die „neue Subsidiarität“ als ein „Indiz für diese Tendenz“ (1987, S. 591f).

Ein weiterer Gesichtspunkt der Problematik der Ausbildungsstätten ist deren Anonymisierung in großen Studiengängen und ein Lehrkörper, der teilweise kaum Beziehungen zur Sozialen Arbeit hat. Viele der neuen Studiengänge sind mit den Reformen in den 70er Jahren bis heute nicht richtig fertig geworden. „Gerade die Fachhochschulen für Sozialwesen leiden an einem gravierenden Geburtsfehler. Sozialarbeiter, die als Berufsrollenträger für die berufliche Identitätsstiftung innerhalb des Studiums zentrale Bedeutung haben müßten, haben sich als lehrende Sozialarbeiter durch die Berufungsvoraussetzungen an die Peripherie des Studiums drängen lassen, während berufsfremde, in verschiedenen akademischen Disziplinen ausgebildete Sozialwissenschaftler als Hochschullehrer in der Regel Haltung und Orientierung des Lehrkörpers einer Hochschule bestimmen" (Brauns/Kramer, 1986b, S. 175f).

Die Studieninhalte selber sind teilweise in bis zu neun Fächern atomisiert und werden damit komplexen sozialen Problemlagen oft nicht gerecht. „Es dominiert ein vorgegebenes Fächerstudium, bei dem die Synthese der verschiedenen inhaltlichen und methodischen Wissenselemente allein von den Studenten geleistet werden muß." Vielfach sind die Praktika „vom Studium abgespalten bzw. finden unverbunden neben dem eigentlichen Studium statt" (Ehrhardt-Kramer/Hanesch, 1987, S. 106). Durch die „Verwissenschaftlichung" der Ausbildung und die zahlenmäßige Expansion der Absolventenzahlen („Parkstudium") kann eine auf die Persönlichkeitsentwicklung der Studierenden zielende Ausbildung kaum noch stattfinden. Auch scheint die Ausbildung in Sozialarbeit und Sozialpädagogik für jüngere Menschen teilweise ein „interessantes Studium" zu sein, wobei man sich auch nach Ausbildungsabschluß oft nicht entscheiden kann, in diesem Bereich beruflich tätig zu werden.

Hinzu kommt, daß die ehemals handlungsrelevanten Methoden kaum noch eine Rolle spielen. Sie fielen weitgehend der „Methodenkritik" (Hollstein/Meinhold, 1975, bes. S. 208ff; Baron u.a. 1978, S. 123ff) der 70er Jahre, der „Verwissenschaftlichung der Ausbildung" und den „neuen Psychomethoden" zum Opfer (Brumlik, 1989; Peter, 1989). Danach zu fragen, ob die „gute, alte Methodenausbildung wirklich so schlecht" (C.W. Müller, 1982, S. 11) war, ist mehr als berechtigt. Soziale Arbeit ist auch Beziehungsarbeit. Diese Beziehungsarbeit „kann nur exemplarisch gelernt werden" (Loos, 1990, S. 199). Wenn man mit Fürstenau davon ausgeht, daß „in allen Wissenschaften, selbst in den exakten Naturwissenschaften personengebundenes Wissen und Können eine Rolle spielt" (1979, S. 24), dann fragt sich, ob dies auch in der gegenwärtigen Ausbildung berücksichtigt wird.

Interessante Hinweise über die „Anforderungen und Selbstdeutungen" der „Professionellen Helfer" liefert eine empirische Studie von Klüsche, der eine Befragung von knapp 300 Sozialarbeitern und Sozialpädagogen im Einzugsbereich der F.H. Niederrhein zugrunde lag. Über ein Drittel der Befragten waren bei Jugendämtern und beim ASD tätig. Zwei Drittel waren in organisatorischer Hinsicht in „Mischstrukturen" beschäftigt; 22% bezeichneten sich als in hierarchischen Organisationsstrukturen und nur 8% in eher egalitären Teamstrukturen eingebunden (Klüsche, 1990 S. 18ff). Etwa 58% sind mit der „Effektivität der Organisationsstrukturen zufrieden oder eher zufrieden" (S. 31).

Hilfeleistungen durch Gespräche und Handeln rangieren weit vor anderen Hilfeleistungsformen wie organisatorischen oder materiellen Hilfen. Methodisches Handeln wird dabei von 42% als unbedingt nötig und von 38% als nötig erachtet (S. 91).

Einzelhilfe als Handlungsmethode kommt mit 75% der Mehrfachnennungen in der Bewertung dabei weit vor der Gruppen-, Familien- oder Gemeinwesenarbeit (S. 91). Die klassische Einzelhilfe scheint kaum noch gelernt worden zu sein. Sie wird zwar als häufigste methodische Interventionsform immer wieder genannt. Sie kommt aber gar nicht mehr, möglicherweise auch, weil nicht explizit danach gefragt wurde, als „Methode" bei den Antworten vor. Statt dessen dominieren die eher neueren therapeutischen Methoden. Etwa die Hälfte der Befragten orientiert sich an der Psychotherapie: Gesprächstherapie, Familientherapie, Verhaltenstherapie, Gruppentherapie, Gestalttherapie, Psychoanalyse, Spieltherapie – so lautet der Anfang der Rangfolge (S. 98f).

Soziale Arbeit findet im Organisationskontext statt

Die Berufsrolle der in der Sozialen Arbeit Tätigen ist jedoch nicht nur geprägt von Beziehungshandeln und Persönlichkeitsfaktoren; sie enthält auch noch den Aspekt des beruflichen Handelns im organisatorischen Kontext[3]. Seit Blinkerts Studie sind die „Berufskrisen in der Sozialarbeit" (1976) und die damit einhergehenden Anpassungsprozesse bekannt. In vielen Befragungen werden folgende Schwerpunkte als am meisten defizitär genannt. „Die Absolventen klagen im wesentlichen über zwei Dimensionen von Ausbildungsdefiziten, die später zu Praxisdefiziten werden. (...) Zum einen sind hier die leidigen Rechtskenntnisse (eingeschlossen: Organisations- und Institutionskenntnisse) zu nennen (...). Zum anderen benennen die Absolventen (...) einen weiteren Teilkomplex von

Defiziten, die als Defizite im richtigen Umgang mit dem Klienten bezeichnet werden können" (Busch/Hommerich, 1986, S. 143; ähnlich: Bayer u.a., 1984, S. 69, und neuerdings: Klüsche 1990, S. 176f). Genau an dieser Schnittstelle sollte die Supervision der Sozialen Arbeit ihren Ort haben; sie will die personenbezogenen und organisatorischen Kompetenzen der in der Praxis Stehenden verbessern.

Supervision als Innovation Sozialer Arbeit?

Schließlich ist zu fragen, inwieweit die Supervision eine innovative Wirkung in der Sozialarbeit haben kann. Es ist aber auch zu befürchten, daß Supervision lediglich eine technokratische Funktion für materiell und personell schlecht ausgestattete soziale Dienstleistungsbetriebe oder eine primär psychohygienische Funktion für die Mitarbeiter haben könnte.

Unter Innovation wird verstanden eine „signifikante Veränderung/Neuerung" von „bestehenden Handlungsstrukturen und -bedingungen in sozialen Systemen". Dabei geht es weniger um „Systemintegration (also die eher technokratische Absicherung des Funktionierens des bestehenden Systems), sondern vor allem um die Sozialintegration, also die zielgerichtete Entwicklung der Gesellschaft wie auch der Förderung/Entfaltung der menschlichen Persönlichkeit" (Maelicke, 1987, S. 10). Engelhardt versteht unter Innovation die „Minderung oder Überwindung eines aktuellen Problems durch neue Bewältigungsmuster, so kann dies eine Verbesserung der Effektivität oder der Effizienz sein. Effektivitätserhöhung meint dabei, daß ein Problem durch eine Innovation qualitativ besser gelöst oder bewältigt wird." Demgegenüber ist der „Begriff Effizienz in der Sozialarbeitsdiskussion mit Emotionen befrachtet, weil er als wirtschaftliche Kategorie gilt, die das Verhältnis von Aufwand und Ergebnis beschreibt und ihre Relevanz für den Sozialbereich bisher weitgehend kategorisch zurückgewiesen wurde" (Engelhardt, 1991, S. 11). Viele Innovationsversuche der Reformepoche der 70er Jahre kamen von oben und sind deswegen gescheitert. Sie waren von der Meso- oder gar Makroebene initiiert und haben die Mikroebene der unmittelbar miteinander Agierenden oft nie erreicht. Anders Supervision, diese setzt mittelbar in der Mikroebene an.

Die Weiterentwicklung der Supervision, etwa als Organisationsberatung, hat große Erfolge im Wirtschaftsbereich. Das ist den sozialen Diensten nicht verborgen geblieben. Neuerdings werden auch hier Fragen der Organisationsentwicklung und Personalentwicklung diskutiert (Maelicke, 1989, 1991; Pankoke, 1986; Reinbold, 1990). Dabei muß man folgende Spezifika von Innovationen in der Sozialen Arbeit beachten:

- „Soziale Arbeit soll Probleme reduzieren, ohne die Problemverursacher in den Lösungsansatz einbeziehen zu können. Sie soll die sozialen Folgen von Arbeitslosigkeit und Wohnungslosigkeit mildern, ohne in wesentlichem Umfang für mehr Arbeit und mehr oder bessere Wohnungen sorgen zu können.
- Das Verhältnis zwischen Selbsthilfe, ehrenamtlicher Hilfe und professioneller Arbeit ist häufig ungeklärt, steht zueinander oft in Konkurrenz, blockiert sich wechselseitig.
- Die Organisationsform der Sozialen Arbeit entspricht meist nicht den inhaltlichen Notwendigkeiten. Sie ist selten auf interdisziplinäre Auseinandersetzung, auf fachlichen Austausch im Team, auf systematische Planung und Evaluation ausgerichtet.
- Oft werden die Forderungen und Veränderungsvorschläge aus dem sozialen Bereich als utopisch und realitätsfern angesehen" (Maelicke, 1987, S. 16).

Im gleichen Buch skizziert Weigand die Supervision in ihrer Entwicklung von der Kontrollfunktion über das Case-Work zur Methodenkritik, um dann hervorzuheben, daß die Supervision „sich als Instrument der administrativen und fachlichen Kontrolle sozialer Arbeit entwickelte; die Effektivität von sozialer Arbeit zu kontrollieren, liegt im Interesse der sozialen Arbeitgeber, aber auch im Interesse des sich professionalisierenden Helfers. In Verwaltung und Behörden, also dort, wo Sozialarbeit häufig angesiedelt ist, werden Kontrollmethoden benutzt, die für die Sozialarbeit höchst ungeeignet erscheinen, da sich die Effektivität eines Hilfeprozesses in seltenen Fällen bürokratisch vermessen läßt" (Weigand, 1987b, S. 152). Das Schwergewicht innovativer Potenzen der Supervision sieht Weigand im „Gang des Supervisors in die Institutionen". Hierbei stellt er fest: „Supervision zielt nicht mehr nur auf eine Veränderung von Individuen und Gruppen von beruflicher Rolle und Kompetenz, sondern erhebt den Anspruch, institutionelle Strukturen und Organisationen sozialer und pädagogischer Arbeit innovativ zu beeinflussen. Aktionsforschung, Projektarbeit,

Organisationsberatung, Aufbau alternativer Organisationen, Neuordnung sozialer Dienste sind die institutionellen Ausdrucksformen: die Supervision steht vor neuen Aufgaben" (S. 152). Sie habe sich jedoch im „Spannungsfeld zwischen Personen und beruflicher Rolle" (S. 158) zu bewegen, sie darf sich nicht der Therapie annähern. Vor allem die Teamsupervision sei zu verbessern. „Teamsupervision, die nicht in den Organisationszusammenhang einbezogen ist, d.h. z.B. unterhalb der strukturellen Ebene unabhängig von der Organisationsleitung das Beziehungsgeflecht mit Klienten analysiert, gewinnt in der Regel keinen Einfluß auf die institutionellen Rahmenbedingungen, sondern bleibt unabhängige Analyse und Interpretation des Interaktionssystems" (S. 160).

Supervision in Institutionen kann viele innovative Themen auf der „Handlungsebene" und „Bearbeitungsebene" haben. „Unklare Rollenbeschreibungen, verdeckte Kommunikationsstrukturen, verschleiernder Umgang mit Macht, fehlende Möglichkeiten der Konfliktbearbeitung produzieren gegenseitige Angstphantasien, Mißtrauen, Gerüchte und Unsicherheit, die natürlich nur unter ganz bestimmten Bedingungen zum Gegenstand der Supervision werden können" (S. 160).

Eher eine Gegenposition dazu bezieht Irle, der Supervision im Zusammenhang mit dem „sozialen Dienstleistungswandel" untersucht. Supervision ist für ihn eine „personenbezogene Dienstleistung zweiter Ordnung für Mitarbeiter", die untrennbar mit der „Entwicklung des sozialen Dienstleistungssektors" zusammenhängt (Irle, 1984, S. 184). Supervision zielt nach Irle in drei Richtungen:

1. „Supervision sollte und soll auch heute noch die Interaktionsfähigkeit der Dienstleistungsarbeiter erhalten und verbessern. Das gerät in Einzelfällen vielleicht zur reinen psycho-sozialen Kosmetik, trägt aber sicherlich genauso dazu bei, daß Sozialarbeiter ihre berufliche Qualifikation verbessern können."
2. Dabei kann die Supervision eine Art „soft-control" der Mitarbeiter ermöglichen. „Denn: die bürokratischen Kontrolltechniken der direktiven Personalführung und der Standardisierung von Arbeitsabläufen versagen hoffnungslos bei den interaktionsabhängigen Diensten."
3. Schließlich lassen sich mit der Supervision auch „persönliche und interaktionelle Konflikte am Arbeitsplatz bearbeiten. Diese Konflikte folgen mit einer gewissen Zwangsläufigkeit aus dem Di-

lemma aller Dienstleistungseinrichtungen: der Zwickmühle, Klientenansprüche erfüllen und zugleich abwehren zu müssen" (S. 185). Allerdings warnt Irle vor Illusionen. Die Nachfrage nach Supervision hängt mit der Konjunktur und den Haushalten zusammen. Supervision findet oft in Lücken „zwischen Phasen der Leistungsausweitung und des Abbaus" von Sozialleistungen der Sozialbürokratie statt (S. 188). Es ist eher eine „qualitativ andere Supervision" (S. 189) gefragt. Die Supervisoren sollten ihren Traum vom „hauptamtlichen Beratungsexperten begraben" (S. 191) und sich eher in einem „typischen Arbeitsfeld" verankern (S. 192).

Interessant ist noch, welchen breiten Raum der „Achte Jugendbericht" der Bundesregierung von 1990 der Weiterbildung und Supervision, wohl auch im Zusammenhang mit dem am 1.1.1991 in Kraft getretenen KJHG, einräumt. Supervision wird darin als „Instrument der Reflexion" beschrieben. So beispielsweise als „kollegiale Beratung", als „praxisbegleitende Fallbesprechung", als „Fachberatung" im Kindergarten oder als „Institutionenberatung" (Bundesregierung, 1990, S. 172). Daneben wird auch noch „Social-Management" und „Care-Management" genannt (S. 168).

Welche Entwicklung hat die Supervision im Kontext der Sozialen Arbeit in Deutschland genommen? Kann sie Defizite in der Ausbildung ausgleichen, Handlungsmöglichkeiten der Praxis verbessern und die Versorgungsstruktur der sozialen Dienste reformieren? Hierzu ist auch eine Beschäftigung mit der amerikanischen und deutschen Supervisionsgeschichte notwendig.

Friendly Visitor und Supervisor

Die Entwicklungsgeschichte der Supervision ist nicht so linear und eindimensional wie sie oft dargestellt wird. So ist das amerikanische Case-Work nicht unbedingt mit der deutschen Einzelhilfe gleichzusetzen. Ebenso unterscheidet sich die amerikanische von der deutschen Supervision beträchtlich (C.W. Müller, 1988, S. 86ff; Neuffer, 1990). Von Federn stammt der Hinweis, daß der Begriff Sozialarbeit eigentlich eine falsche Übersetzung von Social Work ist. „Social Work bedeutet nicht Sozialarbeit, sondern soziales Wirken. Arbeit heißt im Englischen Labour. (...) Die Übersetzung ins Deutsche als Sozialarbeit, die sich eingebürgert hat, ist also falsch. (...) Dasselbe Schicksal hat ja auch der Begriff Supervision erlitten. Supervision in den Vereinigten Staaten ist etwas anderes als hier. Es sollte Praxisberatung genannt werden" (Federn, 1990, S. 13f). Aus diesem Grunde werden einige Entwicklungslinien von Case-Work und Supervision aus dem englischsprachigen Raum skizziert, um danach auf die deutsche Supervisionsentwicklung nach 1945 einzugehen.

Anfänge in den USA

Bei der Betrachtung des Einflusses der amerikanischen Methoden auf die deutsche Soziale Arbeit wird oft der grundsätzliche Unterschied der Gesellschaften nicht beachtet. Die amerikanische Gesellschaft hatte sich nach dem Bürgerkrieg (1861-65) stark verändert. Die sozialen Probleme mußten neu geregelt werden (Trattner, 1964, S. 77ff). Die USA waren eine Einwanderergesellschaft, mit starker individualistischer Prägung, religiösen und pragmatischen Traditionen, einer extremen Marktorientierung mit Abstinenz von Staat und Kommunen im sozialen Bereich. Die Prinzipien des ökonomischen Liberalismus (Belardi, 1980a, S. 36ff; 1980c, S. 19f) dominierten, zumal es auch keine Reste feudaler Sicherungssysteme wie in Europa gab.

1878 wurde im Staat New York die erste Charity Organization Society (C.O.S.) gegründet (Kadushin, 1990, S. 5). Sie sollte eine kommunale Clearingstelle sein und hatte zu „ermitteln und zu vermitteln, aber selber keine Almosen zu verteilen" (C.W. Müller, 1982, S. 123). Freiwillige, vor allem Frauen aus dem Bürgertum, waren als Friendly Visitors helfend tätig. Hier hat das Case-Work, als deren Begründerin Mary Richmond gilt, seinen Ursprung. Richmond, eine gelernte Buchhalterin, arbeitete ab 1889 bei der C.O.S. in Baltimore. Sie bemühte sich bald, die „soziale Arbeit geschäftsmäßig zu organisieren" (S. 125). Die Wohlfahrtsarbeit mußte effektiver werden; damit rückte die Fortbildung der Friendly Visitors durch Hauptamtliche in den Vordergrund. Denn diese „Aufgaben waren in erster Linie Sache einer begrenzten Anzahl von Paid Agents, bezahlten Arbeitskräften bei der Wohlfahrtsorganisation. Diese bezahlten Mitarbeiter waren die Vorgänger des heutigen Supervisors. Jeder dieser Supervisoren war für eine recht große Anzahl von Visitors verantwortlich" (Kadushin, 1990, S. 5). Die Bedeutung dieser frühen Supervision wird vor allem klar, wenn man sich das Zahlenverhältnis von hauptamtlichen und ehrenamtlichen Sozialarbeitern vergegenwärtigt. Um 1890 waren dies in den 78 Charity Organizations der USA bei 174 fest angestellten Sozialarbeitern über zweitausend ehrenamtliche Kräfte (Kutzik, 1977, S. 33).

Die Verteilung der Arbeit ging auch nach Stadtteilen vor sich, und Müller verweist darauf, daß dieses System „ehrenamtlicher Hausbesucherinnen" vom schottischen Geistlichen Chalmers (1982, S. 123) stammt, welches auch Einflüsse auf das „Elberfelder System" (Belardi, 1980a, S. 40) hatte. Diese Visitors waren oft „schwer anzuwerben, aber leicht wieder zu verlieren, dazu oft frustriert und enttäuscht" (Kadushin, 1990, S. 7). Sie hatten Unterstützung von den wenigen hauptamtlichen Kräften dringend nötig. Damit war die Vorläuferrolle des Supervisors amerikanischer Prägung entstanden: „Die Visitors besprachen ihre Fälle mit dem Agent-Supervisor, der dann für die Entscheidung und die folgende Ausführung der Entscheidung durch den Visitor oder einen anderen Mitarbeiter verantwortlich war. Auf diese Weise wurde der Agent-Supervisor der ausführende Vertreter der Organisation; er war hauptsächlich verantwortlich für die Arbeit, die im betreffenden Fall geleistet wurde" (S. 6).

Schon hierbei werden die heute noch existierenden Hauptquellen amerikanischer Sozialarbeiter-Supervision deutlich,

1. den in direktem Klientenbezug tätigen Sozialarbeiter anzuleiten und zu helfen;
2. administrative Funktion über Verteilung der Arbeit und Kontrolle der Arbeitsvollzüge auszuüben.

Mary Richmond hat immer stärker „die tätigkeitsbegleitende Fortbildung ihrer Friendly Visitors ins Zentrum ihrer berufspolitischen Interessen" (C.W. Müller, 1982, S. 127) gerückt. Sie sammelte systematisch Material, wobei ihr die berufliche Rolle von Arzt und Anwalt ein Vorbild zu sein schien. Ergebnis ist bekanntlich das 1917 erschienene Buch „Social Diagnosis" und damit die Geburt des Case-Work (S. 130). Mary Richmond erwähnt ebenfalls schon die Begriffe Supervision und Supervisor, jedoch im Zusammenhang mit dem Fragebogen für die Sozialarbeiter in Kontakt mit den Klienten (Richmond, 1979, S. 23).

Zwischenzeitlich wurde die Ausbildung intensiviert und professionalisiert: „Im Juni 1898 bot die New York Charity Organization Society ein sechswöchiges Sommer-Schulungsprogramm für 27 Studenten an. Dieses Schulungsprogramm wird als der Anfang einer professionellen Ausbildung in der Sozialarbeit angesehen. Dieser Sommerkursus wurde in einer Anzahl von Jahren wiederholt, bis daraus die New York School of Philanthropy wurde, die erste Ganztagsschule für Sozialarbeit. Heute ist dies die Columbia University of Social Work. 1904 haben das Simmons-College und die Harvard-University eine Schule für Sozialarbeiter eingerichtet, und im Jahre 1907 entstand die Chicago School of Civics and Philanthropy (heute: University of Chicago, School of Social Service Administration). Im Jahre 1910 gab es in den Vereinigten Staaten bereits fünf Schulen für Sozialarbeit" (Kadushin, 1990, S. 12f).

Auch in Großbritannien lassen sich mögliche Quellen der Supervision beschreiben. Müller verweist auf einen weiteren Ursprung der Supervision, wonach der Pfarrer Barnett schon um 1884 die Gewohnheit hatte, „akademische Bewohner von Toynbee Hall einmal wöchentlich zu einem halbstündigen Gespräch in sein Arbeitszimmer zu bitten, um mit ihnen soziale und sozialpädagogische Fragen zu besprechen und ihn zu beraten. Diese Vieraugen-Gespräche sind wohl auch das Vorbild für jenen Prozeß geworden, der später in der angelsächsischen Fachliteratur Praxisberatung (Supervision) genannt werden wird" (C.W. Müller, 1982, S. 58). Weiterhin nennt Weinschenk das klassische englische Tutorial-System (Weinschenk, 1981, S. 103) als eine supervisionsähnliche Beratungsform.

Geht man noch weiter in der Geschichte zurück, so kann man den sokratischen Dialog (Lippenmeier, 1990 a, 1990b) oder die Aufgaben des Regens als „geistlichen“ Leiter in den katholischen Priesterseminaren und Klosterschulen sowie die Institution der Beichte als Vorläuferformen der Supervision bezeichnen.

Casework, Supervision und Psychoanalyse vor 1933

Casework und Supervision bildeten in den USA eine methodische Einheit. Beide sind durch die besonderen Bedingungen in den Vereinigten Staaten entstanden.

Belege für einen Einfluß der Psychoanalyse auf das frühe Casework und die Anfänge der Supervision lassen sich nicht finden. Freud veröffentlichte seine ersten in Richtung auf die Psychoanalyse orientierten Schriften im Jahre 1892. Die populäre „Traumdeutung“ erschien im Jahre 1900; die „Psychopathologie des Alltagslebens und die „Drei Abhandlungen zur Sexualtheorie“ sowie die ersten methodischen Schriften kamen einige Jahre später. Zu diesem Zeitpunkt waren Casework und Supervision in den USA schon lange in der Entwicklung begriffen; beide Methoden der Sozialen Arbeit liegen in ihrer Entstehung somit eindeutig vor der Psychoanalyse, die zudem viel später erst in den USA so richtig bekannt geworden ist.

Freud war zwar im Jahre 1909, zusammen mit Ferenczi und Jung, auf Vortragsreise in den Vereinigten Staaten. Der psychoanalytische Entwicklungsschub für die Methoden der Sozialarbeit kam allerdings erst in den 30er Jahren, vor allem durch die Emigranten, zustande. Ein Vorläufer und Mittler hierfür war Rank, der bis 1924 als einziger Nicht-Mediziner zum engeren Kreis von Freud gehörte und sich dann im Zuge seines Buches „Das Trauma der Geburt und seine Bedeutung für die Psychoanalyse“ (1924) und seiner später entwickelten „Willenspsychologie“ (1926, 1929) aus dem Anhängerkreis löste.

Im Jahre 1924 weilte Rank erstmals in den USA. „Es war dies sozusagen sein erster, unabhängig von Freud gefaßter Entschluß“ (Zottl, 1982, S. 36). Seit 1926 lebte Rank zeitweise in Paris und den USA. Er lehrte dort an der Philadelphia-University und der School of Social Work der Pennsylvania University. Seit dem Jahre 1935 wohnte er dauernd in den USA. Rank ist lange vor den später emigrierten Psychoanalytikern der erste bedeutende Mittler tiefenpsychologischer Einsichten für die Soziale Arbeit in den USA gewesen.

Unter Ranks Einfluß entwickelte sich an der Pennsylvania University die „funktionale Methode" des Casework, die sich von der „diagnostischen Methode" Freudscher Richtung in mehrfacher Hinsicht unterschied. Rank legte weniger Wert auf eine gründliche Anamnese, als auf die aktuelle Konfliktsituation des Klienten und versuchte, ihm zu einer Entscheidung („Willenspsychologie") zu verhelfen (Belardi, 1980d, S. 72).

Die „diagnostische Methode" dagegen kam schon lange vor dem Einfluß der Psychoanalyse auf das Casework, maßgeblich durch Richmond, zur praktischen Anwendung. Hierbei spielen Ermittlungsarbeit sowie Vorgeschichte des Klienten eine große Rolle. Psychoanalytisches Denken, wie es Freud in der Strukturtheorie von „Das Ich und das Es" (1923) beschrieben hatte, war erst seit Mitte der 20er Jahre zu der nun schon existierenden Casework-Methode hinzugekommen.

Die Freudsche Theorie hat dann später die „diagnostische Methode" bereichert. In den USA hat man damals lange nicht verstanden, daß Ranks Ansatz mit der Psychoanalyse Freuds nicht identisch war. „In den Vereinigten Staaten gab es in der Folge große Diskussionen zwischen den Freudianern und den Rankianern" (Federn, 1990a, S. 17). Das hat noch mehr zur späteren Verwirrung bei der Rezeption in Deutschland beigetragen.

Ernst Federn, Sozialarbeiter und Sohn des Freud-Mitarbeiters Paul Federn äußert sich zu diesem Thema:

„Die Vorstellung, Casework sei psychoanalytische Sozialarbeit, ist völlig falsch. Es war die Idee von Mary Richmond, die in ihrem Buch 1917, ‚Soziale Diagnose', das heute noch interessant zu lesen ist, entwickelt wurde. Darin kommt der Name Freud einmal vor, auch der Name Jung. Es war ihre Idee, daß man keine finanziellen Hilfsmittel geben sollte, ohne zuerst eine soziale Diagnose gestellt zu haben" (Federn, 1990a, S. 17).

Das gleiche gilt für die Supervision. Vorformen der damals stark organisationsbezogenen Supervision wurden in den USA schon praktiziert als Freud noch keine einzige frühe psychoanalytische (wohl aber neurologische) Schrift verfaßt hatte und lange bevor die Psychoanalyse Eingang in die amerikanische Sozialarbeit fand. Die seit 1920 am Berliner Psychoanalytischen Ausbildungsinstitut eingeführte „Kontrollanalyse" (Laplanche/Pontalis, 1973, S. 270), als Ausbildungs-Supervision, liegt zeitlich über zwei Jahrzehnte nach den Anfängen der Sozialarbeiter-Supervision.

Seit dem Jahre 1927 existierte am Berliner Ausbildungsinstitut ein Curriculum (Maetze, 1976, S. 1157ff). In den USA startete die systematische psychoanalytische Ausbildung dann etwas später.

„Um 1929 begann das Educational Committee der New Yorker Vereinigung Vorlesungen und Seminare für Ausbildungskandidaten abzuhalten und ein volles Ausbildungsprogramm zu erarbeiten (Lehranalyse, Kontrollanalyse, theoretische Kurse)" (May, 1982, S. 497f).

In „Die Frage der Laienanalyse" schrieb Freud im Jahre 1926 einen Satz, welcher den künftigen Einfluß der Psychoanalyse auf das Casework erahnen läßt: „Vielleicht kommt noch einmal ein Amerikaner auf den Einfall, es sich ein Stück Geld kosten zu lassen, um die Social Workers seines Landes analytisch zu schulen und eine Hilfstruppe zur Bekämpfung der kulturellen Neurosen aus ihnen zu machen" (Freud, 1963, S. 285).

Das war über drei Jahrzehnte nachdem Casework und Supervision in den USA ihre Entwicklung begonnen hatten.

Unabhängig davon haben Casework und Supervision als Methoden der Sozialarbeit dann später durch die psychoanalytische Persönlichkeitstheorie, die Lehre von Übertragung und Gegenübertragung, Widerstand und Deutung[4] eine derartige Bereicherung erfahren, daß viele gegenwärtige Autoren in Unkenntnis dieser historischen Zusammenhänge glauben, die Supervision stamme von der Psychoanalyse ab.

Im übrigen muß die Geschichte des Einflusses der Psychoanalyse auf Casework und Supervision, und vor allem die Rolle von Rank, noch geschrieben werden.

In Deutschland veröffentlichte Salomon, die vor der Jahrhundertwende in der ehrenamtlichen Berliner Frauenarbeit tätig war, im Jahre 1926 das Lehrbuch „Soziale Diagnose", mit dem sie Anschluß an die amerikanische Tradition gewinnt und gleichzeitig etwas leistet, was Mary Richmond in ihrem neun Jahre früher mit „großem Forschungsaufwand zusammengestellten Buch ‚Social Diagnosis' nicht gelungen war: eine Beziehung zwischen Ermittlungstätigkeit und pädagogischer Tätigkeit herzustellen" (C.W. Müller, 1982, S. 156).

Auch Salomons Beitrag zu den Methoden ist keine psychoanalytische Einzelhilfe. Ihre Bedeutung für die Methodenentwicklung und die Soziale Arbeit ist bis heute von Teilen der Fachwelt in Deutschland immer noch nicht genügend gewürdigt worden

(Landwehr, 1981; Orywa/Dröge, 1989). Die Zeit von 1933 bis 1945 unterbricht die gerade begonnene Methodenentwicklung in Deutschland; während in den USA die Diskussion weitergeht. Als die amerikanische Methodenliteratur dann, teilweise mit 20jähriger Verspätung, nun in den 50er Jahren zu uns kommt, ist sie teilweise im Ursprungsland schon veraltet und wird bei uns teilweise zögerlich aber auch dogmatisch aufgenommen. In jedem Falle hat ihr der Transfer geschadet.

Müller faßt diese Entwicklung wie folgt zusammen: „Die Rezeption des damaligen Standes der nordamerikanischen Methodendiskussion in den 50er Jahren hat eher verwirrt als geklärt, weil die Nordamerikaner die Methoden nicht allein erfunden haben, weil sie deren wissenschaftliche Fundierung plausibel aber oberflächlich und teilweise abenteuerlich betrieben haben und weil wir in der Bundesrepublik Deutschland etwas rezipiert haben, was zum Zeitpunkt der Rezeption schon ein historischer, aber kein aktueller Tatbestand mehr war, ohne daß wir uns um die weitere Entwicklung des rezipierten Tatbestandes in nennenswerter Weise gekümmert hätten" (C.W. Müller, 1982, S. 21). Bei dieser Rezeption wurden auch die gesellschaftlichen Unterschiede zwischen USA und Deutschland, sowie deren unterschiedliche soziale Versorgungssysteme vernachlässigt. „Die nordamerikanische Sozialarbeit hat an dem dualen System von materieller Minimalversorgung durch kommunale Wohlfahrtsämter und sozialpsychischer Anpassungshilfe durch private Beratungsstellen festgehalten. 1950, also im Erscheinungsjahr des Casework-Buches von Hertha Kraus, waren nur 3% aller US-Sozialarbeiter, die in kommunalen Wohlfahrtsämtern arbeiteten, graduierte Sozialarbeiter. Die restlichen 97% waren unausgebildet oder hatten lediglich eine College-Ausbildung, waren also in Social Case Work unerfahren" (C.W. Müller, 1988, S. 86f). Daraus erklären sich nicht nur die angedeuteten deutschen Rezeptionsfehler, sondern vor allem auch die andere Bedeutung der Supervision in den USA, die hierzulande oft zu spät erkannt wurde.

Entwicklung der Supervision in den USA

Nach diesem kurzen Exkurs in die Casework-Entwicklung zurück zur amerikanischen Geschichte der Supervision. Eine der ersten Quellen, in denen Supervision im sozialarbeiterischen Zusammenhang in den USA erwähnt wird, ist das Buch von Brackett: „From

Supervision and Education in Charity" aus dem Jahre 1903. Hier wird auf die Aufgaben, Verantwortlichkeit und die Persönlichkeit des Supervisors eingegangen (1979, S. 6ff). Aus amerikanischer Sicht existiert hierzu folgende Darstellung: „In Veröffentlichungen, die vor 1920 erschienen, gibt es hier und da vereinzelt Hinweise auf Supervision in der Sozialarbeit. Die meisten Textstellen, die unter dem Sachverzeichnis ‚Proceedings of Conferences on Charities and Correction' oder in älteren Fachzeitschriften zur Sozialarbeit zu finden sind, definieren Supervision aber vollkommen anders als wir das heute tun. Solche Texte befassen sich ausschließlich mit der Ausführung der Supervision von Dienststellen durch eine berechtigte Autorität oder durch ein Ministerium der Regierung, demgegenüber diese Dienststellen Rechenschaft ablegen mußten über ihren Dienst am Klienten und über den Verbleib der öffentlichen Gelder. Supervision bezog sich auf die überwachende und koordinierende Tätigkeit eines staatlichen Amtes für Supervisoren. Der Begriff ‚Supervision' beinhaltete mehr die Untersuchung und Überprüfung von Programmen und Einrichtungen als die Überwachung des einzelnen Workers innerhalb eines Arbeitsbereiches" (Kadushin, 1990, S. 4).

Diese Frühform der Supervision war noch nicht spezialisiert oder gar professionalisiert. Denn obwohl den Supervisoren die Verantwortung für die Schulungen übertragen war, „so hatte doch fast keiner von ihnen irgendeine spezielle Ausbildung hierzu, weil es das bislang einfach nicht gab. 1911 wurde das erste Mal ein kurzer Lehrgang in Supervision abgehalten, der unter der Schutzherrschaft der Wohlfahrtsorganisation der ‚Russell Sage Stiftung' stattfand. Diese Einrichtung wurde zu der Zeit von Mary Richmond geleitet" (S. 13). Erst langsam entwickelte sich die Supervision in den USA zu einem definierbaren Prozeß. „In den Jahren 1920 bis 1945 erschienen in den Publikationen ‚Family' und ‚Social Casework' etwa 35 Artikel, die sich speziell der Supervision widmeten." So wurde in einem Bericht von 1929 geschrieben, „daß man Supervision so verstehen sollte, daß sie zwei Funktionen zu erfüllen hätte: 1. die Arbeit der Dienststelle auf dem von ihr gewünschten Niveau zu erhalten, und 2. die fachliche Entwicklung des Personals zu fördern" (S. 14). Damit sind die administrativen und berufsqualifizierenden Funktionen angesprochen.

Vor allem die Phase nach 1933 wird in der Fachliteratur als „Psychologisierung" (Wieringa, 1990b, S. 38) der Supervision beschrieben. Individualisierende Elemente waren schon bei Richmond vertreten, doch nun kommt durch Emigranten verstärkt, die psychoanalytische Sichtweise in das Case-Work und damit auch in die Supervision.

Unterschiedliche Supervisions-Konzepte

Nach 1933 kam es dann zur Emigration vieler deutschsprachiger Psychoanalytiker in die USA. Diejenigen, die nicht die amerikanische Arzt-Zulassung erhalten konnten, gingen häufig in die Aus- und Weiterbildung der Sozialarbeiter. „Fürsorgestellen werden zu Beratungsstellen. Die Sozialarbeiter verlieren ihren sozialen Status, da sie keine Therapie machen dürfen; dies führt dazu, aus den Sozialarbeitern Psychotherapeuten für die Armen zu machen. In dieser Phase wird Supervision zum Instrument der Professionalisierung" (Weigand, 1989, S. 252). Teilweise kam in Europa das Mißverständnis auf, Case-Work sei „psychoanalytische Sozialarbeit" (Federn, 1990a, S. 18). Im Jahre 1936 erschien Robinsons „Supervision in Social Case-Work". Hierbei ist Supervision eher ein Bildungsprozeß („Educational Process"). Vor allem seit dieser Zeit ist die amerikanische Supervision stärker dem Case-Work als der Social Group Work oder gar der Community Work verbunden (Kadushin, 1985, S. 17). Rollenvorbild des Supervisors in den USA war in der Regel der langjährig berufserfahrene und an der Universität ausgebildete Vorgesetzte. Auch in dieser Hinsicht unterscheidet sich die deutsche Entwicklung von der amerikanischen. Vorgesetztenfunktionen in den deutschen sozialen Einrichtungen sind vielfach mit fachfremden Personen besetzt (Verwaltungskräfte, Juristen). Diese konnten natürlich nicht die fachliche Anleitung im Sinne einer Supervision leisten. Hierin liegt eine Wurzel der sich anders entwickelnden Rolle des deutschen Supervisors, die seine heutige externe und nebenberufliche Rolle begünstigt zu haben scheint.

Doch zurück zur amerikanischen Entwicklung. Seit 1934 kam es an der Pennsylvanian School of Social Work in Philadelphia und später am Smith College of Social Work zu einer Vorlesungsreihe über Praxisberatung (van Steegeren, 1974, S. 166). An dieser Stelle ist auch noch auf eine weitere, nicht in der psychoanalytischen Tradition stehenden Quelle der amerikanischen Supervision hinzuweisen. Diese eher reformpädagogische Wurzel der Supervision wird von den meisten deutschen psychoanalytisch orientierten Supervisions-Autoren nicht berücksichtigt. Dieses andere „Konzept von Supervision lehnte sich an die reformpädagogische Tradition der Unterstützung von Lehr- und Lernprozessen zwischen Erwachsenen an, wie sie von John Dewey und W.H. Kilpatrick (...) entwickelt worden war. Eine bedeutende Vertreterin dieses Konzepts war Bertha Reynolds" (C.W. Müller, 1988, S. 82). Während in Philadelphia und an der Ostküste eher die psychoanalytischen Supervisionsansätze dominierten und in Chicago stärker soziologisch-funktionalistische Orientierungen vorherrschten, beschrieb die dem linken gewerkschaftlich orientierten Flügel der amerikanischen Sozialarbeiterbewegung verbundene Reynolds in ihrem 1942 veröffentlichten Buch „Learning and Teaching in the Practice of Social Work" einen komplexen Lehr-Lernprozeß, der mit seinen fünf Phasen lerntheoretische Gesichtspunkte enthält (Müller, 1988, S. 83). Diese stärker pädagogisch orientierte Ausrichtung von Supervision findet später in den agogischen Ansätzen der Niederländer eine europäische Entsprechung.

In der Zeit bis 1955 stand in den USA der Lehraspekt der Supervision im Vordergrund. Austin zitiert eine Untersuchung, wonach von 1935 bis 1955 in „The Family" (später „Social Casework") 77 Artikel dem Thema Supervision gewidmet sind. „Davon setzten sich 48 mit irgendeiner Phase des Lehraspektes der Supervision auseinander, 6 beschäftigten sich mit ihren administrativen Aspekten" (Austin, 1970b, S. 186). In den 50er Jahren hat sich das Verständnis von Supervision in den USA von der psychoanalytischen Orientierung entfernt. Etwa zum gleichen Zeitpunkt begann in Deutschland die in den USA schon veraltete Rezeption der eher psychoanalytischen Richtung der Supervision. Lehren war in den USA zur „ersten Aufgabe des Supervisors geworden, danach wurden die helfenden und administrativen Funktionen hinzugefügt" (Munson, 1979, S. 54). Seit dieser Zeit veränderte sich der Trend in der Supervision von den psychologischen zu den soziologischen Theorien. „Die zeitgenössischen Autoren haben sich bezogen auf Weber, Simmel, Merton, Goffman, Mead, Etzioni, Blau, Gouldner, und andere Soziologen, um Supervision auf der Basis von Rollen, Positionen, Status und Interaktionen mit Organisationen" zu entwerfen (S. XX). Vor allem die Arbeiten von Austin führen von der einseitigen psychoanalytischen Orientierung der Supervision hin zu soziologischen und pädagogischen Fragestellungen (Austin, 1970a, S. 99ff).

Zur aktuellen Situation in den USA

Das gegenwärtige Verständnis von Supervision in den USA zeigt nach Durchsicht der Fachliteratur, „daß Supervision in erster Linie anhand ihrer administrativen und bildenden Aufgaben erklärt wird" (Kadushin, 1990, S. 21). Noch im Jahre 1970 konnte die in den USA ausgebildete „erste deutsche Supervisorin", Annedore Schultze (mündlich: Supervisionskongreß FPI/Akademie Remscheid, Februar 1990), nach einer Studienreise mitteilen: „Unter Supervision versteht man heute stärker eine von administrativen Gedanken getragene Kontrolle des Sozialarbeiters. Daneben kennt man für Berufsanfänger die Konsultation, eine veränderte Supervisionsform, die jedoch nur von Sozialarbeitern gegeben wird" (Neuffer, 1990, S. 198). Bezogen auf den aktuellen Stand der Supervisionsdiskussion in den USA ergeben sich nach Kadushin drei Aspekte der Supervision.

1. **Administrative Supervision** orientiert sich in erster Linie an den Aufgaben der Institution als formaler Organisation. In der amerikanischen Supervisionsliteratur scheint dieser administrative Aspekt der Supervision nicht nur der ursprüngliche, sondern auch der hauptsächliche zu sein. Was auch damit zu tun hat, daß viele Sozialarbeiter nicht richtig ausgebildet oder ehrenamtlich tätig sind (Kadushin, 1985, S. 46ff).
2. **Educational Supervision** (Ausbildungs-Supervision) entspricht eher der deutschen Praxisanleitung und ist die zweitwichtigste Aufgabe des Supervisors in den USA. „Sie soll den Sozialarbeiter lehren, was er an Wissen benötigt, um seine Arbeit zu verrichten, und ihm helfen, es zu lernen" (S. 139). Dies ähnelt am ehesten unserem Supervisions-Gebrauch. Die Funktionsbeschreibungen und Ziele lauten demgemäß: Training, Informieren, Klären, Anleiten, Helfen u.a. Manchmal wird die Educational Supervision auch Clinical Supervision genannt (S. 139). Es geht vor allem darum, ausgebildete und unausgebildete Kräfte für spezielle Aufgaben anzuleiten. Bei den in den USA häufig vorkommenden weltanschaulich gebundenen Einrichtungen kommt natürlich noch die Internalisierung der spezifischen Ethik der jeweiligen Arbeitgeber hinzu (S. 142).

3. Die **supportive Supervision** ist der dritte Schwerpunkt der Tätigkeit eines amerikanischen Supervisors. Er ist dafür „verantwortlich, dem Supervisanden zu helfen, mit dem Arbeits-Streß umzugehen" (S. 225). Hierbei wird auf die Probleme von Helferberufen und die „Burn-Out"-Literatur verwiesen. Die Ich-Kräfte sollen gestärkt werden. Auch dieser Aspekt der Supervision deckt sich mit dem unseren, vor allem mit unserer externen Supervision im Team.

Dieser Gesichtspunkt der Supervision ist bei uns vor allem im Zuge der Diskussion um das „Helfer-Syndrom" und die „Burn-Out"-Problematik in den letzten Jahren verstärkt hinzugekommen (Schmidbauer, 1977, 1992; Burisch, 1989).

In den USA scheint man sich der unklaren Bedeutung des Begriffs Supervision bewußt zu sein (Kutzik, 1977, S. 49ff). Man muß „oft einige verbale Akrobatik betreiben: so unterscheidet man zwischen Administrative Supervision (Überwachung) und Clinical Supervision, wobei letzteres dem deutschen Supervision entspricht" (Coché, 1986, S. 5). Huppertz schreibt dazu: „Die anglo-amerikanischen Fachausdrücke ‚Field Instruction' für Studenten und ‚Staff Supervision' für Mitarbeiter werden mit ‚Praxisanleitung' und ‚Praxisberatung' übersetzt, während ‚Supervision' als Oberbegriff für beides beibehalten wird. Der Ausdruck Supervisor wäre demnach mit Praxisanleiter und Praxisberater zu übersetzen" (Huppertz, 1975, S. 7; Pettes, 1971, S. 10; Riege, 1990, S. 154). Außerdem wird noch der Begriff Consultation benutzt, der eher die Fachgespräche zwischen Sozialarbeitern auf dem gleichen Ausbildungs- und Erfahrungsniveau meint, dem also das Element der Kontrolle und Verwaltung eher zu fehlen scheint (Kutzik, 1977, S. 45). Denn in der Zeit bis 1920 war Supervision in den USA die Form, in der die weniger ausgebildeten **mit** den besser ausgebildeten Sozialarbeitern kommunizierten; Konsultation dagegen war die Kommunikationsform **zwischen** den besser ausgebildeten Sozialarbeitern (S. 45). Allerdings wird der Begriff Konsultation auch sehr unterschiedlich verwendet, wie in anderen Quellen zu sehen war.

Als Ziele der Supervision werden angegeben: kurzfristige Ziele sollen die Fähigkeiten des Sozialarbeiters so verbessern, daß er seinen Beruf effektiver gestalten kann. Diese sind jedoch nur „Mittel" zum Hauptziel „effiziente und effektive sozialarbeiterische Dienstleistungen" den Klienten zu vermitteln. Der Supervisor „integriert und koordiniert" (Kadushin, 1985, S. 22) in administrativer

Hinsicht die Arbeit des Supervisanden. Eine Gegensatzstellung zwischen Institution, Anleitern, Vorgesetzten und Sozialarbeitern wird – anders als in Deutschland – damit nicht impliziert.

Meistens hat der amerikanische Supervisor eine hierarchische Position inne, er gehört, wie schon erwähnt, zum „Middle-Management"; er steht „zwischen" Sozialarbeitern und der Organisationsleitung (S. 22). Der Normalfall in den USA ist also das, was in Deutschland eher die Ausnahme zu sein scheint: Der „interne Supervisor" als Vorgesetzter. Empirische Untersuchungen in den USA deuten darauf hin, daß die Supervisoren sich dort „mehr an der Organisation und weniger an den Klienten" orientieren (Föllmer, 1977, S. 10). Diese machtbetonte Rolle des Supervisors wird in den USA auch kritisiert: „Alle Kritiker betonen die deprofessionalisierenden Auswirkungen von Supervision und führen sie auf strukturelle Mängel des Systems zurück: Vor allem auf ihre Dauer und ihre Qualität als pädagogisch-therapeutischer Prozeß. Eine solche Supervision verhindere Unabhängigkeit und professionelle Reife, erzeuge Konformitätsdruck, aggressive Gefühle, Furcht und Ängste, verhindere die Internalisierung von Werten und Wissen der Sozialarbeit, statt sie zu fördern, und schränke die beruflichen Kontakte mit Kollegen zu sehr ein, weil der Supervisor der alleinige legitime Kommunikationspartner des Sozialarbeiters sei" (S. 12).

Schon 1956 kritisierte Austin diese „Machtkonzentration" beim Supervisor und die „Doppelfunktion" von Ausbildung und Administration (1970, S. 184 f). Diese supervisionskritische Richtung in den USA hat etwa seit 1960 den verstärkten Gebrauch des Begriffs Consultation vor allem zwischen den hochprofessionalisierten Sozialarbeitern begünstigt (Kutzik, 1977, S. 54).

Für die USA kann man auch feststellen, daß die Begrifflichkeit von Supervision stärker feldspezifisch differenziert wird als bei uns. In einem Sammelband von Kaslow werden alle möglichen Formen der Supervision und Consultation in den verschiedenen Berufsfeldern (Sozialarbeit, Medizin, Organisationen, Psychiatrie, Psychotherapie und mit Laienhelfern) beschrieben (Kaslow, 1977).

Andererseits wurde schon darauf hingewiesen, daß Supervision oft genauer in Clinical Supervision oder Social Work Supervision getrennt werden muß, bzw. daß auch Überschneidungen hinsichtlich der Field Instruction und Consultation bestehen. Weiterhin ist Supervision als „eigenständiger Beruf" unbekannt. Deswegen existieren auch selten allgemeine Ausbildungsprogramme für Supervisoren, sondern nur sehr spezielle Programme in der Familientherapie (Coché, 1986, S. 7). Andererseits weist die Arbeit von Stoltenberg/Delworth (1987) auch darauf hin, daß es in den USA einige Ausbildungsgänge in Supervision/Counselling gibt. Supervision ist eher ein Teil der Master of Social Work (M.S.W.)-Qualifikation und der beruflichen Position innerhalb der jeweiligen Organisation. Die meisten Supervisoren sind in ihren Organisationen tätig; wobei Supervision eine „Nebenbeschäftigung" zu sein scheint. Manchmal fungieren auch frei praktizierende Therapeuten an den Hochschulen als Supervisoren und erhalten dort statt eines Gehalts einen akademischen Titel (S. 7). Die Form der privaten Supervision wird in der amerikanischen Literatur selten erwähnt. In der Regel geht ein erfahrener M.S.W. dann mit seinen Berufsproblemen zu einem Psychotherapeuten (Cohen, 1977, S. 296ff).

Da die Supervisionsfunktion in den USA anders definiert ist als bei uns, ist die Anzahl der vorwiegend administrativen Supervisoren beträchtlich. Kadushin schätzt, daß etwa 20% aller ausgebildeten Sozialarbeiter supervisorische Funktionen wahrnehmen, also etwa 10 bis 15.000 Personen (1985, S. 28f). Nach einer Studie von 1973 bildet die Einzelsupervision bei 60% von 1.500 Befragten den Hauptbezugspunkt, dann kam die Gruppensupervision mit 15% (S. 391). Hierbei gibt es auch Parallelen zur Anwendung von Einzel- und Gruppenarbeit bei uns (Belardi, 1980d, S. 69). Erst seit 1983 existiert in den USA die Fachzeitschrift „The Clinical Supervisor", die sich mit Themen und Forschungsarbeiten auf dem Gebiet der Supervision beschäftigt.

Zusammenfassend kann folgende Doppelfunktion der nordamerikanischen Sozialarbeiter-Supervision festgehalten werden:

1. Zu Anfang waren diese Supervisionsbestrebungen in den USA **Worker-orientiert**, in dem Sinne, daß sie dem einzelnen und oft schlecht ausgebildeten Sozialarbeiter helfen wollten, mit den vielfältigen kommunikativen Problemen seiner Praxis umzugehen. Hierbei haben später die psychoanalytischen Ansätze Hilfestellung geleistet, etwa in Abwandlung des klassischen Satzes von Bernfeld (1925/1970, S. 141), daß der Sozialarbeiter immer auch vor zwei Klienten steht: dem fremden, hilfesuchenden und dem Klienten in ihm selber.
2. Diese Orientierung am einzelnen Sozialarbeiter und seinen Interaktionsproblemen wurde bald ergänzt durch eine **Agency-Orientierung**. Hierbei kamen, vor allem in der Familienarbeit,

sozialwissenschaftliche und speziell funktionalistische Gesichtspunkte hinzu: Was kann die Wohlfahrtseinrichtung bei gegebenen knappen Ressourcen leisten, wie soll die Arbeit verteilt und kontrolliert werden?

Transferveränderungen

Das, was weiter oben in bezug auf die fehlerhafte Rezeption des amerikanischen Casework und die Vernachlässigung der unterschiedlichen Gesellschaftssysteme angedeutet worden ist, kann an dieser Stelle für die Supervisionsrezeption noch ergänzt werden. Das Zahlenverhältnis zwischen ehrenamtlichen und hauptamtlichen Kräften in den USA ist diskrepanter als bei uns. Das Verhältnis von ehrenamtlichen Volunteers und professionellen Sozialarbeitern in den USA ist kürzlich von Paulwitz (1988) ausführlich beschrieben worden. Von 1932 bis Anfang der 70er Jahre, also 40 Jahre lang, wurde nur als Sozialarbeiter anerkannt und zum Berufsverband zugelassen, wer den postgraduierten universitären Master of Social Work-Abschluß (M.S.W.) hatte (Riege, 1990, S. 150). Riege führt dazu die vielen „nichtqualifizierten" Sozialarbeiter, Professionals und „einfache" Social Worker mit B.S.W.-Abschluß an. In der Regel dürfte man erst als M.S.W.-Caseworker Supervision als Vorgesetztenfunktion ausüben (Riege, 1990, S. 152).

Weiter oben wurde auch schon im Anschluß an C.W. Müller darauf hingewiesen, daß zu Beginn der Einführung des Case-Work bei uns (1950) im „Mutterland" dieser Methode selber nur knapp 3% der Sozialarbeiter ausgebildet waren (C.W. Müller, 1988, S. 86). Eine neue Methode der Sozialen Arbeit, die im Ursprungsland selber nur von sehr wenigen Personen ausgeübt werden konnte, wurde nun unter mehrfach veränderten Voraussetzungen (andere Gesellschaft, andere soziale Dienstleistungsstruktur, andere Ausbildung) nach Deutschland transportiert. Schließlich ist noch zu erwähnen, daß das amerikanische Ausbildungssystem insgesamt differenzierter ist, häufiger privaten und weltanschaulich gebundenen Charakter hat. Andererseits wird versucht, den Ausbildungsstandard über den Council of Social Work Education (C.S.W.E.) zu garantieren (Leube, 1977, 1981; Pfaffenberger, 1981; Riege, 1990). Aus all diesen soziokulturellen Unterschieden erklärt sich auch die stärker administrative Rolle des amerikanischen Supervisors.

Rezeption der Supervision in Deutschland

Der Literaturstand über die Entwicklung der Supervision in Deutschland ist mehr als dürftig. „Die Geschichte der Supervision in Deutschland ist noch relativ jung und doch schon bald 40 Jahre alt. Die Rezeption der Supervision beginnt nach 1949“ (Weigand, 1990c, S. 43; 1989). Außer diesen beiden Beiträgen und den kürzeren Aufsätzen von Wieringa (1979, 1990b) existiert nur die unveröffentlichte Dissertation von Ringshausen-Krüger: „Die Supervision in der deutschen Sozialarbeit, Entwicklung von Konzeptionen, Methoden und Strukturen 1954-1974. Eine textanalytische Untersuchung“ (Frankfurt, 1977).

Die amerikanischen Methoden kommen zu uns

Vor der Einführung der Supervision in Deutschland kamen Versuche, das amerikanische Wohlfahrtssystem, seine Wertorientierungen und methodischen Ansätze in Deutschland bekanntzumachen. Angesichts der großen ökonomischen und sozialen Probleme im Nachkriegsdeutschland konnte das erst 1950 beginnen.

Die Literaturanalyse der ersten fünf Jahre des „Nachrichtendienstes des Deutschen Vereins für öffentliche und private Fürsorge“ kann die langsame Hinwendung zu den amerikanischen Methoden aufzeigen. Das erste Heft erschien im Jahre 1948. Die Artikelthemen waren durch die Kriegsfolgen bestimmt: Wirtschaftliche Fürsorge, Gesundheitsfürsorge, Flüchtlingsdienst und Recht der Körperbeschädigten sowie die vielfältigen Jugendprobleme sind wiederkehrende Themen. Dem ersten deutschen Fürsorgetag im Jahre 1949 sind mehrere Ausgaben gewidmet.

In der Nummer 2/1950 wird auf das im gleichen Jahr erschienene Buch von Hertha Kraus (früher Köln) über „Casework in den USA“ hingewiesen. Die hierin deutlich gewordenen Grundsätze „demokratischer Lebenshaltung“ sollen nach Auffassung des unbekannten Autors für die Deutschen eine besondere Bedeutung gewinnen: „Gerade wir deutschen Menschen werden für diese Darlegungen Verständnis haben, sind doch nach dem Zusammenbruch die Grundlagen unserer materiellen aber auch unserer seelischen Existenz bis zum tiefsten erschüttert worden“ (S. 39).

In Nr. 9/1950 werden Fachkräfte aus der Sozialarbeit auf Studienreisen in die USA von 3 bis 12 Monaten Dauer aufmerksam gemacht. Die ersten deutschen Supervisions-Autoren haben an derartigen Weiterbildungen in den USA teilgenommen.

In einem Beitrag vom „Nachrichtendienst" (7/1951) wird „Fünf Jahre amerikanische Wohlfahrtshilfe für Deutschland" behandelt. Mehrere Artikel beschäftigen sich seit 1950 in dieser Zeitschrift mit dem Stand der Reformbestrebungen in der sozialen Ausbildung. So diskutiert man in Nr. 1/1953 die Ausbildungen der verschiedenen deutschen Länder, deren Prüfungsbedingungen überwiegend noch aus den Jahren 1920 – 1932 stammen. In vielen Artikeln werden die Ausbildungsgänge in den USA sowie anderer Staaten vorgestellt. Hierbei hatte Hertha Kraus Übersetzungs- und Vermittlungsfunktion. Im Heft 9/1953 wird von einer Tagung der „Gilde Soziale Arbeit" berichtet, die bezüglich der „neuen Methoden und Ausbildungsformen in der Sozialarbeit" zu ähnlichen Ergebnissen kam wie der Hauptausschuß des „Deutschen Vereins". Dabei taucht auch der Name des 1989 verstorbenen Hanns Eyferth auf, der über „Group Work" und „Group-Therapy" im thematischen Zusammenhang von „Aufgaben und Methoden heutiger Sozialarbeit" referiert hatte.

Nach Neuffer kann der Transfer der Supervision mit dem der „Methoden gleichgesetzt werden. Eindrücke, Erfahrungen in Ausbildung und Praxis anläßlich von Studienreisen in die USA ergänzten sich mit Berichten und Demonstrationen von Experten aus den USA in Deutschland. Als Ergebnis stand bald fest, Arbeiten nach der Methode Casework sei nur unter Supervision möglich. Noch weit weniger als für die Aufnahme des Casework war die deutsche Soziale Arbeit auf diese Anforderung vorbereitet" (1990, S. 198). Weigand erläutert, wie diese Rezeption vor sich ging. „Die während der Naziherrschaft emigrierten Deutschen, vor allem deutsche Juden, kehren wieder nach Europa und auch nach Deutschland zurück oder kommen besuchsweise für begrenzte Zeit wieder in ihre alte Heimat und bringen dabei auch die Ideen, Konzepte und Werthaltungen amerikanischer Sozialarbeit nach Deutschland. Die Namen dieser Emigranten sind z.B. Walter Friedländer, Gisela Konopka, Saul Bernstein, Louis Lowy, Viktor Gollancz, Ruth Cohn u.a.." Hierzu gehören auch Emigranten, die nicht mehr nach Deutschland zurückkamen. „Einer davon, der für die Supervisionsentwicklung wichtige Beiträge geleistet hat, ist Alfred Kadushin, ebenfalls ein deutscher Jude. Die Opfer kehren also zu ihren Tätern zurück und sind bereit, wieder mit ihnen in Kontakt und Kooperation zu treten."

In einigen europäischen Nachbarländern, vor allem in den angelsächsischen Ländern, den Niederlanden und Österreich, waren die amerikanischen Methoden viel früher als hierzulande praktiziert worden. „Bekannte Namen: Maria Kamphuis, Cora Baltussen, Cornelis Wieringa, Theo Meijerinck, Frans Andriessen aus den Niederlanden, Doris Zeller aus der Schweiz, Rosa Dworschak aus Österreich, Hilde Braunthal aus Belgien." Parallel dazu gingen deutsche Sozialarbeiter zum Studium in die USA oder nach England und erlernten dort die Methodenkonzepte, um sie dann in der Bundesrepublik Deutschland zu verbreiten. Auch hier wieder einige Namen, die bekannt sind: „Wolfgang Bäuerle, Hans Pfaffenberger, Dora von Caemmerer, Ruth Bang, Heinrich Schiller, Annedore Schulze, Irmgard Schönhuber, Gerhard Melzer, Renate Strömbach" (Weigand, 1990c, S. 44f).

Die im folgenden beschriebene wichtige Vermittlerrolle von Hertha Kraus wird leider nicht erwähnt. Eigentlich hat sie die Supervision nach Deutschland gebracht.

Die ersten deutschsprachigen Beiträge zur Supervision (1950 bis 1954)

Im Jahre 1948 weilte die frühere Leiterin des Kölner Wohlfahrtsamtes, Hertha Kraus, in Deutschland, wo sie im Auftrag der amerikanischen Militärregierung mit Beratungstätigkeiten für die Lehrer an den Sozialschulen und gutachterlich für die Militärverwaltung in Wohlfahrtsfragen tätig war. Hertha Kraus war, wie viele andere, vor den Nationalsozialisten geflohen und arbeitete in den USA als Professorin für Social Economy am Bryn Mawr College, Pa.

Ihr Besuch in Deutschland förderte den Plan, einen Reader über „Casework in USA, Theorie und Praxis der Einzelhilfe" herauszugeben. Im Jahre 1950 erschien dieses umfangreiche Buch, das insgesamt 40 Artikel vorwiegend aus den Zeitschriften „Journal of Social Casework" und „The Family" aus den Jahren 1937 bis 1949 in deutscher Übersetzung enthält. Mit diesem, heute in der Fachliteratur weitgehend vergessenem Buch, standen dem deutschen Publikum eine Fülle von Informationen über Grundlagen und Einsatzmöglichkeiten des Casework zur Verfügung. Vor allem die Bedeutung der Psychoanalyse für die Einzelhilfe wurde in mehreren Beiträgen hervorgehoben (Kraus, 1950; Waelder, 1950).

Interessant ist es natürlich herauszufinden, ob und wie in diesem ersten großen deutschsprachigen Werk zum Thema Casework nach 1945 der Begriff der Supervision Verwendung findet. In einem Beitrag wird auf die notwendige „Mitarbeit des psychiatrischen Gutachters" bei der Casework-Behandlung von schwer gestörtem Klientel hingewiesen. Dabei findet sich in einer Fußnote der Begriff „Supervisor" (1950, S. 265).

Im letzten Teil des von Hertha Kraus herausgegebenen Buches stehen mehrere Beiträge über „Lehren und Lernen" von Casework. Auch hier taucht der Begriff Supervision in einer Fußnote des Beitrages von Lide über „Aufzeichnungen eines Praxislehrers" (1950, S. 406) auf. Die Fußnote verdeutlicht, daß der amerikanische Originaltitel dieses ursprünglich in der Zeitschrift „Journal of Social Casework" veröffentlichten Artikels ein anderer war: „A Supervisory Record." Auch beim nächsten Beitrag wird diese Übersetzungspraxis deutlich: „Der Praxislehrer als Mensch" von Houwink hieß in der Ursprungsfassung in „The Family": „The Endowment of the Supervisor" (Houwink, 1950, S. 419). Im darauf folgenden Beitrag von Eisner über „Einführung neuer Mitarbeiter im Unterstützungsamt" (1950, S. 424f) ist von einem „Leitenden Fürsorger", welcher die neuen Sozialarbeiter im „Anleitungsprozeß" betreut, die Rede. Dabei wird die Vorgesetztenrolle des Supervisors deutlich.

Festzuhalten ist damit, daß schon im Jahre 1950 in der deutschen Literatur die Begriffe „Supervisor" und „Supervision" zwar ganz selten auftauchen und daß diese dann in den deutschen Übersetzungen sich als „Praxislehrer" oder „Leitender Fürsorger" wiederfinden, ohne daß alle diese Begriffe bzw. die Aufgaben von Supervision oder Praxisanleitung genauer erläutert werden.

Auf den Terminus „Praxisanleitung" haben dann v. Caemmerer (1970, S. 10) und Deichmann im Vorwort zu Pettes (1971, S. 10) genau zwei Jahrzehnte später zurückgegriffen. Nach dem heutigen Kenntnisstand ist somit das Buch von Hertha Kraus die erste und wohl kaum beachtete deutschsprachige Quelle des Begriffes „Supervision" in der Nachkriegsliteratur der Sozialen Arbeit[5].

In den wenigen Veröffentlichungen, die sich mit der Geschichte der deutschen Supervision beschäftigt haben, wird die erstmalige Verwendung des Begriffs „Supervision" in der deutschen Literatur entweder überhaupt nicht erwähnt (Huppertz, 1975; Wieringa, 1979, 1990b) oder eine falsche Quelle benutzt. Ringshausen-Krüger (1977a, S. 9) bezeichnet den Beitrag von Hapke über „Die Rolle der Supervision im amerikanischen Case Work" (Unsere Jugend, 1/1954) als „ersten Artikel zur Supervision in der deutschen Fachliteratur."

Ringshausen-Krüger hatte weder das Buch von Hertha Kraus (1950) in ihrer 1977 veröffentlichten Dissertation mit einbezogen noch die Fachzeitschriften von vor 1954 untersucht (S. 11).

Weigand bezieht sich in seinen beiden Aufsätzen über die Rezeptionsgeschichte der Supervision in Deutschland ebenfalls vorwiegend auf Ringshausen-Krüger und nicht auf eine Zeitschriftenanalyse der frühen 50er Jahre oder auf das Buch von Hertha Kraus. So kommt es, daß er die Einschätzung von Ringshausen-Krüger teilt und ebenfalls den Beitrag von Hapke als ersten „Artikel über Supervision in der Bundesrepublik" bezeichnet (1989, S. 253; 1990c, S. 47).

Diese Fehleinschätzung soll hiermit korrigiert werden.

Supervision bzw. Praxisberatung wurde, wie schon erwähnt, mehrfach im Buch von Hertha Kraus (1950) ebenso angedeutet wie in einem Artikel von v. Caemmerer/Schiller in der „Sozialen Arbeit" (6/1953, S. 260).

Der erste richtige Beitrag zur Supervision im deutschsprachigen Raum nach 1945 ist nicht derjenige von Hapke (1954), sondern befindet sich in der Zeitschrift „Praxis der Kinderpsychologie und Kinderpsychiatrie" (8-9/1952). Erna Maraun hat darin die deutsche Fachwelt über „Casework und Supervision in der amerikanischen Jugendfürsorge" informiert. Hier wie auch im Artikel von Hapke wird die enge Verbindung von Casework und Supervision deutlich, die seit einigen Jahren verlorengegangen ist. „Supervision ist die beratende ‚Überwachung', die durch Beratung des Bearbeiters helfende Stelle, die sowohl in der offenen wie in der geschlossenen Fürsorge in den USA weitgehend eingesetzt wird, und auf deren Tätigkeit nach meiner Überzeugung zu einem erheblichen Teil die gute Leistung der amerikanischen Sozialarbeit beruht" (Maraun, 1952, S. 243).

Für Maraun besteht das Hauptmerkmal der Supervision in der offenen Fürsorge darin, „daß auf eine gewisse Anzahl von Fürsorgern ein Supervisor (Mann oder Frau) eingestellt wird, dessen Aufgabe es ist, die Gesamtleistung der ihm anvertrauten Fürsorger zu steigern, nicht nur durch eine Bemühung um die fachliche Leistung, sondern auch durch Zuwendung zur Persönlichkeit des Fürsorgers. Der Supervisor bemüht sich in erster Linie um die jungen Fürsorger, steht aber auch den erfahrenen Fürsorgern in schwierigen Fällen mit Rat zur Seite" (S. 243f).

Maraun war von der Wirkung der Supervision in den USA sehr beeindruckt: „Die Erleichterung durch Aussprache ist den amerikanischen Fürsorgern anzumerken. Sie sind im allgemeinen erstaunlich affektlos, ausgeglichen und froh. Der Supervisor ist kein Vorgesetzter, sondern eine beratende Kraft" (S. 244). Ohne den Begriff zu benutzen, hebt Maraun hervor, daß die Feldkompetenz (vgl. Teil II) des Supervisors in den USA dessen primäre Orientierung zu sein scheint. Sie sollen weiterhin mit der direkten Fall-Arbeit im Rahmen des Casework verbunden bleiben.

„Die Supervisors bearbeiten meist einige Fälle selbst, um nicht den engen Kontakt zur Praxis zu verlieren" (S. 244). Das ist besonders in der geschlossenen Fürsorge (Heimerziehung) der Fall. Die Supervisoren besuchen häufig die Heimgruppen, sprechen mit den Pädagogen und Kindern, ohne direkt selber aktiv einzugreifen (S. 245).

Maraun schließt ihren Beitrag in der Hoffnung, daß die deutsche Soziale Arbeit sich mehr der Pädagogik, Psychologie und speziell der Tiefenpsychologie bedienen soll und daß die „Einführung des Beratenden Fürsorgers (Supervisor) gute Entwicklungsmöglichkeiten für den Fürsorger selbst" (S. 246) bewirken könne.

Im gleichen Jahre wie Maraun veröffentlichte Hapke im „Rundbrief der Gilde Soziale Arbeit" einen kurzen Beitrag „Über Supervision" und ein Jahr zuvor hat er in zwei Artikeln in der Zeitschrift „Unsere Jugend" über „Child Guidance in den USA" (Erziehungsberatung) geschrieben, daß ihn die „Einrichtung der Supervision, über die an anderer Stelle berichtet werden soll" (Hapke, 1951, S. 412), besonders beeindruckt habe.

Dieser Beitrag erscheint dann erst, wohl als Ergebnis einer Studienreise, im Jahre 1954 in „Unsere Jugend". Schon sein Titel markiert die enge Verbindung zwischen Casework und Supervision: „Die Rolle der Supervision im amerikanischen Case Work." Hapke war Psychologie-Professor an der damaligen P.H. Lüneburg. Entsprechend richtet sich sein Augenmerk stärker auf die tiefenpsychologische Dimension der Supervision als bei Maraun: „Die Supervision im amerikanischen Casework ist in ihrer äußeren Form ein in festen Zeitabständen geführtes, psychologisch gesteuertes Kontrollgespräch zwischen dem Sozialarbeiter und seinem ‚Supervisor' über Einzelfälle aus der Praxis mit dem Ziel, durch Hilfe zur Selbstkontrolle die Arbeit zu intensivieren" (Hapke, 1954, S. 6).

Hapke kennt die Quellen der Supervision besser als Maraun: „Supervision ist ursprünglich Dienstaufsicht und bezweckt Leistungskontrolle." Anhand eines Praxisbeispiels verdeutlicht Hapke, daß die Supervision seinerzeit vor allem zwei Themen hatte:

1. „Wo steht der Klient innerlich, wie fühlt er, wie erlebt er von seinem Platz aus die Situation?"
2. „Wie fühlt der Helfer; steht er vielleicht mit unbemerkten Empfindungen, Reizbarkeiten, Vorurteilen, sentimentalen Wallungen sich selbst im Weg? Immer bezieht sich das Gespräch auf den praktischen ‚Fall', immer fragt es nach dem Fühlen und der Haltung der beteiligten Menschen" (S. 7).

Als Psychologe beschäftigte sich Hapke dann stärker mit dem besonderen Beziehungsprozeß der Supervision, der vielen Außenstehenden so unerklärlich erscheint (vgl. Teil II). „Supervision ist keine Einmischung, weil der Supervisor nicht als Privatperson zuhört, fragt, spricht; sondern er bleibt gleichsam unpersönlich, er reduziert sich auf eine teilnehmende Objektivität, abseits von aller Neugier, für die Dauer des Gesprächs ein bloßer Spiegel und Reflektor, aufgestellt zwischen einem Menschen und der auf ihn wartenden Wahrheit. Er verweist den anderen ganz auf sich selbst, gibt keinen Rat, hat keine private Meinung zu der Sache; wo er in direkter Aussage spricht, ist sie als Frage und Appell an die eigene Einsicht gemeint."

Nach Hapke ist die Supervision „auch keine Herzensröstung und kein Freundesbeistand"; sie steht eher als „Instrument im Dienst des gestellten Auftrags". Der Supervisor hört zu, „nicht richterlich, nicht freundschaftlich, sondern sachlich, ‚ärztlich'" (S. 9).

Hierbei kommen Anklänge an das Arzt-Paradigma von Richmond zum Vorschein. Wahrscheinlich wußte Hapke nicht, daß der Anwalts- und Arztberuf seit dem Buch „Social Diagnosis" (1917) hierbei Pate gestanden hatte. Die dem Arzt-Modell verwandte Rolle des Psychoanalytikers – bei Freud der Chirurg – kam als Vorbild für die Caseworker erst seit 1933 in den USA hinzu. Es ist zweitrangig, ob eine eher soziologisch definierte Berufsrolle oder in Erweiterung dessen, das psychoanalytische Vorbild hierbei mehr Einfluß gehabt haben. In jedem Falle geht es um die „Abstinenz", wie die Psychoanalytiker sagen, also um die „Enthaltsamkeit" von persönlichen Bewertungen und Beziehungszusammenhängen in der rein fachlich und sachlich gesehenen beruflichen Arbeit.

Diese Tradition bringt Hapke nach Deutschland; er verbindet seine damaligen und heute auch noch sehr lesenswerten Ausführungen mit dem hermeneutischen Anliegen der Supervision (vgl. Teil II). Der Supervisor „versucht zu hören, was nicht gesagt, was verschwiegen, was als selbstverständlich vorausgesetzt wird. Daraus erwächst für das Gespräch ein Thema. Die Form der Gesprächsführung ist weitgehend die weckende Frage, client-centered, immer im Hören auf das mutmaßliche Fühlen des anderen" (S. 9f). Wie oftmals in der Gegenwart kann Supervision leichter als das definiert werden, was sie nicht ist: „Supervision ist nicht Seelsorge und nicht Psychotherapie, so dicht oft die Nachbarschaft werden mag. Das Bezogenbleiben auf den Fall ist Schutz gegen eine Ausweitung, die die Supervision sprengen müßte. Den Abschluß des Gesprächs bildet die Frage nach dem ‚nächsten Schritt'" (Hapke, 1954, S. 10).

Angesichts der Verhältnisse in den USA können wir „nur klein anfangen". Die deutschen Sozialarbeiter sollten die „Entprivatisierung der Beziehung zum Klienten" betreiben. Dieser Satz hat auch heute noch seine Gültigkeit; denkt man beispielsweise an die Diskussion um das „Helfer-Syndrom" und die „Burn-Out"-Problematik (Burisch, 1989; Fengler, 1991b, Schmidbauer, 1977, 1992). Die Sozialarbeiter sollten „wertfrei" mit einem „Mindestmaß an psychologischem Verständnis", „Einfühlungsvermögen" und „systematischem Wissen" arbeiten. Hierbei könnten auch die „tiefenpsychologischen Schriften" eine große Hilfe sein (Hapke, 1954, S. 10).

Soweit wesentliche auch für die heutige Zeit noch bedeutsame Aussagen der beiden ersten deutschsprachigen Beiträge zur Supervision nach 1945.

Die schon genannten „Fehler" in der Rezeptionsgeschichte der Supervision haben sicherlich auch damit zu tun, daß sich bisher noch niemand systematisch mit der Geschichte der Supervision in Deutschland in Zusammenhang mit der Entwicklung des Casework beschäftigt hat.

Müller (1982; 1988) und Neuffer (1990) haben gezeigt, daß beide Ansätze von ihrer Entstehung her zusammengehören. Die weitere Darstellung wird verdeutlichen, was passierte, als das Casework (Einzelhilfe) bei uns an Bedeutung verlor und sich die Supervision durch viele neue Einflüsse weitgehend von der Sozialen Arbeit löste.

Einzelhilfe und Supervision als persönliche Befreiung

Aus heutiger Sicht können bei der Rezeption der nordamerikanischen Supervision **zwei Tendenzen** vermutet werden: Einerseits eine persönliche Hilfe und Entlastungsfunktion für alle, die als erwachsene Menschen im Nationalsozialismus – wie auch immer – haben leben müssen. Andererseits haben die neuen Methoden auch persönliche und institutionelle Widerstände geweckt.

Angesichts der Kapitulation der „Freien Wohlfahrtspflege" zu Ende der Weimarer Republik vor dem Nationalsozialismus (Kramer/Landwehr, 1984, S. 72ff); der Gleichschaltung der Fürsorgeausbildung (Baron, 1986, S. 391ff) und der Verstrickungen von Teilen der Berufsgruppe mit der nationalsozialistischen Politik (Otto/Sünker, 1986), verwundert aus heutiger Sicht der scheinbar bruchlose Übergang zur „Demokratie" nach 1945. Vor allem die Entwicklung des „Deutschen Vereins" ist deswegen unlängst ins Zentrum der Kritik geraten.

Für die meisten der im Nationalsozialismus aufgewachsenen Sozialarbeiter ist es in den Jahren nach 1945 sicherlich nicht zu einer „Aufarbeitung der Vergangenheit" (Adorno) gekommen. Allzuschnell ging man zur „Tagesordnung" über und die „Unfähigkeit zu trauern" (Mitscherlich) war weit verbreitet. Verdienstvolle Personen der deutschen Sozialarbeit von vor 1933 wurden lange ignoriert; hierbei steht der Name Alice Salomon für viele andere. Die Supervision wie auch die anderen klassischen Methoden der Sozialen Arbeit haben neben dem Professionalisierungseffekt auch eine Verdrängungs- und Entlastungsfunktion für den Berufsstand gehabt. Die „Methodenkritik" der 70er Jahre war deswegen auch getragen vom Versuch der Aufarbeitung dieses „Bruchs" in der Geschichte der Sozialen Arbeit im Deutschland der Jahre 1933-45.

Deswegen muß der persönliche Kontakt mit den ersten Mittlern der Einzelhilfe und Supervision, von denen die meisten entweder Emigranten waren oder bei den Emigranten in den USA ihre „Kunst" gelernt hatten, als doppelte Befreiung gewirkt haben. So wurde bei diesen persönlichen Kontakten den ehemaligen „Verfolgern" von den „Verfolgten" geholfen, nicht nur die Klienten, sondern vor allem auch sich selber besser zu verstehen. Zumindest von Gisela Konopka weiß man, daß sie diese befreiende Wirkung häufig in ihren Weiterbildungsseminaren mit den deutschen Sozialarbeitern beobachtet hat (C.W. Müller, mündlich, 1991).

Andererseits war es für viele deutsche Sozialarbeiter sicherlich ein bedeutendes Ereignis, mit den neuen sensationellen humanistischen Gedanken der amerikanischen sozialarbeiterischen Ethik in Kontakt zu kommen: Partnerschaftlichkeit, persönliche Zuwendung und unbedingte Wertschätzung des anderen Menschen (ähnliche Reaktionen kann man gegenwärtig auch bei Weiterbildungsveranstaltungen mit Fachkollegen aus der ehemaligen DDR erleben). Möglicherweise waren für die im Nationalsozialismus Großgewordenen die humanistischen und ethischen Prinzipien der amerikanischen Methoden für ihre Persönlichkeitsentwicklung wichtiger, als für ihre Klientenarbeit. Wenn das so sein sollte, erklärt sich damit natürlich auch die unkritische Überschätzung – aber auch die Abwehr – der amerikanischen Methoden.

Aus heutiger Sicht wirken diese Prinzipien, was die „Methodenkritik" der Studentenbewegung aufgezeigt hat, möglicherweise naiv und konfliktverschleiernd. Die „Befreiungslehren" der heutigen jüngeren Generation liegen eher in den neuen psychotherapeutischen und esoterischen Ansätzen sowie in alternativen Lebensweisen.

Widerstände gegen die Supervision

Obwohl kaum jemand in der deutschen Fachwelt die Supervision in den frühen fünfziger Jahren persönlich kennengelernt hatte, regten sich – wohl auch als Gegentendenz zur positiven Befürwortung – sehr frühe Widerstände. Schon im Jahre 1953, also ein Jahr vor Hapkes vermeintlichem Erstbeitrag, wird in „Unsere Jugend" (Nr.6/1953, S. 263ff) unter dem Titel „Streit um ein Pflegekind –

Team erforderlich!" im Anschluß an die Schilderung eines Pflegekind-Falles mit einem 58seitigen Gutachten die Teamarbeit gefordert und gefragt: „Hätte ein Supervisor hier nicht helfen, die 58 Seiten verkürzen und dem Kinde eine schnellere Lösung schenken können?" (S. 265).

Die Antwort auf diesen Beitrag von „M.E." bleibt nicht aus. So fragt im Oktober-Heft von „Unsere Jugend" eine ebenfalls anonyme Person „C.H.P.": „Sind Teamarbeit und Supervision die Mittel zum Aufbau einer erfolgreichen fürsorgerischen Arbeit?"

In diesem Beitrag werden Bedenken gegen eine Hierarchisierung durch Supervision angeführt. Es wird an die „deutsche Schwäche" erinnert, „seinen Vorgesetzten kritiklos zu gehorchen". Die Vorbehalte gegen Supervision haben also auch etwas mit den negativen Erfahrungen des Nationalsozialismus zu tun. „Auch Supervision und Team-Arbeit hätten in diesem Fall nicht helfen können. Im übrigen waren sie hier eigentlich vorhanden" (C.H.P., 1953, S. 472) lautet das Resumé dieser ersten Auseinandersetzung über die Supervision in Deutschland.

Im Januar-Heft des Folgejahres erwidert „M.E." die Kritik von „C.H.P." und „C.H.P." antwortet im November-Heft von „Unsere Jugend": „Bei der Propagierung der Supervision erscheint uns der Vergleich mit der amerikanischen Sozialarbeit fehl am Platze. Sie ist aus anderen Traditionen gewachsen und kann sich anders auswirken." Deswegen „Supervision schon jetzt anzustreben ist für uns verfrüht" (C.H.P., 1954, S. 520).

Neben den schon erwähnten Bedenken gegen Kontrolle und Hierarchisierung durch Supervision tauchen nun (aus heutiger Sicht berechtigte) Vorbehalte gegen eine kritiklose Übernahme von Methoden aus einem anderen Lande auf. Hinzu kommt noch, daß die USA nicht irgendein „Land" waren, sondern das Führungsland der Siegermächte des Zweiten Weltkrieges. Vielen Deutschen war die häufig erzwungene und letztlich – weil sie auch vom amerikanischen Verständnis ausging – mißlungene „Reeducation" noch in schlechter Erinnerung.

Diese frühen und größtenteils berechtigten Vorbehalte gegen die unreflektierte Übernahme des amerikanischen Supervisionsverständnisses in Deutschland tauchen auch in der Literatur der 60er und 70er Jahre immer wieder auf. Die Auseinandersetzung um die Rezeption der amerikanischen Supervision in Deutschland hatte schon früh und zaghaft begonnen.

Die Verbreitung der Casework-Methode

Die Ausbildung zur Praxisberatung/Supervision begann wesentlich später. Denn zuerst kam die Verbreitung des Casework. Eine Schlüsselperson war D. v. Caemmerer, die schon früh an der Städtischen Sozialen Schule Nürnberg die Methodenfächer Einzelhilfe, Gruppenarbeit und dann auch Gemeinwesenarbeit unterrichtet hatte. „Alle anderen Fächer wurden als Grundlagenwissenschaften angeboten, und ihre Inhalte mußten sich an den späteren berufspraktischen Aufgaben orientieren." (Ein praxisorientiertes Prinzip, das wie angedeutet wurde, bei der heutigen Fachhochschul-Ausbildung völlig verloren gegangen ist, N.B.) Dr. von Caemmerer: „Dem unsinnigen Fächersalat muß ein Ende gemacht werden." Die hierzu notwendigen Praxisanleitungen wurden auch noch von Frau von Caemmerer und später Frau Christa Deichmann, einer auch in den USA ausgebildeten Supervisorin, vermittelt. Das in Nürnberg „entwickelte Modell methodenzentrierter Ausbildung wurde, (...) nachdem es 1954 in der Konferenz der Deutschen Schulen für Sozialarbeit vorgestellt" worden war, von den meisten anderen Schulen übernommen. Später „nahm Frau von Caemmerer die Umstellung von der Fachschule zur dreijährigen Höheren Fachschule 1961 zum Anlaß, aus der Grundausbildung auszuscheiden und sich ganz der methodenorientierten Fortbildungsarbeit und schließlich der Supervisorenausbildung zuzuwenden. Ihr Weg führte über die Arbeitsstätte für Gruppenpädagogik ‚Haus Schwalbach' bei Wiesbaden (1961-1964) zum Deutschen Verein für öffentliche und private Fürsorge in Frankfurt (1964-1967) und schließlich zum evangelischen Zentralinstitut für Familienberatung in Berlin (1967-1970)" (Schiller, 1988, S. 67f; C.W. Müller, 1988, S. 79).

Die Praxisberater-Ausbildung

Im Jahre 1964 wurde vom Deutschen Verein für öffentliche und private Fürsorge der erste Supervisoren-Lehrgang unter der Leitung von D. v. Caemmerer angeboten. Allerdings können die Casework-Fortbildungen seit den 50er Jahren bereits als eine Vorstufe der Supervisoren-Ausbildung betrachtet werden. „Vor allem die Sozialen Schulen richteten, um überhaupt mit supervidierten Praktika anfangen zu können, Fortbildungslehrgänge für Praktiker ein, die darüber hinaus oft in Arbeitskreise einmündeten und für die Teilnehmer eine mehr kollegiale Supervision darstellten. Man lehnte sich bei diesem ersten Supervisionslehrgang an die Erfahrungen in den Niederlanden, Österreich und der Schweiz an" (Neuffer, 1990, S. 199). Dabei wurde die Supervision in der Schweiz wohl auf ähnliche Weise, aber etwas früher als in Deutschland verbreitet: „nämlich von außen, von Amerika, ungefähr mit der Einführung des Caseworks (1954 mit dem sog. Burmeister-Kurs, Eva Burmeister, UNO-Expertin)" (Hubschmid u.a., 1986, S. 33).

Einflüsse aus der Schweiz und den Niederlanden

Im Jahre 1956/57 begann die Schule für Soziale Arbeit in Zürich, verbunden mit der in den USA ausgebildeten Doris Zeller, „Praxisanleiter in Wochenseminaren zu schulen, und offerierte 1960 einen ersten neunmonatigen ‚Höheren Fachkurs' mit individueller Supervision der Teilnehmer. An diesem Kurs nahm Hedwig Schwarzwälder teil, die diese Erfahrungen später im Raum Stuttgart einbrachte" (Neuffer, 1990, S. 199; Bang, 1968, S. 15). Schwarzwälder war 1972 bis 1980 an der Diakonischen Akademie und vor allem publizistisch in der „Sozialpädagogik" für die Verbreitung der Supervision, speziell im Heimbereich tätig. Eine regelrechte längere Ausbildung für Praxisberater/Supervisoren begann in Zürich erst ab 1977. Der für den deutschsprachigen Bereich zuständige „Schweizer Berufsverband für Supervision und Praxisberatung" (BSP) hat derzeit etwa 200 Mitglieder und publiziert ein vierteljährlich erscheinendes Verbandsorgan. Die Ausbildungsbestimmungen ähneln denjenigen der „Deutschen Gesellschaft für Supervision" (DGSv). Auch in der Schweiz scheinen sich ähnliche Professionalisierungstendenzen in der Supervision auszubreiten, wie bei uns (Brönnimann/Jordi/Neumann-Wirsig 1991).

Viele amerikanische Supervisionseinflüsse kamen auf dem Wege über die Niederlande zu uns. Lange vor der deutschsprachigen Veröffentlichung ihres Buches über „Die persönliche Hilfe in der Sozialarbeit unserer Zeit" (1965) war Kamphuis schon seit 1951 zu Vorträgen in Deutschland tätig (Neuffer, 1990, S. 245). Seit 1950 entwickelte sich die Supervision in den Niederlanden in den Rang einer Ausbildungs- und Kompetenzmethode. Seit 1955 boten die Sozialakademien Aufbaukurse in Casework und Supervision an. In

Nijmegen (1968) und Amsterdam (1972) begannen einjährige berufsbegleitende Supervisoren-Ausbildungen. Bis 1985 wurden dort etwa 1.000 Supervisoren qualifiziert. Nach einer Studienreform ist die Supervisorenausbildung nun zweijährig und findet im Studiengang „Supervisionskunde und Kompetenzerweiterung" statt. Diese zweijährige Oberstufe baut auf einer allgemeineren vierjährigen Grundstufe auf. An den Hochschulen Amsterdam, Nijmegen, Zwolle und Groningen existieren noch einjährige privatisierte Ausbildungen (Saenen, 1991, S. 156).

Ferner startete im Jahre 1992 ein dem deutschen Standard entsprechender postgradualer Studiengang an der „Freien Universität Amsterdam" am Lehrstuhl von Prof. Dr. H. Petzold, der auch der wissenschaftliche Leiter des „Fritz Perls Instituts/Europäische Akademie für psychosoziale Gesundheit" in Düsseldorf ist. Die Kurse dieses deutsch-niederländischen Kooperationsvorhabens werden auch für deutschsprachige Praktiker mit F.H.-Abschluß angeboten. Diese können in einem vierjährigen berufsbegleitenden Studium (ähnlich wie an der G.H. Kassel) den Universitätsabschluß „Diplom-Supervisor" erwerben. Mit anderen Dozenten zusammen ist der Verfasser dieser Studie hierbei als „Visiting Professor" beteiligt und leitet seit 1992 die erste internationale Ausbildungsgruppe.

Die Fachzeitschrift „Supervisie" erscheint seit 1986 (Wieringa, „Supervision", 9/1986, S. 89). Von der niederländischen Supervision, die dort zuweilen noch als Praxisberatung verstanden wurde (Siegers, 1974) und die in den 70er Jahren die deutsche Supervision prägte, hat man vor allem das Verständnis als agogischen Lernprozeß (Oberhoff, 1986, S. 58; Wittenberger, 1984c, S. 1183; van Beugen, 1972) übernommen. Hierbei handelt es sich um eine nichtpsychologische Tendenz der Supervision, die auch in den USA vorhanden ist. Supervision in den Niederlanden ist auch eher „Ausbildungs-Supervision" (Siegers, 1986b, S. 28).

Anfänge der Supervisions-Weiterbildung

Als Vorläufer langfristiger Supervisions-Weiterbildungen benennt Ringshausen-Krüger einen fünfmonatigen Kurs der „Victor-Gollancz-Stiftung" aus dem Jahre 1956/57 mit dem Titel „Vom Umgang mit Menschen" (1977, S. 36). Hierbei wurde schon eine Einzelsupervision angeboten, die bei den Teilnehmern besonders gut ankam (1977, S. 39). Neben Eduard Hapke gaben Christa von Schenk und Ilse Harder diese Einzelsupervision, die im zweiten Lehrgang (1960/61) schon durch Gruppensupervision ergänzt worden ist. Als nächstes erwähnt Ringshausen-Krüger einen Zweijahreskurs vom „Haus Schwalbach" (1958-60) mit einer Zusatzausbildung über Gruppenpädagogik (1977, S. 43).

Schließlich fand Supervision im Rahmen einer langfristigen Fortbildung in Form des „ersten Akademiekurses" von 1964-66 statt bei der „Akademie für Jugendarbeit und Sozialarbeit" des „Deutschen Vereins für öffentliche und private Fürsorge" in Frankfurt/M. Die „Akademie für Jugendfragen" in Münster startete 1972 mit ihrer Zusatzausbildung für Supervisoren; dann kamen das „Burckhardthaus" in Gelnhausen (1974-75); die Stiftungsfachhochschule München mit einem einjährigen Lehrgang (1973-74); die Katholische Fachhochschule NRW in Köln (1974-76) und die Fachhochschule für Sozialwesen in Stuttgart-Esslingen (1974-76) mit einem Kontaktstudium über „methodisches Arbeiten unter Supervision/Praxisanleitung" (Ringshausen-Krüger, 1977, S. 48).

1972 kommt noch die „Diakonische Akademie" (Stuttgart) und später die „Akademie Remscheid" zur Gruppe der bundeszentralen Fortbildungsstätten hinzu, die Weiterbildungen in Supervision anbieten. Als erstes der freien Institute bzw. Akademien tritt schon im Jahre 1974 das „Fritz Perls Institut" für Integrative Therapie (Düsseldorf) mit einem Zweijahreskurs für „Systemsupervision und Organisationsberatung" an die Öffentlichkeit.

Die Supervision verunsichert

Wie schon angedeutet, hatten die Supervisions-Vertreter anfangs mit Vorbehalten zu kämpfen. Vor allem „schreckten die ersten Berichte aus den USA ab". Kurt Nachbauer erinnert sich aus der Arbeit mit Bewährungshelfern: „Als wir die Supervision lancieren wollten, kam sofort eine enorme Abwehr. Wir wollen keinen Oberbewährungshelfer." Sie hatten also sofort eine hierarchische Vorstellung, da soll uns jemand vorgesetzt werden, der prüft, ob wir alles richtig machen. Ebenso erlebte Ilse Tägert anfängliche massive Widerstände bei den Bewährungshelfern, die um ihre Selbständigkeit fürchteten. Nachdem einige das Angebot zur Supervision freiwillig wahrnahmen, wurde sie später eher zu einer Selbstverständlichkeit. „Die Träger befürchteten wiederum Mehrkosten und werteten das Konzept ab mit der Begründung, es sei auf schwache und schlecht ausgebildete Sozialarbeiter ausgerichtet“ (Neuffer, 1990, S. 198). Diese damals inhaltlich unbekannte Supervision wird auch in der Fachliteratur kritisiert und karikiert: „Superwischen“, „Superwaiser.“ Bestenfalls Worte: „vielschichtig“, „vielsagend“, „undurchsichtig“, „Importware“ (Kurrle, 1972a, S. 179).

Vielfach mangelte es noch an konkreten Vorstellungen über Supervision, woran auch die formale und inhaltliche Begriffsunklarheit nicht unschuldig war. Viele Sozialarbeiter wunderten sich, „daß die Supervisorin keineswegs als ‚Vorgesetzte‘ auftrat, daß sie ihre Feldarbeit auch nicht aus eigener Anschauung kannte, sondern meist nur über die Berichte, welche Studierende über ihre Tätigkeit jede Woche schreiben sollten, und daß sie von der Supervisorin nicht etwa ‚kritisiert‘ wurden, sondern daß ein in der Regel sehr intensives Gespräch über den Bericht zustandekam“ (C.W. Müller, 1988, S. 81). Diese zögernde Aufnahme der Supervision lag auch daran „daß niemand so recht wußte, wer sie wo anbieten sollte. Den massiven Widerstand im Rücken, lehnten es die meisten Verantwortlichen ab, Supervisoren im Bereich der leitenden Angestellten in den sozialen Einrichtungen einzusetzen; eine Position, die auf dem europäischen Studienseminar ‚Social Case-Work und Supervision‘ 1961 in Wien umstritten war“ (Neuffer, 1990, S. 201). Hierbei war das deutsche Wohlfahrtssystem wohl auch zu unterschiedlich von dem der USA. Vorwiegend hatte man bereits ausgebildete Sozialarbeiter, spezielle Case-Worker, in Praxisberatung/Supervision weitergebildet. Die geringe Anzahl von Supervisoren reichte für die Hunderte von Studierenden in keiner Weise aus. Annedore Schulze beklagt deshalb auch: „Wir haben in der Anleitung Fehler gemacht und werden weitere Fehler machen; aber wir glauben, daß es besser ist, überhaupt etwas zu tun, auch wenn es fehlerhaft ist, als weiter zu warten; denn wir befinden uns in einem Teufelskreis, weil Casework nicht in die Praxis eindringen kann ohne Supervisoren, und weil Supervisoren ohne Caseworkpraxis nicht denkbar sind“ (Weigand, 1990c, S. 48).

Befragungsergebnisse zum Arbeitseinsatz der Praxisberater

Bis zur Mitte der 70er Jahre, also vor dem verstärkten Auftauchen neuer Ausbildungsstätten und Supervisions-Theorien, hatten die meisten Praxisberater eher Leitungsfunktionen auf der mittleren Ebene inne.

Hierzu muß man sich die Situation der Praxisberatung zu Anfang der 70er Jahre vergegenwärtigen. Bis Ende 1972 existierten insgesamt 213 ausgebildete Praxisberater in der Bundesrepublik Deutschland. Davon konnten 83 von den Teilnehmern des 11. Akademiekurses der „Akademie für Jugendarbeit und Sozialarbeit" in Frankfurt über ihren beruflichen Einsatz befragt werden (Haas, 1976, S. 20; Melzer 1977). „Nur 9 Befragte gaben an, ausschließlich als Praxisberater tätig zu sein" (S. 20). Etwa ein Drittel der Gesamtgruppe der Befragten hatte überhaupt keine Praxisberaterstelle erhalten können (S. 27). Ferner erwähnen diese Praxisberater „Widerstände" und „emotionale Abwehr" gegen ihren möglichen Einsatz (S. 28ff). Weiterhin bestehen Befürchtungen von Institutionen, „die Praxisberatung stelle die bestehende Organisationsstruktur in Frage" (S. 40).

Diese Bedenken der übrigen Organisationsmitarbeiter scheinen nicht ganz unberechtigt zu sein. Immerhin lassen sich bei den meisten der untersuchten Praxisberater deutliche innovative Vorstellungen bezüglich der Organisation der sozialen Dienste feststellen. So betonen 95% die „Notwendigkeit, den bisherigen Arbeitsstil in ihrer Institution zu verändern"; sie wünschen sich mehr Teamarbeit und Arbeitsgruppen, den Abbau von Hierarchie, sowie mehr Kooperation (S. 43ff). Knapp zwei Drittel der Befragten dieser Untersuchung gibt an, einen positiven Einfluß auf die Arbeitsbedingungen von anderen Sozialarbeitern zu haben (S. 45). Wie schon erwähnt, sind jedoch nur knapp 10% dieser Befragten ausschließlich als Praxisberater tätig; etwa 50% dieser Praxisberater kombiniert die Praxisberatungstätigkeit mit anderen Leitungsaufgaben (S. 22).

Eine weitere Befragung mit 146 Praxisanleitern aus dem Jahre 1977 bringt ähnliche Ergebnisse zutage: Nur 18 waren hauptberuflich als Praxisberater in der betriebsinternen Fortbildung ihrer Anstellungsträger tätig; 30 waren Lehrer an Fachschulen und die größte Gruppe von 48 Personen hatte Leitungsfunktionen als Amts-, Abteilungs-, Gruppenleiter oder Geschäftsführer inne. „Praxisberatung geschieht in Kombination mit anderen Beratungs-, Leitungs- oder Ausbildungsfunktionen." Dabei ist die Praxisberatung dieser Zeit „primär fallorientiert". Eine weitere Erhebung aus dem Jahre 1975 erbrachte das Resultat, daß von 69 befragten Personen nur vier freiberuflich tätig waren (Melzer, 1977, S. 244).

Die Einsatzfelder von 124 im ersten Jahrzehnt (1964-74) der beim „Deutschen Verein für öffentliche und private Fürsorge" ausgebildeten Praxisberater beziehen sich auf das übliche Spektrum der klassischen Sozialarbeit. Die Reihenfolge entspricht der Häufigkeit der Nennungen:

- Familienfürsorge;
- Jugendamt (zumeist Erziehungsbeistandschaft);
- Freie Wohlfahrtspflege;
- Bewährungshilfe;
  Fachhochschulen;
- Psychiatrie;

(Melzer, 1975b, S. 242).

Diese Untersuchungsergebnisse verdeutlichen, daß sich die Rolle des nur als Praxisberater tätigen organisationsinternen Supervisors in Deutschland nicht etablieren konnte.

Die meisten als Praxisberater ausgebildeten Sozialarbeiter waren in erster Linie in Vorgesetzten-Funktionen auf der mittleren Ebene tätig. Damit konnten sie aber nicht mehr hauptsächlich nur beratend für ihre Mitarbeiter fungieren.

Denn das Rollenmodell des Praxisberaters (Supervisors) als Helfer und Kontrolleur wie in den USA konnte sich bei uns aufgrund der genannten anderen historisch-gesellschaftlichen Bedingungen nicht durchsetzen. Schließlich war die Supervision nicht in einer Weise durch die Anleitung Ehrenamtlicher von Hauptamtlichen entstanden, wie in den USA. Bei dieser Entwicklung des Deutschen Modells des „externen" Supervisors haben Lowy und Schönhuber in den frühen 70er Jahren entscheidend mitgewirkt (Kersting, 1991c, S. 14). Neben diesen anderen sozialstrukturellen Voraussetzungen schienen auch die Vorbehalte gegen die Verknüpfung von Hilfe und Kontrolle bei uns zu groß zu sein:

„Der Praxisanleiter ist nicht Vorgesetzter" (Melzer, 1972, S. 22). Auch darf die Praxisanleitung „nicht erzwungen werden" (S. 25). Damit kam man nicht nur den Vorbehalten der Praktiker dieser neuen unbekannten Supervision gegenüber entgegen und berücksichtigte auch die Eigenarten des deutschen Wohlfahrtswesens, sondern dadurch war im wesentlichen die hierarchiefreie, externe oder gar freiberufliche Rolle des deutschen Supervisors, wie wir sie heute überwiegend kennen, festgeschrieben.

Die Supervision geht an die Ausbildungsstätten

Die anfänglich reservierte Aufnahme der Supervision mag auch begünstigt haben, daß diese sich zuerst an den Ausbildungsstätten etablierte. Seit 1959 waren die ersten Höheren Fachschulen für Sozialarbeit entstanden. Im Jahre 1962 wurde dann dort das Fach „Methodenlehre" in die Rahmenlehrpläne und den Fächerkanon aufgenommen und damit „Praxisberatung alias Supervision offiziell anerkannt. Damit endet die erste Entwicklungsphase der Supervision in Deutschland. Supervision ist hoffähig geworden" (Weigand, 1990c, S. 48).

Immerhin waren etwa zwanzig Prozent der bis 1977 beim „Deutschen Verein für öffentliche und private Fürsorge" ausgebildeten Praxisberater inzwischen an den Fachschulen oder Höheren Fachschulen als Methodenlehrer tätig. Eine Gruppe davon wurde nun Fachlehrer an den neugegründeten Fachhochschulen. Auch die sich dort etablierenden Fachhochschulprofessoren drängten teilweise in die Supervision. Einige von ihnen sind, wie später noch gezeigt werden wird, als Fachautoren sehr aktiv.

Doch schon durch die Umwandlung der Höheren Fachschulen zu Fachbereichen der Fachhochschulen ist die gerade sich etablierende Supervision wieder in eine Krise geraten. „Die Anhebung der Höheren Fachschulen für Sozialpädagogik und Sozialarbeit in den Status von Fachhochschulen im Spätsommer 1971 hat nicht automatisch zu einer Verbesserung der Ausbildung geführt. Eher ist – im Blick auf das Bundesgebiet insgesamt – die Qualität der Ausbildung zunächst zurückgegangen" (Curriculum-Arbeitsgruppe, G.H. Kassel, 1973, S. 15). Explosionsartige Kapazitätsausweitungen und vorwiegend fachfremde neuberufene Hochschullehrer sowie vielfältige Strukturprobleme werden als Ursachen genannt. Es existieren „keine verbindlichen Regelungen" für die Supervision an diesen neuen Studiengängen; jeder Hochschullehrer kann Praxisberatung anbieten. Die ehemaligen Praxisberater an den Höheren Fachschulen finden sich nun – sofern sie überhaupt übergeleitet worden sind – an der untersten Stufe des Lehrpersonals (Ringshausen-Krüger, 1977, S. 136f).

Über die wirkliche Bedeutung der Supervision (Praxisberatung) an den heutigen Ausbildungsstätten läßt sich kein klares Bild gewinnen. Es existieren an den Hochschulen einerseits vielfältige projekt- und praxisorientierte Seminare, in welchen umfassende supervisorische Ziele formuliert werden: „In der Supervision werden die objektiven Bedingungen und die subjektiven Möglichkeiten in einem konkreten sozialen Praxisfeld geklärt. Das vollzieht sich insbesondere in drei Bereichen:

- der Beziehungsdynamik zwischen allen Beteiligten (Klient, Student, Sozialarbeiter, Supervisor, Institution und deren Repräsentanten). Diese wird in der Supervision deutlich, beschreib- und damit verarbeitbar.
- Den institutionellen und gesellschaftlichen Widersprüchen, die in der Supervision auf ihre ökonomischen, organisatorischen und ideologischen Zusammenhänge untersucht werden,
- den Theorie- und Methodenfragen. In der Supervision wird die Umsetzung von vorhandenen und neuen Ansätzen geplant und reflektiert" (Fiedler, 1990, S. 65).

Andererseits sind angesichts der sich mehrenden empirischen Studien über Praxisdefizite in der Ausbildung (vgl. die letzten Jahrgänge der „Neue Praxis"; z.B. Bayer u.a., 1984; Gehrmann/Müller, 1985) Zweifel angebracht, ob dort überall wirklich ausbildungsfördernde Praxisberatung/Supervision stattfindet. So spricht Hege davon, daß es an der Fachhochschule eine „nichtsupervidierte Praxis" gäbe (1988a, S. 9). Die große Nachfrage nach Weiterbildung außerhalb und nach der Ausbildung an den Fachhochschulen und Hochschulen kann als weiteres Indiz für diese Vermutung gesehen werden.

Auch in der ehemaligen DDR fand schon vor dem Anschluß an die Bundesrepublik Deutschland eine Supervisorenausbildung im kirchlichen Rahmen statt. Schon in den 70er Jahren kamen Supervisoren aus der Bundesrepublik und den Niederlanden in die DDR, um dort die kirchliche Jugendarbeit und die Ausbildung für Berater im kirchlichen Bereich zu unterstützen. Man benutzte bewußt den unverfänglicheren Begriff „Praxisberatung" (Hardt/Schröder, 1990; Wirnich 1990; Wogenstein, 1990). Mehrere westdeutsche Ausbildungsinstitute sind jetzt in den Neuen Bundesländern aktiv oder bieten Freiplätze in ihren Ausbildungsgängen für Fachleute aus den Neuen Bundesländern an.

Die Supervisionsliteratur von 1970 bis 1992

Der Schwerpunkt beider Teile dieser Untersuchung bezieht sich auf die deutsche Literatur der Supervision der Sozialen Arbeit in den Jahren 1970 bis 1992.

Begriffsgeschichtlich soll das Wort „Supervision" erstmals um 1554 in der Bedeutung von „Leitung" und „Kontrolle" gesetzlicher, kirchlicher oder testamentarischer Prozesse auftauchen. Später wird es auch im Sinne von „Übersehen" (Huppertz, 1975, S. 7) verwendet. Im englischen Sprachraum meint man heute damit auch eine Kontroll-, Leitungs- und Korrekturfunktion (Eck, 1990a, S. 49) „vor allem im industriellen Sektor. Der ‚Supervisor' ist ein Vorarbeiter und Vorgesetzter im ‚Middle-Management', der den Untergebenen Aufträge erteilt, ihre Arbeit beaufsichtigt und ihre Produktivität beurteilt." „To supervise the workers bedeutet, die Arbeit der Untergebenen zu überwachen" (Coché, 1986, S. 5).

Begriffsgeschichte der Supervision in Deutschland

Etwa zeitgleich versuchen v. Caemmerer (1970, S. 11) und Deichmann im Vorwort zu Pettes (1971, S. 10) die Begriffe „Praxisanleitung" und „Praxisberatung" gegenüber dem amerikanischen Begriff „Supervision" in den deutschen Sprachraum einzuführen. Wie schon erwähnt, waren zwanzig Jahre früher im Buch von Hertha Kraus (1950) schon die Begriffe „Praxislehrer" oder „Leitender Fürsorger" für Supervisor und „Anleitungsprozeß" für Supervision verwendet worden (1950, S. 406, S. 424).

Dora von Caemmerer hatte sich 1970 noch für den Begriff „Praxisberatung" entschieden. Den Terminus Supervision setzte sie in Klammern hinter den Buchtitel. Ihre Begründung ist einleuchtend: „Die Übernahme des angelsächsischen Wortes Supervision birgt m.E. die Gefahr in sich, daß in der Diskussion das Problem der organisatorischen und strukturellen Einordnung des Supervisors in den Vordergrund tritt, der im amerikanischen und angelsächsischen Arbeitsbereich die Funktionen des Ausbilders mit denen eines fachlichen Vorgesetzten verbindet. Die Auseinandersetzungen konzentrieren sich dann eventuell auf den möglichen Rollenkonflikt in der Position des Supervisors und gehen am eigentlichen

Inhalt der Supervision vorbei." Dagegen gibt der Begriff Praxisanleitung „den in der Supervision gemeinten Lern- und Ausbildungsprozeß deshalb nur unzureichend wieder, weil das Wort leicht Assoziationen an frühere Formen der Praktikantenanleitung wachruft" (von Caemmerer, 1970, S. 12). Andererseits betont der Ausdruck „Praxisberatung" sehr viel stärker „die Ausbildungsfunktion des Praxisberaters und das partnerschaftliche Verhältnis zu Nachwuchskräften und selbstverantwortlichen Kollegen, die mit seiner Hilfe zu eigenständigen beruflichen Fachkräften werden sollen, die Verantwortung für das eigene Weiterlernen als berufliche Haltung internalisiert haben" (S. 13).

Die niederländische Originalausgabe von Siegers' (1974) Buch heißt „Supervisie" (1972). Für die deutsche Ausgabe hat sich die Übersetzerin Christine von Passavant für „Praxisberatung" entschieden (Siegers, 1974, S. 8). Melzer hat noch genauer zwischen Praxisanleitung (Field-Instruction, Student-Supervision) und Praxisberatung als Festigung der „Berufsrolle" des „ausgebildeten Sozialarbeiters" unterschieden (1972, S. 21f). Bang wies 1968 darauf hin, daß man in verschiedenen europäischen Ländern um bessere Übersetzungen des unglücklichen Begriffs Supervision bemüht war, so im italienischen monatrice oder im französischen moniteur de stage (Bang, 1968, S. 148). In Frankreich scheint sich aber auch Supervision durchgesetzt zu haben (Jullier, 1984).

Noch im Jahre 1975 glaubte Melzer, einer der Hauptförderer der Supervision seitens des „Deutschen Vereins für öffentliche und private Fürsorge", daß der Begriff „Praxisberatung" sich durchsetzen würde: „In der Bundesrepublik wird der Begriff Supervision noch benutzt. Er ist aber schon weitgehend abgelöst durch die Bezeichnung ‚Praxisanleiter' und ‚Praxisberater'. In der Akademie des Deutschen Vereins werden auf Beschluß einer Mentorenkonferenz seit 1966 diese Bezeichnungen offiziell gebraucht" (Melzer, 1975b, S. 238).

In der Entwicklungsgeschichte hat sich jedoch der Begriff „Supervision" behauptet, obwohl seine Inhalte sich immer mehr von seinem amerikanischen Ursprung ab Ende des letzten Jahrhunderts und auch von den deutschen Anfängen nach 1950 entfernen. In der Fachliteratur und in gängigen Lexika der Sozialen Arbeit wurde die Begriffsdefinition von Supervision nachgeprüft. Dabei ist folgendes auffällig:

1. Es wird selten Bezug genommen auf die amerikanische Begrifflichkeit mit den drei Schwerpunkten, wie sie beispielsweise bei Kadushin dargestellt worden sind.
2. Die Begriffe „Praxisanleitung" und „Praxisberatung" tauchen kaum noch auf, außer man beschäftigt sich mit der Geschichte der Supervision. Eine Ausnahme bildet das Buch von Zeller (1981). Diese Begriffe gehören damit zur Historie der Sozialarbeit, obwohl an Ausbildungsstätten sicherlich noch häufig „Praxisanleitung" vermittelt wird.
3. Auch die in den älteren Beschreibungen der Supervision der 70er Jahre enthaltenen Begriffe wie „Methode des Lehrens und Lernens" (Kamphuis, 1965, S. 92) oder die starke agogische Orientierung der Niederländer (Siegers) sind in den Hintergrund getreten.

Zur deutschsprachigen Supervisions-Literatur der siebziger Jahre

Zu Beginn der siebziger Jahre wurde im deutschsprachigen Raum die Supervision in der Fachliteratur auf breiter Basis eingeführt. Im Jahre 1970 erschien v. Caemmerers Sammelband mit überwiegend amerikanischen Texten. Hier wird noch der Begriff „Praxisberatung" (Supervision) bevorzugt. Ein Jahr später kam Pettes Übersetzung von „Supervision in the Social Work" auf den deutschen Markt. Im Jahre 1974 veröffentlichte Siegers „Praxisberatung in der Diskussion" mit überwiegend niederländischen Texten. Teilweise waren schon früher in den Publikationen über „Einzelhilfe" Abschnitte über Supervision abgedruckt worden (Kamphuis, 1965, S. 92ff; Bang, 1968, S. 148ff, u.a.). Vor allem erschienen bis Ende der 70er Jahre in der Zeitschrift „Sozialpädagogik" etwa 20 Beiträge, die Supervision und deren neuere Ausprägungen (Gruppensupervision) und die Anwendungsmöglichkeiten (Heimerziehung) popularisierten. Eine der wichtigsten Autoren war Schwarzwälder, die das Casework bei Dworschak und Kamphuis gelernt hatte und 1961 in den USA gewesen war. Von 1972 bis 1980 war sie Dozentin an der Diakonischen Akademie Stuttgart (Neuffer, 1990, S. 248).

Mit der Geschichte der Supervision in Deutschland beschäftigen sich Weigand (1989; 1990c) und Wieringa (1979; 1990b) – jeweils in kurzen Aufsätzen. Die ausführlichste Untersuchung in historischer Hinsicht stammt von der leider unveröffentlichten Dissertation Ringshausen-Krügers über „Die Supervision in der deutschen Sozialarbeit" von 1977. Sie enthält eine Publikationsanalyse der Jahre 1954-1974. Im genannten Zeitraum fand die Autorin in 27 Fachzeitschriften insgesamt 115 Artikel über Supervision (1977, S. 11). Etwa genau so viele sind in der Zeitschrift „Supervision" der Jahre 1982 bis 1991 abgedruckt worden. Die meisten Beiträge fand sie in der Zeitschrift „Sozialpädagogik" und im „Nachrichtendienst des Deutschen Vereins für öffentliche und private Fürsorge."

Die Anzahl der Publikationen über Supervisionsthemen von 1954 bis 1992 ist geradezu explodiert. Für die gesamte Periode 1954 bis 1974 fand Ringshausen-Krüger etwa 115 Beiträge; darunter in den Jahren 1954 bis 1957 nur vier, von 1958 bis 1970 genau 57 und in der letzten Phase 1971 bis 1974 insgesamt 54 Artikel (1977, S. 12). Für die Zeit von 1970 bis 1992 mußten für die hier vorliegende Untersuchung knapp 1000 Bücher und Aufsätze zum Thema Supervision durchgearbeitet werden (vgl. Bibliographie).

Im weiteren Verlauf ihrer Untersuchung beschäftigt sich Ringshausen-Krüger vorwiegend mit der „Entwicklung der Supervision im Kontext sozialberuflicher Aus- und Fortbildung" (1977, S. 17). Hierzu gehört vor allem eine „kritisch-hermeneutische" Textanalyse der beginnenden Supervisions-Angebote der bundeszentralen Fortbildungsstätten sowie der Weiterbildungsangebote einiger Fachhochschulen (S. 18ff).

Während die Arbeit von Ringshausen-Krüger sowohl die Entwicklungsgeschichte wie auch die speziellen hermeneutischen Probleme der Supervision schildert, wurde eine andere Monographie durch ihre negative Beschreibung der Supervision in der Fachliteratur viel populärer: „Supervision. Analyse eines problematischen Kapitels der Sozialarbeit" von Huppertz (1975) war lange Zeit – zu Unrecht – eine Art Standardwerk der Supervisionskritik. Huppertz verzichtet auf die hermeneutische Analyse und ging lediglich den „Weg der Literatursichtung und -analyse" (1975, S. 1).

Man gewinnt bei der Lektüre des Buches von Huppertz den Eindruck, daß der Verfasser die Supervision lediglich aus der Literatur kennt und nicht selber Erkenntnis- und Veränderungsprozesse erlebt hat. Damit kam Huppertz zu ähnlichen Mißverständnissen wie beispielsweise Eschenröder (1984) und Zimmer (1986) in ihren populärwissenschaftlichen Versuchen der „Psychoanalyse-Kritik". Supervision ist vor allem durch einen hermeneutischen Ansatz verstehbar (vgl. II. Teil).

Die in professioneller Hinsicht einzigartige Leistung einer Berufsgruppe, Selbstreflexion zu institutionalisieren, wird überhaupt nicht verstanden, sondern auf die Autoritätsproblematik (S. 42ff) reduziert. Weiterhin differenziert Huppertz in seiner „Bibliographie zur Supervision in der Sozialarbeit" (1975, S. 161ff) nicht zwischen Einzelhilfe, Sozialer Gruppenarbeit, Balintgruppenarbeit und der eigentlichen Supervisionsarbeit.

Die Balintgruppenarbeit wird nur durch Sekundärquellen rezipiert und fälschlicherweise mit der Supervision gleichgesetzt (z.B. S. 77), obwohl sie einen völlig anderen Ursprung hat. Balintarbeit ist nicht Supervision, sondern **auch** Supervision, wie weiter unten dargestellt werden wird.

Die moralisch-ethische Überfrachtung der älteren amerikanischen Methodenliteratur wird nicht in ihrer zeitlichen Bedingtheit beurteilt. Die Tatsache, daß Huppertz' Buch auch gegenwärtig immer noch in der Fachliteratur zur Kritik von Supervision herangezogen wird, kennzeichnet allerdings eher die mangelnde Kenntnis der Autoren. Abgesehen von diesen Kritikpunkten sind die Arbeiten von Huppertz und Ringshausen-Krüger (außer in ihren supervisions-historischen Teilen) völlig veraltet. Beide Bücher beziehen sich auf einen Literaturstand bis Mitte der siebziger Jahre. Beide Arbeiten waren bei ihrem Erscheinen fast schon von der nun rasch einsetzenden und im folgenden skizzierten Entwicklung überholt. Denn die Supervision hat sich inzwischen nahezu völlig von ihrem Ursprung (Einzelhilfe, Sozialarbeit) gelöst und hat neue theoretische Bezüge und Arbeitsfelder gefunden.

Die Vielfalt der aktuellen Supervisions-Definitionen

Um heute Supervision zu definieren, verwendet man vorwiegend den **Beratungsbegriff**. Hier beispielhaft eine ausführliche Definition von Weigand: „Supervision ist eine in den sozialen und therapeutischen Feldern anerkannte und etablierte Beratungsform beruflichen Handelns. Wurde in der Pionierarbeit (Pionierzeit? N.B.) der Supervision vorwiegend die Form der Einzelsupervision praktiziert, kamen später als wesentliche Ergänzung die Gruppensupervision in ihren unterschiedlichen Ausprägungen hinzu, bis schließlich der Supervisor in Form der Teamsupervision den Weg in die Organisation fand."

Schließlich werden auch „Mängel der Organisationsstruktur" zum Gegenstand von Supervision, „ohne kritisch zu analysieren, ob Supervision wirklich die geeignete methodische Vorgehensweise zur Lösung des beruflichen Praxisproblems ist" (Weigand, 1990a, S. 318; auch: Geißler/Hege, 1988b, S. 236; John/Fallner, 1980, S. 9; Pühl, 1988, S. 9; 1990a, S. 3). Bei Schreyögg wird Supervision als eine Beratungsform dargestellt, die „berufliche Zusammenhänge thematisiert" (1991b, S. 1). Bei diesen Definitionen wird die Abkehr vom Ursprung der Sozialen Arbeit deutlich. Auch andere aktuelle Definitionsversuche variieren nur geringfügig. Für Wittenberger ist Supervision „angewandte Sozialwissenschaft" und damit ein „Beratungsarrangement" (1984c, S. 1179). Gaertner versteht Supervision als „praktischen Diskurs" (1978) und als dieser ist sie ein „regelgeleiteter Beratungsprozeß" (1988, S. 563).

Aus phänomenologisch-interaktionistischer Sicht beschreibt Schütze die Supervision wie folgt: „Supervision ist eine institutionell verfestigte Tätigkeit, die Menschen in klientenzentrierten Berufen helfen soll, die immer wiederkehrenden und z.T. auch unaufgebbaren Probleme ihres Berufsfeldes zu erfassen und Bearbeitungsstrategien zu entwickeln, die ein aktives Angehen dieser Probleme ermöglichen und die betroffenen Klienten professioneller Arbeit mit ihren Lebensschwierigkeiten im Blick zu halten nötigen. Supervision ist mithin eine regelgeleitete Reflexionstätigkeit, die sich auf die Handlungsstrukturen und die systematischen Problembestände professioneller Arbeit bezieht und auf die biographischen Haltungen, die hinsichtlich dieser Handlungsstrukturen und Problembestände möglich sind" (1984, S. 278). Ferner bezeichnet Schütze das Supervisionsgeschehen als „Selbstvergewisserungsprozesse" (S. 354) und „Praxisselbsthilfe" (S. 332).

Für Petzold ist Supervision eine „Bewältigungsstrategie". Ähnlich wie die Sozialarbeit komme die Supervision auch häufig zu spät (1989, S. 353).

Irle definiert Supervision folgendermaßen: „Supervision ist gegenwärtig eine personenbezogene Dienstleistung zweiter Ordnung für Mitarbeiter, die personenbezogene Dienste erster Ordnung hervorbringen: Beratungs- und Betreuungsarbeit. Daher gehört der Aufschwung und die Krise der Supervision untrennbar mit der Entwicklung des sozialen Dienstleistungssektors zusammen. Bei personenbezogenen Diensten kommt es im Unterschied zu Geldleistungen auf eine gelungene Interaktion an. Diese ist nirgends störanfälliger als im sozialen Bereich. Daher konnte Supervision in der Vergangenheit in diesem Feld ihre Nützlichkeit erweisen" (1984, S. 184).

In Anlehnung an Luhmanns Systemtheorie hebt Willke die Supervision als Revisionsinstanz einer Berufsgruppe hervor, ähnlich wie es weiter oben mit dem Begriff der Selbstreflexivität getan worden ist. Supervision ist seiner Meinung nach „strikt zu trennen von einer bloßen Wiederholung oder Verstärkung des Grundprozesses". Supervision ist nach Willke kein „reflexiver Mechanismus im Sinne einer Therapie der Therapie, eines Diagnostizierens von Diagnosen, eines Lehrens des Lehrens oder einer Kosten-Nutzen-Kalkulation von Kosten-Nutzen-Kalkülen. Vielmehr soll Supervision verstanden werden als ein Reflexionsprozeß, in welchem die notwendigen Paradoxien und blinden Flecken des Grundprozesses, etwa der Therapie, deutlich gemacht und probeweise als kontingent behandelt werden. Voraussetzung für Supervision ist damit die gezielte Verwendung von Beobachtungen zweiter Stufe – also die Arbeit mit der Beobachtung von Beobachtungen" (1991, S. 38f).

Eine ausführliche Beschreibung der Gruppen- und Teamsupervision aus systemtheoretischer Betrachtungsweise liegt von Rappe-Giesecke vor: „Supervision ist eine Institution, deren erste Funktion es ist, die Psychodynamik von professionellen Beziehungen, seien es Beziehungen zwischen Professionellen und ihren Klienten oder Beziehungen zwischen den Professionellen, z.B. Teammitgliedern, zu analysieren. Zweitens hat Supervision die Funktion, die Rollenhaftigkeit dieser Beziehungen zu untersuchen, sie fragt nach den Auswirkungen der Institution, in der Professional und Klient oder Professional mit Professional zusammenkommen, auf deren Beziehungen. Und drittens vermittelt Supervision beide Analyseebenen und klärt das Zusammen- bzw. Gegeneinanderwirken von psychischen und institutionellen Strukturen in professionellen Beziehungen" (1990a, S. 4).

Angesichts der interdisziplinären Sichtweise von Person, Gruppe und Sozialorganisation ist Supervision für Rappe-Giesecke auch „ein selbststeuerndes System, das sich in einer komplexen Umwelt erhält, zu dieser Umwelt Kontakt aufnimmt und sich gleichzeitig von ihr abgrenzt und so seine Identität sichert. Supervisor und

Supervisanden erscheinen als soziale Rollen, als Elemente dieses Systems“ (S. 5f).

Pühl liefert in seinem „Handbuch der Supervision“ eine umfassende und offene Definition, die hier auszugsweise wiedergegeben werden soll. Supervision ist eine „berufsbezogene Beratung“, die auf „Kompetenzerweiterung“ hinzielt. Sie steht eindeutig „in einer pädagogischen Tradition, da es um Lernen geht“. Dabei spielt der „Kontrollaspekt“ eine Rolle, entweder in „institutionalisierter Form“ oder im Sinne der „Selbstkontrolle“. Die supervisorische Anleitung findet „durch einen erfahrenen Fachmann statt“ und in „der Regel wird die Beratung in Gruppen durchgeführt“ (Pühl, 1990a, S. 3). Diese sehr differenzierten und offenen Begrifflichkeiten von Supervision markieren auch den Wandel von der „Praxisberatung“ zu den heutigen Formen der Supervision.

Pühl, ein Supervisor der jüngeren Generation, Sozialarbeiter und Diplom-Psychologe, knüpft in seinem „Handbuch der Supervision“ (1990) an die in den Niederlanden verwendete Unterscheidung zwischen Ausbildungs-Supervision und Fortbildungs-Supervision an. Die **Ausbildungs-Supervision** ist die „älteste“ Form der Supervision; sie hat ihre Quellen in der **amerikanischen Sozialarbeit** und deckt sich weitgehend mit dem heute weniger gebräuchlichen Begriff „Praxisanleitung“. Eine zweite spätere Quelle der Ausbildungs-Supervision ist die „**Kontrollanalyse**“, wie sie seit 1920 am Berliner Psychoanalytischen Institut eingeführt wurde und inzwischen in den meisten psychotherapeutischen Ausbildungen praktiziert wird. Neben der Eigentherapie und der Theoriearbeit muß der psychotherapeutische Ausbildungskandidat seine behandelten „Fälle“ von einem anderen erfahrenen Psychotherapeuten („Kontrollanalytiker“, „Kontrolltherapeut“) überprüfen lassen (Pühl, 1990a, S. 61f).

Für die **Fortbildungs-Supervision** ist es charakteristisch, „daß die Supervisanden ihre Berufsausbildung abgeschlossen haben und in ihrem Praxisfeld arbeiten. Im Gegensatz zur Ausbildungs-Supervision geht es nicht um das Erlernen einer speziellen Methode zur Bewältigung der beruflichen Anforderungen, sondern

- um die Integration des Gelernten in das Spezifische des konkreten Berufsalltags und
- um die Weiterentwicklung der institutionellen Strukturen entsprechend ihrer spezifischen Arbeitsaufgabe“ (Pühl, 1990a, S. 121).

Für Pühl hat diese Fortbildungs-Supervision drei Quellen:

- die **Sozialarbeiter-Supervision**. Wie sie von ihren amerikanischen Ursprüngen bis zur deutschen „Praxisanleitung" beschrieben worden ist.
- die **Balint-Arbeit** des ungarischen Psychoanalytikers Michael Balint, welche die unbewußte Übertragungs- und Gegenübertragungs-Dynamik in Gruppen zuerst für die Fortbildung von Ärzten nutzte (Balint, 1957).
- Weiterhin zählt als dritte Traditionslinie zur Fortbildungs-Supervision alles, was sich seit den 50er Jahren im Umfeld der **Lewin-Schule**, Kleingruppenforschung, Gruppendynamik, Gruppenpsychotherapie, und Organisationsberatung entwickelt hat (S. 122f).

Nach dieser Diskussion von Rezeptionsgeschichte und Begrifflichkeit der deutschen Supervision kann man folgendes festhalten:

1. Der Supervisionsbegriff hat sich von seinen Ursprüngen in den USA gelöst und teilweise verselbständigt.
2. Diese Veränderung hat auch damit zu tun, daß die ursprüngliche Supervision in den USA (ähnlich wie Case-Work) bei uns unvollständig rezipiert, ihrer Kontrollelemente teilweise entledigt und in eine andere gesellschaftliche Situation transferiert worden ist.
3. Die deutsche Supervisionsliteratur seit 1970 hat sich, nach der unkritischen Rezeption der amerikanischen und niederländischen Quellen, eigentlich nicht mehr grundsätzlich mit der Entwicklung in den Vereinigten Staaten beschäftigt. Man vergleiche nur die Themen in den Büchern von Kadushin, Kaslow, Munson, Stoltenberg/Delworth und anderen im Verhältnis zur deutschen Diskussion seit 1970.
4. Die Hintergründe, weshalb die deutsche Supervisionsentwicklung anders verlief, haben neben der unvollständigen Rezeption natürlich auch mit der anderen Struktur in Ausbildung, sozialen Diensten und unserer Gesellschaft insgesamt zu tun.

Das alles begünstigte das Aufkommen des organisationsexternen, freiberuflichen, oft auch arbeitsfeldfremden Supervisors. Parallel dazu kam seit den 70er Jahren eine Zunahme der Ausbildungseinrichtungen zustande. Hinzu kamen noch Anleihen aus den psychologischen und soziologischen Theorien, die zum „Methodenpluralismus" in der gegenwärtigen Supervision geführt haben.

Literaturanalyse zur Supervision der Sozialen Arbeit 1970 bis 1992

Die Defizite der Supervisions-Forschung werden weiter unten im II. Teil noch ausführlicher dargestellt. Um die gegenwärtige Situation der Supervision zu beschreiben, muß deswegen eine Literaturanalyse „ wie in den Arbeiten von Huppertz und Ringshausen-Krüger die Materialbasis bilden. Auch bezieht sich diese Literaturanalyse auf eine neue Phase der deutschen Supervision: ihrer Loslösung und Verselbständigung von der Sozialen Arbeit. Nach der vorab erfolgten historischen Darstellung werden nun in den folgenden Abschnitten und vor allem im II. Teil die thematisch geordneten Einzelergebnisse der aktuellen Supervisionsliteratur dargestellt. Die Literaturanalyse soll vorweg einen groben Überblick verschaffen über die gewandelte Szenerie der Supervision.

Diese Literaturanalyse liefert jedoch nur ein Bild dessen, **was** publiziert worden ist. Man muß deutlich unterscheiden zwischen Publikationen **über** Supervision und der schwer erforschbaren Realität **der** Supervision. Neben den in den einzelnen Kapiteln dieser Untersuchung dargestellten Inhalten und Themen der Publikationen stellt sich die zentrale Frage, **wer** die Autoren der Supervisionsbeiträge hinsichtlich ihrer beruflichen Hintergründe sind.

Vor allem, um ein genaueres Bild der Autorenschaft der Jahre 1970 bis 1992 zu erhalten, wurden die untersuchten Supervisions-Beiträge nach den beruflichen Hintergründen durchgesehen und ausgewertet. Nicht erfaßt worden sind die vielen Beiträge über die Balint-Gruppenarbeit, außer diese befanden sich in den genannten folgenden Zeitschriften und Fachbüchern. Ferner wurde nicht die unüberschaubare Fülle von Artikeln über Supervision und ähnliche Verfahren in den primär nicht-sozialarbeitsbezogenen Publikationen berücksichtigt. Hierzu zählt die spezielle Balint-Literatur, sowie die pädagogische, heilpädagogische, pastorale, medizinische, psychiatrische, psychologische und psychotherapeutische Literatur über Supervision.

Zu dieser Literatur-Analyse sind folgende **Zeitschriften des Sozialwesens** der Jahrgänge 1970 bis 1992 durchgesehen worden:

„Archiv für Wissenschaft und Praxis der sozialen Arbeit";

„Archiv für Sozialpädagogik" (1970 bis 1980);

„Begegnen und Helfen" (vormals: „Vinzenz-Blätter");

„Bewährungshilfe";
„Caritas";
„Caritas-Korrespondenz";
„Der Sozialarbeiter / Berufliche Sozialarbeit";
„Deutsche Jugend";
„Diakonie";
„Diakonia";
„Forum Jugendhilfe" (AGJ-Mitteilungen, 1976 bis 1992);
„Jugendwohl";
„Nachrichtendienst des Deutschen Vereins für öffentliche und private Fürsorge";
„Neue Praxis" (seit 1972);
„Mitglieder-Rundbrief der Arbeitsgemeinschaft für Erziehungshilfe" (AFET, 1979-1992);
„Päd: Extra Sozialarbeit" / „Demokratische Erziehung";
„Schwalbacher Blätter";
„Socialmanagement" (seit 1991);
„Sozial";
„Sozial: Extra";
„Soziale Arbeit";
„Sozialmagazin" (seit 1976);
„Sozialpädagogik";
„Suchtgefahren" / „Sucht";
„Theorie und Praxis der Sozialen Arbeit";
„Theorie und Praxis der Sozialpädagogik";
„Unsere Jugend";
„Wege zum Menschen";
„Widersprüche" (1981 bis 1990);
„Zeitschrift für Pädagogik".

Das sind insgesamt 30 Fachzeitschriften. Ferner wurden noch die Zeitschriften „Gruppendynamik" und „Gruppenpsychotherapie und Gruppendynamik" sowie die Fachzeitschrift „Supervision" und der Informationsdienst der Deutschen Gesellschaft für Supervision, „DGSv aktuell" (1990-1992) bezüglich der Beiträge zur Supervision der Sozialen Arbeit durchgesehen. Die Zeitschriftenanalyse betrifft somit 33 Periodika überwiegend der Jahrgänge 1970 bis 1992, von denen 30 als im engeren Sinne zur Sozialen Arbeit zugehörig bestimmt werden können.

In den Jahrgängen 1970 bis 1992 konnten bei den genannten Fachzeitschriften über 180 Beiträge zu den Themen Supervision und Organisationsentwicklung in der Sozialen Arbeit gesichtet werden. Deutlich an der Spitze steht die Zeitschrift „Sozialpädagogik", die sich schon früh der Gruppensupervision sowie der Supervision in Institutionen gewidmet hat. Hierzu haben vor allem Schwarzwälder und Müller-Schöll (so im Themenheft Nr. 1/1974) Pionierarbeit geleistet.

Eine etwa gleichgroße Anzahl finden wir im „Nachrichtendienst des Deutschen Vereins für öffentliche und private Fürsorge", wobei vor allem die empirischen Untersuchungen über die „Praxisberater" (Nr. 6/1973 und Nr. 9/1973) hervorgehoben werden sollen. Sowohl bei der „Sozialpädagogik" wie auch beim „Nachrichtendienst" muß man die Publikationen im Zusammenhang mit den jeweiligen Ausbildungskursen für Praxisberater/Supervisoren sehen.

Diese Beiträge hatten auch die Aufgabe, über die Möglichkeiten der Supervision aus der Praxis sowie aus Sicht der Verbände zu informieren; oft waren sie von Praxisberatern oder Supervisanden geschrieben worden. Dies gilt auch für die Publikationen zahlenmäßig geringeren Umfanges in den anderen Fachzeitschriften.

Einen grundsätzlich unterschiedlichen Charakter hatten dagegen viele Artikel in der „Neue Praxis". Hier erschienen die meisten der insgesamt elf Beiträge in den 70er Jahren und dienten beispielsweise der theoretischen Orientierung und der Klärung der politischen Funktion von Supervision.

Bemerkenswert ist auch, daß im gesamten Zeitraum im „Sozialmagazin" (ab 1976) nur sehr wenige Beiträge über Supervision und Organisationsberatung erschienen sind. Auch in der „Deutschen Jugend" lassen sich nur einige Beiträge (Nr. 5/1973 und Nr. 1/1980) finden, die höchstens im weitesten Sinne als zur Supervision gehörig identifiziert werden konnten. Man sieht, die publizistische Beschäftigung mit der Supervision findet eher in denjenigen Zeitschriften statt, die eine Nähe zur Ausbildung und den Verbänden haben; sie propagieren damit die Supervision auch als Innovation für ihre Mitarbeiter und Leser.

Bemerkenswert ist, daß beispielsweise in der Zeitschrift „Gruppendynamik", die nicht zu den Publikationsorganen des Sozialwesens gehört, im genannten Zeitraum wesentlich mehr Beiträge über Supervision und Organisationsberatung erschienen sind, als in einzelnen publizistisch aktiven sozialpädagogischen Fachzeitschriften.

Neben der seit 1982 gegründeten speziellen Fachzeitschrift „Supervision" ist die „Gruppendynamik" das derzeit im Bereich Supervision/Beratung führende Medium. Die supervisionsbezogenen Beiträge in den vielen psychotherapeutischen Fachzeitschriften wurden nur dann berücksichtigt, wenn sie sozialarbeitsbezogene Themen behandelten. Auch hierbei wird deutlich, wie sehr sich die Supervision von der Sozialarbeit in das allgemeine Beratungswesen hineinentwickelt hat.

Die Frage nach dem Ort von Fachartikeln zum Thema Supervision erbrachte somit das Zwischenergebnis, daß Supervisions-Beiträge in den letzten Jahren vermehrt in „sozialarbeitsfernen" Zeitschriften wie „Gruppendynamik" und „Supervision" sowie den verschiedenen Therapierichtungen verpflichteten Publikationsorganen erschienen sind.

Eine weitere Möglichkeit, die Veröffentlichungen über Supervision der Sozialen Arbeit zu bewerten, ist die Frage nach dem beruflichen Hintergrund der Autoren dieser Fachbeiträge. Mangels genauer Verfasserangaben in vielen Fachzeitschriften konnten hierbei jedoch nur die Mitarbeiter der Zeitschrift „Supervision" und der beiden gegenwärtig umfangreichsten Bücher über Supervision zur Untersuchung herangezogen werden.

Von den regulären 21 Ausgaben (1982 bis 1992) der Zeitschrift „Supervision" wurden 120 Autorenbeschreibungen untersucht, wobei die Mehrfachnennungen nicht berücksichtigt werden konnten. Etwa fünfzig dieser Autoren gaben als primäre berufliche Qualifikation die Berufe Sozialarbeiter, Sozialpädagoge, Diplompädagoge oder ähnliches an. Auch einige weitere Verfasser, die noch zusätzliche Abschlüsse als Diplom-Psychologen oder berufliche Positionen als Fachhochschul-Professoren haben, sind dieser Gruppe zugerechnet worden.

Die zweitgrößte Autorengruppe bilden etwa fünfundzwanzig Hochschullehrer, die von der Erstausbildung her gesehen nicht zu den genannten Sozialberufen gehören. Als dritte Berufsgruppe der Autorenschaft dieser Zeitschrift konnten zwanzig Diplom-Psychologen identifiziert werden. Weiterhin waren noch ungefähr zehn Beiträge von Sozialwissenschaftlern, Theologen, Ärzten, Psychoanalytikern oder anderen Berufsgruppen festzustellen.

Gesichert scheint damit, daß die Zeitschrift „Supervision" als bisher einziges Publikationsorgan auf diesem Sektor – von den Erstberufen ihrer Autoren her gesehen – der Sozialen Arbeit und den pädagogischen Berufsfeldern aufs engste verbunden ist, weil knapp die Hälfte aller Autoren diesen Berufsfeldern entstammen.

Außer der schon mehrfach erwähnten Literaturanalyse von Huppertz aus dem Jahre 1975 und der unveröffentlichten Dissertation von Ringshausen-Krüger (1977a) sind keine weiteren umfassenden Studien über Supervision und Soziale Arbeit bekannt. Das Thema ist seit etwa 15 Jahren vor allem seitens der Sozialarbeits-Forschung vernachlässigt worden.

Alle nach 1977 erschienenen Monographien über Supervision haben die Tendenz, über die Supervision der Sozialen Arbeit hinaus auch Supervision für die Psychotherapie, Teile des Bildungswesens und andere Berufe anzubieten. Sie betonen eher den allgemeinen Beratungscharakter der Supervision, also die Beratungskompetenz. Mit der Ausnahme von Schreyögg (1991a, 1991b) gilt das auch für die derzeit umfangreichste größten Neuerscheinungen mit dem Charakter von „Standardliteratur".

Die 35 Autoren der mit 480 Seiten – nach Schreyögg (1991f) umfangreichsten Publikation, dem „Handbuch der Supervision" von Pühl, lassen sich in ähnlicher Weise klassifizieren. Nur fünf dieser 35 Autoren geben einen Abschluß als Sozialarbeiter, Sozialpädagoge oder Diplom-Pädagoge an; zwei weitere Verfasser von Artikeln sind Professoren an Sozialwesen-Fachbereichen der Fachhochschulen. Die größte Berufsgruppe ist (oft mit Überschneidungen) diejenige der Diplom-Psychologen, Psychoanalytiker, Psychotherapeuten, Mediziner und sonstiger Sozialwissenschaftler.

Am Buch von Fatzer/Eck über „Supervision und Beratung" sind vierzehn Autoren beteiligt. Genau die Hälfte von ihnen konnte als Unternehmens- bzw. Organisationsberater, oft zusätzlich mit der Tätigkeit als Diplom-Psychologe und Professor klassifiziert werden. Zwei Autoren sind Psychotherapeuten/Balint-Gruppen-Leiter und jeweils eine Person ist Universitätsprofessor für Pädagogik und Gruppendynamik. Ein Verfasser eines Beitrages hat eine theologische und psychoanalytische Ausbildung. Nur zwei Autoren konnten dem Bereich des Sozialwesens im engeren Sinne zugeordnet werden: eine Sozialarbeiterin (MSW) und ein Professor an einer Fachhochschule, beide sind als Lehrsupervisoren tätig.

Für diese beiden Standardwerke der Supervision kann man somit feststellen, daß Autoren, die den Berufen des Sozialwesens entstammen, in der Minderzahl sind. Dominierend sind Diplom-Psychologen, Psychotherapeuten und Sozialwissenschaftler, wobei deutlich die Tendenz zu interdisziplinären Mehrfachqualifikationen festzustellen ist.

Die Literaturanalyse ist sicherlich nicht „objektiv", weil sie nur über das berichten kann, was vorgefunden wurde. Viele Publikationen lassen überhaupt keinen originären Theoriegehalt erkennen; sie sind eklektisch (Buer, 1985). Auch wurde in theoretischer Hinsicht eine dem Gegenstand der Sozialen Arbeit unangemessene Dominanz der psychoanalytischen Ansätze deutlich. Sieht man einmal von den vielen Praxisberichten aus einzelnen Arbeitsfeldern ab, findet eigentlich keine **grundsätzliche Trennung** zwischen der Supervision von **Sozialer Arbeit** und der Supervision von **Psychotherapie** oder **sonstiger Berufsfelder** (Schule, Erwachsenenbildung, Verwaltung und Wirtschaft) statt.

Weiterhin hat die Literaturanalyse verdeutlicht, daß Supervision nicht mehr nur eine Sache der Sozialarbeit selbst ist. Je nach Publikationsorgan und Leserkreis differieren Themen und Autorenschaft beträchtlich. Andererseits kann man feststellen, daß die Supervision auch **noch** eine zentrale Weiterbildungs- und Beratungsfunktion der Sozialen Arbeit bleibt. Diese hat zwar an Bedeutung zugenommen, wird aber auch zunehmend von fachfremden Supervisoren bestimmt.

In den siebziger Jahren werden die Methoden verändert

Seit Ende der sechziger Jahre haben sich im nachfolgenden Jahrzehnt so viele Veränderungen in Deutschland ergeben, daß die Soziale Arbeit, ihre Methoden und auch die Supervision davon wesentlich beeinflußt worden sind.

Neben der „Studentenbewegung" seit 1968 ist hierbei auch die aus den USA gekommene Gruppendynamik zu erwähnen.

Entstehung der Gruppendynamik in den USA

Die Anfänge der Gruppendynamik sind verbunden mit dem Werk des 1933 aus Deutschland emigrierten Gestaltpsychologen Kurt Lewin, der an der Universität von Iowa (USA) von 1937-40 zusammen mit Lippitt und Whyte verschiedene Untersuchungen über Führungsstil und Gruppenatmosphären vornahm.

Durch Lewin (1953, 1963) und seine Mitarbeiter wurden psychologische Vorgänge im „sozialen Feld" untersucht. Im Jahre 1944 tauchte in einem von Lewin veröffentlichten Aufsatz der Begriff „Gruppendynamik" auf (Lapassade, 1972, S. 43). Doch Moreno soll schon im Jahre 1938 die Bezeichnung „Group Dynamics" benutzt haben (Rechtien, 1992, S. 38).

Damit steht der Name Lewins bis heute auch für die Entwicklung der Erziehungsstil-Forschung sowie der Aktionsforschung. Im Jahre 1945 kamen Lewin und seine Mitarbeiter an das Massachusetts Institute of Technology (MIT), das auch mit dem Tavistock Institute for Human Relations in London später bedeutsame Beiträge zur Gruppenforschung leistete.

Ein Jahr später fand ein Workshop in New Britain, Connecticut statt, bei dem Lehrer und Sozialarbeiter auf die Durchführung eines Gesetzes zur gleichmäßigen Behandlung von Arbeitssuchenden verschiedener Ethnien (Fair Employment Practices Act) vorbereitet werden sollten (Benne, 1972, S. 96; Lippitt, 1979, S. 623). Neben Lewin waren unter anderem Benne, Bradford und Lippitt im Mitarbeiterstab. Als die Gruppenleiter sich in der abendlichen Leiter-Sitzung über die Gegebenheiten in den einzelnen Arbeitsgruppen des Tages austauschten, ergriffen einige zufällig hinzugekommene Gruppenteilnehmer das Wort und korrigierten die sie betreffenden Darstellungen ihres Gruppenleiters. Damit war man zufällig auf unterschiedliche Darstellungen, differierende „Wahrheiten“ eines Vorganges gekommen. Das „Feed-Back“, die Rückkoppelung verschiedener Erlebnisweisen eines Vorgangs auf der gefühlsmäßigen und kognitiven Ebene, war entdeckt worden.

„Dem Trainingsstab schien es, als sei man unversehens auf ein möglicherweise machtvolles Medium und Verfahren der Umerziehung (Re-Education) gestoßen. Wenn man die Gruppenmitglieder mehr oder weniger objektiv mit Daten über ihr Verhalten und dessen Folgen konfrontierte, und wenn sie sich ohne Abwehr am Nachdenken über diese Daten beteiligten, so konnte ihr Lernen über sich selbst, über die Reaktionen anderer auf sie, über Gruppenverhalten und Gruppenentwicklung im allgemeinen zu höchst bedeutsamen Resultaten führen“ (Benne, 1972, S. 98).

Schon in den nächsten Jahren begann man diese zufällig gefundene neue Möglichkeit, eine Gruppe über sich selber lernen zu lassen (Selbstreflexion), systematischer auszubauen. Es entstanden „Trainings-Gruppen“ (T-Groups), bei denen Trainer, welche jedoch die traditionelle Leitungsfunktion verweigerten, durch ihre Interventionen der Gruppe zu eigenem Lernen über sich selber verhalfen. Diese Gruppen haben kein Thema außer sich selber; sie arbeiten im „Hier und Jetzt“. Äußerungen über die herkömmlichen Rollen und die Vergangenheit, das „Dort und Damals“ waren verpönt. Alte, eingefahrene Verhaltensweisen sollten dabei überdeutlich charakterisiert werden durch „Focussieren“ (Scharfeinstellen), um diese aufzulockern (Unfreezing). Am ausgeprägtesten wurde dies in den „Sensitivity-Trainings“ geübt, die das „Feed-Back“ zu ihrem zentralen Thema machten. Schließlich ging es auch darum, das in diesen Seminaren Erlernte für den Alltag zuhause („Back-Home“) zu übertragen.

Die vielen Varianten und Fortentwicklungen der gruppendynamischen Methoden können hier aus Raumgründen nicht weiter beschrieben werden (Rechtien, 1992). Bedeutsam, nicht nur für die Supervision, ist jedoch deren Auswirkung im deutschen Raum.

Die Episode der Gruppenpädagogik

Lange vor der gruppendynamischen Bewegung hat die „Gruppenpädagogik", eine weitgehend eigenständig entstandene Methodik der deutschen Sozialpädagogik, durch Fortbildungsveranstaltungen und ihre Zeitschrift „Schwalbacher Blätter" die Fachwelt auf die amerikanische Kleingruppenforschung und die neuen Methoden aufmerksam gemacht.

Eine geschichtliche Wurzel der Gruppenpädagogik ist in der deutschen Reformpädagogik und den verschiedenen Richtungen der Jugendbewegung zu verorten. Bei den vielen Aktivitäten der reformpädagogischen Phase bis 1933 in der Jugendarbeit, den reformpädagogischen Schulen und Landerziehungsheimen konnte man Erfahrungen in der Gruppenarbeit sammeln („Jugend führt Jugend").

Neben der deutschen reformpädagogischen Traditionslinie brachten die Mitarbeiter vom „Haus Schwalbach" eigentlich auch als erste die neuen amerikanischen Erkenntnisse der Kleingruppenforschung (Lewin, Sherif/Sherif, Whyte u.a.) schon seit Anfang der 50er Jahre nach Deutschland. Was damals in den „Schwalbacher Blättern" über Gruppendynamik zu lesen war, ist aus heutiger Sicht erstaunlich (vgl. Kelber, 1959; 1971). Vom „Haus Schwalbach" aus, einer damals in Deutschland sehr wichtigen Weiterbildungsstätte für pädagogische und soziale Berufe in der Nähe von Wiesbaden, wurden in den Jahren seit 1949 etwa 117.000 Personen in Seminaren mit den neuen Möglichkeiten der Gruppenpädagogik bekanntgemacht (C.W. Müller, 1988, S. 64).

Die Gruppenpädagogik wollte immer mehr sein als nur eine „Methode". Sie wollte eine neue demokratische Lebensform in Beruf und Alltag verbreiten. Sie war auch ein Umerziehungsfaktor für alle diejenigen, die im Nazi-Deutschland aufgewachsen waren und zielte auf Partnerschaftlichkeit, Toleranz und demokratische Verhaltensweisen im alltäglichen Umgang miteinander ab.

Die Gruppenpädagogik hat die Erkenntnisse der amerikanischen Kleingruppenforschung und Gruppendynamik bei uns lange vor der Popularisierung spezieller gruppendynamischer Seminare bekanntgemacht. Möglicherweise hat auch das zum Untergang der Gruppenpädagogik mit beigetragen. Im Gegensatz zu den gruppendynamischen Verfahren hat die Gruppenpädagogik den Faktor der oft persönlich schmerzlichen Selbstreflexivität im Zusammenhang mit den neueren Methoden, Techniken und Theorien der Selbsterfahrung nicht so sehr betont.

Im Jahre 1985 kam es zur Auflösung des Vereins „Haus Schwalbach". Von den neuen selbstreflexiven Verfahren beeinflußt nun die Gruppendynamik die pädagogische und soziale Arbeit seit Ende der 60er Jahre immer stärker.

Die Gruppendynamik kommt nach Deutschland

Zwar führte Bradford schon im Jahre 1954 in Wien das erste gruppendynamische Laboratorium im deutschsprachigen Raum durch, aber die Popularisierung der Gruppendynamik erfolgte erst seit Ende der sechziger Jahre. 1963 fand im „Haus am Schliersee" eine derartige Veranstaltung für Lehrer unter der Leitung von Benne, Brocher, Nylen und Lehner statt (Spangenberg, 1970, S. 100). Der Bonner Psychologie-Professor Däumling bot ab 1965 „Sensitivity-Trainings" an. Im Jahre 1967 wurde der „Deutsche Arbeitskreis für Gruppenpsychotherapie und Gruppendynamik" (DAGG) gegründet (Fengler, 1979, S. 626).

Ein Zentrum für die Verbreitung der Gruppendynamik war die inzwischen aufgelöste „Akademie für Jugendfragen" in Münster, die auch Kurse für soziale Gruppenarbeit und Praxisberatung/Supervision anbot. Viele der in Münster tätigen Gruppendynamiker sind heute in der deutschen Supervisionsszene bekannt.

Das Jahr 1970 ist in mehrfacher Hinsicht für die deutsche gruppendynamische Entwicklung ein zentrales Datum. Die bekannte Zeitschrift „Gruppendynamik" erscheint, neben das „Sensitivity-Training" tritt das „Organisations-Laboratorium" und im gleichen Jahr erscheint in Heft 3 der „Gruppendynamik" Peter Fürstenaus Aufsatz über „Institutionsberatung", der eine Hinwendung von Gruppendynamik und Supervision zu organisatorischen Zusammenhängen markiert und an die internationale Entwicklung anknüpft.

Nicht nur wegen der Gruppendynamik ist aus heutiger Sicht die Zeit um 1970 der Wendepunkt der Supervision in Deutschland. Hierzu können noch andere Faktoren ausgemacht werden. Einerseits startet der Aufbau der Fachhochschulen, an denen die Berufsgruppe der Sozialarbeiter und damit Praxisausbildung ins Hintertreffen gerät. Dadurch beginnt der Auszug der Supervision aus den

Ausbildungsstätten, wo sie sich eher als Notlösung etablieren mußte, weil sie in den deutschen Wohlfahrtsorganisationen selber keinen festen Platz finden konnte.

Schon im Jahre 1969 kam es zu einer Kooperation mehrerer an der Supervisionsweiterbildung beteiligter Einrichtungen durch die Gründung der „Konferenz zentraler Fortbildungsinstitutionen für Jugendarbeit und Sozialarbeit" (Ringshausen-Krüger, 1977, S. 91).

Seit Beginn der 70er Jahre wird die klassische Supervision zuerst durch die Gruppendynamik bereichert. Gruppe, später Team und Organisation, rücken immer mehr ins Zentrum von supervisorischen Reflexionen. Weigand nennt diese Phase: „Supervision als Instrument der sozialen und politischen Veränderung – der Supervisor als ‚Change Agent'" (1989, S. 254).

Seit Beginn der 80er Jahre werden die gruppendynamischen Tendenzen in der Supervision noch ergänzt durch organisationssoziologische Ansätze. Im Jahre 1978 erschien Sievers Buch „Organisationsentwicklung als Problem" und ein Jahr später veröffentlichte Wellendorf seinen Beitrag über die „Sozioanalyse".

Zwar war schon 1972 von sozialarbeiterischer Seite aus der Praxisberater-Verband gegründet worden, aber die sozialarbeiterische Supervision erhielt immer mehr Anstöße von fachfremden Disziplinen, was wiederum die Entstehung eines von den Berufsfeldern der Sozialen Arbeit unabhängigen Supervisors begünstigte. Im Jahre 1979 veranstaltete die damalige „Akademie für Jugendfragen" in Münster den ersten Fachkongreß über Supervision: „Supervision im Spannungsfeld zwischen Person und Institution."

Die Zeit von 1970 bis 1990 bezeichnet Weigand als „Institutionalisierung und Professionalisierung in der Supervision – der Supervisor als Organisationsberater und der Supervisor in freier Praxis (1970 bis heute)" (Weigand, 1989, S. 255). Die heutige, stärker unter gruppendynamischen, psychoanalytischen und organisationssoziologischen Einflüssen stehende Supervision habe vor allem drei Schwerpunkte:

- Hinwendung zum Feld (Frage der Feldkompetenz);
- des Supervisors „Gang in die Organisation" (Teamsupervision/Organisationsentwicklung); und
- Vermarktung der Supervision (Weigand, 1990c, S. 55).

Die wenigen Autoren, die sich mit der historischen Entwicklung der Supervision in Deutschland beschäftigten, teilen die Rezeptionsgeschichte in mehrere Phasen ein. Die Zeit bis etwa 1960 gilt als Transferphase mit vorwiegend aus dem Casework stammenden „psychologisierenden Elementen" (Wieringa, 1979, S. 13). Danach kam die „soziologisierende Phase", etwa von 1960 bis 1970 (S. 16).

Diese kurze Phasen-Einteilung bedarf allerdings einer näheren Erläuterung, um die Hintergründe der Veränderungen wirklich zu verstehen, die in den letzten Kapiteln beschrieben worden sind. Warum hat die klassische Sozialarbeiter-Supervision ihre Monopolsituation zugunsten allgemeiner „Beratungs-Experten" verloren?

In diesem Kapitel sollen beispielhaft neben der schon erwähnten Gruppendynamik noch einige weitere Faktoren skizziert werden, die den Niedergang der Sozialarbeiter-Methoden und damit auch der Sozialarbeiter-Supervision mit verursacht haben.

Auch die Methodenkritik verändert die klassische Supervision

Das Aufkommen der Gruppendynamik in Deutschland ging zeitlich parallel mit der gesellschaftskritischen Bewegung der Studenten sowie eines allgemeinen Aufbruchs und Wertewandels, vor allem bei den jüngeren Generationen. Gruppendynamische Erkenntnisse wurden insgesamt sehr zwiespältig aufgenommen. Der Begriff Gruppendynamik war bald in aller Munde. Er wurde zum Instrument der Demontage des „Autoritären Charakters" (Adorno), zur Auseinandersetzung der Jüngeren mit der Elterngeneration, die den Nationalsozialismus mit getragen hatte, und er wurde benutzt zur Etablierung einer neuen Kultur der bildungsmäßig privilegierten akademischen Jugend. Rechnet man die Angaben bei Giese (1989, S. 19) auf die Gegenwart hoch, so haben bis zu den 90er Jahren mindestens eine halbe Million Menschen in der Alt-BRD an gruppendynamischen Seminaren oder anderen Selbsterfahrungs-Veranstaltungen teilgenommen. Vergessenes, verdrängtes oder nie bis dahin bekanntgewordenes Gedankengut kam seit den 70er Jahren auf und zeitweise ging die Popularisierung der Gruppendynamik parallel mit der Renaissance der Psychoanalyse, die von 1933 bis 1945 verboten war, danach vor allem vom Umfeld des Frankfurter „Sigmund-Freud-Instituts" aus eine intellektuelle Verbreitung fand.

In der Studentenbewegung kam jedoch auch noch ein anderes Interesse an der Psychoanalyse auf. Über Neills Buch „Summerhill" (1967) fanden die Leser Zugang zu alternativen Erziehungsgedanken (Bernfeld, Wera Schmidt u.a.) und des freudomarxistischen Flügels der Zeit von vor 1933, wie u.a. das Interesse an den Schriften von Reich bewies. Gruppendynamik und Psychoanalyse wurden als „Befreiungslehren" (miß-)verstanden. In „repressionsfreien" Kindergärten und Wohngemeinschaften konnten neue Formen des Zusammenlebens erprobt werden. Traditionelle Autoritätsverhältnisse und überkommene Vorstellungen von der Sexualmoral wurden infrage gestellt. Das Interesse an der Psychoanalyse war somit höchst praktisch, und es beschränkte sich zumeist auf eine verkürzt und oft allzu mechanistisch verstandene psychoanalytische Sozialisationslehre im Stile der traditionellen triebtheoretisch orientierten Psychoanalyse. Demgegenüber hat die Psychoanalyse als Beziehungslehre auch gegenwärtig immer noch nicht genügend Berücksichtigung in der deutschen Pädagogik gefunden (B. Müller, 1985, 1990).

Alle diese vielfältigen und recht bunten Bewegungen in der Zeit seit 1967 haben, verbunden mit einer Rezeption des Marxismus, zu einer Politisierung und Radikalisierung in Pädagogik und Sozialer Arbeit beigetragen.

In den kritischen Schriften dieser Zeit, etwa der „Sozialpädagogischen Korrespondenz" (1969-73), der Zeitschrift „Erziehung und Klassenkampf" und dem Buch von Hollstein/ Meinhold „Sozialarbeit unter kapitalistischen Produktionsbedingungen" (1975) wurden die klassischen Methoden der Sozialarbeit (Einzelhilfe, Soziale Gruppenarbeit und seltener Gemeinwesenarbeit) einer kapitalismusanalytischen Kritik unterzogen. Vor allem an der „helfenden Beziehung" in der Einzelhilfe wurde bemängelt, daß sie über die eigentlichen Gründe der psychosozialen und ökonomischen Hilfsbedürftigkeit der Klienten keine Auskunft gebe, sondern durch die individuelle Betrachtungsweise von „Einzelfällen" gesellschaftliche Probleme überwiegend als Beziehungsprobleme umdefiniere (Baron u.a., 1978, S. 125ff) und somit am Verschleierungszusammenhang der Klassengesellschaft teilnehme.

Im Kern der Sache hatte diese Methodenkritik natürlich Recht, auch wenn sie in der Argumentation manchmal über das Ziel hinausschoß. Die Sozialarbeit nimmt ebenso wie ihre Methoden **auch** am gesellschaftlichen Verschleierungszusammenhang über psychosoziales Elend und materielle Not teil. Es wurde jedoch nicht präzise getrennt zwischen der notwendigen Analyse von sozialen Zusammenhängen auf der Makroebene und trotzdem wie auch deswegen sinnvollen kritischen Methoden mit Veränderungschancen auf der Mikroebene.

Die Methoden insgesamt gerieten ins Hintertreffen. Dies ging umso leichter, als sie ja einem auf Partnerschaftlichkeit hinzielenden naiven amerikanischem Gesellschaftsverständnis auf der Basis einer verkürzten rein individualistischen Psychoanalyse und eines unkritischen soziologischen Funktionalismus entstanden waren.

Der Untergang der klassischen Methoden wie der herkömmlichen Sozialarbeiter-Supervision wurde noch beschleunigt durch die angedeuteten Strukturveränderungen an den Ausbildungsstätten. Vor allem an den mit ihren Aufbauproblemen beschäftigten neuen Fachbereichen des Sozialwesens der Fachhochschulen waren die Methodendozenten zu einer Minderheit geworden. Neu eingestellte, oft in der Sozialarbeit unerfahrene Dozenten, stellten die Mehrheit im Lehrkörper. Sie kamen vorwiegend von anderen Fachdisziplinen und waren mit der traditionellen Methoden-Ausbildung nicht vertraut. Diese Strukturveränderung beschleunigte ebenfalls den Untergang der klassischen Methoden. Gruppendynamik und Psychoanalyse waren nur die Anfänge eines bis heute sich verbreitenden „Methodenpluralismus", der die traditionellen Arbeitsformen der Sozialarbeit und die klassische Sozialarbeiter-Supervision weitgehend abgelöst hat.

Der Methodenpluralismus ersetzt die Pionierfunktion

Die Pionierfunktion der Sozialarbeiter-Supervision als originäre beruflich institutionalisierte Selbstreflexion mußte dem Methodenpluralismus weichen.

Dabei darf man allerdings nicht vergessen, daß auch die klassischen Methoden, wie am Fall der amerikanischen Case-Work-Konzepte gezeigt worden ist, auch schon pluralistisch waren; wenngleich bei uns durch Rezeptionsverzerrungen vorwiegend die psychoanalytische Richtung der Einzelhilfe und Supervision überbetont wurde.

Die traditionellen Konzepte der Praxisberatung (Supervision) haben, folgt man der Literaturanalyse, ihre Monopolstellung an verschiedene, meistens aus dem Umfeld der neuen Therapieverfahren entstammenden Konzepte, verloren. Wenn man bedenkt, daß die deutsche Soziale Arbeit sowohl die amerikanische Social Group Work rezipierte, als auch eine eigenständige Methode, die „Soziale Gruppenarbeit" bzw. „Gruppenpädagogik" entwickelt hat (Belardi, 1980d, S. 141ff; Kelber, 1959, 1971; Lattke, 1963; C.W. Müller, 1972, 1982, 1988; Schiller, 1963; Spangenberg, 1970 u.v.a.), so ist diese Entwicklung bezeichnend für den Theoriestand in den Methoden der Sozialen Arbeit. Eine Ursache für diesen Prozeß liegt sicherlich in der „Methodenkritik" seit den 70er Jahren. Das kann allerdings nicht der alleinige Grund sein.

Methodendefizit und Psychoboom

Vor allem hat es die Sozialarbeitswissenschaft versäumt, neue Theorien aufzunehmen und für die Ausbildung und Praxis nutzbar zu machen. Weshalb haben es die Wissenschaftler der deutschen Sozialen Arbeit an den Hochschulen in den letzten Jahrzehnten nicht zustande gebracht, eine realitätsbezogene und emanzipatorische Praxis-Theorie der Methoden sozialarbeiterischen Handelns zu schaffen? Ob das mit der problematischen Akademisierung der Sozialen Arbeit zu tun hat? So erklärt es sich auch, daß die Theorien des „Psychobooms" (Bach/Molter, 1976; Nagel/Seifert, 1979) oft ohne Anwendungsbezug direkt als „sozialarbeiterische" ausgegeben und verwendet werden (Belardi, 1990, S. 66). Dieser Prozeß gilt nicht nur für die „neuen" Methoden der Einzelhilfe und Gruppenarbeit, sondern auch für viele methodologischen Hintergründe der gegenwärtigen Supervision. Es wurde untersucht, ob und wie die klassische Methodenliteratur der Sozialen Arbeit Einflüsse auf die Supervisionsliteratur genommen hat. Das Ergebnis ist enttäuschend. Die „klassischen" Arbeiten zur sozialen Gruppenarbeit (beispielsweise Bernstein/Lowy, 1969; Konopka, 1968; Northen, 1973; Vinter, 1973 u.a.) finden sich eigentlich überhaupt nicht mehr in der modernen gruppenbezogenen Supervisionsliteratur in Deutschland. Im Sammelband von v. Caemmerer von 1970 entdeckt man drei Beiträge, die sich ausdrücklich mit der Gruppensupervision beschäftigen (S. 230-273). Nur in einem dieser Beiträge wird Bezug auf eine Quelle der Sozialen Gruppenarbeit genommen, auf Konopkas Artikel in Friedländer/Pfaffenberger (1970).

Andeutungen zu Bezügen auf die „klassische" soziale Gruppenarbeit findet man noch in einem frühen Beitrag von Wieringa (1970, S. 290ff). Eine Ausnahme unter den heute in Deutschland publizierenden Supervisoren bildete Kersting, der in einer allerdings schon 1975 erschienenen Publikation ein ganzes Kapitel dem Thema „Gruppensupervision und Soziale Gruppenarbeit" widmet. Hierin orientiert er sich u.a. an den Modellen von Bernstein, Garland und Lowy (1975, S. 78ff)

C.W. Müller meint, daß sich diese „Methoden-Orientierung in der Ausbildung von Sozialarbeitern und Sozialpädagogen überlebt hat. Sie hat geholfen, die Phase der formalen Professionalisierung des Berufsstandes zu legitimieren: heute sind Berufsfeldorientierung und Zielgruppenorientierung dringlicher gefragt als Methoden-Orientierung. Und die Arbeit im Berufsfeld ist nun einmal methoden-plural geworden. Sie war es eigentlich schon immer" (1982, S. 12). C.W. Müller konnte beispielsweise im Fortbildungsangebot der Berliner Fachhochschule viele Seminare dieses Sektors entdecken, die „bereits 40% des Gesamtprogramms" (1988, S. 180) ausmachen. Alleine ein Bestseller dieser Literaturgattung, das Buch von Schwäbisch/Siems „Anleitung zum Sozialen Lernen" hatte im Jahre 1990 eine Auflage von 365.000 Exemplaren. Verschiedene Autoren haben sich mit diesem Phänomen beschäftigt. „Das Motiv der Methodenrezeption nach dem Supermarktprinzip scheint weniger die verbesserte Auseinandersetzung mit Klientenproblemen zu sein, als vielmehr die Bearbeitung der eigenen Identitätskrise." Das ist legitim, ist es doch ein anerkennenswertes Bemühen, die „Krise der Sozialen Arbeit in den Griff zu bekommen" (Baron/Landwehr, 1989, S. 161). B. Müller erklärt sich das auch mit Desillusionierungen: „Jedenfalls legen die vielfältigen Berichte über Praxisschocks und ‚Burn Out-Effekte' nahe, daß die Erfahrung des ‚sozialen Sterbens', des Scheiterns aller Erfolgsphantasien gerade in diesem Feld eine verbreitete Erscheinung ist. Der Rückgriff auf Hilfswissenschaften, die rezepthaft Arbeitstechniken anbieten, welche im Sortiment des Psycho- und Gruppenmarktes bereit stehen, erscheinen hier noch als das kleinere Übel" (B. Müller, 1990, S. 41).

Pühl/Schmidbauer weisen auf die „Institutionsverdrossenheit" vieler Helfer hin, welche die „Therapeutisierung" fördere (1986, S. 17). Busch/Hommerich zeigen den Wunsch vieler Studierender nach den neuen „Psychomethoden" (1986, S. 143). Olk/Otto sehen den „Mythos der Verbesserung sozialpädagogischen Handelns durch Akademisierung der Ausbildung" (1989, Bd. 2, S. XVIII) als offensichtlich an. An die Stelle der klassischen Methodenlehre, die „hoffnungslos defizitär und rückständig" (S. XV) war, scheint der Supermarkt des „Psychobooms" und die Beliebigkeit von Hochschul- und Fortbildungsangeboten getreten zu sein. Natürlich erfüllen die vielfältigen Angebote des „Psychobooms" auch reale Bedürfnisse und sind teilweise in die Lücken getreten, die zerfallende traditionelle Institutionen und Bindungen (Familie, Peer-Group u.a.) hinterlassen haben.

In einigen Veröffentlichungen der Sozialarbeiter-Fachzeitschriften scheint man diesem Methodenpluralismus der Supervision aufgeschlossen gegenüberzustehen, auch wenn er die klassische sozialarbeiterische Supervision verdrängt hat. So schreibt Schwarzwälder in einer Bilanz der sechsjährigen Supervisorenausbildung an der „Diakonischen Akademie" (seit 1972), daß die Supervision von den Anfangsjahren der Sozialarbeit und des Case-Works zu einem „Methodenpluralismus" gekommen ist (1979, S. 36). Eine „Methodenkritik", wie sie im Buch von Horn bezüglich der Gruppendynamik beschrieben wurde (Horn, 1972) oder gar ein Methodenvergleich läßt sich erst in einigen kürzlich erschienenen Publikationen finden. Rappe-Giesecke verbindet die Balint-Gruppenarbeit mit der Systemtheorie (1990), und Schreyögg stellte sogar ein theorie- und methodenplurales Modell der Supervision vor, das seine Bezüge unter anderem aus der Weiterentwicklung der Gestalttherapie, anderen Verfahren der Humanistischen Psychologie, der Psychoanalyse und sozialwissenschaftlichen Ansätzen (Rollentheorie, Organisationssoziologie, Organisationsentwicklung u.a.) bezieht (1991f).

Dominanz der Psychoanalyse

Ringshausen-Krüger hebt für die 70er Jahre hervor, daß damals in der Supervision der psychoanalytische Rahmen dominierte (1977, S. 66). Auch auf der Europäischen Studientagung „Social Case-Work und Supervision" im Jahre 1961 in Wien wurde deutlich, daß auf dieser Tagung „Supervision fast ausschließlich mit tiefenpsychologischen Konzepten und einer der Psychotherapie entlehnten Gesprächsführung erläutert wurde" (1977, S. 85).

Der deutschen traditionellen Supervision ist es somit ähnlich ergangen wie den „klassischen Methoden" der Sozialarbeit. Sie hat einen derartigen Monopol- und Originalitätsverlust erlitten, daß Weigand in einem Beitrag an die „Sozialarbeit – das Ursprungsland der Supervision" erinnern mußte (1989). Dieser Aufsatztitel von Weigand ist auch deswegen so wichtig, weil die Fülle der psychoanalytischen Supervisionsliteratur den Eindruck erwecken kann, Supervision habe ihren Ursprung in der Psychoanalyse. Argelander stellt sogar Freuds „Analyse der Phobie eines fünfjährigen Knaben" (Freud, G.W., VII, 1909, S. 243ff), also die Geschichte vom „Kleinen Hans", als „Supervisionsfall" vor (Argelander, 1978b, S. 184f; vgl. auch Argelander, 1980). Dabei liegt es natürlich nahe, daß der Anschein entsteht, die Supervision stamme direkt von der Psychoanalyse ab.

Wittenberger, ein der Psychoanalyse verpflichteter Supervisor, bewertet dieses Beispiel allerdings eher als „Erziehungsberatung" (1984a, S. 4). In keinem Fall scheint es gerechtfertigt, aus diesem auch für psychoanalytische Settings ungewöhnlichen Beziehungsverhältnis zwischen Freud, dem Vater und dem „Kleinen Hans" selber, die Psychoanalyse als Ursprung der Supervision zu definieren. Wie unzureichendes historisches Wissen um die Quellen des eigenen Berufes dann in die Fachliteratur der Sozialen Arbeit gelangt, demonstriert der Diplom-Pädagoge und Supervisor Gerspach, wenn er im Anschluß an Argelander (1980) schreibt: „Wenn wir überlegen, wie Supervision entstanden ist, dann geht sie, in

Anlehnung an das psychoanalytische Verstehen, sicher zurück auf Freuds Darstellung der ,Analyse der Phobie eines fünfjährigen Knaben'" (Gerspach, 1991c, S. 39).

Auch der Diplom-Psychologe Scobel verfällt dieser Fehlinformation: „Laut Argelander (1980) hat Sigmund Freud, ohne es zu wissen und ohne diese Arbeitsweise zu benennen, die allererste Supervision durchgeführt, indem er den Vater des ,kleinen Hans' unterwies, psychotherapeutisch auf seinen Sohn, den kleinen Hans, einzugehen."

In den nächsten Sätzen dieses Beitrages wird dann die Historie vollends auf den Kopf gestellt: „Psychotherapeuten in Ausbildung wird beigebracht, wie Patienten bzw. Klienten schulengerecht zu betreuen sind, was immer auch die Kontrolle der durchgeführten Therapiesitzungen und Behandlungsverläufe einschließt. Deshalb wird bei den Analytikern nicht ganz zu unrecht von Kontrollanalysen gesprochen. In der sozialpädagogischen Ausbildung hat man sich diesen Vorbildern angeschlossen und redet dann von Supervision, wenn die Anleitung und Kontrolle von Fallarbeit gemeint ist, wobei ein Vergleich mit Psychotherapie letztlich unzutreffend sein dürfte" (Scobel, 1992, S. 140).

Kilian, emeritierter Professor an der G.H. Kassel, behauptet sogar: „Die Supervision ist eine aus dem Verfahren der sogenannten ,Kontrollanalysen' psychoanalytischer Ausbildungskandidaten abgeleitete Methode, die sowohl ihrem Ursprung nach als auch ihrer Arbeitsweise nach der angewandten Psychoanalyse zuzurechnen ist" (1979, S. 3).

Allgemein betrachtet lassen sich folgende theoretische Orientierungen der gegenwärtigen Supervision in Deutschland festhalten:

1. **Psychoanalytisch** geprägte Ansätze mit einer Traditionslinie aus dem Casework und der klassischen Supervision, der psychoanalytischen Kontrollanalyse, der psychoanalytischen Gruppendynamik und Gruppenanalyse (Pühl, 1990a, S. 395ff) und vor allem der Balint-Gruppenarbeit. Diese Verfahren sind an anderer Stelle dargestellt worden (Belardi, 1980b, 1980d; Belardi, 1990, S. 67ff).
2. **Gruppendynamische** Verfahren. In der Nachfolge von Lewin, die schon beschrieben worden sind.
3. Diese gruppendynamischen Verfahren zählt man im allgemeinen zur Richtung der **Humanistischen Psychologie**, die sich als „dritter Weg" (Völker, 1980) zwischen Psychoanalyse und Verhaltenstherapie entwickelt hat. An erster Stelle ist hierbei die

Klientenzentrierte Gesprächsführung/Gesprächstherapie, die am meisten verbreitete psychotherapeutische Richtung in Deutschland, zu nennen. Hier hat man eine Klientenzentrierte Supervision (Linster u.a., 1990) entwickelt. Dann käme die gestalttherapeutische Richtung (Fatzer/Eck, 1990) und die Integrative Therapie, die ihre Bezüge aus Gestalttherapie und Psychoanalyse nimmt (Belardi, 1990, S. 67ff; Schreyögg, 1991b); sowie Systemische Verfahren der Supervision (Brandau, 1991; T. Müller, 1984; Retzer, 1990). Ferner zeigen sich an der Themenzentrierten Interaktionellen Methode orientierte Ansätze (Kersting, 1975; Eichberger, 1990; Stahl, 1981; Freudenreich/Meyer, 1992). Weiterhin konnten in der Literatur Supervisionsansätze mit Hilfe von Rollenspiel und Psychodrama (Buer, 1988, 1989; Krüger, 1990; R. Weiß, 1985; K. Weiß, 1991) sowie interaktionistische Ansätze (Kersting, 1975) gefunden werden.
Neuerdings mehren sich auch Ansätze zur „Konstruktivistisch orientierten Supervision" (Hargens/Grau, 1992) und Sozialarbeit (Bardmann/Kersting/Vogel, 1991).
Über individualpsychologische Supervision findet man Beiträge im Buch von Tymister (1990).

4. Auch von **lern- und verhaltenstherapeutischer Seite** aus ist über Supervision veröffentlicht worden (Knoers, 1974; Tillmanns, 1990). Verhaltenstherapeutische Supervision zielt vor allem auf Skill-Training; hierbei soll der Supervisand Probleme erkennen und die entsprechenden Methoden auswählen lernen.

Damit gilt für den Methodenpluralismus in der Supervision das gleiche, was über das Schicksal der Methoden der Sozialarbeit gesagt wurde. Die Szenerie ist unüberschaubar geworden, vor allem weil man bisher „keine eigenständigen Supervisionsmethoden entwickelt hat, sondern mehr oder weniger eklektizistisch auf psychologische Modelle zurückgreift" (Gaertner, 1988, S. 564). Es scheint so, daß viele Supervisoren „aufgrund ihrer beruflichen Erfahrung, Vorbildung, Kompetenzen und persönlichen Interessen sich ihre eigene Methodik entwickeln, mit der sie für sich am ehesten glauben, das gemeinsame Suchen und Verstehen des Falls fördern zu können. Alles, was an methodischen Instrumenten in der Supervision eingesetzt wird, sind Verfahren, wie sie in anderen Disziplinen entwickelt und von den Supervisoren dann auch in der Supervision angewendet werden" (Weigand, 1989, S. 257).

Der skizzierte Methodenpluralismus in der gegenwärtigen deutschen Supervision hat in der amerikanischen Supervisionsliteratur keine Entsprechung. Bei uns ist dieser Methodenpluralismus auch eine Folge des Methodenpluralismus in der Psychotherapie. Trotz dieser starken psychotherapeutischen Orientierung lassen sich auch noch sozialpsychologische und soziologische Quellen der gegenwärtigen Supervision feststellen (Lehmenkühler-Leuschner/Langthaler, 1990, S. 82). Eine Gesamtdarstellung aller Methoden oder gar ein Methodenvergleich ist von daher nicht möglich. Schreyögg hat in ihrer Dissertation ein derartiges methodenplurales Konzept vorgelegt; wobei ihre Fragestellung sich eher auf Supervision im allgemeinen, auch im Sinne eines Metamodells, und nicht nur auf die Supervision der Sozialen Arbeit bezieht (1991f).

Arbeitsformen der Supervision

Der Niedergang der klassischen Methoden und das Ende der Sozialarbeiter-Supervision wird auch anhand einer Analyse der supervisorischen Arbeitsformen deutlich. Einige aktuelle Arbeitsweisen der Supervision zeigen deutlich den Einfluß neuerer psychotherapeutischer und sozialwissenschaftlicher Verfahren; sie sind auch mit ihrer Orientierung auf Gruppe, Team und Organisation dem komplexen Gegenstand der Sozialen Arbeit angemessener.

Während vor etwa zwei Jahrzehnten die Einzelsupervision als anerkannte Beratungsform einen „bevorzugten Stellenwert" hatte, wird heute vielerorts – vor allem von behördlicher Seite – die Gruppensupervision als die einzig akzeptable Arbeitsform bezeichnet (Bode, 1983, S. 29). Als Huppertz 1975 sein Buch über „Supervision" veröffentlichte, bezog er sich auf Supervisionsformen, die schon im Rückgang begriffen waren: die Einzelsupervision und die damit verbundene Casework-Arbeit. Schon in den 70er Jahren setzte die Zunahme an neuen Gruppenverfahren ein. So beschäftigt sich Huppertz nur auf wenigen Seiten mit der aufkommenden Gruppensupervision (1975, S. 67-70). Aus den USA berichtet Kadushin von einer Befragung aus dem Jahre 1973, an der etwa 1500 Sozialarbeiter beteiligt waren. Hierbei hatten 25% nur Einzelsupervision und 15% hauptsächlich Gruppensupervision.

Ferner kennen 60% überwiegend Einzelsupervision und dann die Gruppensupervision (1985, S. 391). Allerdings muß man berücksichtigen, daß die Supervision in den USA, wie erwähnt, eine andere institutionelle Rolle innehat.

Die Methoden der modernen Gruppenverfahren begründen heute die Hauptorientierungen der Supervision. Teilweise sind völlig neue Supervisionsformen hinzugetreten: Organisationsberatung, Leitungsberatung (Coaching), andere haben stärkeren Einfluß auf die Sozialarbeit erhalten, wie die Balint-Gruppen-Arbeit.

Einzelsupervision

Wie schon erwähnt, liegen die historischen Quellen der Einzelsupervision im amerikanischen Case-Work und später in der psychoanalytischen Kontrollanalyse. Der Gebrauch der Einzelsupervision ist gegenüber den Gruppenverfahren im Rückgang begriffen. Sie wird vermutlich häufiger als Einzelsupervision (Kontrollarbeit) von Psychotherapeuten, während der Supervisorenausbildung oder zunehmend als Leitungssupervision und Rollenberatung stattfinden. Das mag auch den Mangel an aktueller Literatur über Einzelsupervision erklären (Pühl, 1990g, S. 259). Für Sozialarbeiter, und diese sind hier im Blickwinkel, wird sie nur in Ausnahmefällen in Frage kommen, etwa wenn ein Sozialarbeiter eine hervorgehobene oder einsame Position hat oder sich diese Einzelsupervision selber finanziert.

In der Einzelsupervision entsteht schneller als in Gruppen ein hohes Maß an Intensität und Beziehungsdichte, bei der sich schnell Übertragungs- und Gegenübertragungsprozesse entwickeln. Der Supervisor kann aus seiner Rolle „fallen" und dem Supervisanden zeigen wollen, daß er eigentlich der „bessere" Sozialarbeiter ist oder aber er definiert die Supervisionssituation in Therapie um, indem er immer wieder die persönlichen Probleme des Supervisanden, anstatt die Arbeitssituation, focussiert. In der Einzelsupervision fehlen die korrigierenden Dialogpartner, etwa andere Gruppenmitglieder, die mehr Arbeits-Realität in den Prozeß bringen können. So kritisiert Huppertz: „Zu geringe Kontrolle, zu geringe Effektivität, sehr therapeutische Absichten, zu große Abhängigkeit" (1975, S. 67).

Rollenberatung – Leitungsberatung

Hierbei handelt es sich um eine neue Form der Einzelsupervision, die auch in der Industrie als Coaching eine Entsprechung hat (Czichos, 1991). Der Begriff der Rollenberatung stammt von Sievers. Er sieht die Berufsrolle als Bindeglied von Individuum und Organisation. Bei seinem Begriff der Rolle „gehen persönliche Anteile ein – und zwar auch sehr viele unbewußte Anteile – und gleichzeitig natürlich auch die organisatorischen Anforderungen" (1985, S. 42; Auer-Hunzinger/Sievers, 1991). Die Rollenberatung will die Arbeitsmöglichkeiten und Leitungsfunktionen des Rollenträgers verbessern helfen.

Neuerdings hat Leuschner ein Konzept der „Leiter-Supervision" vorgestellt, in dessen Mittelpunkt zumindest die vier folgenden Bezüge einer Leiter-Rolle stehen. Danach befindet sich das Leitungspersonal von Institutionen wie Krankenhäusern, Heimen, Beratungseinrichungen sowie den öffentlichen und freien Wohlfahrtsstellen in einer schwierigen Rolle. Diese haben zwischen

a) „den Erwartungen und Anforderungen des Trägers, im Interesse der Organisation und ihren Primär- und Sekundärzielen zu leiten;
b) den Erwartungen der Mitarbeiter, ihre Interessen zu berücksichtigen und dem Träger gegenüber zu vertreten;
c) den Erwartungen des Klientels, für die die Organisation ihre Dienstleistungen anbietet, ihren Bedürfnissen und Interessen entgegenzukommen und
d) den eigenen Erwartungen an die Leiterrolle, den berufsethischen, standespolitischen und fachlichen Anforderungen, die sich aus ihrer Berufssozialisation ergeben, gerecht zu werden" (Leuschner, 1991, S. 125).

Diese vier Bezüge befinden sich alle in einem interdependenten Verhältnis zueinander und haben unterschiedliche psychische, soziale und organisatorische Auswirkungen.

Die Sozialberufe stehen vor allem Innovationskonzepten aus Verwaltung und Industrie oft zu Recht skeptisch gegenüber; in den Sozialberufen sind anti-institutionelle Einstellungen nicht selten. Doch Sozialarbeiter kommen auch in Leitungspositionen, als Gruppenleiter, als Anleiter von Praktikanten und Laienhelfern. Oft füllen sie diese Rolle ungern und disfunktional aus.

„Diese Leiter fragen ihre Mitarbeiter vorsichtig, ob sie leiten dürfen, was sie leiten dürfen. Häufig ist das Ergebnis, daß die Leitung auf Gestaltung verzichtet und statt dessen als Strafe für die höhere Bezahlung bürokratische Tätigkeiten übernimmt, die sonst keiner machen will. Gegenüber den eigenen Vorgesetzten treten diese Leiter oft als Delegierte ihrer Gruppe auf, beauftragt, dies oder jenes Unmögliche für die Gruppe durchzusetzen" (Edding, 1990, S. 31). Viele Sozialberufler in Leitungsfunktionen verzichten intern auf ihre Leiterrolle, statt zu „leiten" „leiden" sie, weil sie von „außen" und den vorgesetzten Stellen als Leiter in die Verantwortung genommen werden. Diese Verhaltensweisen finden sich nicht selten in der offenen Jugendarbeit oder in Alternativbetrieben. Diese Leiter befinden sich im Loyalitätskonflikt zwischen Team und Anstellungsträgern, dieser Konflikt läßt ihnen wenig Zeit und Kraft für die Klienten. Oft wird in solchen Teams auch eine Gruppensupervision abgelehnt, so daß den Leitungspersonen nur die Einzelsupervision/Leitungsberatung möglich erscheint.

In vielen Teams der sozialen Dienste ist der Gruppenleiter ein Mitglied der untersten Führungsebene. Wenn die Mehrheit dieser Teammitglieder eine deutliche institutionskritische Einstellung hat, läßt sich schwerlich Team-Supervision installieren. In einer Dienststelle des Sozialamtes einer Großstadt existiert ein Team von Sozialarbeitern, das den Auftrag hat, Obdachlosigkeit zu vermeiden. Das Team soll bei drohender Obdachlosigkeit aus der großen Zahl von „Fällen" einige – nach unklaren Kriterien – in die wenigen Sozialwohnungen oder Notunterkünfte der Stadt einweisen. Schon das krasse Mißverhältnis zwischen den vielen Wohnungssuchenden und den wenigen zur Verfügung stehenden Wohnungen sowie die dabei auftretenden menschlichen Probleme zeigen, daß diese Arbeit vor allem durch Mißerfolgserlebnisse geprägt ist.

Abgesehen von Kontakten mit dem Wohnungsamt ist dieses Team innerhalb der Stadtverwaltung weitgehend isoliert. Die Verantwortlichen im Amt, der kommunalen und übergeordneten Wohnungspolitik, waren nicht greifbar. So ist es verständlich, daß die Vorgesetzten im Amt und die Politiker überhaupt zum „Feindbild" dieses Teams geworden waren. Es bestand über fünf Jahre lang aus vier gleichberechtigten Sozialarbeitern ohne interne Hierarchisierung. Durch die Zunahme der Wohnungsnot war das Team beträchtlich erweitert worden. Es kamen noch drei weitere Mitarbeiter im vollen Arbeitsverhältnis, zwei mit festen Stellen im Halbtagsverhältnis, drei ABM-Kräfte und zwei Berufspraktikanten hinzu.

Einer aus dem ursprünglichen Team der vier war von der Amtsleitung zum Gruppenleiter befördert worden. Nun hatte man einen Repräsentanten der Hierarchie im eigenen Team, der den ehemaligen Kollektivgeist „verraten" hatte. Diese neue Rolle wurde ihm vor allem von seinen früheren Kollegen sehr übel genommen. Sie nutzten jede Gelegenheit, seine Anweisungen, die er von „oben" weitergeben mußte, zu unterlaufen. Dieser Sozialarbeiter war seiner neuen Aufgabe nicht richtig gewachsen. Mehrere Versuche zu einer von der Amtsleitung finanzierten Teamsupervision, wurden vor allem von diesen Mitarbeitern boykottiert. Im Rollenkonflikt zwischen „oben" und „unten", der oft mit psychosomatischen Erkrankungen endete, sah dieser Sozialarbeiter die einzige Hilfe für sich in der Teilnahme an einer Leitungsberatung.

Die Weiterbildungseinrichtungen für Sozialarbeiter bieten schon seit Jahren Fortbildungen für Leitungspersonal an. Die Fachliteratur hat sich jedoch erst vorsichtig dieses Themas angenommen. Einige

Beiträge beschäftigen sich mit Problemen von Supervision und Leitung (beispielsweise: Engelhardt, 1991; Maelicke/Reinbold, 1990a, 1990b).

Natürlich stehen Fragen um Führung und Leitung „im Widerspruch zu einer in der Ausbildung erworbenen ‚Berufsidentität'", die eher von Gedanken der „Helfer-Rolle" und kooperativen Strukturen geprägt ist. „Beim Berufsantritt trifft jedoch die Mehrzahl der Ausgebildeten auf Berufsstrukturen, die geprägt sind durch Abgrenzung der Kompetenzen, durch hierarchische Differenzierung und formalisierte Verwaltungsvorschriften" (Pott/Thürnau, 1990, S. 71).

Die Leitungsprobleme in vielen Sozialeinrichtungen scheinen enorm zu sein, wie das obige Beispiel aufzeigt. „Ein erheblicher Teil von Arbeitskraft muß dementsprechend darauf verwendet werden, jene Situationen nachträglich administrativ zu ‚bewältigen', die durch mangelnde, zu späte oder ungenügend klare Information/Absprache entstanden sind bzw. durch frühzeitige Koordination und Kontrolle zu vermeiden gewesen wären" (Pott/Thürnau, 1990, S. 71).

Retaiski plädiert für eine Ergänzung von Leitungs- und Supervisionsaufgaben – dort wo es möglich erscheint. „Ziel der Ausbildung ist es, den Leiter zu befähigen, Supervision im Rahmen seiner Leitungsrolle anzubieten", etwa wenn es um die „Fall-Supervision" geht und er selber weniger involviert ist. In anderen Fragen sollte der Vorgesetzte die Supervisions-Rolle verweigern, aber die Möglichkeit schaffen, „daß andere Formen der Supervision, wie die in Stabsfunktion oder durch einen externen Supervisor, ihren Platz in der praktischen Arbeit finden können" (Retaiski, 1990, S. 105).

Damit findet auch eine Annäherung an die amerikanische Position statt. Es wird deutlich, Supervision ist – auch – Leitung.

Gruppensupervision

Während man in der Fachliteratur der letzten 20 Jahre nach Beiträgen zur Einzelsupervision regelrecht suchen muß, sind die Publikationen über Gruppensupervision unüberschaubar. Nach einer Untersuchung an der G.H. Kassel von 1980 ist das Verhältnis von Gruppensupervision zu Einzelsupervision etwa drei zu eins (Knoll, 1982, S. 90). Gruppensupervisionen finden vor allem bei der Balint-

Gruppen-Arbeit und in der Form der Ausbildungsgruppen statt. Auch die Seminare für Berufspraktikanten an den Hochschulen (Praxisanleitung) können als Gruppensupervision bezeichnet werden.

Beim Übergang von der Einzelsupervision zur Gruppen- oder Teamsupervision tritt der Supervisor an die Fachöffentlichkeit; er verläßt den Intimraum der Zweierbeziehung und präsentiert sich vor einer Gruppe. Seine Qualitäten werden in Fachkreisen diskutiert. Aspekte von Konkurrenz, Transparenz und Markt treten auf. In der Gruppensupervision treffen sich etwa fünf bis zehn Personen mit unterschiedlichen Arbeitsplätzen („Stranger Group") zuweilen auch aus verschiedenen Arbeitsfeldern zu Gruppensitzungen, die meistens in mehrwöchigem Abstand stattfinden. Hierbei entwickeln sich spezielle Gruppenprozesse, die eine gruppendynamische Qualifikation des Supervisors notwendig machen und seine Orientierung an einer Supervisions-Gruppenmethode erklären (Wittenberger, 1984, S. 1187).

Die Gruppen- und Teamsupervision stellt ein Mehrpersonen-Setting dar, das unterschiedlich stark institutionalisiert ist. So ist der Institutionalisierungsgrad bei der Teamsupervision natürlich größer als in der Gruppensupervision.

Von der Kleingruppenforschung werden folgende Merkmale intensiv arbeitender Gruppen hervorgehoben:

- Kleinheit und Überschaubarkeit der Gruppe (3 bis 20 Mitglieder);
- Entwicklung von Face-to-Face-Kontakten;
- Herausbildung eigener Ziele und Werte;
- Entwicklung von binnengruppenmäßigen Phänomenen und Prozessen (Hofstätter, 1957; Fengler, 1986; Schreyögg 1991b).

Ferner haben durch Gruppendynamik und Gruppenanalyse – sich in der Praxis gegenseitig beeinflussende – **Gruppenprozeßmodelle** entwickelt. Das älteste ist das von Lewin, welches Verhaltensänderungen im Gruppenprozeß mit den Begriffen „Unfreezing" (Auflockern), „Change" (Veränderung) und „Refreezing" als Festigung des im Gruppenprozeß Erlernten für die weitere berufliche und private Praxis beschreibt. Der Gruppenleiter spielt dabei die Rolle des „Change Agent".

Fengler beschreibt noch das „Billard-Modell" der Gruppe, wobei jede Äußerung in der Gruppe als ein Ereignis betrachtet wird, das wie die Billardkugel durch ein vorangegangenes Ereignis „in Gang gesetzt wird und seinerseits ein weiteres Ereignis auslöst" (Fengler, 1986, S. 59).

Weitere Möglichkeiten, die Prozesse in den Mehrpersonen-Settings zu betrachten, sind beziehungsorientierter Art (Moreno), wobei diese Beziehungen sich entweder graphisch (Soziogramm) oder tabellarisch (Bales) darstellen lassen. Gruppenprozesse können beschrieben werden nach dem „Familienmodell", wie es W. Schindler schon 1966 und zuletzt 1980 dargestellt hat. Gruppenleiter bilden Übertragungsfiguren vor allem für väterliche Aspekte, während die gesamte Gruppe als Mutter-Imago erlebt werden kann.

Das „Balance-Modell" rückt die Frage von Stabilität und Instabilität beim Gruppengeschehen in den Vordergrund. Lewin war einer der frühesten Vertreter dieser Richtung. Im familientherapeutischen Ansatz von H.E. Richter (1970) und der „Mailänder-Schule" (Selvini-Palazzoli u.a., 1985) sind auch ähnliche Gedanken enthalten.

Von R. Schindler stammt ein psychoanalytischer und rollentheoretischer Ansatz, um Gruppenprozesse zu erklären. Danach spiegeln eingenommene Rollenstrukturen in Gruppen auch unbewußte Beziehungsprobleme und Rollenpositionen der eigenen Herkunftsfamilie wider. R. Schindler lieferte hierfür auch idealtypische Beschreibungen: Die „Alpha-Position" hat der Hauptakteur und Gruppenrepräsentant inne; die „Beta-Position" wird von einem Sachkenner ohne Führungsanspruch wahrgenommen. Die Mehrheit der Gruppenmitglieder befindet sich einflußmäßig als „Gammas" in der Mitte der Gruppenhierarchie, während sich prädisponierte Personen als Aggressionsobjekte und Sündenböcke in der „Omega-Rolle" anbieten (R. Schindler, 1957/58).

Eines der ältesten Gruppenprozeßmodelle ist die in der Tradition der Psychoanalyse M. Kleins stehende Phasen-Beschreibung von Bion. Danach erlebt sich eine Gruppe, in Analogie zum individuellen Reifungsprozeß, als

- Abhängige Gruppe;
- Kampf-Flucht-Gruppe und kommt dann in die
- Phase der Paarbildung
  (Bion, 1974, S. 54ff).

Auch diese Beschreibung ist wiederum als idealtypische zu verstehen.

Von Foulkes (vormals Fuchs), dem Hauptbegründer der psychoanalytischen Gruppentherapie oder exakter, der Gruppenanalyse, stammt eine ganzheitliche Sichtweise des Gruppengeschehens, die neben der psychoanalytischen Orientierung auch Einflüsse der Gestaltpsychologie im Umfeld Lewins und Goldsteins enthält. Eine Sichtweise der Gruppenanalyse ist, daß alle Äußerungen von Gruppenmitgliedern auf die Gruppe als Ganzes bezogen werden; so entsteht eine spezielle soziale Matrix, ein Beziehungsgefüge: „Es wird angenommen, daß sowohl der einzelne Patient wie auch seine spezifische Störung nur ein Symptom von Konflikten und Spannungen in seiner Stammgruppe darstellt" (Foulkes, 1974, S. 93). Vor allem der Ansatz von Foulkes spielt bei den psychoanalytisch orientierten Gruppen-Supervisionsverfahren eine große Rolle (Conrad/Pühl 1983; Gfäller 1986/1991).

Soweit ein kurzer Einblick in verschiedene gängige Gruppenverfahren. Eine intensivere Darstellung oder Auseinandersetzung mit diesen Ansätzen muß hier unterbleiben; sie ist an anderer Stelle geleistet worden (Belardi 1980d; 1990) und würde den Rahmen dieser Arbeit sprengen.

Aber auch anhand dieser kurzen Skizze müßte deutlich geworden sein, in welchem Ausmaß Gruppenansätze auch durch ihre vielfältigen theoretischen Darstellungen, vor allem aus dem Bereich der Gruppendynamik und Psychotherapie, Einfluß auf die Sozialarbeiter-Supervision genommen haben.

Gruppensupervision ist relativ spät (Huppertz, 1975, S. 67ff) in der Supervisionsszene aufgetreten. Hierbei wie in den Formen der Mehr-Personen-Supervision, sind die „multiplen Übertragungen" der Teilnehmer untereinander zu berücksichtigen (Foulkes, 1974). Die Anfänge der sozialarbeiterischen Gruppensupervision (nicht der psychoanalytischen Balint-Gruppenarbeit) liegen in den USA in den 60er Jahren (v. Steegeren, 1974, S. 164ff). In der deutschen Fachliteratur wird Gruppensupervision ab 1972 im „Nachrichtendienst des Deutschen Vereins für öffentliche und private Fürsorge" vorgestellt (Neidhardt, 1972/73) und danach in der „Sozialpädagogik" (Schwarzwälder, 1977; Uleyn, 1976).

Die Gruppensupervision erhält „neue und entscheidende Impulse durch die in Deutschland in der zweiten Hälfte der 60er Jahre ebenfalls aus Amerika importierte gruppendynamische Bewegung". Die von Kurt Lewin in den 30er und 40er Jahren begründeten Forschungen zur Kleingruppendynamik münden ein in Trainings-Laboratorien (NTL), in denen eigentlich Gruppenfeldforschung betrieben wurde (Belardi, 1980d, S. 174ff). Nach Weigand ist das

Unterscheidungsmerkmal zur Gruppenpädagogik, „daß in der Gruppendynamik die eigene Lerngruppe und die Leiterrolle zum Gegenstand der Selbsterfahrung und Selbstreflexion wird. Das Untersuchen des sozialen Handelns führt selbst zum sozialen Handeln" (Weigand, 1990c, S. 50).

Die klassischen Methoden der Sozialarbeit wie auch die Gruppenverfahren (Horn, 1972) sind in den 70er Jahren wie erwähnt, auch sehr in die Kritik geraten. Es existieren jedoch auch positive Berichte (Wilhelm u.a., 1977, S. 358ff). Kersting stellte 1975 eine Arbeit über das „Kommunikationssystem Gruppensupervision" vor, die theoretisch auf gruppendynamischen und interaktionistischen Ansätzen beruht.

Bei den neueren Gruppensupervisions-Artikeln fällt die Dominanz der psychoanalytischen Orientierung auf (Gaertner, 1984, S. 262 ff; Wittenberger, 1984b, S. 222 ff). Gaertner grenzt die „Technik der Supervision von den Psychotechniken" (S. 262) ab, womit andere psychologische Verfahren gemeint sind. Seine „Technik der Supervision" ist allerdings eine psychoanalytische. Eine ähnliche Tendenz hat der Beitrag von Wittenberger, der vorgibt, sich zu beschäftigen mit „Gruppensupervision – ein Beitrag zur Entwicklung beruflicher Identität", er bezieht sich aber im Grunde genommen auf die Balint-Gruppenarbeit, wie er in der Zusammenfassung beschreibt: „Der Aufsatz beschäftigt sich mit der Balint-Gruppenmethode als spezifischer Form der Supervision" (1984, S. 244).

Anders ein Beitrag von Lehmenkühler, in dem der „Umgang mit Identifikation und Abgrenzung in der Gruppensupervision" als zentrale Lernmöglichkeit für Supervisanden dargestellt wird (1979, S. 78ff).

Gruppensupervision als Praxisanleitung von Projekt- und Berufspraktikanten ist heute auch an den Hochschulen allgemein üblich. Sie ermöglicht, das gesamte Feld der Sozialen Arbeit kennenzulernen. So betrachtet sind die Berufspraktikanten-Seminare an den Fachhochschulen auch Formen von Gruppensupervision.

Das folgende Beispiel stammt aus einem Praxisanleitungs-Seminar für Berufspraktikanten an einer Fachhochschule, das als Gruppensupervision durchgeführt worden war.

Eine junge Sozialarbeiterin arbeitet im Anerkennungsjahr in einer „Offenen Tür."

Das Jugendhaus wird von ausländischen männlichen Jugendlichen besucht. Zwischen einer türkischen und einer jugoslawischen

Jugendclique hat es schon öfters Auseinandersetzungen gegeben. Das Leitungsteam hat den Jugoslawen deshalb einen Raum im Erdgeschoß und den Türken ein „Stammzimmer" im 1. Stock zugewiesen. Die Jungentoilette befindet sich ebenfalls im ersten Stock. So kommt es vor dem Zimmer der Türken immer wieder zu „Begegnungen" dieser beiden Gruppen, die in sich sehr hierarchisch strukturiert sind.

Eines Tages wird die Sozialarbeiterin nach oben gerufen, weil die beiden Gruppen sich prügeln könnten. Als sie den Raum der Türken betritt, sieht sie vor sich die Jugoslawen im Halbkreis mit dem Rücken zur Tür; ihnen gegenüber stehen die Türken in ähnlicher Formation. Die jeweiligen „Stärkeführer" stehen sich mit Drohgebärden gegenüber. Sie weiß nicht, was vorgefallen ist, greift aber sofort ein. Sie geht durch die jugoslawische Gruppe hindurch und stellt sich vor den Anführer der türkischen Jungen: „Hör' sofort auf damit!" sagt sie zu ihm. Dieser gibt ihr einen Faustschlag ins Gesicht.

Nach der „Fallschilderung" durch die Praktikantin ist die Szene mit Hilfe der aus der Familientherapie stammenden Skulpturtechnik als Rollenspiel szenisch nachgestellt worden. Die Gruppe der Berufspraktikanten teilte sich in zwei Untergruppen, welche die Jugendcliquen repräsentieren sollen. Sie wurden von der Praktikantin genau so plaziert, wie es in der Realsituation gewesen war. Da die Gruppenmitglieder ähnliche Situationen kannten, gelang ihnen das vor allem körpersprachlich sehr realistisch. Die Praktikantin mußte sich nun durch die erste Gruppe regelrecht hindurchdrängen. Sie berichtete später, die Skulptur sei sehr realistisch gewesen, vor allem, weil die Gruppenmitglieder ihr keinen Platz machten und sie auch sehr abweisend anblickten. In der Realsituation habe sie „eigentlich" Angst verspürt und nicht mehr „denken" können, sondern nur noch gehandelt. Dabei wurde vor allem deutlich, daß die Sozialarbeiterin die lebensweltlichen und gruppendynamischen Aspekte der Situation nicht beachtet hatte:

- Sie wußte nicht, worum es ging;
- als deutsche Frau hatte sie den kulturellen Hintergrund der türkischen Jugendlichen nicht berücksichtigt;
- der „Stärkeführer" der türkischen Jugendlichen stand gerade vor einer großen „Mutprobe" – seiner eigenen und der Fremdgruppe gegenüber – und war nun in der Gefahr, durch eine deutsche Frau sein „Gesicht" zu verlieren.

Die skulpturelle Darstellung hat dies deutlich gezeigt. Rein szenisch wurde durch die „Standposition" **zwischen** den Gruppen die schwierige Situation der Sozialarbeiterin deutlich. Sie hätte sich eine neutrale Sicherheitsposition wählen können, etwa seitlich oder mit dem Rücken zur Tür. Auch an Unterstützung durch Kollegen oder passive Jugendliche hat sie nicht gedacht. Neben dem Schock und den körperlichen Schmerzen hatte die Sozialarbeiterin noch über Wochen Probleme, zur Arbeit zu gehen und sich in anderen Situationen zu verhalten (Belardi, 1991a, S. 21).

Gegenüber der rein verbalen „Falldarstellung" hat die skulpturelle Wiederholung der Szene allen Beteiligten schlagartig verdeutlicht, welche Fehleinschätzung im Spiel war. Schließlich ermöglicht es diese Supervisions-Technik auch noch, alternative Handlungsformen durchzuspielen. Dieses Beispiel verdeutlicht auch die Notwendigkeit von methodenübergreifender Vorgehensweise und Feldkompetenz des Supervisors.

Kollegiale Supervision

Eine besondere Form der Gruppensupervision ist die kollegiale Supervision (Peer-Group-Supervision). Hinweise auf die Peer-Group-Supervision finden sich in der amerikanischen Literatur schon seit den 50er Jahren. So konnte Fizdale die Peer-Group-Supervision als ein Modell gegenseitiger Supervision erfahrener Sozialarbeiter beschreiben (1979, S. 122ff). Es existiert keine hervorgehobene Formalrolle eines Supervisors oder Anleiters. Das zugrundeliegende Modell ist dem kollegialen Gespräch formal gleicher und autonom handelnder Mitglieder einer Berufsgruppe entlehnt; etwa der Ärzte und Juristen. Kollegiale Supervision ist bei uns auch unter Psychotherapeuten sehr verbreitet. Einige Psychotherapie-Verbände verlangen von ihren Mitgliedern eine Mindestzahl derartiger kollegialer Supervisionsstunden pro Jahr.

Peer-Group-Supervision im Sozialbereich entsteht oft nach dem Ende einer regulären Gruppensupervision durch den Wunsch der Gruppenmitglieder, „alleine" weiterzumachen. Manchmal existieren derartige Gruppen ohne Formalleitung über Jahre hinweg.

Deutschsprachige Darstellungen über Peer-Group-Supervision sind relativ selten (Appleby u.a., 1970, S. 265; Foole u.a., 1974, S. 181ff; Kersting, 1975, S. 33ff). Von Rotering-Steinberg stammen mehrere neuere Publikationen zur „kollegialen Praxisberatung" (1988, S. 75ff) und zu einem „Modell kollegialer Supervision" (1990, S. 428ff). Es handelt sich dabei um eine Art „gruppenunterstützter Selbstreflexion" (1988, S. 75); ein „Selbsttrainingsprogramm" auf vorwiegend lerntheoretischer Basis, das sich allerdings von den Interaktionsübungen wie beispielsweise bei Schwäbisch/Siems oder Vopel abgrenzen möchte (1990, S. 428). Es existieren schriftliche Instruktionen und Arbeitsvorschläge, die den Ablauf eines Austauschprozesses über Berufspraxis ermöglichen sollen.

Fengler, der offenbar über verschiedene Erfahrungen mit der Peer-Group-Supervision verfügt, schreibt zu diesem Thema: „Für den professionellen Supervisor ist die Peer-Supervision unter Umständen ein Ärgernis, scheint sie doch zu dokumentieren, daß der professionelle Supervisor nicht gebraucht wird. Ob dies wirklich der Fall ist oder nicht, läßt sich nur am Einzelfall entscheiden. Es hängt u.a. davon ab, ob die Peer-Supervision innerhalb einer Institution und während der Arbeitszeit stattfindet oder als lockerer Verbund von Berufskollegen am Ort oder überregional in Form von Fortbildungstagungen oder als Ausbildung im Studium." Fengler meint, daß „Helfer in Peer-Supervisionen bezüglich des professionellen Supervisors ähnlich empfinden wie Selbsthilfegruppen gegenüber den Fachleuten. Mit Gefühlen deutlicher Ambivalenz zwischen dem Stolz, es allein zu können, und der Hoffnung, mit dem Fachmann von außen ginge es vielleicht doch noch besser. So laden viele Teams und Gruppen einen externen Supervisor jedenfalls in bestimmten Abständen ein, um die gruppeninternen Aktivitäten zu reaktivieren und zu fördern" (1987, S. 9).

Im Extremfall könnte die Peer-Group-Supervision ähnlichen Gefahren unterliegen wie unprofessionell geleitete Supervisions- oder Selbsterfahrungsgruppen. Es würde „wild" projiziert und gegenseitig therapeutisiert oder man bliebe zu sehr an der Oberfläche des Geschehens. Nach Fenglers Erfahrungen „bleibt Peer-Supervision oft in ihrer Leistungsfähigkeit hinter der Fremd-Supervision zurück oder benötigt wiederkehrende Unterstützung durch eine solche Supervision von außen" (S. 10).

Sinnvoll scheint Peer-Group-Supervision deswegen vor allem für langjährige berufs- und supervisionserfahrene Sozialarbeiter zu sein. Oft sind die Grenzen zur Teambesprechung fließend.

Team-Supervision

Berufstätigkeit im Team stellt eine relativ neue Komponente in der Sozialen Arbeit dar. Viele Sozialpädagogen glauben, daß Teamarbeit und Hierarchie sich ausschließen. Dabei sind die meisten Teams in der Regel kooperierende Arbeitsgruppen im Organisationszusammenhang. Teamarbeit mußte seit den 60er Jahren, auch mit Hilfe der Praxisberatung erst mühevoll durchgesetzt werden. Vor allem multiprofessionelle Arbeitsgruppen in Beratungsstellen, Heimen und dem klinischen Bereich erzwingen Teamarbeit. Hierbei erhalten Gesichtspunkte wie Hierarchie, Arbeits- und Aufgabendifferenzierung, Informationsprobleme und auch die unterschiedlichen beruflichen Hintergründe der Teammitglieder eine große Bedeutung. Aber auch in monoprofessionellen Arbeitsgruppen (Kindergarten, Jugendhaus, ASD) erhält die Teamarbeit zunehmend mehr Gewicht.

Egal wie die Teamarbeit organisatorisch begründet wird, es ist notwendig, daß die Teammitglieder persönlich und fachlich gut miteinander kooperieren. Durch die Berufsausbildung allein ist diese Situation oft nicht gegeben. Teamarbeit ist damit gleichzeitig ein fachliches Qualifikationsverfahren, das spezifische eigene Interaktionskulturen herausbilden kann. Insgesamt gesehen scheint die Teamarbeit in der Sozialen Arbeit noch nicht sehr weit verbreitet zu sein. Nach der Befragung von Klüsche gehörten nur 8% der Sozialarbeiter/Sozialpädagogen zu Organisationsstrukturen, die als teamartig bezeichnet werden konnten; 22% waren in hierarchischen Organisationsformen tätig und 68% arbeiteten in gemischten Organisationsstrukturen (Klüsche, 1990, S. 20)

Möglicherweise ist die Teamsupervision, die in der Fachliteratur der 70er Jahre noch kaum erwähnt wird, inzwischen die häufigste Form der Supervision überhaupt. Das zeigt auch, wie sehr die Supervision inzwischen in die Organisationen eingedrungen ist.

Die Team-Supervision hat gegenüber den bisher behandelten Supervisionsformen eine neue Qualität. Sie markiert den Übergang der Supervision von der Einzelsituation oder der arbeitsplatzfernen Gruppensupervision hin zur Organisation. Die Team-Supervision ist somit eine Sonderform der Gruppensupervision, die im organisatorischen Kontext stattfindet. Ein Team wird dabei verstanden als kooperierende Arbeitsgruppe im Rahmen einer Institution. Schon daraus wird deutlich, daß die Interaktionen und Probleme in der

Team-Supervision komplizierter sind. Die Supervisanden haben – im Gegensatz zur Gruppensupervision – auch außerhalb der Supervisions-Sitzungen reale Arbeitsbeziehungen miteinander; sie haben eine Vorgeschichte und begegnen sich täglich in ihren beruflichen Rollen. Aus der „Stranger Group" ist eine „Family Group" geworden. Dieses spezielle Setting hat Einfluß auf die Inhalte:

1. Es kommen mehr gemeinsame Arbeitsprobleme zur Sprache; wie auch Hierarchie- und Leitungsfragen.
2. Beziehungen untereinander und Beziehungsstörungen sind häufiger Themen als in der Gruppensupervision.

Das kann soweit führen, daß die Klientel („Fall") in den Hintergrund gerät. Dann sind die Teams vor allem mit sich selber beschäftigt. Nicht ohne Grund wird Team-Supervision oft verlangt, wenn die institutionelle Situation im Binnenraum völlig verfahren ist, als „Nothilfe".

Bei der Team-Supervision sind folgende Faktoren zu beachten:

- Wie steht das Team zur Supervision (wer ist wofür)?
- Wie kommt der Kontrakt zustande?
- Wer wird weshalb Supervisor?
- Wer ist der Auftraggeber – das Team oder die Institution?
- Wem fühlt sich der Supervisor verpflichtet?

Team-Supervision ist für alle Beteiligten schwieriger als Gruppensupervision. Oft stoßen die Teams an die Grenzen der Organisation, nach dem Motto „in der Team-Supervision darf man alles sagen, nur ändern darf sich nichts". So markiert die Team-Supervision den Übergang zur Organisationsberatung/Organisationsentwicklung. Deswegen liegen die Möglichkeiten von Team-Supervision vor allem in

- der Fallarbeit,
- der Klientenarbeit und
- der Teamentwicklung.

In der Team-Supervision stehen folgende Rollenvarianten zur Verfügung:

- Leiter,
- Fall- oder Problemeinbringer,
- die übrigen Gruppenmitglieder.

Team-Supervision beschäftigt sich stärker mit der Realsituation der Sozialen Arbeit; dazu gehört auch die Leitung und die Hierarchie. Damit tauchen Themen der amerikanischen Supervision – allerdings unter anderen Gesichtspunkten – wieder auf; etwa ob der Leiter teilnehmen soll. In der hierarchischen Team-Supervision nimmt der unmittelbare Vorgesetzte an der Supervision teil. Team-Supervisionen, bei denen die Leitungspersonen fehlen, geraten schnell zu Nischen, in welchen man projizieren oder sich bejammern kann. Der Supervisor muß aufpassen, in welche Rolle man ihn dabei drängt. Oft sind diese „leiterfreien" Team-Supervisionen in Gefahr, in die Nähe reiner Selbsterfahrung zu kommen. „Fallarbeit" wäre eine Möglichkeit, dem entgegenzuwirken. Grundsätzlich gehören die Leitungspersonen in die Team-Supervision. Team-Supervisanden haben eine völlig neue Rolle. Sie bestellen sich mehrere Supervisoren und wählen dann nach Vorgesprächen einen von diesen aus. Auch hier ist es wichtig, die Kriterien für diese Auswahl zu erfahren.

Wie unterschiedlich Arbeitsteams im Rahmen des Allgemeinen Sozialen Dienstes (ASD) einer Großstadt sein können, zeigt folgende Gegenüberstellung aus der eigenen Supervisionserfahrung. Das Jugendamt einer Großstadt ist in sieben Bezirksverwaltungsstellen mit jeweiligen Teams des ASD eingeteilt. Alle diese Teams haben die gleiche Aufgabe, wenn auch unterschiedliche Klientelgruppen, je nach Stadtteil. Sie verfügen insgesamt über sechs bis neun Mitglieder, wovon eines als Gruppenleiter fungiert.

Im ersten Team fanden regelmäßig folgende gemeinsamen Besprechungen statt: Thematische Arbeitsbesprechung und Verteilung der Aufgaben sowie gegenseitige Information. Davon deutlich abgegrenzte Teamsitzungen zur „Fall-Arbeit" über Klienten, die als „schwierig" bezeichnet worden sind. Hierzu wurde eine Team-Supervision gewünscht. Arbeitsatmosphäre und Zufriedenheit der Teammitglieder können als „gut" bezeichnet werden. Integrationsfigur war eine ältere, durch verschiedene Zusatzausbildungen erfahrene Sozialarbeiterin, die als Gruppenleiterin tätig war. Das zweite Team kannte nur lockere Treffs am Mittwochvormittag, bei denen alles angesprochen, aber kaum etwas klar durchgearbeitet und entschieden werden konnte. Organisatorische Fragen, Kommunikationsprobleme untereinander, Informationsweitergabe und Austausch über Klienten wurden unsystematisch und oft nicht gründlich behandelt. Der jüngere Gruppenleiter scheute sich, seine Leitungsrolle wahrzunehmen. Die Teammitglieder hatten teilweise ein gespanntes Verhältnis zueinander. Die Fallzahlen wurden unsystematisch verteilt, so daß es erhebliche Unterschiede in der zeitlichen Belastung gab. Dies offen anzusprechen und einen Ausgleich zu bewirken, war ein Tabu.

In der Fachliteratur konnten folgende typische Themen der Team-Supervision gefunden werden:

1. Ursprünglich stand, wie bei der Einzel- und Gruppensupervision der Gedanke der Fallarbeit im Vordergrund. Schwierige oder unverständliche Beziehungen zu Klienten wurden besprochen. Gerade in Institutionen mit agierendem Klientel (Suchtklinik, Gefängnis) sollte ein Auseinanderdividieren des Teams vermieden und ein einheitliches Vorgehen gefördert werden. Häufig ist die Teamarbeit auch eine „Spiegelung der Klientenarbeit" und in den Teamsitzungen tauchen Themen und Beziehungsformen des Klientels wieder auf (vgl. Balint-Gruppe). Viele Teammitglieder stehen vor der Paradoxie, Hilfe geben zu müssen und doch auch selber hilfsbedürftig zu sein. Die Team-Supervision ist auch der Ort, die eigene Schwäche, Angst und Verstrickung zu erkennen.
2. Im Zusammenhang mit der Leiterproblematik stehen Fragen des organisatorischen Kontextes, in dem das Team arbeitet: Wie verbindlich ist die Zusammenarbeit? Viele Teams sind keine richtigen Teams, sondern nur Arbeitsgruppen, weil sie nicht zu echter Kooperation fähig sind. Wie kommen Beschlüsse zustande? Formelle und informelle Strukturen? Wie ist es um die „Problemlösungskapazität" dieses Teams im Rahmen seiner Organisation bestellt (Weigand, 1990b, S. 186)? Frustrationen über unzureichende Arbeitsbedingungen, Hierarchieprobleme, unklare Rollen- und Aufgabenstrukturen führen im Zusammenhang mit der Leitungsfrage die Team-Supervision oft an die Grenze zur notwendigen Organisationsentwicklung.
3. „Auf der Machtebene besteht das Interesse, über eine Solidargemeinschaft (gleicher Geschwister) Selbständigkeit und Unabhängigkeit gegen Kränkung verursachende Über- und Unterordnungsverhältnisse zu erreichen. In der **Beziehungsdimension** geht es darum, genügend Attraktivität zu besitzen, um der Zuwendung und Sympathie, der Geborgenheit und des Vertrauens der Teammitglieder sicher zu sein. Auch hier sind die gegenseitigen Erwartungen der Teammitglieder hoch, was auf dem Hintergrund einer gesamtgesellschaftlich anwachsenden Bezie-

hungslosigkeit und der in Institutionen erlebten Frustrationen von Beziehungswünschen verstehbar ist" (Weigand, 1982a, S. 44). Damit zusammenhängend:

4. Das Team als Wiederherstellung der Familiensituation. Hierbei können die weiter oben genannten Schwerpunkte der unterschiedlichen Ansätze aus Gruppendynamik und Gruppenanalyse strukturierende Gesichtspunkte bilden, um das Prozeßgeschehen zu interpretieren. „Beim Eintritt in eine neue Gruppe wiederholt sich unbewußt das Modell der frühen Sozialbeziehungen so lange, bis eine befriedigende und angstfreie Kommunikationsmöglichkeit der Gruppenmitglieder untereinander und gegenüber dem Gruppenleiter gefunden ist" (Brocher, 1967, S. 32). Nach Weigand zeigt sich, daß sich vor allem in „heterogen (Geschlecht, Alter, Profession) besetzten Teamgruppen bald eine Konstellation entwickelt, die an das Familienmodell erinnert, d.h. eine Familiensituation wird durch die Teammitglieder rekonstruiert". Weigand verdeutlicht das an einem berufsmäßig gemischten Team mit Arzt, Psychologe, Sozialarbeiter und Krankenschwestern (1982a, S. 45).
5. Zum Thema Angst und Gruppenstruktur oder Angsterleben und Formalisierungsgrad von Organisationen hat Pühl folgenden Beitrag geliefert. Idealtypisch lassen sich seiner Meinung nach zwei Formen von Teamstrukturen unterscheiden: „Arbeitsteams, die in traditionell-hierarchischen Strukturen eingebunden sind (Hierarchie, Vorgesetztenprinzip): Hier übernimmt die feste, klare Struktur in besonderer Weise durch Sicherheit vermittelnde Regeln die Funktion der Angstabwehr ihrer Mitglieder." Sowie „kollektive nichthierarchische Arbeitsgruppen: hier kann das Angstpotential nicht ohne weiteres über Strukturen kanalisiert werden" (1988, S. 55). Vor allem in Alternativorganisationen tritt der „Kollektivmythos als Chef" auf (Pühl, 1989a, S. 15). Die Affekte richten sich bei oft endlosen Grundsatzdebatten zu sehr gegeneinander. Demgegenüber scheint es in eher hierarchischen Einrichtungen mehr Projektionsmöglichkeiten nach „außen" oder „oben" zu geben.

Wie schon angedeutet, sind viele Teams eigentlich gar keine richtigen Teams, sondern Personen, die im Institutionskontext eher nebeneinander arbeiten. Hierbei hat Team-Supervision die erste Aufgabe, überhaupt Austausch und Teamfähigkeit herzustellen. Die

Herstellung von Teamfähigkeit war, wie bereits beschrieben, auch ein zentrales Thema der „Praxisberater-Phase" der 60er Jahre.

So zeigte sich bei einer Team-Supervision mit Bewährungshelfern einer Dienststelle, daß diese im Grunde genommen alle Einzelkämpfer waren und unter der Wirkungslosigkeit ihrer Arbeit litten. Sie haben jährlich bis zu 100 Probanden zu betreuen, von denen etwa die Hälfte wieder rückfällig wird. Schon die Kriterien, wann man die Bewährungszeit des Probanden widerrufen solle, sind unklar. Die früher praktizierten Hilfsmöglichkeiten vieler Bewährungshelfer, ihren Probanden in bewährter sozialarbeiterischer Manier Wohnungen und Arbeitsplätze zu verschaffen, funktionieren seit Jahren nicht mehr. Was bei den meisten Teilnehmern dieser Team-Supervision deutlich wurde, war eine starke Verunsicherung angesichts diffuser Erfolgskriterien der eigenen Tätigkeit und der Rollenkonflikt zwischen dem sozialarbeiterischen Ethos und der Realität, ein verlängerter Arm der Justiz zu sein. Diese rollenmäßige „Einsamkeit" der Bewährungshelfer war ein Merkmal dieser Team-Supervision. Die Möglichkeit, sich auszusprechen, gemeinsame Kriterien für Widerruf und eigenen Erfolg herauszufinden, mag manche vor dem Abrutschen in die reine „Beamtenhaltung" geschützt haben (Belardi/Belardi-Günther, 1983).

Vor allem aus dem Teilbereich der Team-Supervision liegen unüberschaubar viele, oft den einzelnen therapeutischen Richtungen zur Legitimation und Werbung der Supervisoren verpflichtete Beiträge vor. So werden institutionelle Zusammenhänge reflektiert (Buchinger, 1990a, 1990b); allgemeine Bedingungen der Team-Supervisoren beschrieben (Kersting/ Krapohl, 1990); spezielle Verfahren wie die Gruppenanalyse als Instrument der Supervision erörtert (Gfäller, 1986, 1990). Ferner wird institutionelle Teamarbeit diskutiert, wie beispielswiese die Supervision in der Telefonseelsorge (Becker, 1982) und die gerade erwähnte Supervision mit Bewährungshelfern oder Supervision in der Strafentlassenen-Hilfe (Krauskopf, 1982). Unzählbar sind die Supervisions-Berichte mit Teams aus dem Heimbereich. Auf die an der Balint-Methode ausgerichtete und an systemtheoretischen Gedanken orientierte Dissertation von Rappe-Giesecke zur „Theorie und Praxis der Gruppen- und Teamsupervision" (1990) kann hier nur verwiesen werden. Bedauerlich ist allerdings, daß sich hierin kaum noch Verbindungen zur Supervision der Sozialen Arbeit finden. Supervision erscheint vielmehr als eine weitgehend feldunspezifische sozialwissenschaftlich orientierte Beratungsmethode. Auch differenziert die Autorin nicht exakt zwischen der geringer institutionalisierten Gruppensupervision und der stärker kontextgebundenen Teamsupervision.

Zusammenfassend kann festgestellt werden: Der Teamsupervisor hat den Vor- und Nachteil der relativen „Systemfremdheit", er sollte ein externer Supervisor sein, unbedingt Arbeitsfeldkenntnisse besitzen, aber auch eine Distanz zum fremden Team-Milieu haben. Es ist für ihn wichtig zu reflektieren, wer sein Auftraggeber ist: das Team, der Anstellungsträger oder die Klientel? Damit zeigt die aktuelle Debatte um die Teamsupervision gegenwärtig die folgenden Themen, die vor allem vom Gesichtspunkt der „Interessenüberfremdung" geprägt ist. Unter „Interessenüberfremdung" ist hiermit eine Situation gemeint, wonach die supervisorischen Dialoge „zwischen Supervisor und Supervisand durch die Interessen Dritter überlagert werden" (Schreyögg, 1991b, S. 402). Hierzu zählt vor allem die Frage des Einbezugs Vorgesetzter, des Verhältnisses der Teamsupervision zur Organisationsberatung und die Rolle des Supervisors in den jeweiligen Organisationen selber.

Die Ausgangsfrage nach möglichen innovativen Effekten der Supervision kann Weigand bezüglich der Team-Supervision mit den folgenden fünf Innovationsmöglichkeiten beantworten:

„1. In der psychohygienischen Entlastung von beruflicher Konflikterfahrung und der Möglichkeit, in diesem Freiraum wieder Motivation für persönliche und institutionelle Kreativität zu entwickeln.
2. In der Entwicklung und Ergänzung beruflicher Kompetenz, wobei es hier auch um das Erkennen und Verstehen institutioneller Strukturen als Abbild und Widerspiegelung der Klientenarbeit geht.
3. In der Reflexion des institutionellen Interaktionsgefüges, um die ‚kooperative Basis institutionalisierten Handelns zu sichern' (Gaertner); dies zieht die Kritik und schrittweise Veränderung solcher Organisationsstrukturen nach sich, die sich für die soziale, pädagogische und therapeutische Arbeit als unwirksam und hinderlich erweisen.
4. In der Reflexion der oben schon beschriebenen Interdependenzen von Person, Rolle, Organisation und Klient und der sich daraus entwickelnden konzeptionellen und praktischen Handlungsentwürfe.

5. In der Reflexion von konkreten Innovationsprojekten im sozialen und pädagogischen Raum und deren kritischer Begleitung" (Weigand, 1987b, S. 162).

Balint-Gruppen

Oft werden die Begriffe Gruppen-Supervision, Team-Supervision und Balint-Gruppe unpräzise benutzt. Huppertz verwechselt die Balint-Gruppe mit Supervision, was wohl daher kommt, daß er die Quellen aus der Balint-Arbeit nicht im Original zu Rate gezogen hat, sondern eines Sekundärquelle benutzte (1975, S. 77).

„In der Balint-Gruppe wird zwar Supervision betrieben: die Balint-Gruppe ist aber **keine** ‚Supervisions-Gruppe'. Vielmehr kann man die Balint-Gruppe als eine Selbsterfahrungsgruppe bezeichnen, sie ist aber auch ‚keine psychoanalytische oder tiefenpsychologisch orientierte Selbsterfahrungsgruppe'. (...) In der Balint-Gruppe sollte immer – bewußt und gewollt – Selbsterfahrung angeregt und vermittelt werden; diese Selbsterfahrungsanteile werden üblicherweise nicht in der Gruppe bearbeitet" (Dickhaut/Luban-Plozza, 1990, S. 302).

In seinem bekannten Buch „Der Arzt, sein Patient und die Krankheit" (1957/1965) beschreibt Balint, ein ungarischer Arzt und Psychoanalytiker, sein Ziele, „die psychologischen Probleme innerhalb der medizinischen Allgemeinpraxis zu studieren" (1965, S. 15). Ausgehend von einer heute allgemein anerkannten Erkenntnis, daß ein hoher Anteil der Patienten eines Allgemeinmediziners eigentlich psychosomatische oder psychotherapeutische Patienten sind und daß das beste Heilmittel die „Droge Arzt", also Gespräch und Beziehung sein können, wollte Balint Ärzte für eine ganzheitliche, über die Organmedizin hinausgehende Sichtweise gewinnen (S. 398).

Das Gruppenkonzept von Balint zur beruflichen Qualifizierung von Ärzten wird seit Jahren erfolgreich auch für andere Berufsgruppen angeboten. Im Gegensatz zu den anderen Supervisionsansätzen verfügt die Balint-Arbeit über eine ausformulierte eigenständige theoretische Grundlage. Viele Ärzte, die den Zusatztitel „Psychotherapie" erworben haben, waren Teilnehmer von Balint-Gruppen, denn diese gehören sowohl seit Jahrzehnten zur anerkannten ärztlichen Weiterbildung als auch zur supervisorischen Betreuung vor allem tiefenpsychologisch geführter Kliniken.

Diese Faktoren bringen es mit sich, daß die Literatur über Balint-Gruppen unüberschaubar ist und daß das Balint-Milieu einen hochprofessionalisierten Charakter hat. Über Geschichte und Entwicklung der Balint-Arbeit liegt eine ausführliche Studie von Rosin (1989) vor. Deswegen wird die Balint-Literatur in dieser Studie nur ausschnitthaft rezipiert. Häufig ist der Balint-Gruppenleiter auch Psychoanalytiker.

Die Nähe zum ärztlich-psychoanalytischen Bereich hat wohl auch bewirkt, daß die Balint-Arbeit die empirisch am besten erforschte Gruppenarbeitsmethode in Deutschland ist. Hierbei sind die sprachanalytischen Arbeiten von Giesecke und Rappe-Giesecke an der G. H. Kassel zu nennen. (Giesecke/Rappe-Giesecke, 1982; 1983; Rappe-Giesecke; 1987; 1990).

Es existiert eine psychoanalytisch-medizinische Zeitschrift über Balint-Arbeit (vgl. Heigl-Evers u. a., 1988ff); die Zeitschrift „Supervision" widmete der Balint-Gruppenarbeit eine ganze Ausgabe (Nr. 4/1983).

Die Balint-Gruppe wurde für die „Stranger-Group", also für vorher miteinander unbekannte Teilnehmer konzipiert. Um einander unbekannte Menschen in persönlicher Form über ihre beruflichen Probleme sprechen zu lassen, stellte Balint folgende Regeln auf: Die beruflichen Kompetenzen der Teilnehmer werden grundsätzlich anerkannt. Abhängigkeit und Regression der Balint-Gruppenteilnehmer werden nicht gefördert.

„Der zweite entscheidende Kunstgriff Balints bei der Entwicklung seiner Gruppenmethode bestand darin, den freien Fallbericht wie den Inhalt eines Traumes anzusehen und die Reaktionen, Einfälle und Gedanken der Teilnehmer wie die freien Assoziationen zu diesem Traum zu verstehen" (Roth, J.K., 1990, S. 154). Weiterhin gehört der freie Bericht über ein Fallbeispiel zu den Grundregeln. Dieser Bericht soll spontan vorgetragen werden und hat damit Analogie zur freien Assoziation der Psychoanalyse. Während dieser Berichterstattung sollten die anderen Gruppenmitglieder sich im Zustand der „freischwebenden Aufmerksamkeit" befinden, um später ihre Einfälle und gefühlsmäßigen Reaktionen auf die Fallschilderung spontan zu äußern. „Über ein Verständnis dieser Einfälle und Reaktionen, das durch die Deutung des Leiters gefördert wird, entsteht ein neues Bild und eine neue Erkenntnis über den berichteten Fall" (S. 152).

Der Balint-Gruppenleiter verhält sich eher abstinent und versucht, das Gruppengespräch auf der Interpretationsebene von Übertragung und Gegenübertragung zu analysieren. Die Balint-Arbeit ist in mehrfacher Hinsicht „Beziehungsdiagnostik" (Dickhaut/Luban-Plozza, 1990, S. 309). Trotzdem ist sie „kein technisches Seminar; konkrete Handlungsanweisungen werden in den Balint-Gruppen meist nicht herausgearbeitet. Das Ziel ist vielmehr, das herauszufinden, was die vorgetragene professionelle Beziehung aktuell, d.h. zum Zeitpunkt des Vortragens, problematisch macht" (Harrach, 1986, S. 158).

Übertragung und Regression werden in der Balint-Arbeit nicht künstlich verstärkt. Der Selbsterfahrungsbereich wird auf den Sektor des beruflichen Handelns beschränkt. Der wohl bedeutendste Beitrag der Balint-Methode zu den allgemeinen Gruppenmodellen der Supervision ist das „**Spiegelphänomen**". Kutter versteht unter dem „direkten Spiegelphänomen immer die Spiegelung der unbewußten Psychodynamik des zu untersuchenden Gegenstandes im Untersucher". Hierbei existieren folgende Möglichkeiten:

- „In der Anwendung auf die Einzel-Supervision eines einzelnen Patienten: Die Spiegelung der Psychodynamik des Patienten im Analytiker,
- in der Gruppen-Supervision: Die Spiegelung der Dynamik des einzelnen Patienten in der Supervisions-Gruppe und
- in der Supervision einer Gruppe in einer Gruppen-Supervision: Die Spiegelung der Dynamik der Gruppe in der Supervisions-Gruppe" (1990b, S. 294).

Dantelgraber nennt das auch „Übertragung zweiter Ordnung" (1977). Beim „**indirekten Spiegelphänomen**" läuft der Vorgang nur mittelbar ab. Hierunter sind vorgetragene Fallschilderungen zu verstehen, die in ihrem emotionalen Gehalt auch etwas mit der eigenen Problematik des Vortragenden selber zu tun haben. Gnädinger unterscheidet in Orientierung an Kutter dabei noch drei Formen der umgekehrten Spiegelung:

„1. Umgekehrte Spiegelung der ersten Art: Auswahl und Art der ausgewählten Fälle bildet Probleme mit der Institution ab;
2. umgekehrte Spiegelung der zweiten Art: Eine Darstellung gruppeninterner Konflikte;
3. umgekehrte Spiegelung der dritten Art: Darstellung individueller Probleme der oder des Teilnehmers am vorgestellten Fall" (1990, S. 292).

Der normale Ablauf einer Balint-Gruppensitzung wurde u. a. von Giesecke/Rappe-Giesecke empirisch untersucht. Nach einer Vorphase kommt es zur Fallaushandlung und dann zur Fallschilderung des Falleinbringers. Die anschließende Bearbeitung ist eine Rekonstruktion des früheren Geschehens in der aktuellen Gruppe, eine Typisierung des Themas und eine Verständigung der Gruppenmitglieder untereinander über den Bedeutungsgehalt der Einzelheiten des Falles bei Berücksichtigung ihrer Übertragungs- und Gegenübertragungsphänomene in der Balint-Gruppe selber. „In jeder Sitzung wird von diesem normalen und idealen Ablauf abgewichen, was auch erwartet und erwünscht ist. Der Grund für diese Abweichungen sind **Spiegelungen** der Professional-Klient-Beziehung in den Beziehungen zwischen den Balint-Gruppenmitgliedern. Das Zustandekommen und Bearbeiten dieser Spiegelungen wird als ‚Königsweg der Arbeit' bezeichnet" (Rappe-Giesecke, 1987, S. 91). Der Balint-Gruppenleiter nutzt und deutet diese Spiegelungen. Empirisch haben die Erforscher der Balint-Gruppe verschiedene Phasen im Gruppenprozeß ermittelt: Präsentation des Falls, Inszenierung des Falls, Stoppen der Inszenierung durch den Gruppenleiter, Reflexion der Inszenierung durch die Gruppenmitglieder und dann wieder das Umschalten zur Fallarbeit (S. 92ff).

Eine besondere Rolle kommt bei diesem klaren technischen Ablauf dem Leiter der Balint-Gruppe zu. Er sollte einerseits in der Psychoanalyse und Balint-Gruppenarbeit ausgebildet sein und andererseits aber auch im Idealfall dem Berufsfeld der Gruppenmitglieder angehören. Er muß die Teilnehmer zum „Mut zur eigenen Dummheit" ermuntern und selber mit dem „Dritten Ohr" (Reik) nicht Gesprochenes hören können. Andererseits hat er die persönliche Sphäre der Gruppenmitglieder zu schützen. Schon deshalb werden regressive Prozesse vermieden. Erst in jüngster Zeit werden Varianten der Balint-Gruppe auch in Teams (also „Family Groups") angeboten (Gfäller, 1986; Gnädinger, 1990; Harrach, 1986; Rappe-Giesecke, 1987, 1990a).

Welche Bedeutung hat die Balint-Gruppe für die Soziale Arbeit?

Schon Michael Balint und seine Frau Enid Balint erprobten das Verfahren erfolgreich mit Sozialarbeitern in der Eheberatung (Balint, 1963, S. 400). Balint-Gruppen werden außer bei Ärzten und Psychotherapeuten seit Jahren schon für Seelsorger, Sozialarbeiter, Lehrer, Kranken- und Altenpflegepersonal und sogar Juristen angeboten. Medizinstudenten und Studierende der Sozialberufe haben oftmals die Möglichkeit, schon während ihres Studiums an „Junior-Balint-Gruppen" teilzunehmen. Der Beitrag der Balint-Gruppe für die Supervision allgemein kann vor allem in theoretischer und diagnostischer Hinsicht gar nicht überschätzt werden.

Der konkrete Nutzen des Balint-Gruppen-Konzepts für die Soziale Arbeit wird sich allerdings auch daran ermessen lassen, ob es gelingt, institutionelle Zusammenhänge zu kritisieren und verändern zu können.

Organisationsentwicklung und Soziale Arbeit

Häufig wird noch zu wenig beachtet, daß Soziale Arbeit vorwiegend im organisatorischen Kontext stattfindet. Beispielsweise sind von den Fachhochschul-Absolventen in der Jugendhilfe etwa ein Drittel in Jugendämtern tätig, weitere 17% arbeiten im Bereich Fremdplazierung, 14% in der Jugendarbeit und 11% in Vorschuleinrichtungen (Bundesminister, 1990, S. 161).

In der Untersuchung von Klüsche waren von knapp 300 Befragten 22% in hierarchischen Organisationsstrukturen und 68% in Mischstrukturen (Hierarchie und Team) tätig (1990, S. 20). Daran wird deutlich, daß – wie schon erwähnt – Team und Organisation in der Regel keine Gegensätze sind. Denn in den meisten Fällen sind Arbeitsteams in die Hierarchie des Trägers eingebunden.

In den älteren deutschen Beiträgen zur Supervision wird die organisatorische Einbindung der Sozialen Arbeit jedoch kaum problematisiert. Weiter oben wurde schon beschrieben, daß Auswirkungen der Supervisionsarbeit auf die Organisation damals sogar unerwünscht waren.

Spätestens seit Zunahme der Teamsupervision ist die Notwendigkeit der Berücksichtigung des Organisationskontextes aktuell geworden. Denn Arbeitsteams gehören nicht mehr zu den „einfachen Sozialsystemen", sondern sie sind Teil der „organisierten Sozialsysteme" (Rappe-Giesecke, 1990, S. 42). Als solche besitzen sie differenzierte strukturelle Bedingungen. Die Mitgliedschaft der Organisationsangehörigen ist an verschiedene Rollen, Positionen sowie formelle und informelle Regelungen gebunden (Luhmann, 1975b, S. 41). Damit beinhaltet Teamsupervision auch Aspekte der Organisationsentwicklung. Je nach Ausmaß können sich beide Innovationsformen überschneiden oder gar deckungsgleich sein (Gotthardt-Lorenz, 1989; Schreyögg 1991b). Von der Grundqualifikation und der Weiterbildung her fehlen manchen Supervisoren, vor allem wenn sie zu sehr psychotherapie-orientiert sind, die „organisationsanalytischen Brillen" (Schreyögg, 1991e, S. 49ff).

Eine kurze Darstellung der Geschichte der Organisationsentwicklung und ihrer Bedeutung für Innovationsmöglichkeiten in der Sozialen Arbeit scheint von daher angebracht. Dabei wird deutlich, daß sich die Supervision einer „vergessenen" Quelle ihrer eigenen

Tradition stellen muß. Denn Kleingruppenforschung, Gruppendynamik und Organisationsentwicklung haben die gleichen Wurzeln. Ihre Anfänge liegen in dem Beitrag, den Lewin und seine Nachfolger den modernen praxisorientierten Sozialwissenschaften gegeben haben. Die Soziale Arbeit und die ihr verbundene Supervision haben jedoch überwiegend die Kleingruppenforschung und Gruppendynamik zur Kenntnis genommen und die Organisationsentwicklung weniger berücksichtigt.

Nach einer kurzen Skizze der Geschichte der Organisationsentwicklung soll im zweiten Teil dieses Kapitels die Relevanz dieser Organisationsentwicklung für Einrichtungen der Sozialen Arbeit untersucht und der aktuelle Stand der Organisationsentwicklungs-Diskussion in der Sozialen Arbeit dargestellt werden.

Anfänge der Organisationsentwicklung

„Als Ausgangspunkt wissenschaftlicher Analysen von Arbeit und Management gelten die Studien von F.W. Taylor. Was K. Marx als gesellschaftliche Arbeitsteilung beschrieben und A. Smith im berühmten Beispiel der Nadelherstellung an betrieblichen Produktionsprozessen gezeigt hat, wendet Taylor mit der Entwicklung von Methoden der Analyse von Arbeitsprozessen und deren Zerlegung in möglichst kleine Aufgabenelemente, die von verschiedenen Arbeitern erledigt werden, konsequent an" (Staehle, 1989, S. 22f).

Etwa zur gleichen Zeit als die Vorläuferfunktion der Supervision in den USA entstand, führte Taylor im Jahre 1884 in der Industrie das Stücklohnsystem ein und trennte die Planung der Arbeit von ihrer Ausführung; beide Vorgänge wurden vom Management an der Spitze des Unternehmens überwacht. Vorarbeiter als „Supervisors" erhielten hier eine wichtige Rolle.

Der Taylorismus als typische Erscheinung des expansiven Industriekapitalismus hatte als oberstes Ziel die maximale Ausnutzung der Arbeitskraft; wobei soziale Faktoren und Arbeitsbedingungen weitgehend dem Effizienz-Gedanken geopfert wurden.

Seit den zwanziger Jahren dieses Jahrhunderts ist der Taylorismus immer mehr abgelöst worden durch die „Human-Relations-Bewegung". So untersuchte Mayo bei den Hawthorne-Werken in Chicago die Folgen der Veränderungen der Arbeitsbedingungen auf die

Arbeitsleistungen. Die Arbeitsleistungen stiegen; sie stiegen aber auch an, als die eingeführten Vergünstigungen wieder rückgängig gemacht wurden.

„An diesem Punkt erkannten Mayo und sein Team, daß die Annahmen, von denen sie ausgegangen waren, sich nicht halten ließen. Sie hatten das Experiment begonnen, um den Einfluß äußerlicher Arbeitsbedingungen (Lohn, Arbeitszeit usw.) quantitativ zu bestimmen. An seinem Ende stand die Entdeckung eines neuen Faktors, der psychischen und vor allem der sozialen Begleitphänomene der industriellen Arbeit“ (Burisch, 1971, S. 46f).

Dieser „Hawthorne-Effekt“ (Western-Electric-Effekt) war eine ähnliche „Zufallsentdeckung“ wie die des „Feed-Back“ in der Gruppendynamik. Die zentrale Bedeutung sozialer Beziehungen auf die menschliche Arbeit und ihre Ergebnisse bildeten nun das Untersuchungsziel der „Human-Relations-Bewegung“. Arbeit ist nicht nur ein technischer Vorgang, sondern eine Gruppentätigkeit, bei der Merkmale wie positive soziale Beziehungen, Anerkennung, Wertschätzung und Handlungsspielraum die Leistung steigern können (Brown, 1956 S. 59f).

Im Grunde genommen wollten die „Human-Relations-Ansätze“ die Arbeitsleistungen über Verbesserungen im informellen und sozialen Bereich erhöhen, ohne jedoch wirkliche Strukturveränderungen in der Organisation zu fördern. „Die Human-Relations-Bewegung hatte ihren Höhepunkt in den fünfziger Jahren bereits überschritten. Durch die Anstöße wurden jedoch viele Entwicklungen in der Organisationstheorie und der angewandten Psychologie geprägt“ (Frese, 1984, S. 150).

Neue Erkenntnisse zur Analyse und Innovation von Organisationen kamen von den Mitarbeitern des im Jahre 1947 verstorbenen Lewin. Hierbei ist vor allem das 1961 in den USA publizierte Buch „The Planning of Change“, herausgegeben von Bennis, Benne und Chin, zu erwähnen. Erkenntnisse der Gruppendynamik werden dabei in ihrer Relevanz für Profit- und Non-Profit-Organisationen untersucht. Die deutsche Ausgabe „Änderung des Sozialverhaltens“ (1975) ist im Bereich des Sozialwesens immer noch nicht so richtig zur Kenntnis genommen worden. Die aus der Gruppendynamik kommende Organisationsentwicklung fand eher Eingang in spezifische gruppendynamische Trainings (Organisations-Laboratorien) und über die Manager-Fortbildung im profit-orientierten Organisationsbereich. Die Soziale Arbeit hat eine ihrer methodischen

Quellen, nämlich eine Fortentwicklung aus der Gruppendynamik, zwanzig Jahre lang weitgehend ignoriert. Von der Dominanz psychotherapeutisch beeinflußter Methoden (Einzelhilfe und Supervision) mußte sie erst den Umweg über die Teamsupervision gehen, um auch angesichts ökonomischer und struktureller Zwänge – erst seit Ende der achtziger Jahre – die Organisationsentwicklung (wieder) zu entdecken. Möglicherweise haben die Erfolge der Organisationsentwicklung im Profit-Sektor wie ein „Berührungstabu" gewirkt. Wahrscheinlich war die Zeit zur Rezeption der Organisationsentwicklung noch nicht reif.

Chin und Benne unterscheiden bei den „Strategien zur Veränderung sozialer Systeme" die folgenden drei Grundtypen von Vorgehensweisen (1975, S. 45ff):

1. **Empirisch-rationale Strategien**, wozu auch der Taylorismus zählt, vernachlässigen psycho-soziale Faktoren. Ihr Interesse gilt vorwiegend den planmäßigen Organisationsprozessen sowie der Effektivitätssteigerung. (Hierzu zählt auch M. Webers Bürokratieanalyse.)
2. **Macht- und Zwangsstrategien** kommen ebenfalls nicht für humane Leistungssteigerungen und Systeminnovationen im Sozialbereich in Frage.
3. Demgegenüber sind **normativ-reedukative Veränderungsstrategien** sinnvoller, leistungsfähiger und humaner.

In den von der Lewin-Gruppe 1947 begründeten National Trainings Laboratories (NTL) sehen Chin und Benne „einen Meilenstein in der Entwicklung der normativ-reedukativen Veränderungsansätze in Amerika" (1975, S. 60).

Systemprobleme sind nicht technischer oder sozialer, sondern eigentlich „soziotechnischer" Art (S. 62). Chin und Benne beschrieben schon früh verschiedene Methoden zur Innovation von Organisationen unter Beteiligung aller Mitarbeiter:

- Datensammlung und Rückmeldung (Feed-Back).
- Training von Managern in Methoden der Problemlösung.
- Schaffung akzeptierter Feed-Back-Rollen.
- Training von internen Innovationsagenten
  (S. 63).

Der „Change Agent" als Organisator des geplanten Wandels, eine Ergänzungsfigur zum Supervisor, geht ebenfalls auf diese Untersuchungen zurück.

Roethlisberger und Dickson, die an den Arbeiten Mayos beteiligt waren, hatten sowohl Kontakt zur Lewin-Gruppe als auch zu Rogers, dem Begründer der Gesprächspsychotherapie. Als ein Ergebnis dieses kreativen Zusammenspiels entstand die „persönliche Beratung in der Industrie als eine Strategie der Organisationsveränderung" (S. 61).

Viele Autoren haben sich mit Aspekten der Veränderung von Organisationen beschäftigt. So überträgt Schein das dreistufige Modell aus der Gruppendynamik der Lewin-Richtung in seiner Studie „Wie vollziehen sich Veränderungen?" auf Organisationen: Auftauen, Ändern, Wiedereinfrieren (Schein, 1975, S. 128ff).

Benne und Birnbaum stellen „Prinzipien der Innovation" auf, welche ebenso wie die Systembedingtheit die Beteiligung aller Subsysteme berücksichtigen sollen (1975, S. 276ff).

Von French und Bell stammt eine Zusammenstellung aller möglichen Verfahren zur Organisationsveränderung (1977). Die hier angedeuteten verschiedenen Ansätze zur Analyse und Innovation von Organisationen unter größtmöglicher Beteiligung aller Subsysteme zielen auf Strukturveränderungen und Förderungen der menschlichen Potentiale („Human-Ressources"); sie gehen damit über die „Human-Relations-Ansätze" hinaus (Argyris, 1957; Likert, 1975).

Einige Positionen aktueller Organisationsentwicklung

Nach diesem historischen Exkurs soll eine Klärung der Begriffe Organisationsanalyse, Organisationsberatung und Organisationsentwicklung erfolgen. Sievers benennt zwei Quellen der Organisationsentwicklung:

1. Die Anwendung der gruppendynamischen Laboratoriumsmethode auf Industriebetriebe.
2. Die Organisationsdiagnose, bei der u. a. mit Hilfe von Fragebogen Einstellungen von Organisationsangehörigen ermittelt werden können (Sievers, 1977, S. 10; neuerdings: Müller/Gehrmann, 1988).

Bennis, einer der Pioniere der Organisationsentwicklung, definiert die Organisationsentwicklung folgendermaßen: „In erster Linie ist sie eine pädagogische Taktik, mit der voraus geplante organisatorische Veränderungen vorgenommen werden sollen. Die einzelnen Verfahren können äußerst verschiedenartig sein" (Bennis, 1972, S. 26).

Die Begriffe Organisationsberatung und Organisationsentwicklung überschneiden sich häufig; sie sind noch in der Entwicklung. Allgemein bedeuten sie, daß ein externer Berater versucht, organisatorische Veränderungsprozesse zu bewirken. Am Anfang einer derartigen Entwicklung steht häufig die **Organisationsanalyse**. Der Schwerpunkt der Organisationsanalyse liegt meistens in der „Untersuchung der Aufbau- und Ablauforganisation von Unternehmen". Sie ist im wesentlichen ein Konzept „zur Erhöhung der Wirtschaftlichkeit (Effizienz) und Leistungsfähigkeit (Effektivität) von Unternehmen durch Untersuchung aller oder einzelner Systemelemente". Die Organisationsanalyse kann Ausgangspunkt für die **Organisationsberatung** sein. „Das Ziel der Organisationsberatung besteht in einer gegenüber dem Ist-Zustand effizienteren und effektiveren Organisation, aber auch in einer Verbesserung der Qualität der Arbeitsbedingungen der Organisationsmitarbeiter" (Oliva/Oppl/Schmid, 1991, S. 112f). Im folgenden sollen die Begriffe Organisationsanalyse und Organisationsberatung vermieden werden, weil diese häufig einen negativen „Anklang an Unternehmens- oder Betriebsberatung" haben (Gotthardt-Lorenz, 1989, S. 13). Statt dessen wird der Begriff **Organisationsentwicklung** bevorzugt. Denn die Organisationsentwicklung unterscheidet sich von Unternehmensberatung, Organisationsplanung oder REFA dadurch, „daß sie so frühzeitig wie möglich die Erwartungen und Interessen der Betroffenen in den Entscheidungsprozeß mit einbezieht" (Krämer, 1981, S. 312). Strukturen lassen sich oft schneller ändern als die Verhaltensweisen und Wertsysteme von Personen. Deswegen müßte sich Organisationsentwicklung immer auf die Veränderung der Strukturen **und** die menschlichen Verhaltensweisen in diesen Strukturen beziehen. Nichtberücksichtigung der Menschen ist nicht nur inhuman, sondern auch ineffektiv und hat bekanntlich einen hohen Fluktuationsgrad, erhöhte Krankheitsraten, Fehlzeiten oder „innere Kündigungen" zur Folge.

„Organisationsentwicklung untersucht den wechselwirksamen Zusammenhang zwischen Organisationsformen und Personen. Sie zielt in ihren Bemühungen darauf hin, eine Balance herzustellen zwischen den Gesamtzielen der jeweiligen Organisation und den Wünschen, Interessen und Bedürfnissen der innerhalb der Organisation arbeitenden Menschen; es geht also um Veränderung, um Veränderung sowohl der Struktur der Organisation als auch der Werteeinstellungen und Verhaltensweisen der dort arbeitenden Menschen mit dem Ziel, Strukturen und Verkehrsformen zu finden, die Effizienz und Arbeitszufriedenheit gleichzeitig fördern und das Gesamtsystem zukünftig in die Lage versetzen, aus eigenem Antrieb und aus eigenem Vermögen heraus Weiterentwicklung zu betreiben" (Krämer, 1983, S. 43).

Auch die aktuellen Positionen der modernen Theorien des organisatorischen Wandels befinden sich auf dieser Linie, wie in der umfangreichen Zusammenstellung von Trebesch über „Organisationsentwicklung in Europa" (1980) hervorgehoben wird: Einerseits sollen die Organisationsziele in maximaler Hinsicht gefördert werden und andererseits sollen Autonomie, Eigenverantwortlichkeit und organisationsfunktionale Kompetenzen der Mitarbeiter ebenfalls erhöht werden. Eine bloße wirtschaftliche Effizienzsteigerung als primäres Organisationsziel, wie in der Vergangenheit, wird abgelehnt.

Sogar betriebswirtschaftliche Autoren, die der Organisationstheorie verpflichtet sind, unterscheiden teilweise überhaupt nicht mehr zwischen Profit- und Non-Profit-Organisationen, wie beispielswiese ein Beitrag von Staehle in der „Gruppendynamik" (1/1991) andeutet.

Derartige Positionen der modernen Organisationstheorie müßten eigentlich die Attraktivität dieser angewandten Sozialwissenschaft für die Soziale Arbeit erhöhen und vorhandene Vorbehalte, die an anderer Stelle erwähnt werden, abbauen.

Schreyögg schlägt im Anschluß an Mayntz (1963) vor, Organisationen nach den beiden folgenden „Zielsystemen" zu unterscheiden:

- „Der eine Zieltyp umfaßt Organisationen, deren Ziel darin besteht, Leistungen zu erbringen (z. B. Wirtschaftsbetriebe) oder bestimmte Außenwirkungen zu erzielen (z. B. Verwaltung, Polizei, Parteien, Interessenverbände, Gewerkschaften usw.). Genau dieser Zieltyp wurde auch meistens von Organisationstheoretikern verhandelt.

- Der zweite Zieltyp umfaßt Organisationen, deren Zielerreichung auf die Veränderung von Personen gerichtet ist (z. B. Schulen, Universitäten, Krankenhäuser, Beratungsstellen, Gefängnisse usw.)" (Schreyögg, 1991a, S. 7f). Im folgenden ist nur der zweite „Zieltyp" der Non-Profit-Organisationen gemeint.

Neuere organisationsanalytische Ansätze

Im grundlegenden Buch über „Supervision" (1991f) von Schreyögg wird bei der analytischen Betrachtung von Organisationen durchgängig die Unterscheidung zwischen

- planmäßigen und
- nicht-planmäßigen

Organisationsphänomenen verwendet. Während die Anfänge der Organisationstheorie etwa bei Taylor oder die später darzustellende Bürokratieanalyse M. Webers vorwiegend planmäßige Organisationsprozesse im Blick hatten, hat sich der Fokus in der heutigen Organisationsentwicklung zu den **nicht-planmäßigen** Organisationsphänomenen verschoben (Türk, 1976; 1989).

Im folgenden Abschnitt sollen einige Organisationstheorien zu nicht-geplanten Organisationsphänomenen auch deswegen vorgestellt werden, weil die später in diesem Kapitel diskutierten Strukturprobleme sozialer Organisationen (Non-Profit-Organisationen) hiermit zusammenhängen.

Informelle Strukturen

Schon bei Roethlisberger/Dickson (1939) findet man die (auch in der Gruppensoziologie und Sozialpsychologie) heute geläufige Unterscheidung zwischen formellen organisatorischen Strukturen als Bestandteil von Hierarchie, Arbeitsteilung und Zielrealisierung sowie den informellen Strukturen, die sich eher „naturwüchsig" auf der Beziehungsebene zwischen den Organisationsmitgliedern entwickeln. Hierbei werden spezifische Normen und Verhaltensmaßstäbe deutlich. Informelle Strukturen existieren in jedem Sozialgebilde und dienen sowohl der „Reduktion der Komplexität" (Luhmann, 1987, S. 49ff) als auch der Korrektur und Entlastung überbürokratisierter Organisationen.

Informelle Strukturen können mit den Formalstrukturen in Konflikt geraten und sich auf die Zielrealisierung der Organisation disfunktional auswirken.

Andererseits sind überbürokratisierte Organisationen in ihren formalen Arbeitsabläufen oft so immobil, daß manche Ziele nur mit Hilfe der informellen Strukturen gegen den Formalablauf, beispielsweise durch Nichtbeachtung des „Dienstweges", bewältigt werden können. Bekanntlich führt der „Dienst nach Vorschrift" so manches Jugend- und Sozialamt an den Rand des Zusammenbruchs.

Organisatorischer Wandel

Eine weitere neuere Möglichkeit der Organisationsanalyse ist die prozessuale Sichtweise. Organisationen haben eine Geschichte und sie unterliegen in Aufbau, Zielsetzung, Personalwesen und Aufgabenbewältigung einem Wandel (Staehle, 1989, S. 541).

Im „Organisations-Prozeß-Modell" wurden folgende Stadien in der geschichtlichen Entwicklung von Organisationen unterschieden:

1. Die **Pionierphase**, die eng mit der Persönlichkeit des Gründers/der Gründerin verbunden ist. Beispielsweise wird in vielen neugegründeten sozialen Einrichtungen die Gründungsperson mit der Institution identifiziert. Der Beziehungsstil ist häufig familiär, die Aufgabenbewältigung zeigt eine geringe Arbeitsteilung und ist eher personenabhängig.
2. Durch Ausweitung der Tätigkeiten und Einstellung neuer Mitarbeiter kommt es zur **Differenzierungsphase**, mit den Merkmalen Hierarchisierung, Arbeitsteilung und Bürokratisierung. Dieser Wandel kann auch Konflikte mit sich bringen. Oft ist in dieser Phase Supervision/Organisationsberatung notwendig.
3. Die **Integrationsphase** stabilisiert diese Veränderungen dann möglicherweise auf höherer Ebene. Im Idealfall sind verschiedene Abteilungen und Teams entstanden, die zentral gesteuert werden oder selber kooperieren. Falls diese Leistung aus eigener Kraft nicht vollbracht werden kann, können ebenfalls Anfragen an Supervision/Organisationsberatung erfolgen (Goerke, 1981; Lievegoed, 1974).

Politische Prozesse

Organisationen gewinnorientierter oder nicht-gewinnorientierter Art verfügen in der Regel über ein knappes Ressourcensystem. Oft existieren jenseits der formalen Strukturierung dieser Organisation Freiräume und Chancen der Organisationsmitglieder, Einfluß auf diese Ressourcenverteilung zu nehmen (Schreyögg, 1991e, S. 55).

Das ist vor allem in eher unterstrukturierten Organisationen der Fall (Türk, 1976): Sozialeinrichtungen mit Teamstrukturen, selbstverwaltete und autonome Institutionen, Selbstverwaltungsorgane von Schulen, Hochschulen und des Gesundheitswesens und andere. Zum Kampf um die knappen Ressourcen finden dann Koalitionen, Taktiken, Kompromisse und Aushandlungsstrategien statt, die Allison (1986) als **politische Prozesse** bezeichnet. „Mit Hilfe dieses Ansatzes läßt sich thematisieren, welche Personen zu welcher Partei gehören, welche Interessen im einzelnen umkämpft sind, welche Strategien Verwendung finden und ob sich die ‚Kampfspiele' nicht auch eventuell in offene Auseinandersetzungsprozesse verwandeln lassen. Bei supervisorischen Fragestellungen ist von besonderer Bedeutung, wie sich die politischen Prozesse auf das professionelle Handeln des einzelnen Supervisanden auswirken. Oft ist zu untersuchen, welcher Partei, mit welchen Interessen der Supervisand angehört, und vor allem, ob und wie eventuell auch Klienten oder Teile des Klientensystems in die Kampf-Spiele mit einbezogen sind" (Schreyögg, 1991a, S. 13). Auch Selvini-Palazzoli u. a. haben das beispielhaft im Buch „Hinter den Kulissen der Organisation" beschrieben (1984).

Organisationskultur

Kulturanthropologie und Phänomenologie (Berger/Luckmann, 1966; Mead, 1973) haben den Ansatz der **Organisationskultur** mit beeinflußt (Staehle, 1989, S. 483). Informelle Strukturphänomene, der organisatorische Wandel und eventuell stattfindende „politische Prozesse" sind Faktoren, welche die Wertvorstellungen und Verhaltensstandards in Organisationen mitprägen.

Diese verfestigen sich zu Regelsystemen (Basic Assumptions), etwa Symbolen, Mythen, Feiern, Riten, Statuspassagen, Szenerien und tradieren diese Organisationskultur weiter (Sackmann, 1983,

S. 401). Der Begriff Organisationskultur meint ein „miteinander verflochtenes Netzwerk von Konzepten, die den ‚Geist' einer Organisation und ihrer speziellen Fähigkeiten beschreiben". Diese sind als subjektives Sinnsystem grundlegende „Wert- und Glaubensvorstellungen" und dienen als „Normen und Standards, die von loyalen Organisationsmitgliedern geteilt werden" (S. 395). Wie unterschiedlich sind beispielsweise Organisationskulturen in einem konfessionell geführten Erziehungsheim, einem Walldorf-Kindergarten, einem Jugendamt und einem selbstverwaltetem Jugendzentrum. In allen Einrichtungen sind Sozialarbeiter/Sozialpädagogen mit den gleichen Formalqualifikationen tätig. In Erziehungsheimen sind die Organisationsziele in einem viel geringerem Maße standardisierbar als beispielsweise im Jugendamt (Schreyögg, 1991a, S. 9). Andererseits können sogar Teams als Subsysteme der Organisation Jugendamt in einer Großstadt sich hinsichtlich ihrer internen Organisationskultur deutlich unterscheiden, wie es am Beispiel der Team-Supervision dargestellt worden ist.

Soziale Institutionen mit ihren spezifischen Kulturen können in eine Krise geraten. Neue Richtlinien der Behörden, beispielsweise Folgen des KJHG oder Umstrukturierungen der Träger, beispielsweise Ersatz von Heimplätzen durch Wohngruppen, neue Klientelgruppen oder Leitungs- und Personalwechsel sind mögliche Ursachen hierfür. Damit sind „ein Teil der gängigen Regeln, Richtlinien, Praktiken und Strategien nicht mehr nützlich" (Sackmann 1983, S. 403). Es müssen interne Reorganisationen stattfinden.

Dadurch können Verunsicherungen entstehen, die in Mitarbeiterversammlungen, Team- oder Supervisionssitzungen aufgefangen werden müssen. So haben sich in den letzten zwei Jahrzehnten die Organisationskulturen vieler traditioneller (geschlossener) Erziehungsheime durch Dezentralisierung und Errichtung von Außenwohngruppen vielfach verändert.

Fatzer unterscheidet idealtypisch die „Fürsorglichkeits-Kultur", die „Apathische Kultur", die „Antreiber-Kultur" und die „Integrative Kultur" (1990d, S. 101).

Traditionalismus von Organisationen: M. Webers Bürokratiemodell

Die vorstehende Beschäftigung mit einigen neueren organisationsanalytischen Ansätzen soll nicht zu der Annahme verleiten, Organisationen der öffentlichen und freien Wohlfahrt hätten sich diese Innovationsansätze alle angeeignet. Gerade das Fehlen von Markt, Konkurrenz und des Existenzrisikos, wie auch die Schwierigkeiten, Organisationsleistungen quantitativ oder qualitativ zu messen, haben begünstigt, daß viele der „Non-Profit-Einrichtungen" sich noch am klassischen Bürokratiemodell M. Webers orientieren.

Dieses Organisationsmodell war historisch betrachtet ein Fortschritt gegenüber vorbürokratischen feudalistischen Institutionen; es war notwendig, um den modernen, die Welt umspannenden Industriekapitalismus in Gang zu setzen. Das Bürokratiemodell ist rationalistisch und kennt vorwiegend geplante organisatorische Handlungsmuster. Hierbei existieren auch Parallelen zum Taylorismus.

Nach Weber gehört zur Bürokratie ein arbeitsteiliges System, eine Amtshierarchie mit einer modernen Amtsführung, die auf Schriftstücken (Akten) beruht. Die Berufstätigkeit ist eine spezialisierte Tätigkeit, die eine besondere Fachschulung voraussetzt. Die Aufgabenerfüllung erfolgt nach festgesetzten Regeln, wobei die Aktivitäten aktenmäßig abgewickelt werden. Die bürokratische Tätigkeit erfordert eine spezielle Organisationsform, die eine formalisierte Binnenstruktur haben muß. Der einzelne Mitarbeiter in einem bürokratischen Organisationssystem verrichtet seine Tätigkeit im Idealfall entpersönlicht, d.h. nur nach rationalen und von eigenen Interessen und der jeweiligen anderen Person unabhängigen Handlungsmustern. Individuell bedingte oder auch emotionale Abweichungen vom Idealtyp dieser bürokratischen Handlungsvollzüge gelten als Störfaktor, als unplanmäßige Handlungen (M. Weber, 1964, Bd. 2, S. 703ff).

Die „Unvollkommenheit der bürokratischen Systeme" (Lapassade, 1972, S. 167) ist dann auch zu Recht von der „Human-Relations-Bewegung" kritisiert worden. Bürokratische Regelungen sind bekanntlich zu starr, führen zu Ineffektivität, Zielverschiebung und Innovationsfeindlichkeit.

Bekannt ist, daß in hochbürokratischen Institutionen, deren Organisationsformen zum Selbstzweck geraten können, es zu einer „Verkehrung der Ziele" (Etzioni, 1973, S. 23) kommen kann. Die Rollendefinitionen sind häufig zu eng. Bürokratie behindert die Aufgabenbewältigung. Aus dem Bereich der Sozialen Arbeit kann man hier aus der Vergangenheit die Ineffektivität der traditionellen Heimerziehung anführen oder aus dem gegenwärtigen Strafvollzug die Tatsache, daß die Rückfallquoten der Haftentlassenen übermäßig hoch sind (Alderfer, 1978, S. 43ff; Goffman, 1961).

Ein Grundkonflikt in der Sozialen Arbeit ist derjenige zwischen der bürokratischen Orientierung der jeweiligen Einrichtungen und den eher pädagogisch-helfenden Zielsetzungen der Mitarbeiter. Blinkert u. a. haben gezeigt, daß mit zunehmender Berufsdauer die „Vollzugs-Kontrolleur-Perspektive" stärker wird. „Bei Sozialarbeitern, die schon längere Zeit in ihrem Beruf tätig sind, besitzt die Helfer-Erzieher-Perspektive demgegenüber kaum noch eine Bedeutung" (1976, S. 75). Man kann vermuten, daß dies umso stärker dort der Fall ist, wo die sozialen Institutionen noch dem klassischen Bürokratiemodell folgen; wenngleich es in den letzten Jahren im Bereich der Organisation sozialer Dienste vielfältige Reformen gegeben hat (Allgemeiner Sozialer Dienst, Dezentralisierung, Stadtteilorientierung, Vernetzung sozialer Dienste u. a.). Trotzdem finden wir im sozialen Bereich Organisationsformen, die der Zielrealisierung nicht angemessen sind. Entsprechend erleben wir auch „antiinstitutionelle" Einstellungen bei den Sozialpädagogen. In dieser Situation kann die neue Diskussion um die Organisationsentwicklung weiterhelfen.

Person, Berufsrolle und Institution

Die folgenden Erörterungen gehören nicht in den historischen Zusammenhang der Organisationsentwicklung. Sie sollen jedoch aus inhaltlichen Gründen an dieser Stelle nicht unerwähnt bleiben. Sie passen zum Kontext der „Helferdiskussion" und machen aber auch die Dringlichkeit einer interdisziplinären Sichtweise bei der supervisorischen Arbeit in den Organisationen deutlich.

Organisationen haben nicht nur bürokratische und entmündigende Aspekte, sondern sie beinhalten auch eine „Entlastungsfunktion" (Gehlen, 1970, S. 70), indem sie Orientierung geben und Verhaltensweisen kanalisieren. Noch eine weitere Bedeutung sozialer

Organisationen für die darin Tätigen wird in der Literatur seit einigen Jahren diskutiert: Das Zusammenspiel der spezifischen Institutionsmerkmale mit den Persönlichkeitsproblemen, Charakterstrukturen und den Formen der Angstbewältigung der Beschäftigten (Erdheim, 1984; Loureau, 1971; Mentzos, 1976/1988; Menzies, 1974). In einem weiteren Sinne gehören die bedeutenden Studien über den „Autoritären Charakter" (Adorno u. a., 1950/1968) sowie über „Autorität und Familie" (Fromm/Horkheimer u. a., 1936) auch in diesen Zusammenhang.

Wie schon angedeutet, hatte Bernfeld bereits im Jahre 1925 am Beispiel des Pädagogenberufes mögliche Verflechtungen der eigenen kindlichen biographischen Erfahrungsmuster mit der späteren Berufsausübung beschrieben.

Fürstenau hat diesen Ansatz in seinem Beitrag zur „Psychoanalyse der Schule als Institution" im Jahre 1964 weiter ausgeführt:

„In der Begegnung mit dem Kind kommt es bei Erwachsenen zu einer unbewußten Wiederbelebung ihres ‚Ödipuskomplexes', d.h. all der Trieb-, Gefühls- und Einstellungsvorgänge, die ihre Auseinandersetzung mit den Eltern in ihrer eigenen Kindheit bestimmt haben und unbewußt (latent) wirksam geblieben sind. Unbewußt erwartet der Lehrer wie der Vater, daß die Kinder sich ihm gegenüber genauso (oder entgegengesetzt) verhalten, wie er sich als Kind zu seinen Eltern verhalten hat, und unbewußt ist er selbst in seinem Verhalten als Erwachsener gegenüber Kindern von seinem Vater- und Mutterbild beeinflußt, wie er es in seiner Kindheit aus der Kinderperspektive entwickelt und seitdem latent beibehalten hat" (Fürstenau, 1979, S. 189).

Brück hat diesen Aspekt 1978 in seiner Dissertation über die „Angst des Lehrers vor seinem Schüler" genauer anhand von Studienmotivationen und Verhalten in Praktika bei Lehrerstudenten untersucht. Schon aus diesen Überlegungen ergibt sich ein neuer Blickwinkel auf die Helferdiskussion.

Schon 1976 hat der Psychoanalytiker Mentzos in seinem Konzept der „Institutionalisierten Abwehr" den Zusammenhang von persönlichen, frühkindlichen Prägungen und Handeln im institutionellen Kontext herausgearbeitet. Wie bei neurotischen Partnerwahlen, welche die Familientherapie beschreibt, können im Rahmen von institutionellen Arbeitsbezügen individuelle neurotische Konflikte, sowie Ängste und Schuldgefühle ein „neurotisches psychosoziales Arrangement mit der Institution eingehen. Es findet also eine

Verzahnung zwischen dem individuellen Bedürfnis nach Entlastung von neurotischen Spannungen, Ängsten und Konflikten des Einzelnen und bestimmten, dazu komplementären ‚Angeboten' der Institution statt" (Mentzos, 1988, S. 11).

Mentzos hat viele dieser Gesichtspunkte auf Handeln im institutionalisierten Kontext übertragen. Bei bestimmten beruflichen Rollenträgern ist deren Angst- und Abwehrverhalten „sozusagen in der Realität verankert, sie ist interaktionell organisiert" (S. 9). Man denke nur an den Ordnungssinn gewisser Beamter, der in bürokratischen Vorschriften der Institution seine Entsprechung findet. Aber auch die szenengemäßen Lebensvorstellungen, Sprache und Symbolik von Mitarbeitern in der Jugendarbeit oder im Drogenbereich ähneln oftmals der Erscheinungsweise ihres Klientels.

Die Grundfrage für Supervision und Organisationsentwicklung ist hierbei nicht die moralische Bewertung, sondern die Untersuchung, ob diese Verhaltensweisen und Einstellungen Einzelner im Rahmen der Zielvorstellung der Organisation funktional oder disfunktional sind und ob sie überhaupt den Lebensvorstellungen und beruflichen Zielen der Handelnden selber entsprechen.

Weiter oben wurde bereits dargestellt, daß Pühl aus seiner Supervisionserfahrung auf die grundsätzlichen Unterschiede in der Angstbewältigung in hierarchisch strukturierten Organisationen im Vergleich zu kollektiv organisierten Institutionen aufmerksam gemacht hat. Seine Hauptthese ist, daß über die „Struktur einer Gruppe" die Angst „kanalisiert" wird (1968, S. 11ff). Deswegen sollte Supervision und Organisationsentwicklung den grundsätzlichen kontextuellen Unterschied in den sehr verschiedenen sozialen Dienstleistungsorganisationen erkennen und beachten.

Diese Überlegungen dürfen jedoch nicht dazu führen, Supervisionsgeschehen zu „psychologisieren"; sie können die Komplexität und Mehrperspektivität der Prozesse nur andeuten, welche sich in der Organisationsentwicklung vollziehen könnten. Beispielsweise sind viele Einrichtungen der Sozialen Arbeit als „totale Einrichtungen" zu bezeichnen (Goffman, 1961). Viele Gruppen des „Klientels" der Sozialen Arbeit kommen keinesfalls freiwillig: Gefängnisse, Suchtkliniken, psychiatrische Einrichtungen, Bewährungshilfe, Jugendgerichtshilfe und viele andere Institutionen erfordern „Zwangskommunikation". Diese Bedingungsfaktoren prägen und sind ein Hauptunterscheidungskriterium zur Supervision der Psychotherapie unter eher „freiwilligen" Bedingungen.

Diese Ansätze zeigen die komplizierte Mehrperspektivität von Supervision und Organisationsentwicklung in den Institutionen der Sozialen Arbeit. Der thematische Zusammenhang von Person, Berufsrolle und Institution ist in vielen Supervisionssituationen, auch in Abgrenzung zu Selbsterfahrung und Psychotherapie, zu beachten.

Organisationen in der Sozialen Arbeit: Strukturprobleme

Organisationen in der Sozialen Arbeit unterscheiden sich in vielfältiger Hinsicht voneinander: Trägerschaft, Größe, Mitarbeiter, Binnenkultur, Ziele und Aufgabenbewältigung. Es herrscht eine derartige (und sich ständig verändernde) Vielfalt vor, daß es unmöglich ist, von der Ausbildung her spezifisch für bestimmte Aufgaben in den Organisationen vorzubereiten.

Angesichts der generalistischen Ausbildung von Sozialarbeitern und Sozialpädagogen haben die sozialen Dienstleistungsinstitutionen – auch mit Hilfe der Supervision – längst schon die Funktion von beruflichen Primär-Sozialisationsinstanzen erhalten. Diese sozialen Dienstleistungsorganisationen, die sich in öffentlicher oder freier Trägerschaft befinden, können auch nach Arbeitsfeldern (Heimerziehung, Jugendarbeit u. a.), Altersgruppen (Kinder, Jugendliche, ältere Menschen) oder Klientelstatus (freiwillig, ambulant, totale Institution) unterschieden werden (Belardi, 1980a; C.W. Müller, 1985).

Weiterhin haben wir es in den sozialen Organisationen mit sehr unterschiedlichen Organisationskulturen zu tun. Es existieren relativ homogene Kulturen im Hinblick auf Personal und Klientel (beispielsweise der Kindergarten) und es bestehen Organisationen (Kliniken, heilpädagogische Einrichtungen oder Heime) mit mehreren Kulturen, bei denen Klientel- und Mitarbeitersysteme in sich sehr differenziert sind: Verwaltungskräfte, Ärzte, Psychologen, Sozialarbeiter/Sozialpädagogen, Erzieher, Heilpädagogen und andere. Ferner bilden haupt- und ehrenamtliche Kräfte nochmals spezielle Sub-Organisationskulturen für sich (Schreyögg, 1991b, S. 166).

Auch hinsichtlich der Arbeitsteilung sind Strukturprobleme in den Sozialeinrichtungen bekannt. Eine zu hohe Aufgabenspezialisierung durch Fachkräfte mehrerer Berufsgruppen kann ebenso eine disfunktionale Wirkung haben, wie eine zu geringe Arbeitsteilung. Dieser Zustand ist beispielsweise von einigen Allgemeinkrankenhäusern (Funktionspflege) oder orthopädischen Kinderheimen bekannt. Wenn die verschiedenen „Spezialdienste" im Kinderheim „die Kinder zur Massage, zur Heilgymnastik usw. jeweils aus ihrer Bezugsgruppe herauslösen, haben sie möglicherweise kaum Zeit und Ruhe, Sozialerfahrungen in einer stabilen Gruppe zu vollziehen.

Aber auch ein zu niedriger Grad formaler Aufgabenspezialisierung birgt Komplikationen. In alternativen Betrieben etwa, wo oft programmatisch auf formale Vorregelungen verzichtet wird, begegnen uns gelegentlich vielfältige Reibungsverluste, wenn die Aufgabenstellung für die einzelnen Mitarbeiter unklar bleibt und ständig neu in der aktuellen Kommunikation ausgehandelt werden muß. Allein diese Aushandlungsprozesse binden dann eine Fülle von Energien" (Schreyögg, 1991b, S. 137).

Auf dem Sektor der Bearbeitungsebene als Teil des Mesosystems ist kürzlich eine noch unveröffentlichte verwaltungswissenschaftliche Habilitationsschrift von Seibel über den „Funktionalen Dilettantismus", die „erfolgreich scheiternden Organisationen im Dritten Sektor zwischen Markt und Staat" (1991) fertiggestellt worden. Hierhin wird das Steuerungs- und Kontrollversagen im „halbstaatlich-gemeinnützigen Bereich" – auch anhand von Fallbeispielen der Frauenhäuser und des hessischen Landesbezirks der Arbeiterwohlfahrt – beschrieben. Seibel bezeichnet diese Vorgänge als „Organisationsversagen". Im Falle der hessischen Arbeiterwohlfahrt wurde vor allem ein Versagen externer und interner Steuerungs- und Kontrollorgane im Zusammenhang mit einem „Filzmanagement" (S. 139) festgestellt. Ehrenamtliche Vorstände und Aufsichtsgremien waren nicht in der Lage, Verbandsmanager mit „fehlenden Qualifikationen" (S. 141) zu kontrollieren (vgl. auch Seibel 1992).

Dieses Beispiel, das hier nicht weiter ausgeführt werden kann, ist sicherlich kein Einzelfall. So argumentiert Brauns in einem Beitrag über „Personalentwicklung in sozialen Organisationen" in die gleiche Richtung. Es treffe der „öffentliche Vorwurf des ‚Spiegel' zu, daß Wohlfahrtsverbände schlecht geführt werden und nicht gut wirtschaften" (Brauns, 1989, S. 76).

Auch Maelicke hat sich schon mehrfach in dieser Hinsicht geäußert. „Während Profit-Organisationen sich gezielt als Wettbewerber auf dem Markt verhalten, ist diese Sichtweise bei Non-Profit-Unternehmen unterentwickelt. Sie sind fixiert auf ihre Mitglieder, ihre Mitarbeiter, ihr Management oder auf die ehrenamtlichen Funktionäre. Dies geht zu Lasten der Effektivität, der Dienstleistungserbringung (Kundenorientierung und Sozial-Marketing), aber auch zu Lasten einer Analyse der Bedarfs- und Angebotsstruktur im jeweiligen regionalen Wirkungsbereich (Markt und Wettbewerb)" (Maelicke, 1989, S. 68).

Vor allem Maelicke und Reinbold haben sich in den letzten Jahren durch Veröffentlichungen und Fachtagungen bemüht, die Erkenntnisse der Organisationsentwicklung für die „Non-Profit-Organisationen" zu popularisieren. Effektivität und Effizienz Sozialer Arbeit werden, auch im Hinblick auf die neuen sozialen Probleme und die Unzulänglichkeiten bisheriger Organisationsformen, ins Zentrum der Diskussion gerückt. Spannungsfelder zwischen den fachorientierten professionellen Mitarbeitern, den häufig fachfremden geschäftsführenden Managern in den Wohlfahrtsverbänden sowie den ehrenamtlichen Vorständen werden thematisiert.

Die Organisationen der Sozialen Arbeit sollten eine ganzheitliche Unternehmensphilosophie und Unternehmenskultur mit spezifischen Leitbildern (Corporate Identity) entwickeln und sich auf Konkurrenz und Marktmechanismen einstellen. Erfahrungen aus dem Profit-Bereich, wo eine teilweise Ablösung der „harten" durch sogenannte „weiche" Managementmethoden stattgefunden hat, könnten hierbei nützlich sein (Reinbold, 1990a, S. 29; Maelikke/Reinbold, 1990a, 1990b).

In die gleiche Richtung argumentiert Engelhardt, der die Bedeutung von „Führung, Leitung, Management, Soziales Management" für den Wohlfahrtsbereich hervorhebt (1991, S. 260ff).

Viele Konzepte der Organisationsentwicklung entstammen den Innovationsversuchen des (amerikanischen) privatwirtschaftlichen Bereichs der letzten Jahrzehnte. Allerdings existieren dort auch viele Projekte im Non-Profit-Sektor (Schulen, Krankenhäuser, Wohlfahrtseinrichtungen u. a.) (Fatzer, 1983, S. 354). Fürstenau war einer der ersten, der diese Konzepte der **Institutionsberatung** (1970) für den Sozial- und Gesundheitsbereich im deutschen Kulturraum vorgeschlagen hat. Diese Herkunft und der Verspätungseffekt haben auch bewirkt, daß viele dieser Erfahrungen bei uns auf Vorbehalte im Bereich des Sozialwesens gestoßen sind.

Reinbold verweist deswegen darauf, „daß eine voraussetzungslose Übertragung von Organisationsmodellen aus dem Profitbereich auf die Organisationen sozialer Arbeit und eine Adaption von ‚Managementtheorien' nicht ausreichen, die besonderen Bedingungen von sozialer Arbeit und ihrer innovativen Weiterentwicklung zu sichern". Ihrer Meinung nach gehe es eher darum, „Erfahrungen aus dem Profit-Bereich für die besonderen Strukturbedingungen und Aufgaben sozialer Organisationen fruchtbar zu machen" (Reinbold, 1990, S. 29).

Die Veröffentlichungen zur Organisationsentwicklung im Sozialwesen, die im nächsten Abschnitt noch weiter auszuwerten sind, weisen auch darauf hin, daß die in der Vergangenheit häufig formulierten Vorbehalte seitens der Sozialarbeit den profit-orientierten Organisationsformen gegenüber, zumindest in der publizierenden Fachwelt, im Rückgang begriffen sind. Die Zunahme an Weiterbildungsangeboten für die Bereiche Sozialmanagement, Leitung und Personalentwicklung im Sozialwesen oder neuerdings „Social Sponsoring" weisen in die gleiche Richtung.

Organisationsentwicklung in der Sozialen Arbeit

Viele Teams, die nach dem Supervisor rufen, befinden sich in einer strukturellen Krise, die oft verheerende Folgen für die Arbeit mit den Klienten hat. Wenn der Supervisor dann mit seiner Tätigkeit beginnt, stellt er fest, daß Klienten und „Fallarbeit" weniger wichtig sind. Statt dessen ist eine strukturelle und innovative Veränderung der gesamten Organisation angesagt (Gotthardt-Lorenz, 1989, S. 29). Wenn der Supervisor sich dann auf Teamsupervision einläßt, kann er scheitern. Eine gründlichere „Analyse der Nachfrage" nach der Supervision wäre erforderlich gewesen. Das ist das Thema von Teil II. Wenn zuerst strukturelle und organisatorische Vorbedingungen zur Teamsupervision geschaffen werden müssen, ist Organisationsentwicklung notwendig.

Erst seit den 70er Jahren sind die Organisationen in den Blickwinkel der (supervisorischen) Veränderungsbemühungen geraten. Naturgemäß ist es schwierig, die Supervision, die ja ursprünglich zur Stützung der Organisation gedacht war, auch als Veränderungsmotor für eben diese Organisation zu nutzen.

Hierzu hat auch die Institutionskritik der letzten zwei Jahrzehnte wesentliche Beiträge geleistet (vgl. Basaglia, 1973; Cooper, 1971; Goffman, 1961; Nilo, 1977; und neuerdings wieder: Schwendter, 1991b).

Noch in der älteren Supervisionsliteratur tauchen Organisationen kaum als veränderungswürdig auf (Melzer, 1972) oder dieser Mangel wird lediglich konstatiert: „Daß die Praxisberatung als Prozeß so viel Beachtung erfahren hat – wobei die strukturellen (oder organisatorischen) Grundlagen vernachlässigt wurden – spiegelt nur die Tatsache wider, daß man der Theorie der Administration und Organisation in der Fachliteratur über Praxisberatung in der Sozialarbeit nur sekundären Wert zumißt" (Widem, 1970, S. 213ff). Organisatorische, administrative und autoritative Aspekte der traditionellen Supervision sind lange Zeit vernachlässigt worden (Pettes, 1971, S. 180ff; Schwarzwälder, 1976b).

Angesichts der inzwischen vorliegenden allgemeinen Literatur über Organisationsentwicklung, verwundert die geringe Anzahl von Publikationen über Organisationsentwicklung im Feld der Sozialen Arbeit. Denn insgesamt konnten nur etwa 40 Aufsätze in den Fachzeitschriften und einige wenige Buchbeiträge zum Thema Organisationsentwicklung und Soziale Arbeit gefunden werden. Auch hier scheint ein Verspätungseffekt eine Rolle zu spielen.

Die ersten Fachbeiträge zu diesem Thema lassen sich in die 70er Jahre datieren. 1976 veröffentlichte Bäuerle einen Beitrag über „Institutionsberatung in Institutionen der Sozialarbeit" (1976a, S. 205ff). Ein Jahr später erwähnt Melzer die „Institutionsberatung", welche die Möglichkeit hat, ein „beratender Eingriff von außen" zu sein (1977, S. 241).

Auch in der Zeitschrift „Sozialpädagogik" entdeckt man Annäherungen an das Thema „Institution und Supervision". Hierbei finden jedoch noch keine organisationssoziologischen Analysen im Sinne der Organisationsentwicklung statt, sondern eher institutionelle Betrachtungen der verschiedenen Mitarbeiter und ihrer Aufgaben im Heimalltag (Otterbach, 1977, S. 72ff). Von Schwarzwälder existiert ebenfalls ein Beitrag zu diesem Thema (1976b).

Im Jahre 1987 veröffentlichten Ritter/Hundsalz einen Aufsatz über den „Kontext als Werkzeug der Supervision" in der Jugendarbeit (1987, S. 139ff). Von Bäuerle stammt ein kurzer Artikel über Institutionsberatung im „Wörterbuch Soziale Arbeit" (1988, S. 280ff). Schramm hat im „Handbuch Sozialarbeit/Sozialpädagogik" einen längeren Beitrag über „Organisationsberatung" veröffentlicht. Er geht davon aus, daß in der Praxis der Sozialen Arbeit viele Mitarbeiter keine „homogene Solidargemeinschaft" bilden, sondern eher zerstritten sind; sowie daß „viele Probleme durch die Mitarbeiter selbst ausgelöst" werden (1984, S. 722).

Eine zentrale Frage der Organisationsberatung im sozialen Bereich ist für Schramm, woher die Organisationsberater eigentlich ihr Mandat nehmen, von der Institution, den Mitarbeitern oder den Klienten, die ihrerseits selber sehr differenzierte Bedürfnisse haben, die mit den „bislang vorhandenen Methoden nicht objektiv erhebbar" seien (S. 723).

Müller/Gehrmann (1988) und Reinbold (1990) wiesen in jüngster Zeit auf die Einsatzmöglichkeiten von Organisationsentwicklungen im sozialen Bereich hin; wobei vor allem auf Leitungsprobleme im Rahmen der häufig vorkommenden Doppelstruktur von Sozialarbeit und Verwaltung hingewiesen wurde.

Ein weiteres damit zusammenhängendes Thema ist die im sozialen Feld nicht seltene Unter- oder Überorganisation der sozialen Institutionen (Türk, 1976). Während in hierarchisch geprägten Einrichtungen nach dem traditionellen Bürokratiekonzept Informationsfluß und Autonomie der Mitarbeiter zu sehr eingeschränkt sind, haben eher kooperative Organisationssysteme auch Informations- und Leitungsprobleme. „Eine Analyse im Alltag von sozialen Organisationen zeigt jedoch, daß häufig keine verläßlichen Strukturen von Kommunikation und Kooperation vorhanden sind, daß Leitungskonzepte nicht erkennbar sind und vor allem, daß die Motivation und das hohe Engagement von MitarbeiterInnen durch hierarchische Strukturen behindert werden, die eine Delegation von Aufgaben und Entscheidungen blockieren" (Reinbold, 1990, S. 30).

Seit dem Jahre 1991 erscheint die Zeitschrift „Socialmanagement", von der auch neue Impulse für die Organisationsentwicklung der Sozialen Arbeit zu erwarten sind. Mit Beginn der 90er Jahre mehren sich differenzierte Beiträge zur Organisationsentwicklung in der Sozialen Arbeit. Das Heft Nr. 3/1989 der „Blätter für Wohlfahrtspflege" veröffentlichte einige schon erwähnte Beiträge über Management, Leitung und Personalentwicklung in sozialen Organisationen. Zwei Jahre später erschien in der gleichen Zeitschrift (Nr. 5/1991) ein Themenheft zur „Organisationsberatung und Organisationsentwicklung". Hierin wird die Organisationsentwicklung als „Innovation in Sozialen Diensten" (Oliva/Oppl/

Schmid, 1991, S. 111ff) definiert. Es findet sich ein Beitrag darüber, wie die „Klientengruppen und Klientenkulturen" unbewußten Einfluß auf das „Strukturgeschehen" in den sozialen Dienstleistungsinstitutionen ausüben können. Hierbei wird die institutionelle Gegenübertragung vorgestellt und als „Resonanzphänomen" beschrieben (Bremen, 1991, S. 116ff).

Ein anderer Beitrag beschäftigt sich mit der „Organisationsentwicklung im Amt" (Hartmann, 1991, S. 118ff). Dieser zeigt einerseits, wie die „Organisationskultur" des Sozialamtes selber der Klientifizierung und damit einer Zielverschiebung Vorschub leistet. Beiträge über „Organisationsberatung für Soziale Beschäftigungsinitiativen" (Rauchfuss/Schrader, 1991, S. 125ff) und „Organisationsentwicklung in Selbsthilfeorganisationen" (Strehmel, 1991, S. 129ff) verdeutlichen die oben schon skizzierten speziellen Organisationskulturen und Strukturprobleme von eher kooperativen Einrichtungen der Sozialen Arbeit.

Neben dem mißlungenen Versuch, die sozialen Dienste in einer kleinen Großstadt auf der „Basis eines psychoanalytischen Arbeitsansatzes zu entwickeln", und bei dem wohl grobe Fehler in der Übertragung psychotherapeutischer Erkenntnisse auf soziale Organisationen begangen worden sind (Gumbinger u. a., 1990, S. 144ff), findet sich in den „Blättern der Wohlfahrtspflege" (5/1991) ein gelungenes Beispiel einer „Organisationsentwicklung im Amt". Hier zeigt sich der Vorteil der organisationsbezogenen supervisorischen Perspektive. Ursprünglich ging es darum, **anders** mit arbeitslosen Sozialhilfeempfängern umzugehen, bis sich diese als „Entry Problem" der Stadtverwaltung herausstellten. Es zeigte sich, daß die „Organisationsstruktur" des Sozialamtes eine „verkehrte Welt" war. Das Sozialamt „förderte die Verschwendung von Ressourcen" – beispielsweise wird die Tendenz gefördert, die Probleme der Klienten mit Geldzahlungen zu „lösen". Ferner ermittelte die Organisationsentwicklung, daß die Mitarbeiter des Sozialamtes unter Rollenkonflikten standen. Arbeiten sie aktiv und nutzen die Ressourcen, so gelten sie bei den politischen Gremien als „zu teuer". Sparen sie an öffentlichen Mitteln, so wird ihnen „Nichterfüllung des sozialen Auftrags vorgeworfen". Ein Sachbearbeiter gilt „als guter Mitarbeiter, wenn seine Tätigkeit möglichst reibungslos und störungsfrei abläuft".

Hierin wurde eine Zielverschiebung (Goal Displacement) der Verwaltung deutlich. In diesem Organisationsentwicklungsprojekt konnten „fast alle Funktionsbereiche – beispielsweise Öffentlichkeitsarbeit, Statistik, Kooperationsbeziehungen – der Sozialverwaltung" in den Prozeß einbezogen werden (Hartmann, 1991, S. 118ff).

Gerspach/Lorenz/Preuß berichten von einer ungewöhnlichen dreijährigen Supervisionsarbeit zu Ende der 80er Jahre. In einer südhessischen Stadt wurde Supervision mithilfe des zuständigen Dezernenten für alle sozialen Dienste angeboten: Jugendamt, Sozialamt, Städtische Kindergärten, Gemeindedienst. Möglich war dies über ein Modellprojekt, einem eigens hierfür geschaffenen Haushaltstitel und die aktive Mitarbeit des zuständigen Dezernenten, der sich nicht nur schnell sachkundig machte, sondern die Supervision auch selber in Anspruch nahm (Gerspach, 1991b). Bei zwei Befragungen haben 84 bzw. 90 Prozent der Supervisanden die positiven Wirkungen der Supervision hervorgehoben (Gerspach, 1991d, S. 80). Leider veröffentlichen die Autoren keine genaueren Effekte dieser „Supervision als Verbundsystem", außer den Hinweisen, daß sich die Zufriedenheit erhöht und der Kommunikationsstil verbessert habe (S. 65ff).

Auch aus dem Bereich der sozialen Beschäftigungsinitiativen liegt ein Bericht über eine Organisationsentwicklung vor. Es handelt sich um die Betreuung von etwa 120 Beschäftigungsinitiativen in NRW durch den DPWV. Diese Beschäftigungsinitiativen haben eine spezielle Organisationskultur hervorgebracht. Viele von ihnen sind innerhalb weniger Jahre von zwei bis vier Mitarbeitern auf 30 bis 50 angewachsen und befinden sich noch nicht in der Differenzierungsphase. Parallel dazu hat sich die Klientel verändert; so haben die Langzeitarbeitslosen zugenommen. Den beträchtlich angestiegenen Organisationsstrukturen sind die Mitarbeiter nicht gewachsen.

Es fehlte an Regelungen darüber, welche Gremien über was entscheiden sollen. Mit dem Anwachsen des Personals kam es nicht zu einer rationalen Binnendifferenzierung. Viele Einrichtungen blieben strukturell in der Pionierphase stecken, obwohl sie in personeller Hinsicht stark expandiert hatten. Leitungsprobleme waren die Folge. Subgruppen entstanden und bekämpften einander: Festangestellte, ABM-Kräfte und ehrenamtliche Mitarbeiter. Weiterhin hat die ökonomische Bedrohung durch die zwei- bis dreijährige Laufzeit der fremdfinanzierten Projekte immer wieder die Existenzfrage gestellt und zu Entscheidungen gezwungen, wer in welchem Projekt womit weiterbeschäftigt werden darf (Rauchfuss/Schrader, 1991, S. 125f).

Die Strukturprobleme dieses Arbeitsfeldes sind auch Folgen ihrer Randständigkeit in der Gesellschaft.

Die Disfunktionalität vieler bürokratischer sozialer Dienste, Mittelkürzungen und Klientengruppen, die vermutlich, unter den gegebenen Umständen, keine selbstbestimmte Lebensführung mehr zustande bringen können, sind wahrscheinlich die Ursachen für dieses Interesse an Innovation. Es ist anzunehmen, daß die Organisationsentwicklung in den 90er Jahren verstärkt Einzug in die eher bürokratischen sozialen Dienste halten wird, wo es gilt, mit sozialstaatlich garantierten Klientenansprüchen fertig zu werden. Demgegenüber kann man annehmen, daß die Teamsupervision eher in den soziotherapeutischen Einrichtungen der Sozialen Arbeit (Heime, Kliniken, Beratungsstellen, ASD, u. a.) noch verstärkt Eingang finden wird. Interessant ist jedoch auch, daß vermehrt positive Berichte über Supervision und Organisationsentwicklung aus dem Selbsthilfebereich und alternativen Projekten vorliegen: so der Beschäftigungsinitiativen (Pühl, 1986; 1989a), einem Frauenhaus (Scheffler, 1989) und sogar die alternative „Tageszeitung" hat schon 1987 erfolgreich Hilfe einer Organisationsberatung erhalten, um die problematischen internen Strukturdefizite zu bewältigen (Karnath, 1989, S. 65f).

Aus ihrer Erfahrung mit der Supervision aller sozialen Dienste (Jugendamt, Sozialamt, städtische Kindergärten u. a.) in einer Kleinstadt benennen Gerspach u. a. folgende Problembereiche, die für die Mitarbeiter existieren:

- Starre bürokratische Strukturen vernachlässigen die Bedürfnisse der Mitarbeiter;
- auch durch die Hierarchie entstehen seelische Probleme, die als Belastung empfunden werden;
- „Das Verhältnis zu den Vorgesetzten, Eltern (im Kindergarten usf.) belebt eigene unerledigte Autoritätskonflikte neu, ohne daß dieser Zusammenhang den Betroffenen klar ist."
- Auch im Team oder der Verwaltung existieren Konflikte, die „zu einem großen Teil aus unbewußten seelischen Quellen gespeist werden, wovon aber die Beteiligten nichts wissen,
- eine Kollegin oder ein Kollege gerät in eine berufliche Identitätskrise und fühlt sich überfordert, bzw. wird von anderen abgelehnt" (Gerspach, 1991c, S. 85).

Möglicherweise ist die organisationsspezifische Ausbildung der Supervisoren weiter entwickelt, als die Diskussion in der sozialarbeiterischen Fachliteratur. Schon 1970 nahm die Diakonische Akademie organisationssoziologische Elemente in ihre Weiterbildung auf (Schwarzwälder, 1979, S. 40). Im Jahre 1989 gaben 13 von 18 angefragten Supervisionsausbildungsstätten an, „institutionelle Kontexte von Supervision thematisch in den Lehrgängen zu berücksichtigen bzw. zunehmend berücksichtigen zu wollen mittels Organisationsanalysen, Organisationstheorien, durch die Beschäftigung mit Teamsupervision und Organisationsentwicklung" (Leffers, 1989, S. 50).

Genau 20 Jahre nach seinem Beitrag über die „Institutionsberatung" plädiert Fürstenau dafür, die Organisationsentwicklung gegenüber der Teamsupervision zu bevorzugen. „Ich habe eigentlich große Reserven gegenüber dem Supervisionsbegriff und verwende ihn nur in sehr begrenzter Form. Ich sagte eingangs schon, daß Supervision für mich Beratung ist, eine bestimmte Form von Beratung. Der umfassendere Begriff wäre Organisationsentwicklung bzw. Beratung bei der Organisationsentwicklung" (1990, S. 5). Die Organisation rückt damit in den Vordergrund. „In vielen Fällen mache ich überhaupt keine Teamsupervision mehr, sondern nur noch Leitungssupervision, weil ich auf dem Standpunkt stehe, daß Supervision ja eigentlich etwas ist, was die Leiter der Einrichtung auf der jeweiligen Stufe – also etwa ein Oberarzt für die ihm unterstellten Stationen – selbst leisten sollten. Durch die Supervision wird eine Leitungsfunktion von außen ersatzweise wahrgenommen. Diese Funktion sollte eigentlich die Einrichtung ohne Supervisor selbst leisten" (S. 2).

Bei diesem Verständnis rückt Supervision/ Organisationsentwicklung wieder in die Nähe des ursprünglichen Verwendungszwecks in den USA; was man jedoch nicht mit plumper Anpassung an Trägervorstellungen verwechseln darf. Gleichzeitig wird auf die weiter oben diskutierte Innovationsnotwendigkeit im sozialen Bereich aufmerksam gemacht. So „kauft" sich die Organisation etwas ein, „was sie selbst nicht leisten kann oder will. Sie erspart sich damit einen Oberarzt, der vielleicht nur für Fortbildung oder Beratung der Mitarbeiter zuständig ist" (S. 2).

Die Innovation soll zeitbegrenzt von „außen" kommen. Es wäre zu klären, „daß die Institution vertreten durch die Leiter, längerfristig diese Funktionen übernehmen sollte. Man muß sich sozusagen überflüssig machen, indem die Leiter befähigt werden, selbst die entsprechenden Impulse den Teams zu geben. Leitung schließt

Anleitung der Mitarbeiter in bezug auf die fachliche Tätigkeit ein" (S. 2).

Denn in vielen Fällen wird, wenn man mit der Teamsupervision beginnt, „das Pferd von hinten" aufgezäumt. So gesehen zeigt der enorme Bedeutungsanstieg von Supervision und Organisationsentwicklung, daß grundsätzliche Strukturdefizite in den Institutionen des Sozial- und Gesundheitswesens existieren, die nicht in erster Linie dem Personal, seiner Ausbildung und seinen Qualifikationen angelastet werden können. Auf diese Situation weist der Nachfolger von Bäuerle und ehemalige langjährige Direktor des „Instituts für Sozialarbeit und Sozialpädagogik" Maelicke in einem Beitrag über „Funktionelle Dilettanten" in der neuen Zeitschrift „Socialmanagement" hin..

In einem von Lewkowicz herausgegebenen Buch über „Neues Denken in der Sozialen Arbeit. Mehr Ökologie – mehr Markt – mehr Management" verweist Wendt auf die im Sozialwesen vorherrschenden Gegensatzpaare von „Moral und Management": „Es soll in der sozialen Arbeit immer noch eine Menge Leute geben, die identifizieren ‚Sozialsein' geradewegs mit ‚moralisch handeln' (bzw. ‚unsozial' mit ‚unmoralisch'). Das wirtschaftliche Handeln dagegen erscheint ihnen ethisch indifferent, von Moral frei (wenn nicht schlimmer, nämlich von egoistischer Gewinnsucht geprägt statt altruistisch motiviert), – jedenfalls entfernt vom sozialen Denken und Handeln" (Wendt, 1991, S. 47).

Möglicherweise ist auch diese Einstellung, verbunden mit der Methoden- und Kapitalismuskritik der 70er Jahre die Ursache dafür gewesen, daß man zu dieser Zeit die Ansätze zur „Organisationsentwicklung" sozusagen „rechts" liegenließ. Teile der Gruppendynamik und der Managementkonzepte schienen damals zu sehr im Verdacht der Manipulation und Systemanpassung zu stehen.

So ist es nicht verwunderlich, daß gegenwärtig, wenn auch teilweise anders begründet, Vorbehalte gegen die neueren Organisationsentwicklungs-Konzepte in der Sozialen Arbeit geäußert werden: Hinte wendet sich gegen die „Organisations-Entwicklungs-Hysterie", welche wohl überspannte Vorstellungen habe: „Alles ist machbar, man muß es nur gescheit planen und die richtigen Führungsqualitäten an den Tag legen" (1991, S. 4). Hierin ist vor allem eine Kritik an den Veröffentlichungen von Reinbold verbunden. Gegen die aus dem Management-Bereich stammenden Innovationsvorschläge setzt Hinte eher sozialorientierte. So sei „personenbezogene

Supervision als Bestandteil der Organisationsentwicklung" notwendig (Hinte, 1991, S. 5).

Im Zuge der sich verknappenden Haushaltsmittel kommt der Effizienzgedanke sicherlich auch im Sozialwesen verstärkt auf. Ein Blick auf den Gesundheitsbereich läßt künftige Tendenzen erahnen. Hier erzwingen die Leistungsträger der Krankenhäuser mehr Effizienzkontrollen. Angesichts der Kostenexplosion existiert teilweise schon eine Wettbewerbssituation der Krankenhäuser untereinander. Privatisierungstendenzen und Abwälzung der Kosten auf die Verbraucher im Gesundheitsbereich nehmen zu. Möglicherweise steht im Sozialwesen eine ähnliche Entwicklung an.

Es besteht die Chance, daß Supervision und Organisationsentwicklung hierbei stärker eine innovative Rolle spielen können. Es ist aber auch zu befürchten, daß diese Verfahren überwiegend vom Effizienzdenken dominiert werden.

Konzeptionen der Organisationsentwicklung für die Soziale Arbeit

In diesem Abschnitt sollen zwei für den Bereich des Sozial- und Gesundheitswesens bedeutsame Ansätze zur Organisationsentwicklung im deutschsprachigen Raum vorgestellt werden. Einerseits sind sie schon „Geschichte", weil sie 1970 bzw. 1979 veröffentlicht worden sind. Andereseits sind sie nicht nur noch immer aktuell, sondern haben in der Fachliteratur der Sozialen Arbeit noch immer nicht genügend Berücksichtigung gefunden. Auch hierbei kann ein Verspätungseffekt festgestellt werden.

Institutionsberatung (Fürstenau)

Der grundlegende deutschsprachige Beitrag zur Organisationsentwicklung im Non-Profit-Bereich stammt von Fürstenau. Dieser stellte schon im Jahre 1970 auf dem theoretischen Hintergrund von Psychoanalyse, Gruppendynamik und Organisationssoziologie sein Konzept der „Institutionsberatung" vor.

Eine häufige Ursache, weshalb viele Institutionen des Sozial- und Gesundheitswesens eine Beratung anfragen, hängt damit zusammen, „daß Ordnung, Regelung und Kontrolle der Arbeit in großen sozialen Dienstleistungsbetrieben wie Krankenhäusern, Schulen, Hochschulen, Gefängnissen, Heimen, Kirchen und in großen Produktionsbetrieben der verschiedensten Art heute bei uns in den meisten Fällen noch nach einem Schema erfolgen, das man in der Sozialwissenschaft als klassische Verwaltungsbürokratie bezeichnet". Nach Fürstenau steht dieses hierarchische System in einem ernsten Konflikt mit „demokratischen politischen Werten und Regelungen. Außerdem hat es sich auch sonst als nur begrenzt vertretbar herausgestellt." Es handelt sich dabei auch um ein „Innovationsproblem" in Institutionen. Dieses „beinhaltet im wesentlichen eine Veränderung der Macht-, Einfluß- und Kompetenzverhältnisse im Sinne der Delegation von organisatorischer Entscheidungsbefugnis nach unten, der Beteiligung des Personals, das eine bestimmte Arbeit ausführt, an der Organisation dieser seiner Arbeit. Diese Verlagerung organisatorischer Entscheidungsbefugnis nach unten stellt die Beteiligten vor die große Aufgabe, ihre Kooperation in Arbeitsgruppen und die Zusammenarbeit zwischen den Arbeitsgruppen zu organisieren und auch bei Belastungen aufrechtzuerhalten. Das ist eine schwierige Aufgabe, auf die sich alle Beteiligten erst einstellen müssen." Dabei sollte man diese Institutionsberatung, die auf Innovation abzielt, deutlich von der fachlichen Beratung unterscheiden (Fürstenau, 1979, S. 203f).

Deswegen bedienen sich Dienstleistungsbetriebe in anderen Ländern schon seit „einigen Jahren der Hilfe von Beratern, die sich in erster Linie als Agenten kontrollierten und geplanten Wandels der Autoritätsstruktur und der Kooperationsweise verstehen. In den USA nennt man Großbetriebe ‚Organizations'. Auch bei uns spricht man daher manchmal von ‚Organisations-' statt von ‚Institutions'-Beratung" (S. 205).

Organisationsberater als „Change Agents" müssen multidisziplinäre Qualifikationen besitzen: soziologische, psychologische, gruppendynamische und fachspezifische. „Die Institutionsberatung steht und fällt mit der Kunst und der Möglichkeit, eine tragfähige und vertrauensvolle Beziehung zwischen dem Berater und der betreffenden Institution herzustellen" (S. 206). An den Anfang der Beratungsbeziehung gehört die Diagnose des Beraters. Seine Aufgabe ist es, einen „Prozeß in Gang zu setzen und dafür zu sorgen, daß Angst, Wut, Hilflosigkeit und Resignation nicht zu chaotischen Situationen oder zum Abbruch des Klärungsprozesses führen.

Gelingt es, einen Konflikt- und Problemartikulationsprozeß in Gang zu setzen und in Gang zu halten, dann ergibt sich die zweite Phase: die der gemeinsamen Problemerörterung in dafür geeigneten Gruppenarrangements mit dem Suchen von Problemlösungen" (S. 207). Der Berater muß diesen Prozeß durch Verfahrensvorschläge und Hinweise zur Problemlösung fördern. Häufig führt eine derartige Institutionsberatung zu der Einsicht, daß das „Personal nicht genügend vorgebildet ist, um den neuen Anforderungen: einer verantwortungsvolleren und kooperativeren Arbeitsweise, entsprechen zu können" (S. 211).

So beispielsweise in den Suchtkliniken, die den Übergang von der „Trinkerheilanstalt" seit den 70er Jahren oft personell und qualifikationsmäßig schwer bewältigt haben. Keine der beteiligten Berufsgruppen ist auf die neuen, primär „nichtklinischen" Aufgaben vorbereitet. Deswegen spielten in der Vergangenheit „Trainingsverfahren zur Änderung von Einstellungen und zur Entwicklung sozialer Fähigkeiten" eine große Rolle. Fürstenau nennt hierzu das gruppendynamische Laboratorium und die Supervision (S. 211).

Sozioanalyse und Institutionsanalyse (Wellendorf)

Von Lapassade stammt der Begriff „Sozio-Analyse", mit dem er die „Interventionsarbeit in einer Beratungsbeziehung mit gesellschaftlichen Gruppen und Organisationen" (1973, S. 37) meint. Wellendorfs Beiträge zur Sozioanalyse (1979) und Institutionsanalyse (1986/1991) sind beeinflußt von Lapassade, Loureau, Pagés, Devereux und Fürstenau. Sie stellen neben Fürstenaus Untersuchungen und den Arbeiten von Sievers und neuerdings Schreyögg (1991f) die wohl aktuellsten Ansätze zur Organisationsentwicklung von Non-Profit-Organisationen im deutschsprachigen Raum dar. „Diese Sozioanalyse einer Organisation ist zweierlei: Sie ist ein Verfahren, um über die institutionelle Struktur und Dynamik der Organisation Informationen und Aufschlüsse zu bekommen und sie ist als dieses Verfahren Basis einer spezifischen Technik der Beratung der Organisation. Beides hängt untrennbar miteinander zusammen: Institutionelle Struktur und Dynamik werden erst im Verlauf des Beratungsprozesses klar und sichtbar, und diese Beratung bleibt ihrerseits ohne Aufklärung der institutionellen Gegebenheiten blind und ziellos" (Wellendorf, 1979, S. 67). Das Ziel der Sozioanalyse, vor allem pädagogischer Organisationen, ist die aufdeckende Untersuchung der institutionellen Strukturen. Das Problem dabei ist, daß diese Struktur zu Anfang nicht unmittelbar zugänglich sein kann. „Weder für die Mitglieder einer konkreten Organisation noch für den analysierenden, beratenden, forschenden Sozialwissenschaftler. Sie kommt nur verschlüsselt zum Ausdruck: In der Art der Beziehungen, die die Mitglieder zueinander, zur Organisation und ihren Zielen, Verfahrensweisen und Ordnungen und zur Umwelt haben; in der Diskrepanz zwischen deklarierten Zielen und Werten und der Weise ihrer Realisierung; in den offenen und verdeckten Konflikten, in dem was und was nicht ausgesprochen wird. Sie ist mithin anwesend und abwesend zugleich: anwesend in den verschlüsselten Botschaften, die ununterbrochen gesendet werden; abwesend, da die Botschaften stets verschlüsselt, verdeckt, nie aber im Klartext – als ‚ganze Wahrheit' – ausgesendet werden. Verschlüsselt ist die institutionelle Struktur und Dynamik in dem Ineinanderwirken der allgemeinen sozialen Regelungen, Normen, Rollenerwartungen, die der einzelne in der Organisation vorfindet; in dem aktiven und spontanen Errichten von Regeln und dem Schaffen von sozialen Gebilden, aus denen die Organisation besteht" (S. 68).

Die Sozioanalyse will die verschlüsselten Bedeutungen der Organisation erkennen. Sozioanalytische Beratung heißt, daß der Sozioanalytiker als Sozialwissenschaftler den Organisationsmitgliedern auf der Basis einer „tragfähigen Beziehung bei der aufdeckenden Analyse der institutionellen Struktur" helfen will. Es muß also ein Kommunikationsmedium, in der Regel eine Gruppe aller beteiligten Berufsgruppen, geschaffen werden. Hierbei geht es nicht um supervisorische Fallbesprechungen oder Teamsupervision.

„Da die institutionelle Struktur und ihre Dynamik nicht unmittelbar kognitiv und affektiv zugänglich sind, bedarf es für die Sozioanalyse und Beratung einer konkreten pädagogischen Organisation eines analytischen Mediums, das die Institution zwingt, sich in einer Reaktion zu manifestieren" (S. 68). Alle Reaktionen in dieser institutionellen Großgruppe sind das Material der Analyse.

„Den Kern der analytischen Situation bildet die Beziehung zwischen dem Sozioanalytiker und der betreffenden pädagogischen Organisation (Schule, Universität, Heim etc.). An dieser Beziehung und damit in der analytischen Situation bilden sich die strukturellen und dynamischen Probleme der Institution ab – in der Art und Weise, in der die Mitglieder der Organisation (Lehrer, Schulleiter,

Schulräte, Schüler, Eltern etc.) als einzelne, als Funktionsträger, als informelle und formelle Gruppen in die Beziehung eintreten, ihre Grenzen setzen, sie ganz oder teilweise abwehren und sie nach einem impliziten oder expliziten Muster ausbilden. Wir können also sagen: Die Sozioanalyse definiert die institutionelle Struktur und Dynamik einer Organisation mit Hilfe der Analyse der Situation, in der sich der Sozialwissenschaftler und sein ‚Klient' befinden und eine spezifische Beziehung zueinander eingehen" (S. 69). Schon vom ersten Augenblick des Kontakts von Sozioanalytiker zu Organisationsmitgliedern, also beim Vorgespräch, werden diesem bestimmte Rollen und Funktionen angetragen, etwa des „Fachmanns", „Schlichters", „Zensors" oder „neutralen Beobachters". Wellendorf nimmt diese Angebote und Rollenzuweisungen der Organisationsmitglieder an ihn als **diagnostisches Kriterium** für das Selbstverständnis der Organisationsmitglieder selber und ihre Beziehung zueinander und zu ihm als Ausgangsbasis für seine Überlegungen. „Diesen projizierten Rollen und Funktionen des Sozioanalytikers entsprechen komplementäre Vorstellungen des ‚Klienten' von den eigenen Rollen und Funktionen. Die Beziehung des ‚Klienten' zum Sozioanalytiker innerhalb der analytischen Situation umfaßt zu jedem beliebigen Zeitpunkt eine Rolle, die der ‚Klient' sich selbst zuweist. Es handelt sich hierbei um Versuche des ‚Klienten', von sich aus bestimmte, ihm vertraute Formen der Wechselbeziehung und Interaktion durchzusetzen; um Versuche also, mehr oder weniger bewußt und subtil mit dem Sozioanalytiker Situationen herbeizuführen oder zu manipulieren, die eine Wiederholung der Beziehungen sind, in denen die Mitglieder der Organisation in den anderen Situationen des Organisationsalltags ihre Angelegenheiten zu bewältigen pflegen" (S. 69).

Wellendorf wendet nun den aus der Psychoanalyse stammenden und als allgemeines menschliches Kommunikationsmuster verwendbaren Begriff der Übertragung auf diese Phänomene an, die er als „**institutionelle Übertragung**" bezeichnet. „Die vertrauten Formen der Wechselbeziehung, Interaktion, Entscheidungsfindung, Arbeitsteilung etc. sind zugleich Modi, in denen der ‚Klient' bestimmte Erfahrungen und Einsichten, die nicht zu seinem offiziellen Selbstverständnis, zur institutionellen Ideologie und zur gewohnten Alltagspraxis passen, von sich abwehrt.

Auf diese Weise entfaltet sich somit an der Beziehung zwischen dem Sozioanalytiker und seinem ‚Klienten' in der analytischen Situation die institutionelle Dynamik und Struktur der konkreten Organisation und wird damit der Analyse zugänglich. Die analytische Situation, in der sich der Sozioanalytiker und sein ‚Klient' gemeinsam befinden, ist eine **Projektionsfläche für die verborgene institutionelle Struktur**" (S. 69f).

Die Gefühle, welche die Organisationsmitglieder während dieser Prozesse der Darstellung ihrer Arbeitsprobleme, Beschwerden, Wünsche, Auseinandersetzungen untereinander, Forderungen und Befürchtungen an den Sozioanalytiker bei diesem auslösen, bezeichnet Wellendorf als dessen „**institutionelle Gegenübertragung**" (Wellendorf, 1986, S. 166ff).

Natürlich interveniert der Sozioanalytiker nicht im psychoanalytischen Sinne, aber er nutzt seine Erfahrung des psychoanalytischen Ansatzes, um seine institutionellen Gegenübertragungsgefühle zu akzeptieren, sie zum Verständnis der Situation zu nutzen und trotzdem sich nicht zu sehr in die Prozesse verwickeln zu lassen.

Vor allem eine von außen kommende psychoanalytisch und organisationssoziologisch geschulte Person kann deswegen die Rolle des Sozioanalytikers einnehmen. Sie darf nicht mit der Vorgeschichte der Organisationsmitglieder verstrickt sein. Deswegen ist der Sozioanalytiker ein Grenzgänger; er muß „sich in die institutionellen Prozesse verwickeln lassen und sogleich einen Bezugspunkt außerhalb des institutionellen Systems" besitzen (S. 168). Auch erfährt der Sozioanalytiker als Organisationsentwickler anfangs nur einen kleinen Teil dieser Übertragungsprozesse und damit der Organisationsdynamik. Diese sind jedoch diagnostisch gesehen sehr ernst zu nehmen. Denn „das erste Instrument des Sozioanalytikers ist er selbst" (Wellendorf, 1979, S. 72).

Die Anfangsthemen („Entry Problems") können dabei nebensächlich oder beliebig sein. Die dahinter verborgenen Beziehungen und Strukturen sind im Sinne phänomenologischen Verstehens zu erfassen. Wellendorf hat das in der „Institutionsanalyse" eines psychotherapeutischen Kinderheims anschaulich beschrieben, auf die hier nur verwiesen werden kann (1986, S. 157ff).

Organisationsentwicklung am Beispiel einer Suchtklinik

Seit Alkoholismus im Jahre 1968 von den Kostenträgern als Krankheit definiert und anerkannt wurde, wandelte man viele ehemalige Trinkerheilanstalten in Suchtkliniken um. Vermehrter Einsatz von ärztlichem und pflegerischem Personal, wie auch von Psychologen und Sozialarbeitern wurde notwendig. Ehemalige („trockene") Alkoholiker, die in den Einrichtungen oft erfolgreich als Suchttherapeuten ohne formalen Ausbildungsabschluß tätig waren, wurden in ihrer beruflichen Rolle entwertet. Das Krankenhaus-Reform-Gesetz brachte weitere strukturelle Veränderungen in den Krankenhaus-Leitungen mit sich. Die Krankenhäuser werden nun von einem Dreierkollegium, der ärztlichen Leitung, der Leitung des Pflegedienstes und der Verwaltungsleitung, geführt. Dies hatte weitere Umstellungsprobleme, Reibungsverluste und Bürokratisierungen zur Folge. Vielfältig überschneiden sich die Kompetenzbereiche, oft müssen Entscheidungen im Sinne „politischer Prozesse" ausgehandelt werden. Die Chefärzte sind häufig nicht mehr die „Halbgötter in Weiß", sondern erweisen sich in Führungsfragen als hilflos gegenüber der Verwaltungsleitung. Psychologen und Sozialarbeiter/Sozialpädagogen wie auch die anderen Berufsgruppen (Beschäftigungs-, Bewegungs- und Musiktherapeuten u.a.) sind in der Klinikleitung überhaupt nicht vertreten.

Diese Strukturprobleme der allgemeinen Krankenhäuser haben bei den Suchtkliniken noch eine besondere Problematisierung erfahren. Nahezu alle hier tätigen Berufsgruppen sind in ihrer Grundausbildung eigentlich nicht über die Suchtarbeit informiert worden. Die Ärzte erleben sich kaum noch, außer bei den Eingangs- und Entlassungsuntersuchungen und einigen notwendigen Krankenversorgungen, in ihrer traditionellen Ärzterolle. Ähnlich ergeht es dem Krankenpflegepersonal, dies hat eine noch stärkere Entwertung seiner ursprünglichen Qualifikation erfahren müssen. Diese sind eigentlich Soziotherapeuten und teilen im wesentlichen den Alltag der Patienten. Auch Sozialarbeiter und Diplom-Psychologen sind in ihrer Hochschulausbildung kaum für die Suchtarbeit vorbereitet worden. Ihre Haupttätigkeit in den Suchtkliniken besteht in Einzel- und Gruppentherapie.

Häufig wird man von Suchtkliniken als Teamsupervisor angefragt. Schon beim Erstgespräch und der „Analyse der Nachfrage" (vgl. Teil II) gibt es Hinweise auf größere organisatorische Defizite, so daß sich eine Teamsupervision als kontraindiziert erweisen könnte. In den Team-Supervisionen sollten eigentlich „Fallbesprechungen" und teaminterne Arbeitsthemen thematisiert werden; während übergeordnete Organisationsprobleme häufig dominieren. Beispielsweise überschneiden sich die in den Arbeitsverträgen unpräzise definierten Aufgaben der verschiedenen Berufsgruppen so beträchtlich, daß erst auf organisatorischer Ebene die Voraussetzungen für die Teamarbeit im geschützten Rahmen geschaffen werden müssen. Oftmals wird deutlich, daß die Zugehörigkeit der einzelnen Berufsrollenträger zu verschiedenen Teams und Patientensubgruppen sich ständig überschneidet. So z. B., wenn ein Sozialarbeiter zu zwei Teams und der Aufnahmestation gehört, ein Psychologe alle Eingangsuntersuchungen in der Aufnahme und die Entlassungsuntersuchungen machen muß und dazu selber noch Mitglied von Behandlungsteams ist. Stellenabbau bei gleichzeitiger Arbeitszeitverkürzung, hohe Krankheits- und Fluktuationsraten, bewirken neben einem „Berg" von kaum „abzufeiernden" Überstunden, ständig notwendige gegenseitige Vertretungen. Supervisoren, die von Suchtkliniken zur Teamsupervision angefragt werden, müssen genau abklären, ob nicht eine Organisationsberatung vorgeschaltet oder parallel zur Teamsupervision stattfinden müßte. Sonst bleibt sie eine isolierte Insel innerhalb eines chaotischen Organisationsgefüges.

Am Anfang einer Organisationsberatung steht die Analyse der institutionellen Struktur und Dynamik. In einer Großgruppe von etwa 30 bis 40 Personen (Klinikleitung, Ärzte, Psychologen, Sozialarbeiter/Sozialpädagogen, Pflegepersonal, sonstiges therapeutisches Personal, bei Bedarf auch Schreibkräfte) finden etwa zweiwöchige Sitzungen statt. Hierbei ist auch die gruppendynamische Kompetenz des Organisationsberaters gefragt. Die Berufsgruppen äußern sich der Reihe nach in einer Darstellung ihrer Probleme, Wünsche und des Ärgers. Schon in der ersten Sitzung wurde deutlich, daß nahezu alle Berufsgruppen den Eindruck hatten, nicht zu wissen, wo ihr Aufgabenbereich anfing und wo er aufhörte. Sie machten sich und dem Berater gegenüber „Abrechnungen" auf; die Klinikleitung hüllte sich in Schweigen. Der Berater erlebte sich als Klagemauer und fühlte sich versucht, den Beschwerden nachzugehen, für „Gerechtigkeit“ zu sorgen. Durch die Analyse dieser „institutionellen Gegenübertragung“ kam der Berater darauf, zu untersuchen, ob die Klinik eigentlich überhaupt eine „Leitung“ habe. Warum haben die Mitarbeiter ihre Klagen bisher nirgendwo anbringen können, wo blieb die strukturierende Hand der Leitung? Die spätere Untersuchung bestätigte diese Vermutung der ersten Sitzung. Die Klinik litt auch unter einer Leitungsabstinenz, welche die Mitarbeiter untereinander und teilweise auch den Patienten gegenüber (als „Bündnisgenossen“) ausagierten. Die Differenzen innerhalb der Leitung mußten in weiteren „Leitungsberatungen“ geklärt werden.

In der Großgruppe aller Mitarbeiter wurde nun sehr strukturiert vorgegangen. Die Rollenabklärung, Rollenanalyse und das Rollenverhandeln (Harrison, 1977; Schein, 1987a, 1987b) brachten eine Klärung der gegenseitigen Erwartungen der verschiedenen Rollenträger sowohl innerhalb der eigenen Berufsgruppe als auch zu den anderen Berufsgruppen auf der Teamebene mit sich. Komplizierend war hierbei, daß von seiten der Verwaltungsleitung zeitweise destruktiv interveniert wurde, indem man auf die sehr vagen Arbeitsverträge, die Anstellungsträger, Kostenträger, Richtlinien u.a. verwies. Diese „Querschüsse“ der Verwaltungsleitung brachten die meisten Mitarbeiter zum Verstummen. Es wurde deutlich, daß in dieser Klinik die Verwaltung die Macht hatte, weil sie über die finanziellen Ressourcen verfügte. Vertreter der Verwaltungsleitung genossen die Hilflosigkeit der Ärzte, Psychologen, Sozialarbeiter und des Pflegepersonals in ihren Kompetenzstreitigkeiten. In mehreren Interventionen mußte die Verwaltungsleitung immer wieder an den Gesamtkonsens der Großgruppe erinnert werden, daß die Klinik nur funktioniere, weil die Mitarbeiter informelle Systeme entwickelt hatten, die zwar außerhalb der Formalaufgaben standen, die aber notwendig waren, um das Organisationsziel, die Behandlung von Suchtkranken, zu verwirklichen. An der Realisierung dieses Organisationsziels müsse die Verwaltungsleitung doch auch ein Interesse haben. Bei dieser Offenlegung der informellen Systeme dieser Klinik brachte die Verwaltungsleitung ein „Autoritätsargument“ ins Spiel, daß, wenn die Kostenträger von diesem Zustand wüßten, diese der Klinik möglicherweise die Zuschüsse verweigern würden, da nicht den Richtlinien gemäß gearbeitet werde. Die Klinikleitung ihrerseits hatte es versäumt, sachgemäße Arbeitsstrukturen zu errichten und der Tagesablauf in diesem Krankenhaus funktionierte nur, weil die Mitarbeiter informelle Systeme gebildet hatten, um das Leitungsdefizit zu kompensieren. Diese informellen Systeme entsprachen natürlich nicht immer den Richtlinien. Die Argumentationshaltung von seiten der Verwaltungsleitung ist als „institutioneller Widerstand gegen Veränderung" zu verstehen. Häufiger noch mußte ähnlichen Argumentationen der Verwaltungsleitung entgegengetreten und diese an das Gesamtziel der Organisationsberatung erinnert werden.

Nun konnte die Rollenanalyse unterbrochen von diesen Widerstandsäußerungen einzelner Berufsgruppen, fortgesetzt werden. Zwischen den einzelnen Berufsgruppen wurde nun ausgehandelt und protokollarisch dokumentiert, wer was machen sollte, wer wem welche Aufgaben übergibt, wer mit wem in welchen Fragen kooperiert und welche Kooperationsformen zu finden sind. So wurde ein regelmäßiger Erfahrungsaustausch über neue Patienten zwischen den einzelnen therapeutischen Teams und der zentralisierten Beschäftigungstherapie vereinbart. Beim Rollenverhandeln sind vor allem die Gesichtspunkte „Erwartung", „Interpretation" und „Gestaltung" der Rollen wichtig. Dies war umso problematischer, weil die ansozialisierten Berufsrollen sich meistens nicht mit den täglichen Arbeitsaufgaben in der Klinik deckten. Weil in einem Team Sozialarbeiter aufgrund der Mittelkürzungen fehlten, mußte ein Psychologe oder manchmal auch eine Krankenschwester teilweise die originär sozialarbeiterischen Aufgaben (Auszahlung des Taschengeldes, Kontakte zu Krankenkassen, Arbeitsamt, Sozialamt u.a.) übernehmen. Vorher hatte ein Sozialarbeiter der anderen Station, der diese betreffenden Patienten nicht kannte, hierüber die Entscheidungen fällen müssen, was zu Unklarheiten geführt hatte.

Natürlich hat diese Phase des Prozesses auch für viele Organisationsmitglieder Enttäuschungen mit sich gebracht. Unausgesprochen gingen sie in der Anfangsphase der Beschwerden und des Aufrechnens, im Sinne einer Omnipotenzphantasie, davon aus, daß für alle eine Arbeitserleichterung herauskommen könnte. Bei gegebener Knappheit der Ressourcen konnte jedoch in erster Linie nur eine Umverteilung erfolgen. Jedes Klinikmitglied, das etwas „haben" wollte, mußte grundsätzlich bereit sein, auch etwas vom eigenen Freiraum oder bevorzugten Tätigkeiten zu „geben". Organisationsentwicklung hat nur Sinn, wenn überhaupt etwas zur Disposition steht. Hierbei half dem Organisationsberater die Analyse seiner „institutionellen Gegenübertragung". Er erlebte sich als jemand, der nur Erleichterung verschaffen sollte. Schmerzlich war die Erkenntnis, daß man für Rollen- und Aufgabenklarheiten auch etwas zur Disposition stellen mußte. Bei knappen Personalressourcen im Sozial- und Gesundheitswesen zeigen sich hier die Grenzen der Möglichkeiten von Organisationsentwicklung.

Die durch Rollenverhandeln neu formulierten Vorschläge mußten nun in institutionelle Formen gebracht werden. Hierzu war die Großgruppe ungeeignet. Frühere Kränkungen und alte Konflikte zwischen allen Berufsgruppen und vor allem zwischen den therapeutischen Teams und der Verwaltungsleitung flackerten immer wieder auf. Wichtig ist, daß hierbei alle persönlichen Mitteilungen nur auf der gruppendynamischen und organisationssoziologischen Ebene behandelt werden dürfen. Ärger, Enttäuschungen und Wünsche werden nur im Hinblick auf die Erfüllung der Arbeitsaufgaben zugelassen. Psychotherapeutische Interventionen und vor allem Regressionen müssen bei der Organisationsberatung in jedem Falle vermieden werden, denn die Klinikmitarbeiter werden noch auf Jahre hinaus in realen Rollen miteinander arbeiten.

Von der Großgruppe, es handelte sich bis auf den Notdienst um alle Mitarbeiter der Klinik, wurden nun für eine Reformkommission Mitglieder bestimmt, zu denen neben der Klinikleitung auch Vertreter der Psychologen, Sozialarbeiter und Beschäftigungstherapeuten gehörten. Auch aus der Gruppe des Pflegepersonals wurde ein Kommissionsmitglied bestimmt, weil diese Gruppe kein großes Vertrauen zu ihrer Pflegedienstleitung hatte. In dieser Reformkommission konnten nun die vielfältigen Änderungswünsche in mehreren Sitzungen besprochen und entscheidungsreif formuliert werden. Hierbei ergab sich wieder das Problem, diese neuen Aufgabendefinitionen mit den Arbeitsplatzbeschreibungen in Ein klang zu bringen. Es mußten die Machtgelüste der Verwaltungsleitung gedämpft und der Chefarzt, der deutliche Führungsschwäche zeigte, gestärkt werden. Anschließend wurden die Vorschläge dieser Reformkommission in mehreren Sitzungen der Großgruppe unterbreitet und dort nach geringfügigen Änderungen zu einem neuen Klinikkonzept umformuliert. Parallel dazu fand eine Leitungsberatung statt, an der allerdings auf Wunsch des Organisationsberaters auch die anderen Vertreter der in der Leitung nicht repräsentierten Berufsgruppen teilnahmen. Der Gesamtprozeß nahm mehr als drei Jahre in Anspruch. Er hat zu einer wesentlichen

Verbesserung des Arbeitsklimas in dieser Klinik geführt. Vor allem sind die Arbeitsplätze nun sicherer als zuvor. Denn als eigentlicher Anlaß zur Nachfrage nach „Team-Supervision" stellten sich im Beratungsprozeß Mängelrügen der Kostenträger heraus, weil die Beschwerden der Patienten zugenommen hatten und die Rückfallquoten dieser Klinik höher waren als in anderen vergleichbaren Einrichtungen.

Aus allgemeiner Sicht zeigt sich, daß Kliniken und viele andere Institutionen der sozialen Dienste vor Aufgaben gestellt werden, denen sie in personeller und organisatorischer Hinsicht nicht gewachsen sind; sie stehen unter dem Druck des Marktes ähnlicher Dienstleistungsunternehmen und weisen eine Binnenkultur auf, welche die Erfüllung des Organisationsziels behindert.

In ihrer gegenwärtigen Konzeption haben die Ansätze zur Organisationsentwicklung, als modernes interdisziplinäres sozialwissenschaftliches Beratungsinstrumentarium, kaum noch etwas mit der traditionellen Supervision zu tun. Andererseits dringen Konzepte der Organisationsentwicklung verstärkt in den Bereich der Sozialen Arbeit ein und erfüllen möglicherweise Aufgaben, welche die traditionelle Supervision nicht bewältigen konnte.

Ergebnisse zur Geschichte der Supervision

1. Im Anschluß an das letzte Kapitel können folgende Ergebnisse festgehalten werden: Die aus dem deutschen Erfahrungshintergrund dargestellten Ansätze von Fürstenau und Wellendorf zur Organisationsentwicklung im psychosozialen Bereich sind zwar historisch wertvoll, aber immer noch nicht repräsentativ für den Erkenntnisstand der Fachliteratur zur Sozialen Arbeit bezüglich der Organisationsentwicklung.
   Es konnten unter den 1000 Titeln zur Supervision der Sozialen Arbeit in der Literatur der letzten 20 Jahre nur etwa 50 Beiträge gefunden werden, die sich mit Zusammenhängen der supervisorischen und organisatorischen Innovation in der Sozialen Arbeit beschäftigen. Gemessen am Stand der allgemeinen Literatur zur Organisationsentwicklung und den noch darzustellenden differenzierten vielfältigen Themen zur Supervision befinden sich diese Publikationen noch im Embryonalstadium. Sie scheinen in erster Linie die Funktion zu haben, die Bedeutung der Organisa-

tionsentwicklung für die Soziale Arbeit, anhand von Praxisberichten und Forderungen, überhaupt erst populär zu machen. Grundsätzliche oder systematische Beiträge wurden vermißt.

2. Hinsichtlich der Ausbildungssituation für das Sozialwesen ist es fraglich, ob angesichts des Methodenproblems in der Sozialen Arbeit die Akademisierung dieser Berufe wirklich der richtige Weg war. Angefangen von häufig ungeklärten Motivationsfragen der Studienanfänger, über die bekannten Helferprobleme, die mangelhaften methodischen und organisationsbezogenen Kenntnisse sowie der Distanz zu den Lebenswelten der Klienten, sind Forderungen an die Ausbildungsinstitutionen zu stellen.

3. Bei den sozialen Dienstleistungseinrichtungen der öffentlichen und freien Träger finden wir im Grunde genommen – vereinfacht dargestellt – folgende Tendenzen: Entweder handelt es sich hierbei um eher „unterorganisierte" Institutionen, denen es an Verbindlichkeit, klarer Rollen- und Arbeitsteilung sowie eindeutigen Kompetenzzuschreibungen mangelt (häufig: Jugendeinrichtungen, Jugendberufshilfe, Selbsthilfe- und Alternativorganisationen); oder diese Organisationen sind eher „überorganisiert" und die Mitarbeiter müssen sich noch an dem überkommenen Bürokratiemodell orientieren (häufig: Jugend- und Sozialämter, Trägereinrichtungen traditioneller Art und andere).
   Der letztgenannte Organisationstyp betrifft vermutlich die Mehrzahl der Arbeitsplätze. Allerdings sind Mischkulturen zwischen starrer bürokratischer Orientierung und teamähnlichen, eher autonomen Arbeitsformen, auch sehr häufig.
   Betrachtet man die Binnensituation in vielen sozialen Dienstleistungseinrichtungen, so zeigt sich deshalb erhöhter Innovationsbedarf. Vor allem nicht-planmäßige Phänomene sind vorherrschend. Am Beispiel der Extremsituation der Unter- bzw. Überorganisierung sozialer Dienstleistungseinrichtungen wird deutlich, wie wenig Ergebnisse der allgemeinen Organisationsentwicklung berücksichtigt worden sind. Diese Versäumnisse wiegen im Sozialbereich besonders schwer. Bestehen die beruflichen Leistungen der Sozialarbeit zu einem Teil doch gerade in gelungenen Interaktionen, die wiederum in qualitativer und quantitativer Hinsicht schwer meßbar und bewertbar sind.
   Diese interaktionsabhängigen Dienstleistungen erfordern geradezu Arbeitszufriedenheit, ein positives Binnenklima und entsprechend flexible Organisationsstrukturen. Natürlich spielt die mar-

ginale Situation der Sozialen Arbeit hierbei eine wichtige Rolle. Aber auch das Fehlen von Markt und Konkurrenz scheint Freiraum und Verhängnis gleichermaßen zu sein. Ob Konkurrenzorientierung eine Lösung ist, kann hier nicht geklärt werden. Aber wenn beispielsweise vier Sozialarbeiter tagelang nur für 3 Klienten zuständig sind und gleichzeitig beim selben Träger an anderer Stelle vier Sozialarbeiter dreihundert Klienten zu betreuen haben, sollte das ein Anlaß zum Umdenken sein.

4. Während der Anfänge der Supervision in der amerikanischen Gesellschaft vor über einhundert Jahren spielte ökonomisches Denken eine sehr große Rolle. Der Wohlfahrtsstaat existierte noch nicht und die Ressourcen waren extrem knapp. Die Helfer, ehrenamtliche oder hauptberufliche, mußten motiviert werden. Organisationsziele standen im Vordergrund. Als Nebenprodukt entwickelte sich das Geschenk der Sozialarbeit an Wissenschaft und pädagogisch-psychologische Praxis: Die Supervision als Selbstreflexion im Berufsprozeß.

   Die deutsche Rezeption dieser amerikanischen Entwicklung wurde in mehrfacher Hinsicht verzerrt aufgenommen und fortgeführt. Gesellschaft, Wohlfahrtseinrichtungen und Sozialarbeiterausbildung bei uns unterschieden sich beträchtlich von der amerikanischen Situation. Die aus dem deutschen Sprachraum nach 1933 vertriebene Psychoanalyse bereicherte die Methoden und kehrte nun plötzlich in reduzierter Form als Casework und Supervision zu uns zurück.

   Wenige der damaligen Sozialarbeiter hatten in den fünfziger Jahren diese neuen Verfahren persönlich kennengelernt. Unter den besonderen Bedingungen im besiegten Deutschland waren diese Erfahrungen in individueller und beruflicher Hinsicht sicherlich hilfreich und haben wohl auch zur persönlichen Klärung beigetragen. Insgesamt gesehen war diese amerikanische Methodenrezeption jedoch eine Episode, die nur etwa zwei Jahrzehnte andauerte.

   Die Tatsache, daß die Supervision eine ihrer Quellen auch in Organisationszusammenhängen hat, wurde bei dieser Rezeption in Deutschland vernachlässigt. Ebenso hat man die Weiterentwicklung einer anderen Quelle der modernen Methode nicht beachtet. Die vorwiegend auch aus der Gruppendynamik stammende Organisationsentwicklung blieb seitens der deutschen Supervision und der Sozialen Arbeit insgesamt weitgehend unberücksichtigt. Diese Organisationsferne, wie auch die anderen strukturellen Bedingungen hierzulande, haben mit dazu geführt, daß sich seit den sechziger Jahren anstelle einer organisationsorientierten Supervision die eher tiefenpsychologische Praxisberatung etablieren konnte.

5. Diese Phase der Praxisberatung war ein **erster Entwicklungsschub** zur Etablierung der Supervision in Deutschland. So etwas hatte es noch niemals in der Geschichte von Professionen gegeben. Mitglieder einer Berufsgruppe lassen sich bei ihren Berufsproblemen und persönlichen Verstrickungen von fremden Menschen helfen, die der gleichen Berufsgruppe angehören.
   Allerdings war – wie erwähnt – diese Rezeption der Supervision bei uns zu einer spezifisch deutschen Angelegenheit geworden. Aufgrund der anderen Struktur unserer sozialen Dienstleistungseinrichtungen kam es zu Unklarheiten bezüglich der Rolle des Supervisors und seines Verhältnisses zur Organisation. Das nicht realisierbare Ideal vom organisationsexternen (freiberuflichen) Supervisor entstand. Möglicherweise hat das Vorbild des Psychoanalytiker-Berufes hier Pate gestanden. Die Untersuchung zeigte jedoch, daß dieses Ideal von der Realität nicht akzeptiert worden ist. Die meisten Supervisoren waren bei ihren Institutionen oder in Ausbildungseinrichtungen tätig.

6. Die Entwicklung seit den siebziger Jahren hat die anstehende Lösung dieses Problems einfach überrollt. Neue Denkweisen kamen auf. Popularisierte Gruppendynamik und Psychoanalyse, Kritik an den Methoden durch die Studentenbewegung und die sich verändernden Ausbildungsstätten wirkten als **zweiter Entwicklungsschub**. Die veralteten Methoden wurden weitgehend abgeschafft, an ihre Stelle trat eine Vielfalt psychologischer und sozialwissenschaftlicher Verfahren. Die Supervision fand nun – bis auf Ausnahmen – an freien Weiterbildungsstätten ihren Platz. Damit ist auch deutlich geworden, daß die alten, teilweise von Europa nach Amerika und wieder nach Europa transferierten Methoden hier niemals so recht eine wirkliche Heimat gefunden hatten.
   Es zeugt von mangelndem historischen Bewußtsein der eigenen Ursprünge bei manchen Autoren der gegenwärtigen Supervisionsliteratur, daß die geschichtlichen Ursprünge der eigenen Tätigkeit nicht bekannt zu sein scheinen.

7. Der **dritte Entwicklungsschub** der Supervision in der Sozialen Arbeit in Deutschland setzt in den achtziger Jahren ein. Innova-

tionsbedürftigkeit der sozialen Dienstleistungseinrichtungen wird zunehmend thematisiert. Angesichts von Effizienz- und Effektivitätsproblemen befinden sich plötzlich die sozialen Organisationen selber im Zentrum der Diskussion. Die begrenzten Möglichkeiten der Teamsupervision scheinen hier – neben den knappen Ressourcen – beigetragen zu haben.
Der Übergang von der Einzel- und Gruppensupervision zur Team- und Leitungsberatung sowie der Organisationsentwicklung zeigt auch an, daß weniger der einzelne Sozialarbeiter „defizitär" ist, sondern die Dienstleistungsorganisationen insgesamt innovationsbedürftig sind.
Gelingt es in der Zukunft, diesen dritten Entwicklungsschub der Supervisionsgeschichte konsequent weiterzuführen, so wird damit ein Perspektivwechsel möglich. Ein Problem der Sozialen Arbeit, die „Unzulänglichkeiten" von Helfer und Klient, könnte entindividualisiert werden. Möglicherweise gelangt dieses „Problem" dann wieder dorthin, wo es entstanden ist und hingehört: In die Gesellschaft und ihre politische Verantwortung sowie an die dem Sozialstaatsauftrag verpflichteten sozialen Dienstleistungsorganisationen.

8. Supervision der Sozialen Arbeit kehrt damit über Transferverzerrungen, Umwege und verspätete Berücksichtigung neuerer wissenschaftlicher Erkenntnisse zur ursprünglichen Fragestellung und Konstellation zurück: Wie kann die Effizienz und Effektivität von sozialen Dienstleistungseinrichtungen unter Berücksichtigung berufsethischer, humaner und klientenorientierter Gesichtspunkte erhöht werden? Die Supervision knüpft aber nicht nur an die amerikanische Tradition an, sondern wird sich künftig verstärkt mit einer vergessenen Wurzel der eigenen Methodengeschichte, der Gruppendynamik und Organisationsentwicklung beschäftigen müssen. Damit stehen Person, Berufsrolle, Team und Organisation – interdependent und interdisziplinär – auf der Tagesordnung. Die Orientierungsmöglichkeiten in der Supervision befinden sich zwischen einer psychotherapie-ähnlichen Zweiersituation und der Veränderung von Organisationsstrukturen.
   Um hier Klarheit zu schaffen, bedarf es einer interdisziplinären, methodenübergreifenden und eigenständigen **Supervision der Sozialen Arbeit.**

II. Perspektiven einer Supervision der Sozialen Arbeit

Einleitung

Im folgenden zweiten Teil dieser Untersuchung wird die Entwicklungsgeschichte der Supervision verlassen. Das vorhandene Material soll nun daraufhin gesichtet und interpretiert werden, welche Ansätze der Diskussionsstand der Jahre 1970 bis 1992 für die Entwicklung einer Supervision der Sozialen Arbeit liefern kann. Damit steht im folgenden Teil dieser Studie die Binnensituation der Supervision im Vordergrund.

Welche Themen und Fragestellungen sind angesichts der Literaturfülle eigentlich wichtig für eine zu entwickelnde Supervision der Sozialen Arbeit?

Wobei sollte sich die Sozialarbeiter-Supervision stärker von der Supervision anderer Berufe abgrenzen; wo kann sie von diesen lernen?

Im Material zeichneten sich dabei zwei Schwerpunkte ab: Die schon mehrfach angesprochenen Faktoren im Supervisionsprozeß sollen hinsichtlich ihrer Bedeutung für die Soziale Arbeit genauer untersucht werden. Nach diesem Kapitel werden verschiedene „alte“ und „neue“ Themen der Diskussion um die Supervision der letzten zwei Jahrzehnte aufgegriffen und in ihrer Relevanz für die Soziale Arbeit vorgestellt.

Diese perspektivische und systematische Sicht kann auch als Beitrag für eine in Entwicklung befindliche Supervision der Sozialen Arbeit verstanden werden.

Faktoren im Supervisionsprozeß

Es ist eingangs schon erwähnt worden, daß im Rahmen dieser Untersuchung angesichts des Methodenpluralismus eine Analyse der sehr unterschiedlichen Supervisionsansätze, ihrer möglichen Prozesse sowie der didaktischen und methodischen Implikationen nicht geleistet werden kann. Noch schwieriger wären Fragestellungen zu lösen, wie man sie aus der vergleichenden Psychotherapieforschung kennt; etwa inwieweit eher die Persönlichkeit des Supervisors oder stärker sein methodischer Ansatz veränderungswirksam sind.

Deswegen soll in diesem Kapitel vor allem das Setting der Supervision, also die Rahmenbedingungen und Faktoren des Supervisionsprozesses, beschrieben werden. Rappe-Giesecke versteht hierunter aus systemtheoretischer Sichtweise vor allem:

- „Die möglichen Rollen in der Supervision,
- die wesentlichen Aktivitäten und Aufgaben der Rollen,
- die Beziehungen zwischen den Rollen,
- die Elemente des zeitlichen Ablaufs des Supervisionsprozesses und
- die Varianten des Modells" (1990, S. 49).

Um welche Probleme geht es eigentlich in der Supervision? Schütze hat vor allem von interaktionistischen Gesichtspunkten aus betrachtet folgende „Problembestände" der Supervision genannt:

1. Systematische Klientenprobleme;
2. Beziehungs- und Interaktionsprobleme zwischen Helfer und Klient;
3. berufliche Rahmenbedingungen (Team-Organisation, Anstellungsträger);
4. den Bereich der „professionellen Analyse- und Bearbeitungsprobleme angesichts der Komplexität, Notlage oder gar Ausweglosigkeit des zu bewältigenden Falles und angesichts der Tatsache, daß der Professionelle systematische Schwierigkeiten bei der Analyse („Blinde Flecke") hat und Ratlosigkeit bei der Problembearbeitung fühlt".
5. Ferner nennt Schütze den Bereich der „identitätsbezogenen, biographischen Probleme, die den Professionellen angesichts der Belastung seines Berufes immer mehr zu verstricken und seine

lebensgeschichtlichen Sinngrundlagen zu unterhöhlen drohen" (Schütze, 1984, S. 279).

Diese komplizierten Fragestellungen können natürlich nicht alle in dieser Studie behandelt werden. Eine Annäherung an die Prozesse und Faktoren der Supervision soll jedoch vorgenommen werden über **drei zentrale Grundfragen**, welche in der neueren Supervisionsliteratur immer wieder auftauchen.

1. Analyse der Supervisions-Nachfrage.
2. Wer ist der Klient der Supervision?
3. Wer ist der Supervisor?

(Gotthardt-Lorenz, 1989, S. 136; Weigand 1990a, S. 311; 1990b, S. 182f; Wellendorf, 1979, S. 70f; 1986, S. 171 u.v.a.). Anhand dieser drei Grundfragen sollen wesentliche Faktoren im Supervisionsprozeß, vor allem hinsichtlich der Anfangsphase, beleuchtet werden.

Analyse der Supervisions-Nachfrage

Schon Wellendorf hat im Rahmen seiner Sozioanalyse vorgeschlagen, die Bedeutung der „Nachfrage" nach Supervision genau zu untersuchen. Diese Nachfrage nach Supervision ist „kein einmaliger Akt, der dem eigentlichen Supervisionsprozeß vorausgeht". Sie ist auch nicht identisch mit dem Erstkontakt, sondern die Nachfrage ist vielmehr „ein konstitutives Element der Supervisionsbeziehung". Anders ausgedrückt: „Jede institutionelle Nachfrage ist immer auch eine grundsätzliche Analyse der Nachfrage" (1986, S. 171f). Für Wellendorf manifestieren sich in Struktur und Dynamik der Nachfrage nach Supervision „die offenen oder verdeckten Vorstellungen, die der ‚Klient' und der Sozioanalytiker von ihren komplementären Rollen und Funktionen und von Formen und Modi ihrer Beziehung haben" (1979, S. 70).

So betrachtet präsentiert sich dem Supervisor zu Anfang des Kontaktes niemals direkt Struktur, Dynamik und Problematik der Supervisanden und der Institution. Die geäußerten vielfältigen Wünsche, Fragen und Bedenken sind für ihn noch Ausdruck einer weitgehend unbekannten Situation, die nur hermeneutisch im Dialog erschlossen werden kann. Hierzu hat der Supervisor viele Vorfragen zu klären. Schon die Art der Kontaktaufnahme ist nicht nebensächlich, sondern kann Anhaltspunkte liefern:

- „Zu welchem Zeitpunkt, anläßlich welches Ergebnisses kam der Supervisionsgedanke auf? Was hätte Supervision hier positiv beeinflussen können?
- Auf wessen Initiative wurde Umschau nach Supervision gehalten, wie kam die Entscheidung für Supervision im Team zustande, wie wurde darauf reagiert?
- Gibt es Vorerfahrungen mit Supervision?
- Mit welchen Vorstellungen über Supervision haben sich die einzelnen auf diese Analysephase eingelassen?
- Wie ist es zu dieser Zusammensetzung dieser Teilnehmer gekommen, wer wurde eventuell warum ausgeschlossen?
- Wie ist die Leitungsebene in den Beratungsprozeß eingebunden und wie wird die Supervision finanziert?
- Welches ist die Arbeitsaufgabe der Institution, welches die des Teams, und wie ist das Team in die Gesamtinstitution eingebunden?" (Pühl, 1990f, S. 163).

Bekanntlich können Supervisanden zu Anfang oftmals keine klare Problemdefinition darstellen. Ist doch die genaue Beschreibung des Problems häufig schon ein Schritt zu dessen Lösung. So kommt es, daß beim supervisorischen Erstkontakt, vor allem von seiten der Institution selber entweder diffuse oder divergierende Problemdarstellungen geliefert werden. In anderen Fällen wird ein Symptom des Problems selbst als Problem benannt. In der Fachliteratur taucht deswegen häufig der Begriff des „Präsentierproblems" oder „Entry Problem" (Fatzer, 1990c, S. 72) auf. Man hat es also häufig mit Tabus und Verschiebungen der eigentlichen Problematik zu tun. „Eine Diagnose der Verschiebungswege institutioneller Probleme und Konflikte ist darum so wichtig, weil wir nun so an ihre Quelle herankommen und sie in der Supervision bearbeiten können" (Wellendorf, 1986, S. 164). Ein erster Schritt wäre es deswegen, vom Präsentierproblem zu einer gemeinsamen Erörterung der Situation (Situationsanalyse) und zu einer „Neuformulierung des Problems" (Fatzer, 1990c, S. 72) bzw. Problemdefinition, auch aus unterschiedlicher Sichtweise, zu kommen. Schon hierbei können sich primär sozialarbeiterische und psychotherapeutisch orientierte Supervisoren in ihren Schwerpunkten beträchtlich voneinander unterscheiden.

Unzulängliche Diagnosen am Beginn des Supervisionsprozesses können ebenso wie ein ungeprüftes Eingehen auf die Wünsche der Supervisanden als auch der Supervisionsform verhängnisvoll sein:

„Man beginnt dann z. B. mit einer Balintgruppe, weil der Auftraggeber und der Klient das möchten und man nicht untersucht hat, ob wirklich ein Bedarf nach dieser Methode vorhanden ist, oder ob die Nachfrage nicht selbst ein Symptom eines institutionellen bzw. eines Teamproblems darstellt. Ehe man sich versieht, befindet man sich mitten in einer Teamsupervision, für die man keinen Auftrag bekommen hat. Das fällt zunächst gar nicht ins Gewicht, im Gegenteil, man erlebt, daß die Arbeit mit größerem Interesse der Gruppenteilnehmer durchgeführt wird als davor. Man ist sich einig, daß man zu einem aktuellen Problem vorgestoßen ist, dessen Bearbeitung vordringlicher erscheint als die Beschäftigung mit Problemen der Fallarbeit, auf die man sich ursprünglich geeinigt hatte. Erst wenn man sich einer solchen heiklen Problematik weiter annähert und dabei an wohl gehütete institutionelle Tabus rührt bzw. erst wenn man beim Versuch ihrer Thematisierung in Widerspruch zu den Kommunikationsstandards des Teams gerät, merkt man, wie der Schwung erlahmt und Angst auftritt. Schließlich dient der Beratungsauftrag (nach dem für Beratungswünsche üblichen Motto: ‚Wasch mir den Pelz aber mach mich nicht naß') dazu, diese Problematik gerade nicht zu berühren und dennoch ihre störenden Auswirkungen in der Fallarbeit zu beheben. Wenn mitten im Versuch, die Angst des Klienten kunstgerecht zu bearbeiten, dieser die Zusammenarbeit aufkündigt mit der Begründung, daß er etwas anderes bekommt, als er bestellt hat, drängt sich das Gefühl auf, daß etwas schief gegangen ist. Und man trennt sich voneinander vielleicht mit dem auf beiden Seiten stimmigen Eindruck, vom anderen zu einem Mißerfolg verführt worden zu sein" (Buchinger, 1990a, S. 137).

Schon im Jahre 1973 werden in der „Sozialpädagogik" zwei kleine Beiträge über den „Kontrakt" in der Supervision veröffentlicht, die die Rollenklärung, die Klärung des äußeren Rahmens u. a. betonen (Fehr, 1973; Klein, 1973).

In diesen älteren Veröffentlichungen wird auch darauf verwiesen, daß hierbei Ziel und Inhalt sowie technische Fragen (Ort, Uhrzeit) geklärt werden müssen. „Der Kontrakt muß Unsicherheiten beseitigen" und soll „den Supervisanden zur Mitarbeit anregen" (Fehr, 1973, S. 41ff). V. Caemmerer legt noch Wert darauf, dem Supervisanden „das eigene Kompetenzmodell von Supervision" (1987, S. 76) zu verdeutlichen, also die theoretische und arbeitsfeldbezogene Orientierung.

In der neueren Supervisionsliteratur wird, wie bei den anderen schon diskutierten Punkten, auch in der Frage des Kontrakts systematischer und professioneller vorgegangen. Es wird darauf hingewiesen zu beachten, wer alles an dieser Auftragsformulierung teilnimmt; existieren informelle Wünsche oder gar Tabus? (Weigand, 1990a, S. 317).

Grundsätzlich bestehen zwei Möglichkeiten, wie Vorentscheidungen und Kontaktaufnahmen zum Beginn einer Supervision verlaufen können.

1. Das Team einer Organisation entscheidet sich für eine Supervision und muß dann (neben der Auswahl des Supervisors) seine Wünsche gegenüber den vorgesetzten Stellen durchzusetzen versuchen („Bottom-Up"). Schon hierbei kann es zu institutionellen Widerständen und Konflikten kommen.
2. Andererseits kann der Anstoß zur Supervision auch von höherer hierarchischer Ebene an das Team herangetragen werden („Top-Down"); in diesem Falle wird sich ein Team beispielsweise fragen, ob damit eine Kritik und mögliche Kontrolle der Vorgesetzten an seiner Arbeit verbunden ist (Klinglmair, 1991, S. 91).

Klinglmair entwickelt aus systemischer Sicht deshalb den Grundsatz: „Das Wichtigste passiert, noch bevor man mit Supervision für eine Betroffene bzw. für eine Betroffenen-Gruppe beginnt" (S. 94).

In den Fällen, in denen sich Auftraggeber der Supervision von den Klienten unterscheiden, also in Organisationen, „muß der Arbeitskontrakt auf beiden Ebenen zustande kommen, sowohl mit dem Auftraggeber, als auch mit dem Klienten. Das ist in einer Institution keine Selbstverständlichkeit" (Buchinger, 1990a, S. 135).

Auftretende Unklarheiten und Konflikte hierbei sind oft für den Supervisionsprozeß von diagnostischem Wert. Im übrigen kann die Bedeutung der ausgehandelten und (nicht) eingehaltenen Rahmenbedingungen in der Supervision nie unterschätzt werden. „Rahmenbezogene Konflikte innerhalb des Gruppenprozesses haben Bearbeitungspräferenz, da sie den Erfolg der Gruppenarbeit in Frage stellen." Sie stellen oft Krisenphänomene in der Zusammenarbeit dar, können aber nach ihrer Klärung „besonders fruchtbar" (Fürstenau, 1986, S. 364) sein.

Schon während des Erstgesprächs und der Kontraktverhandlungen muß der Supervisor herausfinden, was in der Supervision oder Organisationsberatung überhaupt zur **Disposition** stehen könnte. Vor allem bei Supervisionen im organisatorischen Kontext hat diese, will sie über unmittelbare Fallarbeit hinausgehen, nur einen Sinn, wenn einzelne und die Institution als Ganzes bereit sind, etwas aufzugeben, um etwas anderes dafür zu erhalten, wie am Beispiel der Suchtklinik dargestellt worden ist.

Allein die Anwesenheit eines Supervisors kann für viele Teams und Organisationen eine ungeheure Verunsicherung darstellen oder Befürchtungen darüber auslösen, was alles „aufgedeckt" werden könnte. Gegenüber einzelnen Personen verhält sich der Supervisor deswegen neutral, zeigt aber sein Interesse am Gesamtziel des Teams oder der Organisation und des Klientels deutlich an. Aus diesen Gründen ist es wichtig, einzelne, Teams oder Organisationen am Diagnoseprozeß zu beteiligen. Die Wahrnehmungen, Interpretationen und Gefühle des Supervisors werden in situationsangemessener Weise an die Supervisanden zurückgegeben, um zu einer gemeinsamen Problemsicht zu gelangen (Fatzer, 1990c, S. 71).

So kommt man vom präsentierten Problem zur „Neuformulierung des Problems", was schon ein erster Schritt zur Problemlösung sein kann. „Wie geht der Klient mit dem Problem um?" (S. 72). Was geschieht in der Phase zwischen den Supervisionssitzungen? Was verändert sich weshalb, was bleibt so wie es war?

Zu Supervisionsprozessen und Supervisionsinhalten können hier nur einige allgemeine Bemerkungen gemacht werden, um den Rahmen dieser Studie nicht zu sprengen. In der älteren Literatur werden Protokolle aus Supervisionsprozessen selten veröffentlicht, was wohl auch die Transparenz der Supervision als Verfahren für den Laien erschwert hat. Grundsätzlich bin ich der Meinung, daß man die Literatur der Supervision besser verstehen kann, wenn man selber Supervisionsprozesse erlebt hat.

Im Sinne von Lorenzer unterscheiden wir „logisches Verstehen" und das „Verstehen des Gesprochenen" oder Geschriebenen, wie beispielsweise dieses Textes. Davon ist ferner „psychologisches Verstehen als Verstehen des Sprechers" zu unterscheiden (1970, S. 138). Das psychologische Verstehen der Vorgänge in der Suchtklinik ist eigentlich nur über das „logische Verstehen" der geschriebenen Darstellung sowie Erfahrungs- und Identifikationsbestände des Lesers möglich.

Der Supervisionsprozeß selber ist um ein Vielfaches komplizierter. Hier sind nicht nur logisches und psychologisches Verstehen gefragt, sondern auch noch „szenisches Verstehen". Das, was der Supervisor in den Sitzungen erlebt, ist eine Abfolge von Szenen mit vielschichtiger Mehrdeutigkeit, vorder- und hintergründigen Inhalten und Beziehungsformen, wie Wellendorf sie beschrieben hat. Was Lorenzer für die Psychoanalyse skizziert gilt auch mit Einschränkungen für die Prozesse in der Supervision. „Mit wachsender Dauer der Analyse festigt sich die Sicherheit; zu Beginn kann die ‚Szene' vieles bedeuten, am Ende vieles nicht mehr" (S. 148).

Hauptmittel des psychoanalytischen wie auch des supervisorischen Erfassens ist das „szenische Verstehen". Dieses „szenische Verstehen" verläuft „analog dem logischen Verstehen und dem Nacherleben". Im Supervisor wird es durch ein „Evidenzerlebnis" gesichert. So wie das logische Verstehen in der formalen Rezeption des Satzes, so wurzelt das szenische Verstehen in der Erfassungen der „Szene" (S. 148). Die so beschriebene Szene hat zu tun mit der „Interaktionsstruktur" des Supervisanden und dem davon beeinflußten „Erwartungsmuster" des Supervisors. Es handelt sich um einen wechselseitigen Prozeß, der dem von Übertragung und Gegenübertragung [4] gleichzusetzen ist. Neben den sprachlichen, logischen und erfahrungsmäßigen Mustern benutzt der Supervisor seine Gegenübertragungsgefühle dazu, um sich dem anzunähern, was im Supervisanden und dessen Arbeitsproblem mit Klienten und der Organisation vor sich gehen könnte. Damit folgt das in dieser Weise beschriebene „szenische Verstehen" einem „hermeneutischen Modus" (Lorenzer, 1970, S. 149).

Überlegungen zum „Gesprächstyp Supervision" (Boettcher, 1988); der „Supervision als Spezialfall interpersonaler Wahrnehmung" (Gorges/Krapohl, 1988, S. 106) oder Supervision als „szenisches Zusammenspiel" (Fröhlich-Uhl/Krahn, 1984, S. 89ff; auch Schreyögg, 1991b) sind noch relativ selten. Welche andere Qualität berufliches Lernen durch die Supervision im Gegensatz zur bloßen Arbeitsbesprechung haben kann, zeigen beispielsweise veränderte Sprachmuster von Supervisanden nach der Supervision im Gegensatz zu einer anderen Gruppe von Nicht-Supervisanden (Schütt, 1976, S. 502f).

Vor allem in Zielsetzung, Gegenstand (Klient, Arbeitsproblem) und der Vermeidung von Regression beim Supervisanden unterscheidet sich die Supervision von der Psychoanalyse. Die Prozesse ähneln dagegen sehr. Supervision kennt neben dem rationalen Dialog auch „psychotherapie-orientierte Arbeitsweisen" (Schreyögg, 1991b, S. 118ff). Damit wird natürlich deutlich, wie schwierig es ist, Supervisionsprozesse nur verbal zu beschreiben. Die Zurückhaltung vieler Supervisoren beim Publizieren der Supervisionsvorgänge mag darin ihre Ursache haben. Bei Melzer werden Protokollauszüge veröffentlicht, die beim Leser wegen der autoritativen Rolle und der vom Supervisor induzierten methodischen Fehler (künstliche Verstärkung der Übertragung) Anstoß erregen müssen.

Huppertz geht auf dieses Protokoll ein, moniert die unethischen und vor allem die ungeschickten psychoanalysierenden Verhaltensweisen des Supervisors. Allerdings unterschlägt Huppertz dabei, daß Melzer sich hierzu selbstkritisch äußert (Huppertz, 1975, S. 52f; Melzer, 1972, S. 95).

Ausführliche Protokolle von Supervisionsprozessen findet man im Buch von Strömbach/Fricke/Koch (1975). Von Boettcher/Bremerich-Vos ist die Darstellung einer Lehrsupervision (1988, S. 32ff). Conrad/Pühl liefern die Beschreibung der Supervision eines Heimerzieherteams, in dem sich die Verfasser über ihre eigenen Fehler äußern (1983, bes. S. 117ff). Hierzu ist auch die Rezension von Gaertner („Supervision", Nr. 3/1983, S. 80ff) und die Antwort von Conrad/Pühl („Supervision", Nr. 4/1983, S. 78) zu berücksichtigen. In dieser Kontroverse soll von mir aus keine Bewertung der unterschiedlichen Positionen vorgenommen werden. Wichtig ist es jedoch festzuhalten, daß Supervisionsprozesse zunehmend publiziert werden und damit der Fremdkritik und Transparenz unterliegen (Boettcher/Leuschner, 1990). Das mag auch ein wichtiger Beitrag zur „Entmystifizierung" der Supervision sein (Blinkert/Huppertz, 1974).

Wer ist der Klient?

Über den Prozeß zwischen Supervisor und Sozialarbeiter schreibt Melzer, daß in der „Auswahl der Methoden der Praxisberatung" der Supervisor auf den Sozialarbeiter „und dessen individuelle Entwicklung eingehen" solle. Der Praxisberater „wird sensibel sein gegenüber Abwehrmechanismen des Sozialarbeiters, die in der Fallhandlung deutlich zu erkennen sind". Der Supervisor beachtet seine Gegenübertragung und hilft dem Sozialarbeiter, dessen „Blockierungen" zu sehen, „ohne sich dahin verführen zu lassen, sie zum Gegenstand einer ‚Minitherapie' zu machen". Am Ende einer derartigen supervisorischen Beziehung steht die „vorbereitete Ablösung vom Praxisberater".

Auch aus diesem Grunde soll die Praxisberatung „nicht dazu führen, daß Freundschaften oder enge persönliche Beziehungen entstehen, sondern sie soll im Gegenteil dafür sorgen, daß der Sozialarbeiter lernt, selbständig als berufliche Person zu fungieren und seine Lebenserfüllung außerhalb der Beziehung zum Klienten oder zum Praxisberater zu finden" (Melzer, 1972, S. 96).

Hiermit sind schon die wesentlichen Themen des „Arbeitsbündnisses" zwischen Supervisor und Sozialarbeiter im Verständnis der klassischen Supervision als Einzelsupervision angesprochen; die ihrerseits Analogien zur traditioellen Psychoanalyse aufzeigen. Die heutige Supervisions-Literatur hat diese Gesichtspunkte erweitert, indem sie danach fragt: „Wer ist der Klient"?

Die Frage nach dem „Klienten" des Supervisanden weist auch auf einen fundamentalen Unterschied von Supervision der Sozialen Arbeit und Supervision der Psychotherapie hin. Wie schon erwähnt, kommen Klienten von Sozialarbeiter-Supervisanden häufig überhaupt nicht freiwillig zum Supervisanden (Heimerziehung, Gefängnis, Psychiatrie, Jugendamt, ASD) oder würden sich selber niemals als „Klienten" definieren (Jugendarbeit, Streetwork, Drogenszene).

Zur Analyse des Klientensystems der Supervision gehört auch die Beachtung des „Institutionalisierungsgrades" der Supervisionssituation. Supervisionssituationen mit „geringer institutioneller Anbindung" existieren dann, wenn ein freier Supervisor mit freiwillig teilnehmenden Supervisanden arbeitet, beispielsweise in der Gruppensupervision. Die Supervisionssituation hat beispielsweise eine „mittlere institutionelle Anbindung", wenn die Supervisionsarbeit einen Aus- oder Fortbildungscharaker hat. Eine „starke institutionelle Anbindung" liegt vor, wenn ein Vorgesetzter oder organisationsinterner Supervisor tätig ist und wenn Teile eines organisatorischen Systems supervidiert werden (Teamsupervision, Organisationsentwicklung) (Schreyögg, 1991b, S. 111ff).

Vor allem die starke Zunahme der Teamsupervision und das Aufkommen der Organisationsentwicklung machen eine differenzierte Analyse nach dem „wirklichen" Klienten des Supervisors notwendig.

Wellendorf weist am Beispiel einer Supervision im Erziehungsheim darauf hin, „daß Klient und Auftraggeber der Supervision nicht identisch sein müssen" (1986, S. 172).

So war in diesem Heim „einer der Supervisoren vom Heimleiter für eine Supervision eines der Teams, die den einzelnen Häusern des Heims zugeordnet waren, engagiert worden, weil in ihm besonders viele Konflikte vorherrschten und die Arbeit ineffektiv zu sein schien. Dem Supervisor war also der Supervisand von einem Dritten, in der institutionellen Hierarchie höher Stehenden, zugewiesen worden. Das Team war übrigens mit der Zuweisung durchaus einverstanden, da es sich von der Supervision Vorteile erhoffte, nicht zuletzt eine gewisse Bevorzugung gegenüber den anderen Hausteams. In einem Fall wie diesem ist die Frage, wer der Klient sei, nicht einfach zu beantworten: Ist es das Team, das dem Supervisor zugewiesen wird? Ist es der Leiter, der sich selbst eine Erleichterung erhofft, wenn das Team aufgrund der Supervision bessere Arbeit leistet und er infolgedessen sich seltener mit Klagen und Beschwerden beschäftigen muß? Sind es Team und Leiter in ihrer Beziehung zueinander? Oder ist es das Gesamt aller Teams, in deren Beziehungsnetz dem besonderen Hausteam die Rolle des Schwarzen Peters zugedacht ist?" (S. 172f).

Einfacher ist die Frage, wer der Klient ist, für den Supervisor zu lösen, wenn sich Teams selbst ihren Supervisor nach persönlichen Vorstellungen auswählen dürfen, und der Anstellungsträger in jedem Falle diesen bezahlt, ohne weiteren Kontakt mit ihm aufzunehmen. Der Supervisor steht dann allerdings auch vor der Frage, ob er nur die Probleme und Interessen des Teams, oder auch der übergeordneten Institution oder gar, was bei vielen Teamsupervisionen oft zu kurz kommt, Interessen der „abwesenden Dritten", also der Klienten fokussiert.

Gerade Teams neigen gerne dazu, institutionelle und hierarchische Probleme in der Supervision zu verleugnen und die Klienten zugunsten der eigenen „Psychohygiene" zu vergessen. Fengler bringt diese Problematik auf das Gegensatzpaar: „Klientenproblem oder Supervisandenproblem?" Diese Frage läßt sich nicht eindeutig beantworten, sondern es spielen dabei drei Gesichtspunkte eine Rolle.

1. „Der Klient hat Priorität";
2. „Der lebensgeschichtliche Hintergrund und die aktuelle Lebenssituation des Supervisanden sind unabdingbar. Das zielt nicht auf Neurose und Therapie ab, berücksichtigt aber die spezifischen Wahrnehmungsakzente und Blinden Flecken, Handlungskompetenzen und Verhaltensstereotypien und insgesamt die Stärken und Schwächen, die der Supervisand sich im Laufe seines Lebens angeeignet hat. Sie sieht ihn auch in seiner aktuellen

Lebenssituation, denn seine Interventionen hängen u. a. von dem ab, was er in den letzten Monaten und Wochen erlebt hat."

3. Schließlich geht es vor allem auch um die Frage: „Welche Supervisoren-Intervention dient dem Klienten und dem Supervisanden?" (Fengler, 1987, S. 19f).

Noch komplizierter wird die Frage nach den Klienten des Supervisors, wenn es um die Organisationsentwicklung geht: Fürstenau entscheidet sich dabei unmißverständlich: „Die psychoanalytische Beratungsarbeit mit Institutionen erfordert eine Identifizierung des Psychoanalytikers mit dem primären Arbeitsziel der betreffenden Institution und den daraus sich ergebenden Aufgaben" (1979, S. 106).

Auch Edding verweist darauf, daß in Organisationsentwicklungsprozessen die „Bestimmung des Klienten ein wichtiger Teil der Diagnose" selber ist. Deswegen heißt eine Grundfrage zu Anfang der Organisationsentwicklung: „Was steht zur Disposition?" (1985, S. 21).

Soll die Supervision oder Organisationsentwicklung innerhalb des Teams bleiben und damit eher psychohygienische Funktion haben oder ist die Organisation als Ganze und sind vor allem die Hauptverantwortlichen wirklich bereit und in der Lage, strukturelle Veränderungen zuzulassen? Das muß am Anfang einer Organisationsentwicklung geklärt werden.

Alle diese Gesichtspunkte sind wichtig und gehören in den Zusammenhang einer jeden Supervisionsbeziehung, die immer auch danach fragt, wer kontrolliert und definiert eigentlich die Beziehung? (Haley, 1978; Watzlawick, u. a., 1969).

Denn die Analyse der Beziehungsangebote und Manipulationsversuche sind notwendiger Teil des Supervisionsprozesses. Sie sind aber auch schon „die Analyse der impliziten Struktur und Dynamik der Institution". Oder anders formuliert: „Die institutionelle Dynamik und Struktur einer Organisation ist niemals unmittelbar, sondern stets nur vermittelt durch einen Katalysator oder ein analytisches Medium zugänglich und analysierbar; und der erste Katalysator oder das erste Medium ist die Beziehung zwischen Sozioanalytiker und ‚Klient'. Insofern wäre es müßig und Folge eines falsch verstandenen wissenschaftlichen Objektivismus, wollte man sich fragen, ob die Ergebnisse einer institutionellen Analyse am Leitfaden der Beziehung zwischen Sozioanalytiker und ‚Klient' auch tatsächlich die ‚objektive' Struktur und Dynamik der Institution, insofern sie als unabhängig von dieser Beziehung vorgestellt wird, widerspiegeln. Denn diese Frage ist für den Sozialwissenschaftler nicht entscheidbar, weil er dafür erneut in eine bestimmte Beziehung zum ‚Klienten' eintreten, d. h. abermals ein analytisches Medium konstruieren müßte" (Wellendorf 1979, S. 71).

Abschließend sollen noch zwei Themen aus der empirischen Supervisionsforschung erwähnt werden, die Fengler aus der amerikanischen Fachliteratur referiert. Diese entstammen allerdings dem psychotherapeutischen Bereich der Supervision:

1. Die Supervisanden stellen keineswegs „schwierige Fälle", sondern „am häufigsten jüngere Patienten mit besserer Schulausbildung und besserer Akzeptanz innerhalb der psychiatrischen Abteilung vor, die über ein höheres Einkommen verfügen und eine von der Krankenkasse genehmigte Langzeitbehandlung vorweisen können. Einen bestimmten Klienten in der Supervision vorzustellen, bedeutet also eine sichtbare Referenz des Therapeuten an den Patienten" (1987, S. 36).
2. Interessant ist natürlich auch die Frage, was Supervisanden besonders am Supervisor schätzen. „Als Qualitätsmerkmale von Supervisoren bezeichneten Supervisanden in einer Untersuchung:
   - wahrgenommene Kompetenz
   - Glaubwürdigkeit und Vertrauenswürdigkeit
   - Förderung der persönlichen Entwicklung gegenüber der bloßen Einübung von Geschicklichkeit im Intervenieren
   - tiefenpsychologische gegenüber verhaltensbezogener Orientierung
   - unterstützende Haltung
   - mitgeteilte Erwartungen
   - klares Feedback" (S. 35).

Wer ist der Supervisor?

Diese Frage ist nach der traditionellen Supervisions-Literatur einfach zu beantworten. In den USA handelt es sich um einen Vorgesetzten oder Angehörigen des Stabes der Institution. In Deutschland war der Supervisor lange Jahre ein im Case-Work erfahrener Sozialarbeiter mit der Zusatzausbildung zum Praxisanleiter, der im Idealfalle nicht der gleichen Einrichtung wie der Supervisand entstammte, häufig aber doch – wie beschrieben – ein Vorgesetzter oder Mitarbeiter der gleichen Organisation wie der Supervisand war. Melzer konnte 1977 zeigen, daß etwa ein Drittel aller in seiner Einrichtung ausgebildeten Supervisoren in Vorgesetztenfunktion tätig waren (1977, S. 244). In der älteren Literatur ist die Rolle des Supervisors „nicht eindeutig definiert" (Pettes, 1971, S. 16). Der Supervisor sollte damals in der Regel eine Art „Modell" darstellen, woran sich der Supervisand beruflich weiterentwicklen kann. Seine Funktionen sind vielfältiger Art. Huppertz unterscheidet die „Administrativfunktion", „Lehrfunktion", „Beratungsfunktion" und „Beurteilungsfunktion" (1975, S. 86ff).

Im Gegensatz zur älteren Literatur rücken die neuen Veröffentlichungen nach 1970 die Frage nach dem Supervisor stärker in den Vordergrund.

Die Rolle des Supervisors beschreibt Schwarzwälder schon 1970 als „wichtiges Bindeglied zwischen Dienststellenleitern, Abteilungsleitern und Sachbearbeitern", etwa als „Katalysator" (1970, S. 13). Auch die Ansätze zur Organisationsentwicklung haben schon mehrere ähnliche Bezeichnungen für diese Tätigkeit geschaffen: „Change Agent" (Bennis, 1975, S. 98); „Neutraler Dritter" oder auch „Katalysator" (French/Bell, 1977a, S. 34, S. 174). Für Knieschewski sind die heutigen Supervisoren in Anlehnung an Schelskys „Priesterherrschaft der Intellektuellen" die „Reflektionselite der Sozialarbeit" (1975, S. 11).

Verschiedene Autoren haben sich mit den unterschiedlichen Rollenaspekten der Supervisoren beschäftigt. Pühl beschreibt den Supervisor, vor allem in bezug auf Teamsupervision und Organisationsentwicklung, als „Leiter auf Zeit" (1988, S. 42). Diesen Ansatz erweitert er in seinem „Handbuch der Supervision", wenn er den Supervisor als „Lehrer und Leiter" (1990b, S. 22ff) charakterisiert. Die Lehrer-Funktion war ursprünglich dem Feld der Sozialarbeit und dem Erlernen einer psychotherapeutischen Methode (Kontrollanalyse) zugeordnet. Der Leitungsaspekt kommt später in der Gruppen- und Teamsupervision sowie der Institutionsberatung stärker zum Tragen (S. 25).

Auch Rollenbeschreibungen, die primär an Beziehungsaspekten orientiert sind, kommen vor. So kann „der Supervisor als Vater und Leiter des Teams" fungieren; er kann sich als „geduldiger und fürsorglicher Berater" erleben. Ebenso ist der Supervisor auch als „Bundesgenosse" für einen Teil der Institution engagiert worden oder er versteht sich als „Experte und guter Onkel" (Weigand, 1982a, S. 53ff). Hierbei sind auch Übertragungs- und Gegenübertragungselemente im Spiel. Natürlich können sich diese Rollenschwerpunkte auch ergänzen.

Eicke und Schulz interpretieren die Supervisionsbeziehung auf dem Hintergrund des psychoanalytischen Musters, was natürlich Gefahren der „Psychologisierung" von Arbeitsbeziehungen in sich bergen kann. „Der Supervisor als Kind wird das Kindliche im Supervisanden interpretieren. Er reagiert emotional, unbewußt wie ein Kind. Er wird diese Gefühle (z. B. Wut, Angst, spontane Freude, Liebe) unmittelbar erleben. Dies geschieht ohne Distanz. Dadurch ist er in der Lage, das Kind im Supervisanden besser zu verstehen. Er geht hier eine duale Beziehung ein und sieht die einzelne Person." Demgegenüber wird der Supervisor als Mutter „emotional zugewandt, hilfreich und beschützend sein. Supervisiert er eine Gruppe, so wird er sie als Ganzes sehen können und in der Lage sein, für sie zu denken. Er kann aber auch den Supervisanden als sein Eigentum betrachten und ihn manipulieren im Sinne einer Mutter, ‚die es gut meint'. Auf dieser Ebene kann er oder sie – hier wie im folgenden sind natürlich auch weibliche Supervisoren gemeint – Zuwendung geben, mißachten oder bestrafen. Er wird die Supervisanden emotional als seine Kinder erleben."

Der Supervisor als Vater betont eher die rationale Seite. „Er ist gerecht und vernünftig. Er wird aktiv in die Kommunikation eingreifen und strukturieren im Gegensatz zur Passivität der Mutter." In dieser Vaterrolle wird er theoretisches Verständnis in den Vordergrund zu rücken versuchen (1984, S. 180).

Verhält sich der Supervisor im Gruppenkontext in einer Geschwisterrolle, so wird er eher „rivalisieren und Machtkämpfe in der Geschwisterreihe austragen" (S. 181). Bei diesem Deutungsmuster wird auch der Einfluß der Gruppenanalyse sichtbar (vgl. Teil I).

Der Supervisor kann sich auch primär als „Vertreter einer Institution" erleben, dann wird er rationaler intervenieren. „Selbst ist er Teil einer Institution, ohne dies zu bemerken. Die Effizienz steht für ihn im Vordergrund. Auf keinen Fall will er in die Rolle des Supervisanden kommen. Als Technokrat definiert er das Setting und die Situation, keinesfalls will er ein gewöhnlicher Mensch sein. Seine Metaebene der Theorien benötigt er besonders" (S. 181).

Fühlt sich der Supervisand durch die Verhaltensweisen des Supervisors eher als Kind, so wird er diesen als „einen Elternteil,

Mutter oder Vater erleben. Zuwendung, Beachtung und Lob sind ihm besonders wichtig. Sieht sich der Supervisand als Mutter, benötigt er den Supervisor als gegengeschlechtliches Elternteil. Er ist emotional und beschützt den Supervisor, er kann manipulieren und den Supervisor als rationales Wesen, ausgestattet mit väterlichen Attributen, erleben" (S. 181).

Diese Rollen des Supervisanden kann man nun auch für andere familiäre Positionen variieren. Wenn man so handelt, wie es Eike/Schulz beschreiben, treten natürlich Selbsterfahrungsanteile in den Vordergrund des Prozesses. Man kann vermuten, daß psychotherapeutisch orientierte Supervisoren diese Stile fördern. In jeden Falle kann man beim Supervisor Gegenübertragungsprobleme unterstellen.

Eher auf der Ebene der Kleingruppenforschung sind Grinells Rollenaspekte des Supervisors orientiert: Gesprächsförderer, Einfühlender, Detektiv, Vermittler, Verhandler, Politiker, Experte, Problemlöser, Lehrer, Diagnostiker und bezüglich der „Interventionsrollen": Unterstützer, Konfrontierer, Sprecher, Nachrichtenübermittler (1990a, S. 110ff). Schreyögg unterscheidet die Rollen des Supervisors nach dessen kontextueller Eingebundenheit:

1. Der Supervisor ist Vorgesetzter und supervidiert seine Mitarbeiter im Rahmen der formalen Organisation.
2. Der Supervisor ist Aus- oder Fortbilder und betreut die Supervisanden im Rahmen von Weiterbildungsveranstaltungen.
3. Der Supervisor ist als organisationsinterner Supervisor in einer Stabsstelle der Einrichtung tätig.
4. Der Supervisor arbeitet als „freier" Supervisor haupt- oder nebenberuflich (Schreyögg, 1991b, S. 27).

Nach dem Konzept von Schreyögg gehören der „rationale Dialog" wie auch die „psychotherapie-orientierte Methodik" (S. 118ff) zum Instrumentarium des Supervisors. Seine Interventionen und Deutungshaltungen beruhen auch auf der „Wahrnehmung seiner Gegenübertragung und aus exzentrischer Position zur gesamten Situation". Schwerpunkt der Deutungsinhalte sind der gesamte Kontext, die Beziehungen und das Thema (S. 423f).

In jedem Fall wird deutlich, daß die eigene Person das wichtigste Arbeitsmittel des Supervisors ist. Mit diesem Thema hat sich Weigand in seinen „Fünf Thesen zur Identität des Supervisors" beschäftigt. Sein erster Gesichtspunkt lautet, daß sich die Identität des Supervisors „an der Identität seiner Person" entscheidet.

In erster Linie soll der Supervisor sich in die Situation des Supervisanden zu versetzen suchen, „um durch Identifikation zu erspüren, an welcher Stelle sich in uns gleiche, ähnliche oder ganz andere Gefühle entwickeln. Diese Gefühle, soweit sie uns bekannt sind, verwenden wir dazu, um zu erkennen, was sich im Supervisanden affektiv ereignet." Wenn der Supervisand im Supervisor unbekannte Emotionen erweckt, beginnt der Supervisor gefühlsmäßig zu reagieren. „Über das, was wir fühlen, beginnen wir mit dem Supervisanden zu sprechen, direkt oder weniger direkt, je nachdem, wie wir Bereitschaft und Möglichkeit des Supervisanden einschätzen, mit diesem Feedback oder der Spiegelung umgehen zu können."

Natürlich nehmen Supervisoren selektiv wahr. Daher ergibt sich die Frage „Was wählen wir aus? Das, was uns interessant und wichtig erscheint; das, was wir zu verstehen glauben. Wir sprechen mit dem Supervisanden darüber, und der Supervisand geht wenig darauf ein, weil er sich nicht verstanden fühlt; das nennen manche dann bereits Abwehr; die anderen überprüfen nochmals, ob sie vielleicht nicht doch eher dem Supervisanden etwas aus der eigenen Geschichte erzählt haben" (Weigand, 1987a, S. 22f).

Mit diesen Hinweisen möchte Weigand zeigen, „welche zentrale Rolle unsere eigene Person dabei spielt, den Lernprozeß des Supervisanden zu steuern. Es sind nicht in erster Linie Konzeptionen und Methoden, sondern das, was wir über uns wissen, was wir vor allem nicht wissen, was uns begeistert und interessiert, was uns ängstlich oder ärgerlich macht, was wir verstanden oder nicht verstanden haben, was uns blockiert oder kreativ macht, was uns beglückt oder bedrängt – also all das, was unsere Person ausmacht" (S. 23).

Fürstenaus schon erwähnter Hinweis, daß die Psychoanalyse eine besondere Form „persongebundenen Wissens" (1979, S. 24) darstellt, welche sich nicht am Maßstab der Empirie messen lassen kann, gilt in dieser Form auch für die Supervision. Weigand setzt die „Identität des Supervisors" mit der „Identität des Supervisanden" in Beziehung. Hierbei erinnert er daran, daß die wichtigsten Lernprozesse mit der Erfahrung der Emotionalität zu tun haben (1987a, S. 23ff).

Wir lernen vorwiegend durch Identifikation, Mitvollzug, Wahrnehmungs- oder Urteilskonflikte. Konflikte und Krisen, Spannungen und Widerstände spielen beim Lernen eine große Rolle. Alle diese Merkmale hat auch eine gelungene Supervision als Lernprozeß zum Gegenstand. Schon deswegen ist die ausschließliche Orientierung an **einer** Supervisions-Methode problematisch (S. 25ff). In diesem Sinne argumentiert auch Ludewig, der aus systemischer Sicht betont, daß Supervisoren umso „erfolgreicher" handeln, je eher es ihnen gelingt, „sich an die Struktur der Supervisanden (als Individuen und als System) anzukoppeln".

Dazu gehören auch Haltungen wie

- „Verzicht auf Fremdbestimmung des Hilfeziels", also durch ein Expertentum glauben zu wissen, „was dem Hilfesuchenden guttut".
- „Verzicht auf instruktive Maßnahmen, d. h. auf generalisierte Methoden und Techniken, die den Hilfesuchenden, unabhängig von seinen strukturellen Möglichkeiten und Bereitschaften, im Sinne des Helfers ‚verändern' sollen."
- „Verzicht auf objektivierende Diagnostik" (Ludewig, 1991, S. 59).

Schließlich hängt die Identität des Supervisors auch ab von seiner beruflichen Rolle und sie entscheidet sich an „seinem Verhältnis zur Institution" (Weigand, 1987a, S. 31).

Welche Fehler kann ein Supervisor begehen?

Abgesehen von gravierenden Fehlgriffen wie der Psychologisierung oder ihrem Gegenteil, der rein intellektuellen Behandlung des Geschehens, methodischen Fehlern, unethischen Verhaltens und Fehleinschätzungen, die zu falschem Setting (etwa Teamsupervision dort, wo Organisationsentwicklung angebracht wäre) führen, ist die Nähe oder Distanz zum Arbeitsfeld des Supervisanden eine häufig genannte Fehlerquelle. Zu große Distanz zum Berufsbereich des Supervisanden (Mangel an Feldkompetenz) führt unweigerlich zur Vernachlässigung klienten- und institutionsspezifischer Faktoren. Andererseits können sich auch fehlerhafte Verhaltensweisen beim Supervisor entwickeln, wenn dieser im gleichen Feld wie der Supervisand arbeitet: „Die Strukturgleichheit der Probleme des Supervisanden und des Supervisors als in gleichen oder in ähnlichen Problemfeldern handelnder Professioneller schafft einerseits besondere Verständnismöglichkeiten, setzt aber andererseits systematische Tendenzen zu falschen Analogieschlüssen frei, verhindert das sorgfältige Zuhören und Eingehen auf die Probleme des Supervisanden und führt zu unangebrachten direktiven Beratungsratschlägen" (Schütze, 1984, S. 343f).

Von daher ist eine „Supervision des Supervisors" ähnlich wie bei der Kontrollanalyse oder Supervision von Psychotherapeuten sinnvoll. Mit „Beratungsmanie", wie Huppertz diese Forderung mißverstanden hat, hat das nichts zu tun (1975, S. 131).

Dieser letzte Gesichtspunkt wirft auch die Frage nach den notwendigen Kompetenzen des Supervisors auf. Von Koch stammt eine Auflistung eines „Kompetenzprofils für Supervisoren", das eine Erweiterung des Kompetenzenprofils für Sozialarbeiter/Sozialpädagogen von Geißler/Hege (1988b, S. 227ff) zu sein scheint: Kommunikative, soziale, kreative, methodenorientierte, beraterische Kompetenzen spielen dabei eine Rolle. Ferner noch die Feldkompetenz, Legitimationskompetenz im Sinne der Begründung des eigenen Handelns und anthropologische Fähigkeiten, den eigenen Beratungsansatz in normativer Hinsicht kritisch zu hinterfragen (Koch, 1984, S. 493f).

Das letzte Thema dieses Kapitels ist die Unterscheidung zwischen dem **organisationsinternen** und dem **organisationsexternen Supervisor**. Bekanntlich ist die bei uns sich herausgebildete Dominanz des externen, organisationsfremden Supervisors ein Merkmal des Monopolverlustes der Sozialarbeiter-Supervision (Praxisberatung). Die Weichen hierzu wurden schon seit den frühen 70er Jahren durch das Wirken eines Emigranten gestellt.

Der 1920 in München geborene und 1991 in Boston als Professor der School of Social Work gestorbene Luis Lowy hat viel zur Etablierung der gegenwärtigen Form der Supervision in Deutschland beigetragen. Wie viele andere mußte er wegen seiner jüdischen Abstammung 1936 nach Prag emigrieren und wurde nach der Besetzung der CSR von 1941-45 in den Konzentrationslagern von Theresienstadt und Auschwitz eingekerkert. Nach dem Kriege wanderte er in die USA aus, studierte Sozialarbeit und war als Professor maßgeblich an der deutschen Methodenentwicklung beteiligt (Bernstein/Lowy, 1969).

Schon 1969 leitete er mit Irmgard Schönhuber den ersten Supervisorenkurs an der damaligen „Akademie für Jugendfragen" (Münster). Nach Auskunft von Kersting (1991, S. 14) wurde „in diesem Kurs zum ersten Mal in Deutschland im Unterschied zu dem Modell Supervision in den angelsächsischen Ländern das Konzept eines von außerhalb der Institution kommenden, nicht mit Leitungsfunktionen in der Institution betrauten Supervisors entwickelt und favorisiert, wie es sich in Deutschland inzwischen fast überall durchgesetzt hat. Lowy und Schönhuber kamen zu diesem Konzept auf Grund der Diagnose der andersgearteten gesellschaftlichen Entwicklung und der anders verlaufenden Professionalisierung der Sozialarbeit in der Bundesrepublik Deutschland."

Schwarzwälder beschäftigte sich aus sozialarbeiterischer Sicht schon 1970 mit dieser Frage (1970, S. 11). Über die zahlenmäßige Verteilung zwischen internen und externen Supervisoren konnten kaum Angaben gefunden werden. Anlässe zur externen Supervision sind vielfältiger Art: „Institutionen greifen dann auf Berater zurück, wenn sie die anstehenden Probleme nicht mit eigenem Personal und eigenen Mitteln in vergleichbarer Güte, Effektivität, mit ähnlichem Zeitaufwand lösen zu können glauben" (Nellessen, 1988, S. 6).

Folgende mögliche Beratungsanlässe nennt Nellessen: Zu hohe Fluktuation des Personals, überhöhte Krankheitsrate, Ineffektivität und notwendige Neuorganisation sozialer Dienste, ein Problem, das in mehreren Abteilungen existiert, die Suche nach neuen, kreativen Wegen der Aufgabenbewältigung (S. 6ff).

Ein ganzes Heft der Zeitschrift „Supervision" (Nr. 12/1988) beschäftigt sich mit den jeweiligen Vor- und Nachteilen der internen und externen Supervision.

Der **externe Supervisor** hat den Vorteil, daß er nicht in die organisatorische Hierarchie der Institution eingebunden ist und relativ „frei" handeln kann. Diesem Vorteil entspricht auch der Nachteil, daß er das „Innenleben" der Organisation nicht richtig kennenlernen kann und, falls er freiberuflich ist, sich auf dem „Supervisionsmarkt" behaupten muß (Fox, 1987, S. 179; John/Fallner, 1980, S. 24ff).

Von Nellessen stammt folgender Hinweis: „Nebenamtlich tätige und externe Supervisoren liefern die meisten Falldarstellungen über Supervisions-Beratung. Meistens gelingt es ihnen, die Probleme und Konflikte, mit denen der Supervisand und das Team sich schon lange herumschlagen, erfolgreich zu lösen" (1988, S. 16).

Als **interner Supervisor** kann man zum einen in einer „Linienfunktion" tätig sein, ist also für die Supervisanden ein normaler Mitarbeiter, oft in Vorgesetztenfunktion.

Dieses Modell war in den Anfängen der Supervision in den USA verbreitet. Im Falle der internen Supervision in einer Linienposition ist der Supervisor direkt von den Handlungsabläufen betroffen, er kennt die Probleme. Andererseits läuft er Gefahr, emotional gegenüber dem Supervisanden befangen zu sein oder sich zu sehr mit der Institution zu identifizieren (John/Fallner, 1980, S. 16f). Vor allem ist die Frage der Abhängigkeit für den Supervisanden und damit seine Unfreiheit groß. Hierbei muß aber auch hervorgehoben werden, daß die aktuelle Supervisionsliteratur zwar immer wieder betont, daß der Supervisor nicht gleichzeitig der Vorgesetzte sein sollte. Andererseits zeigten die empirischen Studien über die Tätigkeiten der Praxisanleiter/Supervisoren in den 70er Jahren, daß die meisten dieser Praxisanleiter sehr wohl auch als Vorgesetzte auf mittlerer Ebene tätig waren.

Häufig findet eine hausinterne „Fallsupervision" durch einen Vorgesetzten und davon abgetrennt eine „Teamsupervision" durch einen externen Supervisor statt

Aus dem Eigeninteresse der freiberuflichen Supervisoren ist es erklärlich, daß diese in ihren Veröffentlichungen sich mehr mit der externen Teamsupervision beschäftigen. Doch dadurch kommt ein schiefes Bild zustande. Außerdem muß nicht automatisch jede hausinterne Supervision als legitimes Führungsinstrument „schlechter" sein.

In dieser Frage sind auch neue Lösungen gefunden worden:

Größere Institutionen, wie Jugendämter in Großstädten, die über mehrere Tausend Beschäftigte verfügen, haben oft eigene Stabsabteilungen etwa für Planung, Aus- und Fortbildung. Viele dieser großen Jugendämter beschäftigen in diesen Stabsabteilungen mehrere Supervisoren hauptamtlich. Auch die großen Trägerverbände haben oft auf den verschiedenen Ebenen Supervisoren angestellt und versorgen damit die ihnen angeschlossenen Heime, Kindergärten u. a. Einrichtungen im „Verbundsystem" mit organisationsexternen, aber verbandsnahen Supervisoren. Diese genießen den Vorteil, daß sie die Institutionen in der Regel kennen und auch nicht die unmittelbaren Vorgesetzten ihrer Supervisanden sind.

Allerdings werden organisationsinterne Supervisoren in Stabsfunktionen oft als „Problemlöser" auf Mitarbeiter angesetzt und damit auf diese Rolle festgeschrieben (John/Fallner, 1980, S. 19), was natürlich für die Sozialarbeiter auch negative Folgen haben kann.

Man sieht, die Vorteile der externen Supervisorenrolle sind gleichzeitig die Nachteile der internen Supervisorenrolle und umgekehrt. „Distanz des externen Supervisors zur Institution, seine geringere Vorinformation und Verwicklung mit internen Abläufen lassen ihn einen Teil der Wirklichkeit wahrnehmen, andere Teile der Wirklichkeit in den Hintergrund treten. Er sieht etwas anderes, nicht aber Richtigeres oder Falscheres, und interveniert daher anders. Die größere Nähe des internen Supervisors zu Mitarbeitern, Leitung und Organisationsstrukturen lassen ihn ebenfalls einen anderen Teilausschnitt der Wirklichkeit wahrnehmen, ermöglichen Verstehen und direktere Einflußnahme und bergen die Gefahr von Verstrickung und Blindheit" (Fox, 1987, S. 180).

Zu der Frage, wie die Präferenzen der Supervisanden bezüglich der internen oder externen Supervision aussehen, konnte in der Fachliteratur lediglich eine Untersuchung gefunden werden. Bei einer Befragung von 54 Erziehungsheimen verschiedener Träger aus dem Jahre 1978 ergab sich, daß dort etwa je zur Hälfte heiminterne und heimexterne Supervisoren tätig waren. Insgesamt gesehen wurde die Supervisionsarbeit positiv beurteilt. An der Spitze der Verbesserungsvorschläge stand der Wunsch, „der Berater sollte nebenberuflich auf Honorarbasis tätig sein und keine Leitungsfunktion im Heim haben, der Rollenkonflikt mit dem Heimleiter sollte vermieden werden" (Scheuner, 1980, S. 109).

Grundfragen der Supervisionsdiskussion

Im folgenden soll nochmals eine andere Perspektive eingenommen werden, um die Supervisionsentwicklung der letzten beiden Jahrzehnte thematisch zu betrachten. Bei Durchsicht der Fachliteratur fiel auf, daß einige Themen der traditionellen Schriften von vor 1970 fast verschwunden sind, beispielsweise die Bedeutung des „methodischen Arbeitens" als Folge der Koppelung der Supervision an die Einzelhilfe.

Andere Themen waren in den 70er Jahren aktueller als heute. So die Diskussion um die politische Funktion der Supervision; Neutralität oder Parteilichkeit in der Supervision. Demgegenüber ist die Frage der Abgrenzung der Supervision von der Psychotherapie immer noch wichtig. Vor allem hat die „Helferdiskussion" in der Sozialen Arbeit seit Schmidbauers Buch (1977) diese Thematik bereichert.

Fragen der Supervision im Zusammenhang mit Macht, Institutionen, Hierarchie und Leitung haben heute ebenfalls ein anderes Gewicht als vor zwanzig Jahren. Eher zu den „neuen" Themen gehört die Diskussion von Supervisionsvorgängen im Zusammenhang mit dem Menschenbild, der Ethik und den rechtlichen Bezügen der Supervision.

Zwei neue Themen lassen sich ganz deutlich aus der Literaturanalyse der letzten zwanzig Jahre herausstellen: Es wird zunehmend diskutiert, ob Supervision eine neue Profession ist. Neueren Datums, vor allem seit Huppertz' Kritik, ist die Frage der Wissenschaftlichkeit der Supervision.

Feldkompetenz oder Beratungskompetenz?

„In der Geschichte der Sozialen Arbeit sind zwei Orientierungen für die Entwicklung von Professionalität bedeutsam geworden:

- die Orientierung an Arbeitsfeldern (wie z. B. Heim, Fürsorge/ASD, Bewährungshilfe),
- die Orientierung an Methoden (klassisch: Case-Work/Soziale Einzelfallhilfe, Group-Work/Gruppenarbeit, Community-Word/Gemeinwesenarbeit)."

Diese Methoden-Orientierung hatte ihre historischen Verdienste, weil sie dazu verhalf, die sehr unterschiedlichen Arbeitsfelder zumindest begrifflich zu klären und die Professionalisierung voranzutreiben (Berker, 1992, S. 3).

Ausgehend von dieser Entwicklung können bezüglich der Supervision zumindest zwei Kompetenzbereiche benannt werden:

- „Subjektkompetenz (vor allem das Begreifen der eigenen Person als Diagnose und Handlungsinstrument, die Bedeutung des Subjekts für die Produktivität von Arbeitsprozessen),
- Beratungskompetenz (vor allem das Schaffen und die Entwicklung einer kommunikativen Lernsituation mit Einzelnen, Gruppen, Teams, Institutionen)" (Berker, 1992, S. 4).

Umstritten ist jedoch die Relevanz der Feldkompetenz oder wie Berker es nennt Kenntnisse der „Felddynamik" für den Supervisor. Diese teilt er ein in a) Klientendynamik, b) Professionellendynamik und c) Institutionsdynamik. „Feldkompetenz meint die Wahrnehmung, das Verstehen und die Mitgestaltung der je spezifischen Felddynamik." Diese Feldkompetenz sei jedoch nicht zu eng zu verstehen, etwa daß Drogenberater nur von Drogenberatern supervidiert werden sollten (1992, S. 4f).

Die Diskussion um die Feldkompetenz kam auch durch das Auftreten der ersten Gruppendynamiker als Supervisoren im Feld der Sozialen Arbeit auf. Denn diese machten den als Praxisberatern seit 1964 ausgebildeten Sozialarbeiter-Supervisoren den Markt streitig.

Kraus kritisierte, daß viele der Supervisoren rein formal nach Hochschulabschluß ausgewählt werden und zu wenig sozialarbeiterisch orientiert seien. Deswegen sollte zunächst bei der Auswahl von Supervisoren die fachliche Qualifikation geprüft werden (1972, S. 568).

Über die zahlenmäßige Verteilung von primär feld- oder beratungsorientierter Supervision konnten in allgemeiner Hinsicht keine Angaben gefunden werden. Eine Befragung nach dem Einsatz der Supervision in 54 Erziehungsheimen ergab, daß die Gruppe der Sozialarbeiter/Sozialpädagogen/Diplom-Pädagogen/Erzieher in der Funktion als Supervisoren etwa genau so häufig vertreten war, wie die Gruppe der Diplom-Psychologen/Gruppenanalytiker/Psychoanalytiker (Scheuner, 1980, S. 107).

Bis heute lebt die Kontroverse, ob „Feldkompetenz oder Beratungskompetenz" die primäre Orientierung des Supervisors sein sollte, immer wieder auf. Diese Frage hängt auch zusammen mit dem Selbstverständnis des Supervisors. Begreift dieser die Supervision vorrangig „supervisandenzentriert, dann mag die Feldkompetenz für ihn entbehrlich sein, weil er sich – unabhängig vom Arbeitsbereich des Supervisanden – für die intrapersonale und interpersonale Lage des Supervisanden kompetent fühlt. Ist jedoch die Supervision zwar personen-orientiert, aber eindeutig klientenzentriert, dann ist m.E. die Notwendigkeit von Feldkompetenz jeweils neu zu überprüfen" (Bode, 1983, S. 31).

Es versteht sich, daß viele Supervisoren, vor allem diejenigen, die hauptberuflich von dieser Tätigkeit leben möchten, ihren Schwerpunkt eher in der allgemeinen Beratungskompetenz für möglichst viele Arbeitsfelder sehen. Dieses Selbstverständnis vom „Nur-Supervisor" hängt wohl auch zusammen mit den Professionalisierungsbemühungen dieser Gruppe und dem Kampf um die „Märkte". Auch hierbei wird deutlich, wie sehr sich Teile der Supervisionsszene von ihrem Ursprung, der Sozialarbeit abgekoppelt haben.

So hält Weißenfels die „sog. Feldkompetenz des Supervisors" für „überflüssig und eher hinderlich". Sein Argument ist aber auch nicht von der Hand zu weisen: „Die gleiche Feldkompetenz zu besitzen wie der Supervisand fördert Rivalisieren. Außerdem wird die den Supervisionsprozeß ermöglichende Macht des Supervisors verfälscht zu autoritär gearteter Macht. Und nicht zuletzt kann die so wichtige Distanz des Supervisors verloren gehen" (1982, S. 21).

Auch Ebel, der ansonsten eher der Feldkompetenz den Vorzug zu geben scheint, hat ein gewichtiges Argument dafür, daß der Supervisor den Arbeitsbereich des Supervisanden nicht zu sehr kennen sollte: „Es gibt bestimmt einige Kontraindikationen, z. B., daß man so sehr das eigene Feld kennt und ungeduldig wird, wenn der Supervisand das noch nicht so gut kennt" (1982, S. 78).

Von anderen Autoren wird eher der Kenntnis bestimmter Berufsfelder und supervisorischer Kompetenzen der Vorzug gegeben. So kritisieren diese die Vorstellung eines „Universal-Supervisors" (Fürstenau, 1990, S. 6; Schmidbauer, 1986, S. 46). Bei der Supervisoren-Ausbildung der „Akademie für Jugendfragen" (Münster) wurde von Oberhoff (1979) sowohl „Beratungskompetenz" als auch „Feldkompetenz" gleichrangig nebeneinander gestellt (1979, S. 111ff).

Angesichts des breiten Spektrums der Supervisionstätigkeiten hält Nellessen „eine Spezialisierung für unumgänglich“. Deswegen formuliert er eine deutliche Kritik an der generalistischen Vorstellung vom Supervisor: „Im Rahmen psychosozialer Berufe erleben wir das Paradoxon, daß Spezialisten zugleich Generalisten sein wollen. Sie können alles. Dabei handelt es sich hier nur um geschicktes Impressionsmanagement: Sie nutzen ihre Definitionsmacht als Spezialisten, um ihre – beschränkte – Perspektive der Realität zu Lasten derselben durchzusetzen. M.E. hat diese Überschätzung der eigenen Fähigkeiten zwei Quellen: Omnipotenzphantasien und mangelnde Kenntnis der entsprechenden Theorien und Arbeitsfeldprobleme“ (1982, S. 56).

In der Realität dürften viele Supervisoren die Ausgangsfrage „Feldkompetenz oder Beratungskompetenz“ im Zusammenhang mit ihrer erweiterten beruflichen Erfahrung auch pragmatisch genutzt haben, wie es Bode beschreibt: „Ich erinnere mich noch gut daran, daß ich mich zu Beginn meiner Tätigkeit als Supervisor nur dann kompetent für die jeweilige Supervision fühlte, wenn es um Arbeitsfelder ging, in denen ich eigene Erfahrungen, Kenntnisse und Wissen gesammelt hatte. Dies veränderte sich mit zunehmender Supervisionspraxis. Die mir bis dahin weniger bekannten Arbeitsfelder wie Kindertagesstätten, Heime, Bewährungshilfe u. a. lernte ich mit Hilfe der Feldkompetenz der Supervisanden zunehmend besser kennen, ihre jeweils spezifischen Bedingungen verstehen und konnte somit ohne eigene Erfahrungen in diesen Bereichen meinen Supervisionsauftrag verantwortlich wahrnehmen. Eine Voraussetzung dafür ist allerdings, daß ein Supervisor im besten Sinne neugierig und selbst lernmotiviert ist, sich auch in neue Arbeitsfelder einzudenken und einzufühlen“ (1983, S. 31).

Die ständige Entwicklung neuer Klientelgruppen (AIDS, Asylanten, Neue Armut, Jugendprobleme) erzwingen beim Supervisor geradezu eine Ausweitung seiner ursprünglich wohl enger definierten Feldkompetenz. Abgeraten wird in der Literatur von der Supervision komplizierter Arbeitsfelder, die man überhaupt nicht selber kennt, wie beispielsweise Suchtkliniken oder Drogenarbeit (Bode, 1983).

Für die Supervision der Sozialen Arbeit ist neben der Ausbildung die Feldkompetenz unabdingbar. Angesichts der sehr differenzierten und sich immer verändernden Arbeitsfelder, wie auch der vielfältigen organisatorischen Bedingungen mit ihren spezifischen Problemen sind sogar Spezialisierungen auf einige wenige Arbeitsfelder sinnvoll. Einem Supervisor, der das betreffende Feld nicht aus eigener Anschauung, vielleicht auch in den Rollen der Supervisanden kennt, wird vieles an den hintergründigen Zusammenhängen entgehen: das Beharrungsvermögen der Institutionen, die Bedeutung von persönlich erlebter Hierarchie und Autoritäten, Erfahrungen mit anderen in der Institution ebenfalls tätigen Berufsgruppen, die speziellen Organisationskulturen und schließlich – last not least – der persönliche Umgang mit dem Klientel und die dort vorhandenen lebensweltlichen Bezüge.

Eine Zuspitzung der Diskussion „Feldkompetenz" oder „Beratungskompetenz" hat eine Auseinandersetzung innerhalb der „Deutschen Gesellschaft für Supervision" (DGSv) seit dem Jahre 1991 erfahren. Die „Akademie Münster", Mitglied der DGSv, hat mit dem Verband der Deutschen Krankenpflegeberufe (DBfK) eine Kooperation über die „Zusatzausbildung zum Supervisor für Fachkräfte aus dem Bereich der Krankenpflege" vereinbart. Da die Krankenpflegeberufe, wie auch Altenpfleger, Erzieher und andere Gruppen nicht über die verbandlichen Minimalvoraussetzungen des Fachhochschulabschlusses verfügen, führte das zu heftigen innerverbandlichen Auseinandersetzungen. „Es waren oft übernommene Trägerinteressen, die den Veranstaltern diese Diplome diktierten" schreibt der Leiter der Akademie Münster in dieser Auseinandersetzung. Er weist ferner daraufhin, daß die „nicht institutsgebundenen Mitglieder" im Verband unterrepräsentiert seien (Jansen, 1991; vgl. auch Pühl 1992, DGSv aktuell 1991-92).

Mangelnde Feldkompetenz reduziert des Supervisors Einflußmöglichkeiten auf die von ihm wahrgenommenen Interaktionen. Wenn er die dahinter befindlichen sozialen, organisatorischen und klientenspezifischen Determinanten nicht kennt, kann er vorwiegend nur auf der Interaktionsebene re-agieren. Mangelnde Feldkompetenz hat auch einen weiteren erheblichen Nachteil. Der Supervisor kann selber keine innovatorischen Vorschläge machen, denn er kennt die ähnlich gelagerten Organisationen nicht. Oft haben feldkompetente Supervisoren nämlich einen guten Überblick über Dutzende von Einrichtungen, und können damit der jeweils „betriebsblinden" Klientel-Einrichtung gute Hinweise geben.

Spezifische Feldkompetenz ist für die Supervision der Sozialen Arbeit also unabdingbar. Umgekehrt gesagt: Supervision ohne Feldkompetenz ist eigentlich keine Supervision.

Parteilichkeit oder Abstinenz der Supervision?

Die Kontroverse um „Parteilichkeit oder Neutralität" in der Supervision hat auch eine Vorgeschichte. Die offiziösen verbandsnahen Ausbildungsinstitute und Fachzeitschriften haben in den Diskussionszusammenhängen der 70er Jahre den „Neutralitätsstandpunkt" der Supervision befürwortet. Kritische Ausbildungsleiter wurden entlassen. Nicht trägerkonforme Ausbildungskonzepte sind durch „klassische" ersetzt worden. Vor allem in Berufsfeldern, deren Klienten der Gegenstand von staatlicher Machtpolitik sind (Drogenarbeit, Haftanstalten, Schwangerschaftskonfliktberatung u. a.), wirkt eine vorgeblich „neutrale" Supervision gewollt oder ungewollt gegen die Klienten. Leider waren viele interne Dokumente der Ausbildungsdiskussion dieser Zeit nicht zugänglich, so daß die Literaturanalyse hierbei auf die veröffentlichten Mitteilungen angewiesen war.[6]

Im Jahre 1975 bemängelte Huppertz, „daß das Wort Emanzipation in der gesichteten Literatur so gut wie nie vorkommt und daß emanzipatorische Überlegungen, (...), in das Supervisionsdenken und in die Supervisionsliteratur keinen Eingang gefunden haben. Im Gegenteil: Es wird betont, daß der Supervisand nicht gleichberechtigt ist" (S. 50).

Koch befürchtet „Entpolitisierung durch Beratung" (1975, S. 198ff). Ein Jahr vorher startete Wittenberger die Diskussion um „Neutralität oder Parteilichkeit" der Supervision. Diese Diskussion hatte viele Parallelen zu ähnlichen Auseinandersetzungen in pädagogischen Arbeitsfeldern der 70er Jahre (Belardi, 1975; Hollstein/ Meinhold, 1975; Horn, 1972).

Wittenberger bekannte sich dazu, daß der Supervisor sich nicht in jedem Falle „neutral" verhalten müsse. „Die temporäre Identifikation mit den Zielen" der Supervisanden schließe eine Distanz in der beruflichen Beziehung der Zusammenarbeit „nicht aus". Jedoch könne das „Mitagieren des Supervisors" die Beratungssituation beenden (1974, S. 341). Der Supervisor solle sein „Einzelkämpferdasein" aufgeben und „zur politischen Organisierung innerhalb seiner Berufsgruppe bereit sein" (S. 342).

Elf Jahre später revidiert Wittenberger seine konzeptionellen Überlegungen der Supervision als „unhaltbar" (1985, S. 37). Ökonomisch-politische Situationen und die Diskussionen um die politische Funktion der Sozialen Arbeit haben sich stark verändert. So mußte Wittenberger es „bedauern", den Begriff der „Parteilichkeit" der Supervision überhaupt in die Diskussion gebracht zu haben, wenn er in einem Fachbeitrag lesen mußte, daß der Supervisor eine verwaltungsorientierte Parteilichkeit entwickeln sollte. Er grenzt sich also gegen eine fehlinterpretierte „Parteilichkeit" im Sinne von „Verwaltungsnotwendigkeit" ab (1985, S. 40).

Demgegenüber hat Hege rückblickend auf die politische Diskussion seit den 70er Jahren den Eindruck, „daß sich Beratung auf der einen Seite und politische Veränderung auf der anderen Seite weiterentwickeln. In unseren Beratungsprinzipien heute aber spiegelt sich nichts von den Veränderungen wider" (1985, S. 25).

Möglicherweise sind die häufig unfruchtbar verlaufenden politischen Diskussionen von sozialarbeiterischen Zusammenhängen an den weitgehend unveränderbar scheinenden Realitäten gescheitert oder haben sich als „Analyse der objektiven Faktoren – als Fluchtweg" von den eigenen und realen Schwierigkeiten erwiesen (Hege, 1977, S. 174).

Im Buch von Weiß „Bühne frei für eine politische Supervision" wird versucht, einen Zusammenhang von gesellschaftsbezogenen Drama-Ansätzen des Theaters, dem Psychodrama Morenos und der Supervision herzustellen. Das „Politische" in der konkreten Arbeitssituation des Supervisors, wie die Rolle des Supervisors werden jedoch nicht ausführlich genug behandelt (Weiß, 1985).

Auseinandersetzung um die politische Rolle der Supervision haben heute nicht mehr diesen grundsätzlichen Charakter wie in den 70er Jahren; sie sind fachbezogener und eher den spezifischen Situationen angemessen. Da wird von psychoanalytischer Seite das von Freud persönlich gar nicht so ernst genommene Idealbild des Psychoanalytikers (Cremerius, 1984, Bd. II, S. 326ff), als „Abstinenz des Supervisors" (Koechel, 1974, S. 250ff) hochstilisiert, als gäbe es nur die psychoanalytische Supervision.

Auf der andere Seite schreibt Petzold, mit Blick auf die Patientenmorde im Krankenhaus Wien-Lainz, wohin er nach Bekanntwerden dieser Vorfälle als Berater geholt wurde, „es gibt Situationen, wo Abstinenz Verrat ist" (1989, S. 354).

In der gegenwärtigen Supervisionsliteratur scheinen sich viele Autoren zu einer Art nicht-aktionistischer und emanzipatorischer Parteilichkeit für die Sozialberufe und deren Klientel zu bekennen. Zuerst müsse man sich fragen, welche Partei der Supervisor überhaupt ergreifen könne. Denn schließlich kann der Supervisor die

Partei der Leitung oder des Trägers oder die der Mitarbeiter eventuell sogar die der Klienten vertreten. Wellendorfs Antwort auf diese Frage nach der Parteilichkeit lautet folgendermaßen: „Meine Loyalität gilt den verschiedenen institutionellen Subsystemen (einzelnen Personen, Gruppen usw.), insofern sie in der Institution in eine Beziehung zueinander treten, um eine spezifische Aufgabe zu bewältigen" (1986, S. 170).

In einem anderen Beitrag wird „Supervision als Möglichkeit, emanzipatorische Handlungskompetenz zu erwerben" vorgestellt. Hiernach liegt es vor allem „an der Integrität des Supervisors, wie er mit den Zielen der Organisation, den Zielen des Supervisanden und/oder eigenen Vorstellungen umgeht und diese einhält" (Müller/Schmal-Eisenberg, 1984, S. 478).

Politische Enthaltsamkeit, Neutralität und Distanz sind emanzipatorischen Vorstellungen abträglich. Emanzipation als Verringerung von Fremdbestimmung kann in der Supervision vor allem gefördert werden durch das Herausfinden und den Abbau emotionaler und sozialer Abhängigkeiten (S. 479). Hiermit wird schon ein stärkerer Realitätsbezug gegenüber der älteren Diskussion deutlich. Nach Weigand muß der Begriff der Supervision „ein Konzept der sozialen und gesellschaftlichen Wirklichkeit enthalten". Hiermit ist nicht eine politische Ideologie gemeint, sondern „die Einbeziehung von makrosozialen Strukturen in den Beratungsprozeß" (1987b, S. 157). Supervision ist deswegen für ihn „kein Instrument der politischen Aktion, aber ein Ort der politischen Reflektion" (S. 162).

In der Fachliteratur scheint sich heute die Meinung durchgesetzt zu haben, daß Supervision sich vorwiegend auf der „Handlungsebene" der „Mikrosysteme" bewegt und deswegen ebenso begrenzt ist, wie die Sozialarbeit selber. Die gegenwärtige Diskussion um die politische Funktion der Supervision befindet sich eher in einer Mittelposition zwischen einer reinen ökonomischen Betrachtung, wie auch einer bloßen psychologisierenden Sichtweise hochkomplexer beruflicher Vorgänge.

Abschließend zu diesem Thema die aktuelle Position von Wittenberger: „Supervision kann bei professionellen Problemen des Supervisanden weder auf ein psychisches Substrat reduziert werden noch auf einen gesellschaftlichen Determinismus, der psychische Realität ignoriert. Supervision beinhaltet nicht notwendigerweise politisches Engagement, noch ist dies ausgeschlossen. Das Politische in der Supervision ist dann gegeben, wenn für den

Supervisor die Supervisanden nicht nur ‚Menschenmaterial' sind, zu denen er nur in einer instrumentellen Beziehung steht (...), sondern wenn er mit ihnen die Spannung zwischen subjektiver Erfahrung einerseits und den objektiven gesellschaftlichen Verhältnissen andererseits durchhält" (1984, S. 1185). Es liegt auf der Hand, daß innovative und damit „politisch" wirksame Supervision eher bei entsprechender Feldkompetenz des Supervisors möglich ist.

Effizienz, Effekte und Ökonomie der Supervision

In der gesamten gesichteten Literatur wurde nur ein Hinweis auf die Wirtschaftlichkeit (Effizienz) der Supervision gefunden. Gelungene Supervisionsarbeit kann erhebliche Kosten sparen, wie folgender Bericht aus einem Krankenhaus verdeutlicht:

„In den regelmäßig stattfindenden, anonymen Befragungen des Personals wurden als besonders positiv die offene Diskussion von Problemen, die bessere Kommunikation zwischen Ärzten und Pflegepersonal sowie die wachsende gegenseitige Akzeptanz aller Berufsgruppen empfunden. Am deutlichsten kommt dies durch ein Zitat des Oberarztes zum Ausdruck: ‚Ich wußte ja gar nicht, was das Pflegepersonal alles tut und sieht'.

Von den zuständigen krankenhausinternen Stellen wurde eine Abnahme der schriftlichen Beschwerden von Patienten und der Versetzungsanträge des Personals sowie ein Rückgang der Krankenstände festgestellt. Wurden im ersten Jahr der Supervision 1327 Gesamtkrankenstunden gezählt, sank diese Zahl im darauffolgenden Jahr auf 440 Stunden. Der durchschnittliche Zeitaufwand für die Supervision entsprach bei 12 Teilnehmern 0,7% der Gesamtarbeitszeit.

Aufgrund dieses positiven Verlaufs des Modellversuchs, wurde das für fünf Jahre ausgelegte Projekt ‚Supervision an den Landeskrankenanstalten (LKA)' genehmigt" (Wiedauer, 1991, S. 121).

In diesem Einzelfall könnte man ausnahmsweise die Kosteneinsparungen durch die Supervision einschätzen. Diese müssen, gemessen an den Honoraren für die Supervisoren, beträchtlich gewesen sein.

Denn die Einkommensverhältnisse für die meisten Supervisoren sind nicht so optimal, wie Honorar-Tagessätze von etwa 1000 DM suggerieren. Man muß die Vor- und Nacharbeit sowie die Werbekosten mitbedenken. Auch sind derartige Aufträge nicht täglich möglich. Leuschner hat errechnet, daß freiberufliche Supervisoren im Durchschnitt ein Netto-Jahreseinkommen von etwa 30-40.000 DM beziehen (1983, S. 70).

In die Rubrik „neue" Themen der Supervision paßt auch eine Fragestellung, die in der gesamten Literaturanalyse nur von einem schon im Jahre 1974 publizierten und dann in der Diskussion der Folgejahre bis heute kaum mehr diskutierten Thema handelt. Fragen der politischen Ökonomie der Supervision im Rahmen der Klassengesellschaft der BRD werden im Gegensatz zur materialistisch orientierten Methodenkritik der siebziger Jahre heute überhaupt nicht in der Fachliteratur behandelt.

Außer Knieschewski (1974) beschäftigte sich noch Ringshausen-Krüger (1977, S. 148ff) mit bildungsökonomischen Überlegungen zur Supervision, die jedoch vor allem an Knieschewskis Artikel anknüpfen.

Abgrenzung der Supervision von Psychotherapie und Selbsterfahrung

Die Helfer-Diskussion hat gezeigt, daß Soziale Arbeit möglicherweise auf Menschen attraktiv wirkt, die auch von ihren Lebensschicksalen und Lebensproblemen zu diesen Berufen motiviert worden sind. Oft sind die realen Bedingungen in Ausbildung und Praxis so ungünstig, daß es nicht zu einer Stabilisierung dieser Persönlichkeitsprobleme und ihrer kreativen Nutzung für die Soziale Arbeit kommt. „Sozialarbeit ist ein Beruf, der die psychische Verwundbarkeit des Menschen erhöht" (Kamphuis, 1965, S. 100).

Zu diesem Themenbereich gehört auch die berufliche Überforderung und die Berufsmüdigkeit vieler Sozialarbeiter, wie das Schlagwort vom „Burn-Out" zeigt (Aronson u. a., 1983; Burisch, 1989; Edelwich u. a., 1984; Fengler, 1991).

Nach Fengler scheint es „in der Burn-Out-Entwicklung eine wiederkehrende Abfolge unterscheidbarer Etappen zu geben: Es beginnt mit Freundlichkeit und Idealismus; es folgt Überforderung; dies führt zu weniger Freundlichkeit, woraus sich Schuldgefühle entwickeln, der Helfer wendet vermehrte Anstrengungen auf, natürlich ohne Erfolg; er erlebt sodann Hilflosigkeit und Hoffnungslosigkeit (,ein Faß ohne Boden'); er spürt Erschöpfung und distanziert sich von den Klienten; es kommt zu Selbstbeschuldigungen, Flucht, Trauer, Wut, Psychose, psychosomatischer Krankheit, Selbstmord – oder zur Supervision.

Daß Supervision eines der wichtigsten Korrektive für ein berufliches Burn-Out ist, ist seit einigen Jahren bekannt und auch nachgewiesen" (1988, S. 12).

Vor allem bei Helfern, die sich zunehmend mit sich selber beschäftigen, gerät ein Verständnis von Supervision als Psychohygiene in den Vordergrund. Dabei wird Psychohygiene verstanden als „Erhaltung und Wiederherstellung der seelischen Gesundheit" (S. 38) und beruflicher Kompetenzen. Supervision hat hier eine reduzierte Funktion. Sie beschäftigt sich nicht so sehr mit der Verbesserung der Beziehung Sozialarbeiter-Klient oder gar mit Veränderungen der institutionellen Gegebenheiten. Sie will in erster Linie lediglich die Arbeitsfähigkeit der Supervisanden erhalten oder zunehmende personelle Fluktuationen und überhöhte Krankheitsraten verringern.

Es kann vermutet werden, daß ein Teil der Supervision von den Effekten her gesehen eher psychohygienische Funktion hat und damit einen geringen innovativen Charakter für die Soziale Arbeit.

Deswegen ist eine klare Abgrenzung von der Supervision zur Psychotherapie notwendig. Gegenstand von Supervisionsprozessen sind natürlich auch Persönlichkeitsmerkmale der Supervisanden. Geht es doch beispielsweise um die „Selbstwahrnehmung von blinden Flecken" (Melzer, 1972, S. 45) oder die „Abwehrmechanismen" der Sozialarbeiter (S. 96).

In der älteren Supervisionsliteratur wird eine klare Trennung zwischen Supervision und Psychotherapie vollzogen: Der Supervisor ist „kein Therapeut" (Pettes, 1971, S. 57) und die Supervision ist „keine Therapie des Supervisanden" (Kamphuis, 1965, S. 100).

Für Kamphuis ist die Abgrenzung klar: „Die Probleme des Supervisanden werden nur soweit besprochen, wie sie die Hilfe für den Klienten beeinflussen bzw. durchkreuzen" (S. 100). Auch die amerikanische Supervisions-Literatur zieht eine klare Trennungslinie zur Psychotherapie bezüglich Zweck und Zielsetzung der Supervision. Der Sozialarbeiter soll durch Supervision ein „besserer Sozialarbeiter", nicht unbedingt aber ein „besserer Mensch" werden (Kadushin, 1985, S. 174). Denn Ziele, Rollen und Beziehungsformen von Supervision und Psychotherapie sind sehr unterschiedlich. Bei der Supervision geht es um eine berufliche Beziehung. Ferner existieren Unterschiede im Prozeß: Es wird keine Diagnose des Supervisanden gemacht. „Der Supervisor versucht die Identifikation mit ihm zu fördern, nicht aber die Übertragung" (S. 179). Die neuere deutsche Supervisions-Literatur grenzt sich ebenfalls stark von der Psychotherapie ab; so beispielsweise Weigand: „Supervision dient nicht der Regression des Supervisanden zur Bewußtmachung und Durcharbeitung biographischer Daten, sondern der Reflexion beruflichen Handelns auf dem Hintergrund beruflicher Sozialisationserfahrungen" (1987a, S. 30).

Andererseits wird in der neueren Literatur stärker als in den 60er und 70er Jahren auf die „fließenden Grenzen" zwischen Supervision und Psychotherapie verwiesen. Bode ist der Auffassung, daß Supervision auch „therapeutische Anteile und Auswirkungen hat" (1983, S. 32). Pühl betont, daß Supervision „neben Selbsterfahrungswünschen auch Therapiebedürfnisse" mobilisiere (1986, S. 31). Für Weißenfels existiert deswegen zwischen Supervision und Psychotherapie nicht eine Grenze „des Entweder-Oder. Sie unterscheiden sich nur graduell. Außerdem halte ich beides, insbesondere auch Therapie für so wenig präzise definierbar, daß ich gegenüber jeder angeblich eindeutigen Trennung skeptisch bleibe" (1982, S. 17). Diese „Therapiebedürftigkeit" kann sich nun in den verschiedenen Formen und Settings der Supervision, die oben beschrieben worden sind, unterschiedlich auswirken. So bedarf es in der Einzelsupervision „geradezu einer besonderen Anstrengung, Therapie auszuklammern, wenn die Supervision tief greift, wenn es im Zusammenhang mit beruflichen Schwierigkeiten und Umorientierungen zu einer existentiellen Krise kommt" (Gnädinger, 1983, S. 35). Das kann beispielsweise bei einem Verständnis von Einzelsupervision der Fall sein, wie es Wittenberger in Anlehnung an das psychoanalytische Setting beschreibt (1984a, S. 19ff). Buer hat die dabei deutlich gewordene „Vorherrschaft der Psychoanalyse in der Supervision" kritisiert (1988, S. 317).

In der Gruppensupervision wirkt die Zusammenstellung der Mitglieder aus vorher einander unbekannten Personen (Stranger Groups) „eliminierend auf Therapiebedürftige und auf Therapiebedürfnisse" (Gnädinger, 1983, S. 36), während Gruppen der Teamsupervision (Family Groups) stärker davor geschützt werden müssen, in die therapeutische Situation abzugleiten. In derartigen Gruppen befinden sich oft Teilnehmer, die eher aufgrund des Gruppendrucks gekommen sind und unterschiedliche Bedenken der Supervision gegenüber äußern. Diese Bedenken müssen vom Supervisor aus zugelassen und diese Teilnehmer eventuell auch vor den anderen Gruppenmitgliedern geschützt werden. Oft leben alte, gruppeninterne Konflikte wieder auf. Klienten- und Fallarbeit geraten damit leicht in den Hintergrund. Besonders psychotherapeutisch orientierte Supervisoren stehen in der Gefahr, das Geschehen zu „therapeutisieren" und zu vergessen, daß die Mitglieder der Gruppe reale Arbeitsbeziehungen miteinander haben.

Ähnliche Gesichtspunkte gelten in stärkerem Maße für die Organisationsentwicklung. Läßt man als Supervisor den Bereich der persönlichen Mitteilungen der Teilnehmer zu sehr zu, so kann sich das ganze Geschehen regressiv in eine Selbsterfahrungsgruppe verwandeln. Frustrationen, Abbrüche oder Verunsicherung der realen Arbeitsbeziehungen sind dann die Folge. Fürstenau ist deswegen dagegen, daß in der Supervision „sehr persönliche Dinge behandelt werden". Wie er den Selbsterfahrungs- bzw. Therapiebereich abgrenzt, ist auch eine technische Frage: „Alles, was mir gesagt wird, interpretiere oder kommentiere ich im Hinblick auf die Arbeitssituation und auf die Arbeitsaufgabe. Also der methodische Aspekt ist, die Mitteilungen im Hinblick auf die Lösung der gemeinsamen Aufgabe" zu konzentrierten (1990, S. 3).

Die in der Literaturanalyse größtenteils vorgefundene klare Trennung zwischen Supervision und Psychotherapie scheint heute in der Praxis oft nicht so durchgehalten zu werden. Berichten doch viele Sozialarbeiter, daß sie an einer Supervisions- **und** Therapiegruppe teilgenommen hätten. Vereinzelt existieren psychotherapeutisch angelegte Supervisionskonzepte (Scobel, 1988). Auch lassen einige Beiträge erkennen, daß primär psychotherapeutisch orientierte Supervisoren in Unkenntnis des sozialen Arbeitsfeldes dort vorgefundene institutionelle Probleme unzureichend wahrgenommen und therapeutisiert haben (so: Busch/Desorno, 1989; kritisch dazu: Weigand, 1990b, S. 176).

Auch die Tatsache, daß junge Diplom-Psychologen, die obwohl sie in den Feldern der Sozialen Arbeit unerfahren sind, und selten über Supervisions-Erfahrungen verfügen, verstärkt in den Beratungsmarkt eindringen, mag diese Tendenz begünstigen. So gesehen hat man es heute bezüglich der unklaren Grenzlinie zwischen Psychotherapie und Supervision mit einer Folge des Abkoppelungsprozesses der Supervision von der Sozialarbeit zu tun und muß wiederum die Supervision von der Psychotherapie entkoppeln.

Schreyögg hat für den Gegenstandsbereich der Supervision, hier bezogen auf die Supervision der Sozialen Arbeit, folgende Merkmale aufgestellt, die zu einer Abgrenzung von psychotherapeutischen Verfahren verhelfen können:

- „Die Themen von Supervision ergeben sich aus den Konstituenten von Praxis."
- Als „Praxis" werden „professionelle Interaktionen zwischen Supervisanden und Klienten in einem institutionalisierten Rahmen" bezeichnet.
- Hierbei verwenden die Supervisoren sowohl „planmäßige" wie auch „nicht-planmäßige Deutungs- und Handlungsmuster".
- Die in der Berufspraxis auftretenden „planmäßigen Deutungs- und Handlungsmuster" sind in der Supervisionsarbeit durch einen „rationalen Dialog" im Sinne einer „kognitiv-orientierten Fachberatung" kommunizierbar.
- Die „nicht-planmäßigen Muster gegenüber Klienten lassen sich aber nicht über solche rationalen Dialoge verändern. Als prärationale Muster sind sie sinnvollerweise mit psychotherapieorientierten Arbeitsweisen anzugehen. In solchen Fällen ist Supervision ‚psychotherapieähnliche Beratung' im Hinblick auf die Klientenarbeit."

In der Supervision der Sozialen Arbeit werden damit zwar teilweise „psychotherapie-orientierte" Methoden verwendet, aber diese haben eine spezifische Funktion innerhalb des institutionellen Kontextes des Supervisanden und deren Arbeitsaufgaben in Hinblick auf die Klienten (Schreyögg, 1991c, S. 54f).

Das betrifft besonders den anderen Stellenwert des Umgangs mit Übertragung, Gegenübertragung, Widerstand und Deutungsmustern. Zum supervisions-spezifischen Gebrauch dieser Phänomene sind an anderer Stelle schon Hinweise gegeben worden[4].

Da man als Supervisor nicht wissen kann, welche Tiefendimension das vom Supervisanden vorgetragene berufliche Problem auch haben könnte, sind diagnostische, psychotherapeutische Kenntnisse natürlich auch dann sinnvoll, wenn sie dazu benutzt werden, das Supervisionsthema im Rahmen der Arbeitsproblematik zu halten, und die Supervision nicht in eine Therapie „umkippen" zu lassen oder letztendlich den Supervisanden in die Therapie zu verweisen.

Macht und Ohnmacht in der Supervision

Ihrem Ursprung nach war Supervision ein Teil der hierarchischen Organisation. Fragen von Macht und Ohnmacht stellten sich bis in die Phase der klassischen Supervisions-Literatur nicht oder waren randständig. Demgegenüber spielen diese Themen in der gegenwärtigen Diskussion eine große Rolle: „Die berufliche Sozialisation der helfenden Berufe ist noch weit bis in die berufliche Praxis bestimmt von den Gegensatzpaaren: Macht versus Liebe, Solidarität versus Konflikt, Geben versus Nehmen, Helfen versus Herrschen" (Weigand, 1987a, S. 32).

Viele Angehörige sozialer Berufe sind „macht- und autoritätsphob". Nellessen erklärt sich diese Einstellung damit, daß Sozialberufler und Psychologen „selbst über wenig formelle Macht verfügen", deswegen halten sie sich als Kooperationspartner mit den Mächtigen für zu schwach. „Statt dessen bekämpfen sie sie. Für die Supervision läßt sich das z. B. in dem ausgeprochen konspirativen Kontrahieren der Supervisoren mit den Supervisanden gegen deren Vorgesetzte belegen. Der Preis dafür ist mangelnde Effektivität" (1982, S. 51).

Formelle Macht wird oft abgelehnt; damit blenden viele Supervisoren in Institutionen wichtige Teile der Realität – ihrer eigenen Rolle und die der Arbeitswelt ihrer Supervisanden – aus. Diese Problematik konkretisiert sich an der Frage, ob die unmittelbaren Vorgesetzten an der Supervision teilnehmen sollten oder nicht. Wenn man sich als Supervisor beispielsweise darauf einläßt, daß bei einer Teamsupervision der unmittelbare Vorgesetzte, etwa der Gruppenleiter, nicht teilnehmen sollte, dann ist die gesamte Teamsupervision eine Farce. Probleme mit der Leitung werden so nicht geklärt, sondern personell abgespalten. Als Folge davon beschäftigt sich das Team dann häufig thematisch mit der abwesenden Leitung.

Nellessen berichtet, „daß sehr viele Supervisoren ausgesprochen konspirativ kontrahieren: sie wollen nur mit Untergebenen zusammenarbeiten, grenzen den Vorgesetzten nicht nur von der Supervision aus, sondern enthalten ihm auch Informationen vor". Er hält das „für naiv und unprofessionell. Der Supervisor läuft solcher Art Gefahr, sich mit dem Supervisanden gegenüber dem Vorgesetzten zu verbrüdern und eigene unbearbeitete Schwierigkeiten im Umgang mit Vorgesetzten und mit Macht auszuagieren" (S. 64).

Es kommt sogar vor, daß Teams in Jugendämtern und beim ASD ihren zu Gruppenleitern beförderten Berufskollegen diesen „Aufstieg“ so übelnehmen, daß sie diese aus der Teamsupervision ausgrenzen oder daß die Gruppenleiter sich dann weigern, an der Teamsupervision teilzunehmen. Diese Dynamik muß der Supervisor schon bei der „Analyse der Nachfrage“ erkennen. Er sollte die Teilnahme des Gruppenleiters zur Bedingung, auch beim Vorgespräch, machen. Das Team hat dann zum Vorgespräch selber eine interne Einigung als Vorleistung zu erbringen.

Andernfalls läßt sich der Supervisor in das „Machtspiel des Teams“ verstricken. Die Supervision kann zur „Selbsterfahrung“ entarten und der Supervisor könnte selber zur Zentralfigur der ungeklärten „Leiterproblematik“ des Teams werden.

Natürlich können Vorgesetzte die Supervision auch noch „als Vehikel zur institutionellen Disziplinierung“ ihrer Mitarbeiter benutzen, wenn sie daran teilnehmen (Weigand, 1990b, S. 179). Diese Gefahr ist besonders bei organisationsinterner Supervision gegeben. Letztlich handelt es sich hierbei auch um institutionelle Gegebenheiten, denen sich ein Supervisor stellen muß.

Was passieren kann, wenn die „Leiterfrage“ durch Ausgrenzung des Leiters geleugnet wird, schildert Leuschner sehr anschaulich an folgendem Beispiel.

„In einer Klinik findet Team-Supervision ohne den ärztlichen Leiter statt. Dies war der Wunsch der Mitarbeiter und wurde vom ärztlichen Leiter akzeptiert mit der Begründung, alle Mitarbeiter fühlten sich ohne Chef freier in der Bearbeitung ihrer Patienten- und Kollegenprobleme. Implizit gilt als vereinbart, daß über Inhalte der Supervision mit dem Chef nicht gesprochen wird. Der Chef nimmt ab und an mit dem Supervisor Kontakt auf und erzählt seine Sicht der Kliniksituation. Dabei äußert er sich auch beiläufig über Alltagsprobleme, die seines Erachtens in der Supervision zur Sprachen kommen könnten. Er versteht dies als Anregung, nicht als Supervisions-Auftrag. Der Supervisor gibt keine Auskünfte über Supervisionsabläufe. – Eines Tages wird in einer Supervisions-Sitzung über ein Intimverhältnis eines anwesenden Therapeuten zu einer Patientin berichtet. Im Team ist die Angelegenheit bekannt geworden, und es entsteht große Sorge, daß es auch unter den Patienten bekannt werden und sich daraus Erpressungsversuche von Patientenseite ergeben könnten. In der Team-Supervision werden die möglichen institutionellen Folgen einer solchen Beziehung angesprochen. Der

Therapeut will die Beziehung zu der Patientin beenden; das Team will die Sache nicht an die große Glocke hängen. Wenige Tage später erhält der ärztliche Leiter vom Träger der Klinik Nachricht über den Vorfall. Ein Patient hat in einer Beschwerde an den Träger u. a. den Vorfall erwähnt. Der Träger hat Sorge, daß die Öffentlichkeit davon erfährt, und entsprechend ist der ärztliche Leiter unter Druck. Dieser befragt den Supervisor, warum er von der Sachlage nicht unterrichtet worden sei. Der Supervisor beruft sich auf seine Schweigepflicht gegenüber dem Team. Der Chef definiert: Wenn die Existenz der Klinik auf dem Spiel steht, gilt die Schweigepflicht nicht mehr. Der Supervisor wird entlassen" (Leuschner, 1988a, S. 12).

Dieses Fallbeispiel berührt auch noch rechtliche und ethische Fragen der Supervision, auf die weiter unten eingegangen werden soll.

Aus psychoanalytischer Sicht betont Kutter, daß bei vielen Menschen die Persönlichkeitsstruktur vorwiegend von Selbstwertproblemen beeinflußt ist. „Wir können heute davon ausgehen, daß sehr viele Menschen, obwohl äußerlich selbstsicher erscheinend und sozial gut angepaßt, innerlich an Selbstwertproblemen leiden, d.h. leicht kränkbar sind und sich rasch beleidigt auf sich selbst zurückziehen. Sie können auch sarkastisch oder ironisch werden, um auf diese Weise ihre Kränkung erträglicher zu machen. Sozialarbeiter und Sozialpädagogen sind daher gut beraten, wenn sie sich möglichst so verhalten, daß Kränkungen vermieden werden" (1990c, S. 51).

Durch die Helferdiskussion (Schmidbauer, 1977) kann man vermuten, daß Menschen auch durch „Selbstwertprobleme" zum helfenden Beruf motiviert werden. Deren Berufstätigkeit findet dann in Institutionen statt, die „häufig als mächtig, Ohnmacht erzeugend, entfremdend, die persönlichen Interessen einschränkend und frustrierend erlebt" (Weigand, 1982, S. 46) werden. Wahrscheinlich stellt der Prozeß der Institutionalisierung als solcher schon eine „narzißtische Kränkung" dar. „Der Schritt aus der Geborgenheit und Sicherheit der Kleinfamilie in die Komplexität gesellschaftlicher Institutionen (beginnend beim Kleinkind mit dem Eintritt in den Kindergarten und Schule bis zur beruflichen Sozialisation in Institutionen) ist bekannterweise eine wichtige Zäsur, die psychisch der Verarbeitung bedarf" (S. 47).

Ferner kann man vermuten, daß einer der „wesentlichen Kränkungsfaktoren" aus der Tatsache resultiert, „daß nahezu jedes Mitglied in institutionellen Rollen auswechselbar ist, also im Gegensatz zur Familie ersetzbar" (S. 47). Denn die Institutionen sind in gewisser Weise langlebiger als die darin tätigen Menschen als Berufsrollenträger.

Viele Arbeitsbedingungen im psychosozialen Bereich verhindern legitime, normale narzißtische Befriedigung als Quelle stabiler Selbstwertgefühle. Somit ist in vielen Arbeitsbereichen des Sozialwesens eine „ständige Kränkungstendenz" (Belardi/Glinka, 1979, S. 31) eingebaut. „Die so entstehende Kränkung wird in Institutionen häufig innerhalb des informellen Systems abreagiert (z. B. durch Cliquenbildung und familiale Kleingruppen usw.). Deswegen liegt folgende Konsequenz nahe: „Das Auswandern aus der Institution, um sich eine eigene Institution zu bauen: beispielsweise das Team. Hier erhofft man, ein Stück jener familialen Sicherheit, Wärme und Liebe wiederzubekommen, die in den Institutionen verlorengegangen ist" (Weigand, 1982, S. 47).

Das erklärt auch, weshalb vor allem in Teamsupervisionen die „Fallarbeit" häufig zu kurz kommt. Vor allem bei Teamzusammensetzungen mit unterschiedlichen beruflichen Rollenträgern bilden Statusfragen, wie beispielsweise Einfluß und Bezahlung der Krankenschwestern im Verhältnis zu den Ärzten oder die unterschiedliche Besoldung von Diplom-Psychologen und Sozialarbeitern bei annähernd gleicher Tätigkeit in den Beratungsstellen ein häufiges, unlösbares Thema.

Als letzter Gesichtspunkt zum Thema „Macht und Ohnmacht in der Supervision" sei noch auf den weiter oben schon diskutierten Zusammenhang der „Entlastungsfunktion" (Gehlen) von Institutionen, ihrer Binnenstruktur und der jeweiligen Angstverarbeitung hingewiesen. Pühl brachte das auf die These, „über die Struktur einer Gruppe wird Angst kanalisiert" (1988, S. 11).

Im Feld der Sozialen Arbeit finden wir sehr unterschiedlich strukturierte Organisationsformen. Sozialarbeiter können sowohl in starr eingebundenen Organisationsabläufen eines Jugendamtes tätig sein oder auch sich in eher kooperativ verstehenden Teams, etwa in der offenen Jugendarbeit, der Jugendberufshilfe oder dem Alternativsektor befinden. Während im ersteren Falle die Freiheitsgrade der Handelnden geringer, ihre soziale Integration und damit die Angstbindung in der Regel höher ist, sind die Ängste und ihre Bewältigungsversuche in den eher kollektiven Arbeitsteams oft beträchtlich. Zwar sind die persönlichen Freiheitsgrade rein formal betrachtet dort höher, aber hierfür muß oft ein hoher Preis gezahlt werden. „Angst kreist hier in hohem Maße in der Gruppe, weil Beziehungen emotionaler und arbeitstechnischer Art ständig neu ausgehandelt werden müssen" (Pühl, 1988, S. 10). In beiden, hier idealtypisch beschriebenen Situationen, kann Supervision ihre Aufgabe finden.

Zum Menschenbild der Supervision

Jede praxisbezogene humanwissenschaftliche Theorie muß sich im Sinne metatheoretischer Fragestellung nach ihrem Menschenbild und ihrer Ethik befragen lassen können. Da keine allgemeine Theorie der Supervision existiert, sind derartige Fragen schwieriger zu beantworten. Eine Auseinandersetzung mit dem Menschenbild der Supervision hat eigentlich noch gar nicht begonnen. Das hängt auch damit zusammen, daß die meisten Supervisions-Ansätze aus der Psychotherapie oder der Gruppendynamik stammen und deshalb implizite anthropologische Voraussetzungen in sich bergen.

Bei Wittenberger findet man eine Bezugnahme auf das „Menschenbild bei Marx" in der Interpretation von Fromm (1963), sowie Exkurse in die Neopsychoanalyse, die Existenzanalyse und die Klientenzentrierte Psychotherapie (1977b, S. 90ff).

Eicke/Schulz leiten das Menschenbild der Supervision aus der Psychoanalyse ab. Gefühlsambivalenz und die möglichen Rollen von Supervisor und Supervisand als Kind, Mutter, Vater, Geschwister u. a. als Ausgangspunkt begünstigen eine psychologisierende Sichtweise (1984, S. 178ff).

Geißler weist dagegen auf die lebensweltliche Begründung von Supervision (1988a, S. 4ff) und ihren Zusammenhang mit der „Postmoderne" hin.

Eck stellt einen „anthropologischen und lebensweltlichen Referenzrahmen" der Supervision vor, der sich auf Portmann, Gehlen, die Frühschriften von Marx, Plessner, Simmel, Husserl, Schütz und Luckmann bezieht. Die Grundfrage hierbei ist: „Wer ist der Mensch, der sich beraten läßt?" (1990a, S. 17ff; bes. S. 41).

Ausführlicher beschäftigt sich Schreyögg mit Fragen zu den „anthropologischen Setzungen" eines Supervisionsansatzes, in dem sie verschiedene Fragestellungen aufwirft, die einer genaueren Klärung des Menschenbildes der Supervision bedürfen. Unter dem

Blickwinkel des Menschen als „individuelles und soziales" Wesen nimmt sie Bezug auf die Phänomenologie (Merleau-Ponty), den Interaktionismus (G. H. Mead) und die gestaltpsychologische Bestimmung von „Lebensraum" (Lewin).

Zum Gesichtspunkt des Menschen „als Subjekt und als determiniertes Wesen" ordnet sie dessen Zielorientierung und bewußt geplantes Handeln. Als Subjekt hat der Mensch grundsätzlich eine „exzentrische Position" (Plessner) in der Welt inne. Ferner sieht Schreyögg den Menschen als sich „potentiell lebenslang entfaltendes Wesen" im Sinne der „Humanistischen Psychologie" (Maslow), was auch als Abgrenzung zur psychoanalytischen Position verstanden werden kann.

Schließlich ist der Mensch in seiner sozialen Existenz auch durch die Institutionen „gesichert"; er wird aber auch „bedrängt durch Institutionalisierung und durch Arbeit". Die Bezüge hierbei bilden die Arbeiten von Berger/Luckmann und Habermas (Schreyögg, 1991b, S. 76ff).

Zusammenfassend betrachtet kann man sagen, daß sich in der Literaturanalyse zum Thema „Menschenbild der Supervision" zwar viele implizite, aber nur wenige explizite und fragmentarische Versuche zu einer anthropologischen Begründung der Supervision finden lassen.

Ansätze einer eigenständigen, sozialarbeitsbezogenen und anthropologisch begründeten, also beispielsweise auch von den Menschenbildern der psychologischen Theorien emanzipierten Supervision, konnten nicht entdeckt werden. Dabei wären wichtige Fragen zu klären: Von welchem Menschenbild soll die Sozialarbeiter-Supervision eigentlich ausgehen? Ist der Mensch ein Triebwesen, das es mühevoll zu sozialisieren gilt, ist der Mensch grundsätzlich weltoffen oder ist er, in sozialwissenschaftlicher Perspektive, eingebunden in ökonomische, politische, arbeitsweltliche und lebensweltliche Zwänge, die es zu bewältigen gilt?

Ethik und Supervision

Neben der anthropologischen Fundierung ist eine ethische Begründung der Supervision notwendig. In der älteren Literatur wird häufig auf ethische Themen der Sozialarbeit hingewiesen (Kamphuis, 1965, S. 34f). Denn ethische Fragen sind ein wichtiger Bestandteil der sozialarbeiterischen Tätigkeit. Gegenwärtig scheinen ethische Themen eher zu einem Spezialfach der Sozialarbeiter-Ausbildung geworden zu sein (Schlüter, 1984).

Der Auseinandersetzung mit ethischen Grundfragen der Sozialen Arbeit, die eher an das Ende der Ausbildung zum sozialen Beruf gehört, wird viel zu „wenig Aufmerksamkeit gezollt" (Wendt, 1985b, S. 113). Ethische Fragen können vor allem erst an Bedeutung gewinnen durch die Freiheitsmöglichkeiten der Person sowie allgemeine und individuelle moralische Vorstellungen, beispielsweise der Sollensregeln des menschlichen Zusammenlebens. Ethik befaßt sich mit dem „Handeln des Menschen im Blick darauf, inwieweit es gut und d. h. ihnen wesensgemäß und dienlich ist und deshalb zu bevorzugen (wertzuschätzen) und normativ zu fordern ist" (S. 114). Zum Bereich der Ethik gehören auch Werte, als „Ausdruck einer (dauernden) Bevorzugung" und Normen als „Verhaltensvorschriften nach Maßgabe der Werte" (S. 117).

Die ethische Hinterfragung supervisorischen Geschehens befindet sich noch in den Anfängen. Huppertz hat schon vor Jahren auf ethisch bedenkliche Kommunikationsabläufe in Supervisionsprozessen aufmerksam gemacht (1975, S. 46 ff; S. 133ff). Während in den USA die Auseinandersetzung mit „Ethics of Supervision" (Levy, 1979) schon in den 70er Jahren begann, findet eine Beschäftigung mit diesem Thema in Deutschland erst ein Jahrzehnt später statt. In der deutschen Literatur lassen sich vor allem fünf Beiträge von drei Autoren finden, welche die Diskussion begründet haben. Bezeichnend ist, daß diese Beiträge sich nicht aufeinander beziehen.

Weißenfels geht in einem kurzen Beitrag „Zur berufsethischen Ortsbestimmung von Supervision" davon aus, daß der Supervisor selber ein „relativ unterprivilegierter Sozialisationshelfer" (1984a, S. 291) ist. Er arbeitet zwar in der „Tradition der Aufklärung". Seine Tätigkeit sei allerdings vor allem in den sozialen Berufsfeldern „kein fröhlicher Marsch in Richtung Paradies", sondern eine „um Menschsein bemühte Sisyphusarbeit". Schon aus den strukturellen Unzulänglichkeiten der Sozialen Arbeit benötigen die dort Berufstätigen Supervision; weil sie „nicht so einfach und unbekümmert Nachhilfesozialisation geben" können (S. 292).

Von Kutter stammt ein kurzer Beitrag über „Ethik und Supervision", der auf einen Vortrag auf dem Supervisions-Kongreß in Bensheim 1989 zurückgeht. Er begründet darin, weshalb ethische Fragestellungen der Supervision heute ebenso neu wie wichtig sind. Hierzu zählen Fragen des „Wertewandels" und die jüngste Diskussion um die Euthanasie, u. a. im Gefolge der Publikationen des Australiers Peter Singer. Ansonsten zählt Kutter nur noch einige Bezüge der ethischen Diskussion auf: Ethik und Macht, die Beziehung von Ethik zur Psychoanalyse und Familientherapie, sowie ethische Probleme in verschiedenen sozialen Feldern von Sozialer Arbeit. Hierbei bemerkt er, daß viele Sozialarbeiter häufiger als andere, privilegiertere Berufe in „extreme Situationen" geraten können. Hierzu sei Unterstützung, aber auch Aufrichtigkeit seitens der Supervisoren notwendig (1990a, S. 45ff).

Am ausführlichsten auch unter systematischen und grundlegenden Gesichtspunkten hat sich bisher Schreyögg in drei Beiträgen mit den Thema „Supervision und Ethik" auseinandergesetzt. Zuerst geht sie aus von einer Supervision, die lediglich einer „instrumentellen Absicht" folgt, um methodische Fehler des direkt im Praxisfeld Handelnden aufzudecken. Diese instrumentelle Supervision fragt danach, „ob die Wahl des Zieles für einen Klienten fachlich zweckmäßig ist". Sie will „Handlungsdefizite" beseitigen, die „Funktionsfähigkeit des Supervisanden" erweitern und eventuell auch den „institutionellen Kontext" kritisieren. Trotz dieser vielen Perspektiven, ist diese Supervision, die sich aber „aussschließlich instrumentell orientiert", eine zu „einseitige Sichtweise" (1988, S. 158f).

Nach Aristoteles unterscheidet die praktische Philosophie beim menschlichen Tun zwischen „Herstellen", beispielsweise der handwerklichen Bearbeitung von Materialien, was ein rein instrumenteller Prozeß ist, und „Handeln". Mit letzterem ist menschliches Tun gemeint, das zwischen den Menschen wechselseitig kommunikativ vollzogen wird (Apel u. a., 1984). Aus diesem letzten Gesichtspunkt ergeben sich ethische Fragen an jede menschliche kommunikative Praxis.

Schon aufgrund häufiger asymmetrischer oder paradoxer Beziehungsformen in der Supervision ist deren ethische Fundierung wichtig. „Der Professionelle muß auf die asymmetrische Rollendefinition gegenüber dem Klienten eingehen, damit eine symmetrische Beziehung entstehen kann" (Schreyögg, 1988, S. 161).

Petzold hat in seinem „Korrespondenzmodell" versucht, diese Problematik durch den Entwurf einer „Subjekt-Subjekt-Beziehung" in Beratung, Supervision und Therapie zu lösen (1978).

Vom Blickwinkel der praktischen Philosophie aus ist es unmöglich, für jeden Praxisfall von vornherein einen verbindlichen ethischen Maßstab zu entwerfen. „Ethisch richtiges Handeln resultiert ja in diesem Verständnis nicht einfach aus einer „edlen Gesinnung" oder aus einer Anwendung universalierbarer Prinzipien, die Kant noch postulierte. Ethisches aktualisiert sich in sozialen Interaktionen" (Schreyögg, 1990b, S. 18). Da die Möglichkeiten der problematischen Handlungen zu groß sind, kann es in der Supervision deswegen keine allgemeingültige Ethik geben. Was als ethisch „richtig" zu gelten hat, muß im Rahmen des kommunikativen Diskurses (Habermas, 1981) unter Berücksichtigung des Prinzips der „Verantwortung" (Jonas, 1984) immer wieder neu bestimmt werden. Damit ist in jeder supervisorischen Kommunikation ein potentiell ethischer Dialog mit enthalten.

Supervision ist deswegen zum Ort der ethischen Auseinandersetzung von sozialer Praxis geworden. Supervision hat dadurch angesichts der wachsenden Probleme in der Praxis der Sozialen Arbeit und neuer existentiell gefährdeter Zielgruppen über ihre schon genannten Zielsetzungen hinaus noch weitere Aufgabenzuweisungen erlangt. Dies alles bedeutet, daß der Supervisor auch immer die ethische Problematik von Themen der Berufspraxis erkennen und ansprechen muß. Hierzu bedarf der Supervisor einer Theorie der **Supervision der Sozialen Arbeit**, die berufsethische Prinzipien berücksichtigt. An dieser Stelle zeigt sich wieder die Problematik eines Mangels einer modernen Theorie der sozialarbeitsbezogenen Supervision. Viele Ansätze der Supervision sind ja bekanntlich Anleihen aus dem psychotherapeutischen Bereich, von dort stammen oft auch die anthropologischen und ethischen Grundgedanken. Diese können dann, unreflektiert auf das Feld der Sozialen Arbeit angewendet, zu „verdeckten ethischen Implikationen" werden (Schreyögg, 1988, S. 166; 1990b; 1991b, S. 49ff). Das wäre beispielsweise der Fall, wenn das Menschenbild der klassischen Psychoanalyse oder der klassischen Gestalttherapie von Perls

(Petzold, 1984a) unreflektiert auf sozialarbeiterische Supervisionsvorgänge angewendet werden würde.

Welches können Themen einer ethischen Reflexion supervisorischer Praxis der Sozialarbeit sein? Ein Problemkreis ist schon angesprochen worden: Die Frage der „Parteilichkeit" des Supervisors und der politischen Funktion von Supervision.

Auch bei der Überlegung, wer denn eigentlich der „Klient" des Supervisors ist, stellt sich im Anschluß an das erwähnte „Klinik-Beispiel" von Leuschner die Frage, wie weit der Supervisor verschwiegen bleiben darf. Denn jede Übernahme von Verantwortung berührt auch Schuldfragen rechtlicher oder ethischer Art. „Wer handelt, kann sich schuldig machen, indem er ‚unverantwortlich' oder ‚verantwortungslos' agiert." So kann man „unethisch" handeln, wenn man fachfremde Arbeitszusammenhänge supervidiert (Schreyögg, 1991b, S. 54f).

Unethisch und verantwortungslos handelt ein Supervisor, der bei „seinen Supervisanden schädliche Handlungen gegenüber Klienten bemerkt, sie aber nicht zu verhindern sucht" (1991 b, S. 55). Angesichts der Tatsache, daß gerade bei Supervisionen im Bereich der Altenarbeit, Psychiatrie und Heimerziehung körperliche und seelische Mißbrauchshandlungen den Klienten gegenüber **auch** in der Supervision thematisiert werden, tauchen hierbei nicht nur ethische sondern auch rechtliche Fragen der Supervision auf.

Rechtliche Fragen der Supervision

Vor allem die Diskussion ethischer Dimensionen der Supervision hat die rechtliche Thematik anklingen lassen. Wie steht es um die rechtliche Seite der Supervision? Im Bereich der allgemeinen Sozialarbeit sind die seit 1948 andauernden Forderungen der Sozialarbeiter-Berufsverbände nach dem Zeugnisverweigerungsrecht im Rahmen eines Strafverfahrens bekannt (Bleimbrunner/Böhm, 1989; Mörsberger, 1985; Nix, 1990).

Im Gegensatz zur Fülle der Veröffentlichungen über Soziale Arbeit und Recht sind in der Fachliteratur nur zwei spezielle Beiträge über „Supervision und Recht" bekannt. Als erstes versuchen Fieseler/Lippenmeier die Frage zu klären, ob ein „Anstellungsträger seine Mitarbeiter zur Teilnahme an der Supervision verpflichten" kann. Sie schließen, daß Beamte sehr wohl, Angestellte aber nicht vom Arbeitgeber zur Supervision verpflichtet werden dürfen. Es wäre „ein Mißverständnis anzunehmen, die Fürsorgepflicht des Anstellungsträgers verbiete es, den Sozialarbeiter zur Supervision zu verpflichten, weil er dabei psychisch belastenden Situationen ausgesetzt sein kann. Eine fehlerhafte Wahrnehmung von Klientenproblemen führt zu fehlerhaften Maßnahmen und Interventionen des Sozialarbeiters (Supervisanden) und kann professionelle Paradoxien, wie z. B. Symptomverstärkung durch den Sozialarbeiter bewirken." (Das wird beispielsweise an der „Fallschilderung" aus dem Jugendhaus im Abschnitt über „Gruppensupervision" im I. Teil deutlich.) „Die Reflexion der eigenen Beeinträchtigungen im beruflichen Zusammenhang ist deshalb notwendig und unter dem Gesichtspunkt der Professionalität auch zumutbar. Auch den Klienten wird zugemutet, sich zur Bewältigung ihrer Situation möglichst weitgehend zu öffnen" (Fieseler/Lippenmeier, 1985, S. 79).

Ferner ist der mündlich abgeschlossene Supervisionskontrakt auch rechtsverbindlich und einklagbar, wenn der Supervisand nicht zum verabredeten Termin erscheint.

Wichtiger als dieses Thema ist jedoch die Frage der **Verschwiegenheitspflicht** von Supervisor und Supervisanden über das Supervisionsgeschehen. „Ob die Supervisanden das, was ihnen von ihren Klienten anvertraut worden ist, überhaupt dem Supervisor und Mitsupervisanden mitteilen dürfen, kann nicht schon deshalb bejaht werden, weil Supervision nur dann sinnvoll ist, wenn unter allen Beteiligten das offene Wort selbstverständlich ist. Wenn in der Supervision persönliche Lebensverhältnisse der Klienten angesprochen werden müssen, so kann und muß dies in der Regel in anonymisierter Form geschehen" (S. 84).

Die nächste Frage ist, ob „der Anstellungsträger vom Supervisor Auskünfte über den inhaltlichen Verlauf der Supervision verlangen" kann. Hierzu ist die Meinung der Autoren, daß der Anstellungsträger nur „Auskunft über Rahmendaten" erwarten darf. Er könnte also beispielsweise fragen, **ob** die Supervision überhaupt stattgefunden hat. Darüber, **was** der Supervisand in dieser berichtet hat, „braucht der Supervisor dem Arbeitgeber keine Auskunft zu geben" (Fieseler/Lippenmeier, 1986, S. 67). Im übrigen gelten eine Fülle von datenschutzrechtlichen Bestimmungen. Hierbei soll auf den Beitrag der Autoren und die einschlägige Fachliteratur verwiesen werden. Die wichtigste rechtliche Frage zur Supervisionsthematik ist natürlich diejenige, ob der Supervisor ein **Zeug-**

nisverweigerungsrecht im Strafprozeß hat. Falls der Supervisor nicht ein Arzt oder Geistlicher ist, kann er das nicht beanspruchen. „In Verfahren vor den Zivil-, Arbeits-, Verwaltungs- und Sozialgerichten steht dem Supervisor ein Zeugnisverweigerungsrecht immer insoweit zu, als er zur Verschwiegenheit verpflichtet ist. Nur in der Strafprozeßordnung hat der Gesetzgeber den sachlichen Zusammenhang zwischen dem Zeugnisverweigerungsrecht und der Schweigepflicht nicht anerkannt: Sozialarbeiter, Sozialpädagogen, Diplompädagogen und Psychologen gehören nicht zum Kreis derjenigen, die ein beruflich begründetes Zeugnisverweigerungsrecht gemäß 53 StPO haben" (S. 70).

In einem kurzen Beitrag über „Rechtliche Aspekte externer psychiatrischer Supervisionen" wird der rechtlich weitgehend unverbindliche Beratungscharakter von Supervision hervorgehoben. Danach besteht die Tätigkeit des Supervisors vor allem „in der Beobachtung, Aufdeckung und ggf. Beeinflussung von ‚Mißständen'. Verbindlich sind seine Ratschläge und Hinweise nicht, die Verantwortung bleibt beim handelnden Personal. Eine Übernahme von Empfehlungen erfolgt letztlich aufgrund ihres eigenen, verantwortlichen Entschlusses" (Vollmoeller, 1989, S. 246).

Unklar ist, wie es um die **Anzeigepflicht** des Supervisors steht, wenn er in der Supervision von Supervisanden direkt oder über Dritte Gesetzesverstöße, Pflichtverletzungen oder auch nur unethisches Verhalten erfährt (Mörsberger, 1985, S. 128ff). Einige Beispiele aus der Supervisionspraxis sollen hier angedeutet werden:

- Der Supervisor erfährt vom Supervisanden im Heim, daß ein anderer Erzieher, der nicht an der Teamsupervision teilnimmt, die Kinder mißhandelt.
- Der Supervisor hat in seiner Tätigkeit in einer psychiatrischen Klinik erfahren, wie ein Krankenpfleger einen „Aufhebungsvertrag" mit dem Arbeitgeber abschloß, weil man ihm sexuellen Mißbrauch einer psychiatrischen Patientin nachweisen konnte. Durch die Vertragsaufhebung wurde die Sache von der Leitung der Klinik vertuscht. Der Supervisor ist auch in einer andere Klinik tätig. Eines Tages wird dieser Krankenpfleger dort eingestellt. Dieser weiß allerdings nicht, daß der Supervisor von seiner „Vorgeschichte" informiert ist. Nach einigen Wochen kommt es innerhalb des Teams mit dem neuen Krankenpfleger zu Auseinandersetzungen über dessen „Nähe" zu einigen Patientinnen. Wie soll sich der Supervisor verhalten?

- Auch das ausführlich zitierte „Klinik-Beispiel“ von Leuschner gehört in diesen Zusammenhang. Im übrigen scheinen sexuelle Mißbräuche in der Kinder- und Jugendarbeit, wie auch Mißhandlungen älterer Menschen im Bereich des Sozialwesens keine Ausnahme zu sein (Stemmer-Lück, 1991).

Was bedeutet es für die Teamsupervision, wenn der Supervisor derartige Vorfälle publik machen würde oder soll er sich „abstinent“ verhalten? Anhand dieser Beispiele wird deutlich, wie sehr Supervision mit ethischen und rechtlichen Fragen verknüpft ist.

Professionalisierung der Supervision?

Huppertz spricht polemisch davon, daß die „professionelle Krönung des Sozialarbeiters erst durch die Supervision erfolgen soll“ (1975, S. 96). Diese Anspielung bezieht sich wohl auf den engen Zusammenhang von Casework und Supervision in der Vergangenheit. In der Supervisions-Literatur ist die Professionalisierung der Supervisoren in Deutschland erst seit den 80er Jahren ein Thema.

Im Jahre 1972 wurde der „Verein für Praxisberater und Supervisoren“ gegründet. Dieser publizierte eine Broschüre mit dem Titel „Praxisberatung und Praxisanleitung“ und verschickte sie mit den Anschriften ihrer etwa hundert Mitglieder zu Werbungszwecken an die Anstellungsträger. Der Verein kam jedoch in seiner Entwickung nicht weiter. Der Supervisionsmarkt war noch nicht voll entwickelt; u. a. warf man diesem Verein „Standespolitik“ vor und er wurde als Vereinigung einer Ausbildungsstätte, der „Akademie für Jugendarbeit und Sozialarbeit des Deutschen Vereins für öffentliche und private Fürsorge“ angesehen.

Im Jahre 1979 gründete sich der „Berufsverband der Sozialarbeiter, Sozialpädagogen - Vereinigte Vertretung sozialpädagogischer Berufe“. Innerhalb dieses Berufsverbandes wurde der „Verein für Praxisberater und Supervisoren“ nun eine besondere Fachgruppe (T. Müller, 1985, S. 22f).

Ferner hat sich seit 1984 im „Deutschen Arbeitskreis für Gruppenpsychotherapie und Gruppendynamik“ (DAGG) eine Fachgruppe „Supervision“ entwickelt.

Supervisorische Tätigkeit bildete für viele Sozialarbeiter eine Möglichkeit des Statusgewinns und des Aufstiegs zum Vorgesetzten oder organisationsinternen Praxisberater, zu Fachlehrern an Fachschulen oder Fachhochschulen, in seltenen Fällen auch zur freiberuflichen Tätigkeit. Sie stellte damit ein Aufstiegsvehikel aus der Professionalisierungsproblematik der Sozialen Arbeit dar. Inzwischen hat sich dieses Bild beträchtlich verändert.

- Die Strukturveränderungen in der Ausbildung (Fachschulen, Fachhochschulen, universitäre Studiengänge) brachten, wie schon erwähnt, seit den 70er Jahren einen Bedeutungsrückgang der Methoden mit sich.
- Die Nachfrage nach Supervision im sozialen Bereich ist beträchtlich gestiegen.
- Supervisions-Angebote entwickeln sich aus den herkömmlichen und neuen Psychotherapie-Verfahren. Damit erscheinen auch Berufsfremde auf dem Supervisionsmarkt der Sozialen Arbeit.
- Derzeit soll es schätzungsweise etwa 1000 ausgebildete Supervisoren in der BRD geben (Nellessen, 1987, S. 14).
- In der Zeitschrift „Supervision" (Nr. 16 und Nr. 17) sind als derzeitige Ausbildungsinstitutionen aufgelistet:
- 14 Fortbildungsstätten/Akademien;
- 4 Hochschuleinrichtungen;
- 2 Einrichtungen der Kirche bzw. eines Landesjugendamtes.

Ausbildungsvoraussetzungen, Inhalte und Dauer sind ähnlich. In der Regel wird verlangt: eine mindestens dreijährige Berufserfahrung, Supervisionserfahrungen als Supervisand (Vorsupervision) von etwa 30 Stunden, Lehrsupervision von etwa 30 Stunden, Lernsupervision (jeweils einzeln oder in Gruppen), verschiedene Block- und Einzelseminare, eine gruppendynamische Selbsterfahrung sowie weitere theoretische Veranstaltungen. Ferner werden Hausarbeiten und Abschlußprüfungen gefordert. Nach dieser drei- bis vierjährigen berufsbegleitenden Fortbildung wird ein Zertifikat erteilt.

Am 16.5.89 fand in Köln im Beisein von 40 Personen die Gründungsversammlung der „Deutschen Gesellschaft für Supervision" statt. Die meisten der Gründungsmitglieder entstammten dem Umfeld der sogenannten bundeszentralen Supervisionsausbildungsstätten: Akademie für Jugendarbeit und Sozialarbeit des Deutschen Vereins (Frankfurt/M.); Akademie für Jugendfragen e.V. (Münster); Akademie Remscheid, Burckhardthaus (Gelnhausen); Diakonische Akademie (Stuttgart); sowie dem Studiengang Supervision an der Universität/G.H. Kassel (Kersting, 1991b, S. 99).

Am 13. Dezember 1989 wurde die **Deutsche Gesellschaft für Supervision** (DGSv) im Vereinsregister des Amtsgerichts Köln eingetragen. Sie hat etwa 700 persönliche Mitglieder:

- Akademie für Fort- und Weiterbildung e.V. Münster.
- Akademie Remscheid für musische Bildung und Medienerziehung.
- Diakonische Akademie Stuttgart.
- Fachhochschule für Sozialwesen, Religonspädagogik und Gemeindediakonie Freiburg-Weingarten.
- Fortbildungsinstitut für Supervision, Münster.
- Institut für Beratung und Supervision, Aachen.
- Institut für Humanistische Psychologie, Eschweiler .

Weiterhin wurden vom Verband noch die Supervisionsausbildungen folgender Träger anerkannt:

- Akademie für Jugendfragen, Münster.
- Akademie des Deutschen Vereins für öffentliche und private Fürsorge, Frankfurt.
- Burckhardthaus, Gelnhausen.
- Gesamthochschule Kassel.
- Katholische Stiftungsfachhochschule München.
- TOPS Berlin e.V..
- Triangel e.V. Berlin.
- Berliner Institut für Familientherapie e.V.
- Erzbistum Köln.

Im Aufnahmestadium befanden sich im Mai 1992:

- Bayrisches Landesjugendamt, München.
- Thera.S.SE., Berlin.
- Gesellschaft für analytische Gruppendynamik, München.
- Institut für angewandte Psychologie, Transaktionsanalyse und Erwachsenenbildung, Hannover.
- Europäische Akademie/Fritz-Perls-Institut Düsseldorf in Kooperation mit der Freien Universität Amsterdam.
- Institut für Familientherapie und systemische Supervision, Köln.
- Kolping-Bildungsstätte, Coesfeld.

Die Aufnahme- bzw. Anerkennungskriterien zeigen Tendenzen zur Monopolisierung. Dieser von der DGSv aufgestellte Standard hat leider auch zu einer Akademisierung der Supervisorentätigkeit geführt. Voraussetzung für die Weiterbildung ist nämlich zumindest der Abschluß einer Fachhochschule. Bedauerlich ist es, daß künftig Erzieher wie auch Angehörige der Kranken- und Altenpflegeberufe von der Supervisoren-Ausbildung ferngehalten werden.

Als die „Akademie Münster" auch Krankenpflegepersonal zu Supervisoren weiterbildete, kam es deswegen zu einer verbandsinternen Auseinandersetzung (vgl. DGSv aktuell 2/1991ff). Diese Akademisierung und Formalisierung der Supervisoren-Weiterbildung folgt damit ähnlichen, nicht immer positiv zu bewertenden Tendenzen, in der Ausbildung der Sozialarbeiter und Sozialpädagogen seit den 70er Jahren.

Auch werden die bisher nicht anerkannten Ausbildungsinstitute es schwer haben, aufgenommen und anerkannt zu werden. Spricht man doch inzwischen auch schon verbandsintern davon, daß es eine „ungelöste Spannung" zwischen einigen dominierenden Mitgliedsinstituten und den Einzelmitgliedern gibt (Jansen, 1992, S. 5).

Der Verband ist methodenplural und kann nur über allgemeine Ausbildungsstandards wachen. Damit befinden sich die Ausbildungsinstitute der DGSv in Konkurrenz zueinander.

Die Ausweitung des Verbandes wird sicherlich auch feldspezifische Differenzierungen und Schwerpunktsetzungen mit sich bringen.

Gleichzeitig versucht der Verband, sich den Abnehmern von Supervision, also den freien und öffentlichen Trägern der Wohlfahrt, als Garant einer qualifizierten Supervision anzubieten und beklagt, daß sich jeder „Supervisor" nennen kann, also daß kein Titelschutz existiere.

Die beiden Sozialarbeiterverbände „Bund der Sozialarbeiter und Heilpädagogen" (BSH), der sich für alle Sozialberufe zuständig fühlt, und der „Deutsche Bund der Sozialarbeiter" (DBS), welcher nur Sozialarbeiter und Sozialpädagogen als Mitglieder aufnimmt, haben jeweils eigene Fachgruppen für Supervisoren eingerichtet. Das Supervisionsverständnis orientiert sich bei diesen Verbänden am Primat der Feldkompetenz. Supervision wird nur als Zusatzqualifikation für eine grundständige soziale Berufsausbildung angesehen. Der DBS hat an die „Deutsche Gesellschaft für Supervision" (DGSv) den Antrag gestellt, als Fachgruppe kollektiv aufgenommen zu werden.

Andererseits wirft der DBS, der in der Supervisorenweiterbildung mit der F.H. Nürnberg zusammenarbeitet, der DGSv eine Politik der „Ausgrenzungen" von Supervisoren aus dem Bereich der Sozialen Arbeit vor und will auf dem Hintergrund seiner Tradition und mit der Betonung des „methodischen Arbeitens" dazu ein Gegengewicht setzen (Wagner, 1991, S. 63).

Der DBS orientiert sich also noch an der Koppelung zwischen Supervision und methodischem Arbeiten im sozialen Feld. Er betrachtet diese Supervision in der Tradition der Einzelhilfe als einen „Schlüssel zur Professionalisierung des Berufsstandes" (Sierek, 1991, S. 182).

Hinsichtlich der Supervisoren-Weiterbildung scheint der DBS jedoch in die Krise geraten zu sein. Bundesweit werden in einer Veröffentlichung in „Die Berufliche Sozialarbeit" (2/1992, S. 22f) genau 56 Supervisoren/innen aufgeführt, von denen einige sich jedoch auch bei anderen Instituten und bei der DGSv um Ausbildung oder Anerkennung bemühen. „Leider ist die für März 1992 geplante Fortbildung Supervision, die von den Landesfachgruppen Bayern und Baden-Württemberg vorbereitet wurde, abgesagt worden. Es hatten sich zu wenige Teilnehmer gemeldet" (Timm, 1992, S. 21).

Auch bei der „Bundesfachgruppe Supervision" im BSH wurde die letzte Mitgliederversammlung so schwach besucht, daß man um die eigene Existenz fürchten muß. Deswegen wird wohl die Kooperation mit DBS, DAGG, DGSv und anderen Weiterbildungsstätten gesucht (Funck-Späth, 1992, S. 23).

Zum Vergleich der Kapazitäten: Das große, in mehreren europäischen Ländern tätige Weiterbildungsinstitut, an welchem der Verfasser als Lehr- und Kontrollsupervisor tätig ist, hat derzeit zehn Ausbildungsgruppen mit durchschnittlich 16 Personen.

Nach der Phase der Einzelhilfe und Praxisberatung scheint auch ausbildungsmäßig die Ära der an den Berufsverbänden angesiedelten Sozialarbeiter-Supervision sich im Niedergang zu befinden. Absolventen dieser Weiterbildungsrichtungen werden sich wohl zunehmend als Fachgruppe Sozialarbeit in der DGSv wiederfinden, die jedoch auch für andere Arbeitsfelder zuständig ist.

Der Universitäts-Abschluß „Diplom-Supervision" (Kassel und Amsterdam)

Die früher an den Fachhochschulen angesiedelten Weiterbildungsgänge für Supervision hatten oder haben weitgehend nur regionale Bedeutung (Evangelische Fachhochschule Freiburg, Fachhochschule Hamburg, Katholische Stiftungsfachhochschule München) oder waren nur von zeitweiliger Dauer (Katholische Fachhochschule NRW, Fachhochschule Esslingen) (Kersting, 1991b, S. 100).

Die Ursache für diese Entwicklung ist sicherlich vor allem in den Strukturveränderungen an den Fachhochschulen selber und dem Bedeutungsrückgang der Methoden zu suchen, was wiederum das Aufkommen der bundeszentralen freien Weiterbildungseinrichtungen begünstigt hat.

Innerhalb der deutschen Supervisions-Szene spielt der postgraduale Studiengang der Gesamthochschule Kassel „Supervision für soziale Berufe“, der 1976 eingerichtet worden ist, eine besondere Rolle. Hier können graduierte Sozialarbeiter, Sozialpädagogen, Diplom-Pädagogen, Diplom-Psychologen, Diplom-Soziologen und andere Absolventen im viersemestrigen Vollzeitstudium oder sechssemestrigen berufsbegleitenden Studium das Universitäts-Diplom des „Diplom-Supervisors für soziale Berufe“ erwerben.

Ähnlich wie bei den Sozialwesen-Studiengängen der Fachhochschulen sind im Studiengang Supervision an der G.H. Kassel Angehörige der auszubildenden Berufsgruppe kaum in verantwortlicher Position an der Ausbildung der Supervisoren beteiligt. Erst im Jahre 1991 wurde eine Professur für Supervision ausgeschrieben. So äußert sich Gaertner über die innere Situation dieses Studienganges wie folgt: „Mein Eindruck ist nun, daß dieser Grundkonsens gegenwärtig nicht mehr besteht. Die Lehrveranstaltungen sind weitgehend dissoziiert, während in der Lehrsupervision der Partialismus des Psychobooms herrscht. Die Diskussionen in der Kommission sind von Formalismus und Entscheidungsschwierigkeiten geprägt, so dauerte es über ein Jahr, bis die „Kriterien für Lehrsupervisoren“ verabschiedet werden konnten“ (1982b, S. 158).

Die Etablierung als Studiengang an einer deutschen Hochschule bringt auch die nicht seltenen Auseinandersetzungen mit sich, wie sie in Selbstverwaltungsorganen vorkommen. „So macht L. Nellessen aus seiner Geringschätzung der Qualifikationen von Sozialarbeiter-Supervisoren keinen Hehl. Aus seiner eindeutigen Identität als Gruppendynamiker ist für ihn ein akzeptabler Supervisor nur jemand, der gleichzeitig auch die Kompetenz eines gruppendynamischen Trainers hat. Von der anderen Seite beginnt A. Gaertner laut darüber nachzudenken, ob ein eigenständiger Studiengang

Supervision überhaupt noch seine Berechtigung habe und nicht besser als Unterabteilung eines postgradualen Studiengangs ‚Soziale Therapie' aufgehoben sei" (Oberhoff, 1983, S. 75).

Über die Supervisoren-Ausbildung in Kassel äußert sich Wittenberger ebenfalls negativ: „Es gibt m.W. keine Fachdisziplin an deutschen Hochschulen, die so fachfremd arbeitet wie dieser hochspezialisierte Studiengang ‚Supervision' an der G.H. Kassel. Es wäre kaum vorstellbar, daß Psychologen, Soziologen, Juristen, Historiker usw. nur von Nicht-Fachleuten ausgebildet werden" (1988, S. 15).

Dabei tauchen auch immer wieder Auseinandersetzungen darüber auf, wer denn eigentlich Supervisor werden soll. So wird beklagt, daß beispielsweise Diplom-Psychologen ohne Feldkompetenz sich als Supervisoren im Sozialbereich anbieten. „Als Grundausbildung akzeptiere ich eigentlich nur Sozialarbeit/Sozialpädagogik", betont Weißenfels von der G.H. Kassel (1982, S. 19).

Hinzuweisen ist noch auf die seit 1992 existierende zweite Möglichkeit, den universitären Abschluß eines „Diplom-Supervisors" im Rahmen eines vierjährigen berufsbegleitenden Studiums zu erwerben. Es handelt sich um die schon erwähnte Kooperation zwischen dem „Fritz Perls Institut" (Düsseldorf) und der „Freien Universität" Amsterdam. Die Kurse finden in deutscher Sprache und im Raum NRW statt; sie entsprechen voll dem Standard der DGSv. Die Graduierung zum Supervisor ist nach dem dritten Jahr möglich. Wer den akademischen Grad „Diplom-Supervisor" an der „Vrije Universiteit" Amsterdam (Faculty of Human Movement Sciences, Department od Educational Sciences) erwerben möchte, muß noch ein viertes forschungsorientiertes Jahr ableisten sowie Diplom-Arbeit und akademische Abschlußprüfungen absolvieren. Ein ähnliches Kooperationsmodell existiert bereits seit 1990 zwischen Amsterdam, Düsseldorf und der Donauuniversität Krems (Niederösterreich).

Vor allem für Sozialarbeiter, Sozialpädagogen und Diplom-Pädagogen ermöglicht dieser Abschluß Chancen des beruflichen Weiterkommens.

Der Supervisionsmarkt

Seit den 70er Jahren ist durch die gestiegene Nachfrage – parallel zum „Psycho-Markt" – ein regelrechter „Supervisions-Markt" entstanden. Diesem „expandierenden Dienstleistungssektor" (Nellessen, 1982, S. 55) steht mit etwa 1000 ausgebildeten Supervisoren potentiell ein gewaltiger Abnehmerkreis zur Verfügung: „Nach der neuen Statistik der Bundesarbeitsgemeinschaft der Freien Wohlfahrtspflege betreiben die angeschlossenen Spitzenverbände, deren Untergliederungen und Mitgliedsorganisationen 68.466 Einrichtungen mit 2.624.923 Betten oder Plätzen. Deren Zahl hat sich damit von 1987 auf 1990 um 4% erhöht. Insgesamt 751.126 hauptamtliche Mitarbeiterinnen und Mitarbeiter sind in den Einrichtungen und Diensten der Wohlfahrtsverbände tätig" (Blätter der Wohlfahrtspflege/Deutsche Zeitschrift für Sozialarbeit, Nr. 5/1991, S. 110).

Ein völlig neuer Aspekt der heutigen Supervisions-Szene ist die Person des **freiberuflichen Supervisors**. 1972 gab es knapp über 200 Praxisberater in der BRD (Haas, 1976, S. 20). Im Jahre 1977 war von den etwa 400 ausgebildeten Praxisberatern, wie schon erwähnt, nur ein kleiner Teil überhaupt freiberuflich tätig (Melzer, 1977, S. 244).

Leuschner und Nellessen schätzen, daß von den etwa 1000 Supervisoren ungefähr 20-25% ihren Lebensunterhalt „vorwiegend durch Supervision und andere Beratungstätigkeit" (Nellessen, 1985, S. 28) bestreiten. Die freiberufliche Tätigkeit als Supervisor scheint für viele Sozialberufler die Erfüllung des Traums vom „unabhängigen Experten" (Wolf, 1971, S. 73) zu sein. Vor allem die freiberuflichen Supervisoren, viele davon sind weiblich, erhoffen sich aus der Verbandsgründung einen Weg aus der persönlichen Vereinzelung (Ingerfeld, 1987, S. 55ff).

Veränderungen und Professionalisierungsbestrebungen in der Supervision haben Nellessen dazu bewogen, die „Entwicklung von der Nachfrage- zur Angebotssupervision" zu skizzieren. Vor allem bekannte Supervisoren werden „nachgefragt". Die übrigen müssen sich „erst ins Gespräch bringen" (1985, S. 27).

Damit bewegen sich viele Supervisoren auf dem „Markt" von Angebot und Nachfrage, sie stellen sich bei Leitungsgremien und Teams vor. Dabei müssen sie ihre Erfahrungen und Qualifikationen zeigen, Stärken beweisen, dürfen aber auch keine Angst verbreiten, sondern müssen Kompromißbereitschaft signalisieren, ohne sich anzubiedern.

Mehrere der großen Ausbildungsinstitute veranstalten regelmäßige Fachtagungen und Kongresse. Am ersten deutschen Supervisionstag der DGSv haben Ende März 1992 in Bad Godesberg knapp

400 Personen aus Deutschland, den Niederlanden, Österreich und der Schweiz teilgenommen.

Das „Fritz Perls Institut"/„Europäische Akademie für psychosoziale Gesundheit" präsentierte sich im Rahmen eines internationalen Supervisions-Kongresses im Herbst 1992 in Leipzig. Die Zahl der ausgebildeten Supervisoren von etwa 1000 entspricht auch der Abonnentenzahl der seit 1982 erscheinenden Zeitschrift „Supervision" (DGSv aktuell, Nr. 1/1990, S. 1).

Diese Zahl bezieht sich jedoch in erster Linie auf die Absolventen der genannten Ausbildungseinrichtungen. In Wirklichkeit dürfte die Gruppe der Personen, die Supervision ausüben, jedoch beträchtlich höher sein. Von den ungefähr 13.000 als Klinische Psychologen/Psychotherapeuten tätigen Diplom-Psychologen ist ein beträchtlicher Teil gelegentlich oder auch regelmäßig im sozialen Bereich supervisorisch aktiv. Die meisten dieser Psychologen haben ihre Ausbildung in der klientenzentrierten Gesprächsführung erhalten. Dort wie in den anderen psychotherapeutischen Verfahren und der Psychoanalyse gehört Supervision („Kontrolle") der eigenen Therapiefälle bei einem Lehr- oder Kontrolltherapeuten zur Pflicht.

Die „Gesellschaft für Wissenschaftliche Gesprächspsychotherapie" (GwG), als größter Fachverband für Psychotherapeuten in Deutschland, schreibt für ihre Mitglieder nach Abschluß der Ausbildung zwingend die kollegiale Supervision vor. Der „Berufsverband der Deutschen Psychologen" (BDP) erwartet von seinen klinisch tätigen Psychotherapeuten eine jährliche Fortbildung von mindestens 40 Stunden, die in der Regel durch eine kollegiale Supervision im Rahmen eines Fachteams oder einer Gruppen- bzw. Teamsupervision absolviert werden können; andernfalls werden Zertifikat und Kassenzulassung ungültig.

Diese Diplom-Psychologen beziehen ihre Supervisionskenntnisse somit aus der eigenen Supervisanden-Rolle oder Teilnahme an Balintgruppen, was bedeutet, daß sie Supervision aus der Perspektive von Psychotherapie kennen.

So kann insgesamt geschätzt werden, daß neben den erwähnten 1000 Supervisoren noch ungefähr einige Tausend Diplom-Psychologen und in geringerem Umfang auch Angehörige anderer Berufsgruppen in den sozialen Berufsfeldern als Supervisoren tätig sind. Ähnlich wie in der Psychotherapie wird man als Supervisor fast nie gefragt, ob man eine Qualifikation hat und welche.

Als kapazitätsmäßig größte Weiterbildungseinrichtung für helfende Berufe in Deutschland bietet das „Fritz Perls Institut"/„Europäische Akademie für psychosoziale Gesundheit und Kreativitätsförderung" neben zwei Supervisions-Weiterbildungscurricula eine vierjährige Weiterbildung für Sozialberufe zum „Soziotherapeuten" an, die insgesamt mindestens 1200 Stunden umfaßt. Der Anteil an Supervision beträgt hierbei 30 Stunden Einzel- und 100 Stunden Gruppensupervision. Für die eigene soziotherapeutische Arbeit nach Ausbildungsabschluß ist ebenfalls begleitende Supervision vorgeschrieben.

Auch ohne langwierige Abhandlungen aus der Berufssoziologie und Professionalisierungsliteratur (Dewe/Otto, 1984) wird deutlich, daß bei 200 bis 250 hauptberuflichen von etwa 1000 Supervisoren von einem neuen **Beruf Supervision** keine Rede sein kann (T. Müller, 1985, S. 24; Wittenberger, 1988, S. 15).

Neuerdings existieren Veröffentlichungen zur Ausbildung zum Supervisor, welche die Professionalisierung fördern möchten (Boettcher/Leuschner, 1990). Gegenwärtig wird durchgängig der Begriff „Lehrsupervisor" (analog zu „Lehranalytiker"), statt wie früher bei der Praxisberatung die Bezeichnung „fachlicher Begleiter" oder „Mentor" verwendet (Leuschner, 1990, S. 113). Ähnliche terminologische Anleihen an die Psychoanalyse wurden beim Begriff „Supervisand" (analog zu „Analysand") vorgenommen. Beispielsweise sprach Bang noch 1964 von „Supervisee", statt „Supervisand" (1964, S. 109). Die erwähnte Publikation über „Lehrsupervision" veröffentlicht auch eine Transkription des Supervisionsprozesses (Boettcher, 1990b, S. 153ff). Damit rückt die Frage nach Transparenz und Wissenschaftlichkeit von Supervision in den Vordergrund.

Praxisforschung von Supervision

Die schon mehrfach erwähnte Studie von Huppertz über Supervision fordert in bezug auf die Wissenschaftlichkeit der Supervision, „supervisorische Aktivitäten müßten in Zukunft in stärkerem Maße der empirischen Überprüfung zugänglich gemacht werden" (1975, S. 149).

Bevor auf die Problematik des Wissenschaftscharakters von Supervision eingegangen werden soll, ein kurzer Blick auf den Stand der empirischen Überprüfung von Sozialer Arbeit im allgemeinen.

In den letzten Jahren haben, auch angesichts der Krise des Sozialstaates und der Mittelkürzungen, empirische Untersuchungen zur Sozialen Arbeit zugenommen. „Die Sozialarbeit ist ins Gerede gekommen. Vorbei sind die Zeiten, da man ganz selbstverständlich davon ausging, daß soziale Dienstleistungen die sozialen Probleme verringern und die Lebensqualität steigern" (Heiner, 1986, S. 71).

Der Effektivitätsgedanke rückt immer mehr in den Vordergrund. In diesem Zusammenhang spielt die Legitimation von Supervision eine große Rolle. Vor allem „von zwei Seiten wird die soziale Arbeit heute angegriffen: Die einen befürchten mit Illich die Kolonialisierung des Alltags durch die Herrschaft der (sozialpädagogischen) Experten mit ihrer entmündigenden Fürsorge. Die andere Seite knüpft an die Idee der Subsidiarität und die Tradition der katholischen Soziallehre an, um eine Stärkung der Selbsthilfepotentiale in Familie und Nachbarschaft zu fordern. In beiden Fällen erscheinen die teuren, professionellen Helfer ziemlich überflüssig" (S. 71).

Entwicklungslinien der Praxisforschung der Sozialen Arbeit

C.W. Müller beschreibt Evaluierung als „akkurate Einschätzung des Wertes einer Einrichtung oder Maßnahme mit Methoden und Instrumenten der empirischen Sozialforschung" (1988b, S. 177).

In einer allgemeineren Fassung des Begriffs Praxisforschung als Untersuchung von beruflichem Handeln verweist er an anderer Stelle darauf, daß es schon in den USA (1880-1930) eine „frühe Ursachenforschung" von Hintergründen der Armut gegeben hatte (1988a, S. 17ff). Im Anschluß an Richmonds Befragungstechniken sowie die „Trennung von Ermittlungstätigkeit und Zuweisung materieller Hilfen" (S. 20), kam es in Deutschland zur „frühen Evaluationsforschung" (1929-1933), die auch mit der Person Alice Salomon verbunden ist (S. 23).

Mit Blick auf die amerikanischen Ergebnisse von Praxisforschung nach dem Zweiten Weltkrieg schreibt Müller: „Sie können in etwa einem Drittel aller Evaluationsforschungsprojekte die These erhärten, daß der untersuchte Beratungsansatz eine positive Wirkung im Sinne des Beratungszieles zeigt, in einem weiteren Drittel erhärten sie die These nicht, in einem dritten Drittel liefern sie widersprüchliche Ergebnisse" (C.W. Müller, 1978, S. 22).

Das scheint auch in den USA für die Phase von 1960-70 aufgrund von 13 größeren Studien zu gelten. Denn nach Müller zeigt „keine Studie einen statistisch signifikanten Leistungsvorteil der sozialpädagogisch behandelten Untersuchungsgruppe gegenüber der nicht behandelten Kontrollgruppe". Angesichts von diesen „deprimierenden Ergebnissen" sind vor allem „drei unterschiedliche Konsequenzen gezogen worden":

a. „Sozialarbeit ist nicht erfolgreich;
b. die Erfolge von Sozialarbeit lassen sich nicht messen;
c. das gegenwärtige dominante Evaluationsforschungs-Design – das kontrollierte, komparative und summative Konzept externer Evaluation – eignet sich nicht zur Einschätzung von Erfolgen und Mißerfolgen in der Sozialarbeit" (C.W. Müller, 1988a, S. 25).

Eine „breite Auseinandersetzung mit der Evaluationsforschung beginnt in der BRD relativ spät", vor allem mit C.W. Müllers Buch „Begleitforschung in der Sozialpädagogik" von 1978 (Heiner, 1986, S. 77) und der Curriculumforschung des „Deutschen Jugendinstituts" zur Vorschulerziehung in den 70er Jahren. In der Regel werden Aktenanalyse, Interview und schriftliche Befragung als Forschungsinstrumente verwendet. Auch hierbei lassen die Ergebnisse viele Fragen offen.

Denn „diese Forschungsergebnisse haben bisher weder die Sozialpädagogen klüger im Hinblick auf ihre eigene Praxis noch die Ministerialbeamten entscheidungsfähiger im Hinblick auf die Einführung neuer oder die Beibehaltung alter sozialpädagogischer Einrichtungen und Maßnahmen gemacht. Sie haben also weder die Ziele prozeßorientierter noch die Ziele produktorientierter Evaluationsforschung erreicht" (C.W. Müller, 1978, S. 35).

In den letzten Jahren haben die Veröffentlichungen zur Praxisforschung/Evaluationsforschung wieder zugenommen. Jedoch schon die Begrifflichkeit ist unklar, deswegen soll darunter „ganz allgemein die Untersuchung der Praxis beruflichen Handelns in der Sozialen Arbeit verstanden werden" (Heiner, 1988, S. 7).

Nur stichwortartig behandelt werden können hier die unterschiedlichen Verfahren und Formen dieser Praxisforschung/Evaluation. Es scheint sich der Trend abzuzeichnen, daß **produktorientierte**, also auf bestimmte Ziele und Ergebnisse zielende Praxisforschung (Out-Put) seit den 70er Jahren im Rückgang begriffen ist

(Heiner, 1986, S. 74ff). „Sie greift zum einen zu kurz, weil sie die Nebeneffekte und Folgekosten partieller Erfolge nicht beachtet. Vielleicht wird der Proband nicht mehr straffällig, betrinkt sich aber jeden Abend. Bei der Formulierung von Erfolgskriterien, die lediglich die Effektivität der Bewährungshilfe als ‚Bewährungshilfe' betreffen, werden die Folgekosten für das Gesundheitswesen nicht sichtbar. Zum zweiten greift eine produktorientierte Evaluation auch deswegen zu kurz, weil die Leistung vieler sozialer Dienste und Einrichtungen nicht in der Beseitigung von Problemen liegt. Oft besteht sie ‚nur' darin, die Betroffenen dabei zu unterstützen, die Probleme weiterhin zu ertragen" (S. 72).

Demgegenüber ist die **prozeßorientierte** Evaluation „nicht nur an bestimmten Ergebnissen, sondern an der Gesamtentwicklung des Projektes interessiert. Sie möchte herausfinden, warum manches klappt, anderes nicht. Sie achtet auch auf unbeabsichtigte Nebenwirkungen, untersucht die Rahmenbedingungen und versucht möglichst umfassend alle Schwierigkeiten zu verstehen, die bei der Umsetzung neuer Ideen vor Ort entstehen" (S. 74).

Die erwähnte Institutionsberatung oder Sozioanalyse nach Fürstenau und Wellendorf sowie die verschiedenen Möglichkeiten der Aktionsforschung und Organisationsentwicklung sind, aus dieser Perspektive betrachtet, auch prozeßorientierte Modelle.

Kardorff unterscheidet bei der Praxisforschung zwischen „Bedarfsanalyse", „Programm- und Produktentwicklung", den „Implementationsanalysen" zur Verankerung einer neuen Arbeitsweise, sowie den „Organisationsanalysen". Hierbei geht es um die Untersuchung der alltäglichen Arbeitsabläufe und ihrer Innovation (1988, S. 73). Diese beiden letztgenannten Schwerpunkte der Praxisforschung zeigen deutliche Bezüge zur Organisationsentwicklung, aber auch zur Teamsupervision. Heiner benennt verschiedene Möglichkeiten, wie Praktiker und Forscher im Sinne einer Aktionsforschung miteinander kooperieren können (1988, S. 8ff). Es ist bezeichnend für die Forschungssituation von Supervisionsvorgängen, daß dort Beschreibungen zur Praxisforschung von Supervision höchst selten auftauchen. Natürlich ist es schwierig, Supervision mit quantitativen Methoden der Sozialforschung zu erfassen. Ebenso problematisch ist es auch, die Berufspraxis von Sozialarbeitern wissenschaftlich zu untersuchen und zu bewerten.

Denn angesichts der „Mehrdeutigkeit der Probleme und Diffusität der Interventionsprozesse" werden viele Untersuchungsverfahren als für „nicht kongruent mit den Merkmalen professionellen Handelns bezeichnet" (Heiner, 1989, S. 177f).

Vergegenwärtigt man sich nochmals den empirisch schwer erfaßbaren Berufsalltag der Sozialarbeiter, so wird deutlich, um wieviel schwieriger supervisorische Vorgänge wissenschaftlich zu erfassen und bewerten sind. „Sozialarbeiter müssen täglich wichtige Entscheidungen treffen und beeinflussen dabei das Leben von Menschen erheblich. Dann wieder müssen sie feststellen, daß sie fast nichts bewirken. Es gehört auch zu den Paradoxien ihres Berufes, daß sie einerseits kaum zu kontrollieren, andererseits aber abhängig beschäftigt und weisungsgebunden sind. In pädagogischen und therapeutischen Fragen verbleibt ihnen meist ein großer Spielraum – auch wenn Personalmangel, Zeitnot und administrative Vorgaben ihn immer wieder einengen. Bei äußerlich korrekter Abwicklung bleibt selbst aufmerksamen Vorgesetzten verborgen, auf welche Weise die Sozialarbeiter als ‚sanfte Kontrolleure' (...) ihre Macht und ihre Einflußmöglichkeiten gegenüber den Klienten nutzen" (Heiner, 1989, S. 169).

Angesichts der Tatsache, daß Supervision keine eigenständige Theorie oder Verfahrensmöglichkeiten besitzt, wird verständlich, daß die **Supervisionsforschung** in Deutschland noch in den Anfängen begriffen ist.

Ähnlich wie Huppertz bemängelt Koch schon 1975, daß die Anschauungen über Supervision „deskriptive Ableitungen aus einer selbstgestalteten Praxis" seien. Um in den Rang von „begründeten und untersuchungsfähigen" Hypothesen über Supervision zu gelangen, seien „Außenkriterien, unter denen ihre Stichhaltigkeit geprüft werden könnte", notwendig (1975, S. 199). Weigand meint, daß eine „Theorie der Supervision" erst dann nötig werde, „wenn ein wissenschaftlicher Legitimationszwang besteht" (1984, S. 49).

Ein Blick in die USA zeigt, daß dort die Forschung über die Effekte von Supervision einen höheren Entwickungsstand zu haben scheinen, als bei uns. Supervisions-Teilnahme ist ein Hauptfaktor für die Arbeitszufriedenheit geworden. „Wie der Supervisor den Ratsuchenden behandelt, scheint weitaus wichtiger zu sein, als die Arbeits- und Belohnungsbedingungen in einer Sozialeinrichtung" (Kadushin, 1985, S. 1). Diese Angabe kann man einerseits als Erfolg von Supervision interpretieren – andererseits mag das Ergebnis nachdenklich stimmen, wenn es bedeutet, daß Supervision gegen die vielen

Probleme und Mißstände in der Sozialen Arbeit immunisiert. Leider wird dieses Ergebnis von Kadushin nicht genauer erläutert.

Auch Fengler schreibt, daß in den USA die empirische Supervisionsforschung stärker vertreten ist als in Deutschland. Diese bezieht sich sowohl auf die sozialarbeiterische (1987, S. 4ff) als auch auf die psychotherapeutische Richtung der Supervision.

Eine Analyse der seit 1983 in den USA erscheinenden Fachzeitschrift „The Clinical Supervisor", herausgegeben von Munson (Graduate School of Social Work, University of Houston), bringt folgendes Ergebnis: Die meisten Beiträge dieser Publikation sind eindeutig klinisch-sozialarbeiterisch orientiert. In erster Linie dominieren Themen über die Supervision von Familientherapie und Beratung im Bereich von Clinical Social Work. Mehrere Beiträge widmen sich der Gruppen- und Peer-Supervision; dem Kontrakt und der Supervision von Institutionen.

Aber auch die Ausbildungs-Supervision wird öfters angesprochen: Selbstwertprobleme von Studierenden (2/1983; 2/1984). Der Forschungsstand ist weiter entwickelt als bei uns.

Wie sieht es nun mit der Evaluation der Supervision in Deutschland aus? Welche Ansätze sind vorhanden und auf welche Wissenschaftstraditionen könnte sich eine vorwiegend prozeßorientierte Erforschung der Supervision beziehen? Liegen Ergebnisse über die Wirkungsfaktoren und die Effektivität der Supervision vor?

Anfänge der Supervisionsforschung in Deutschland

Eine Vorstufe zur Untersuchung von Supervision bildeten in der Vergangenheit Abdrucke von Protokollen aus Supervisionsprozessen, auf die schon verwiesen wurde.

Die wenigen in den Fachzeitschriften publizierten Befragungen von ausgebildeten Praxisanleitern/Supervisoren, die Aufschlüsse über die Tätigkeitsbereiche erbrachten, sind schon erwähnt worden; wie auch die Akzeptanz der Supervision und die Herkunft der Supervisoren in einer Heimerzieher-Befragung (Scheuner, 1980).

In einer follow-up-Untersuchung an mehreren hundert Studierenden (1973) und Berufspraktikanten (1975) an der Katholischen Fachhochschule Nordrhein-Westfalen haben Boskamp/Grönefeld/Hollenkamp danach gefragt, „ob und warum die Studenten die Supervision als Wert in der Ausbildung sehen" (S. 1). Als Experten wurden auch 16 lehrende Sozialarbeiter/Sozialpädagogen mit der Zusatzausbildung Praxisberater/Supervisor bei der Fragebogenüberprüfung mit einbezogen (S. 5).

Über zwei Drittel (1973) bis vier Fünftel (1975) der Befragten beurteilen ihren „persönlichen Lernerfolg" im Studium allgemein als eher positiv (S. 19). Interessanter für die hier verfolgte Fragestellung sind natürlich die Antworten bezüglich der Supervision. „Nach Meinung der meisten Studenten (65,7%) sind Einzel- und Gruppensupervision gleich effektiv" (S. 46). Ein weiteres wichtiges allgemeines Ergebnis ist, daß die „Erwartungen der Studenten an die Supervision erheblich positiver sind, als die Erfahrungen" (S. 49).

Dieses Hauptergebnis, das leider nicht prozentual aufgeschlüsselt worden ist, zieht sich nun durch alle Dimensionen dieses Fragebogens. Sei es, daß die Supervision als „Hilfe bei der richtigen Einschätzung der Situation der Klienten/Adressaten" (S. 55); oder in der nächsten Dimension die „Supervision als Medium der Entwicklung beruflicher Fertigkeiten" (S. 63) bzw. als „Hilfe beim Handeln in und mit Institutionen" (S. 68) geschätzt wird. Gerade bei dem letztgenannten Punkt kam es zu einer hohen Diskrepanz bei den Mittelwerten der Erwartungen und Einstellungen, woraus sich die Notwendigkeit verbesserter „organisationstheoretischer und praktischer Aspekte in der Ausbildung" (S. 70) ergibt. Insgesamt bestätigt diese Untersuchung die (überschätzte) Akzeptanz und den Nutzen von Supervision in dieser Form der Sozialarbeiterausbildung an der Katholischen Fachhochschule in NRW.

Eine Befragung von Klüsche gibt Hinweise darüber, daß von knapp dreihundert untersuchten Sozialarbeitern/Sozialpädagogen etwa 87% den „Unterstützungswert" der Supervision betonen (1990, S. 185). Wesentlich mehr als in der Studie von Blinkert/Huppertz (1974), nämlich etwa die Hälfte dieser Praktiker, hatte die Möglichkeit, an Supervisionsveranstaltungen teilzunehmen. Als Ursachen für die Nichtteilnahme wurden genannt: Keine Angebote, keine Finanzmittel, dienstliche und organisatorische Probleme (Klüsche, 1990, S. 188).

Die Supervision wird dieser Untersuchung zufolge längst nicht so genutzt wie man erwarten könnte. Gesprächspartner zur Klärung beruflicher Probleme in der Sozialarbeit/Sozialpädagogik waren nach dieser Befragung (Mehrfachnennungen):

Kollegen	92,5%
Angehörige	57,8%

Bekannte	48,9%
Mitarbeiter	48,6%
Vorgesetzte	39,5%
Supervisor	34,6%
Klienten	10,3%

(Klüsche, 1990, S. 140).

Diese Befragung zeigt auch deutlich, daß die klassischen Methoden der Sozialen Arbeit kaum noch aktuell sind. Etwa ein Drittel dieser Praktiker ist oder war in Fortbildungsmaßnahmen. Die Supervision rangiert hierbei nach der Gesprächstherapie, der Familientherapie, der Gestalttherapie sowie der Heilpädagogik an fünfter Stelle – wobei es sich um Mehrfachnennungen handelt (S. 15f).

Über ein in Bearbeitung befindliches Forschungsprojekt zur systemischen Supervision an der Abteilung für psychoanalytische Grundlagenforschung und Familientherapie der Universität Heidelberg berichten Schumacher und Schweitzer (1991).

Weitere Forschungsvorhaben über Supervision in Deutschland entstammen im wesentlichen dem Umfeld der Psychoanalyse, speziell der Untersuchung der Vorgänge in den Balint-Gruppen an der G.H. Kassel (Gaertner, 1977, 1978a, 1978b; Giesecke/Rappe, 1982; Giesecke/Rappe-Giesecke, 1983; Rappe-Giesecke, 1990a). Die Studie von Giesecke/Rappe über „Setting und Ablaufstrukturen in Supervisions- und Balint-Gruppen" ist in erster Linie eine „kommunikationswissenschaftliche Untersuchung" über Setting, Falleinbringung, Rollen, Themen bewußter und unbewußter Art sowie Veränderungsprozesse in Balint-Gruppen (Giesecke/Rappe, 1982, S. 208ff). Über die Bezüge zur Sozialen Arbeit liefert diese Deskription keine Hinweise.

Auch Rosin (1989) hat Effekte und Akzeptanz der Balint-Arbeit empirisch für den medizinisch-psychosomatischen Bereich empirisch erforscht.

Aus dem Zusammenhang eines Praxisforschungsprojekts im Arbeitsfeld AIDS-Beratung stammen zwei kürzere Beiträge in der Zeitschrift „Supervision" (Filsinger/Schäfer, 1992; Schaeffer, 1992).

Alle diese zumeist relativ einfachen Befragungen geben jedoch keinen Aufschluß über die Lernprozesse in der Supervision und die daran sich eventuell anschließenden beruflichen Veränderungsprozesse. Hierzu wären aufwendigere, mehrstufige Forschungs-Settings notwendig.

Zur Problematik der Supervisionsforschung

Für die wissenschaftliche Betrachtung von Supervision gilt in besonderem Maße, was schon oben in diesem Abschnitt über die Schwierigkeiten, die Berufspraxis wissenschaftlich zu untersuchen, festgestellt wurde. Ein enges empirisches Wissenschafts- und Forschungsverständnis hilft nicht weiter.

Wittenberger spricht deswegen von „prozeßbezogener Forschung" (1977b, S. 93) und Wellendorf verweist auf das besondere Wissenschafts-Praxisverständnis der Sozioanalyse (1979, S. 73ff).

Anleihen an phänomenologische, hermeneutische und interpretative Verfahren (Thiersch, 1978) sind hilfreich, um Prozesse in der Supervision überhaupt auf die Begrifflichkeit von Wissenschaft zu bringen. Damit folgt die Erforschung der Supervision einem anderen Wissenschaftsparadigma als dem der Naturwissenschaften.

Ein Blick auf die Psychoanalyse zeigt die Schwierigkeiten wissenschaftlicher Beschreibungen der Supervisionsvorgänge. Von Habermas ist der bekannte Satz, daß es sich bei der ursprünglichen Konzeption der Psychoanalyse Freuds um ein „szientistisches Selbstmißverständnis der Metapsychologie" handele. Denn Freud hat eine „neue Humanwissenschaft" begründet, aber in ihr stets eine „Naturwissenschaft gesehen" (1973, S. 300ff).

Freud verband seine phänomenologisch-hermeneutischen Entdeckungen der menschlichen Sozialisationsentwicklung mit einer Begrifflichkeit aus der Naturwissenschaft, speziell der Physik des 19. Jahrhunderts. Hieraus wurde ein „zweites szientistisches Mißverständnis" von seinen Schülern „reproduziert": „Der hermeneutische Prozeß, der im interaktionalen Geschehen der Behandlung zum *Verstehen* der Strukturen einer individuellen Biographie führte, wurde generalisiert und kategorial verfestigt. Auf der Grundlagen von 4, 6 oder auch 10 Behandlungsfällen (zumeist aus einer Generation und einer Schicht), wurden generalisierende Schlußfolgerungen für die Persönlichkeitsentwicklung und Pathogenese großer Populationen (wenn nicht gar ‚aller Menschen') gezogen. Phänomenologie und Hermeneutik aber lassen sich mit festschreibenden Strukturtheorien nicht ‚paaren', sondern ‚die Wahrheit' muß jeweils neu gefunden und begriffen werden" (Petzold, 1984b, S. 101).

Auf Lorenzers Interpretation der modernen, nicht mehr triebdeterministisch, sondern beziehungsanalytisch orientierten Psychoanalyse als „hermeneutische Erfahrungswissenschaft" (1974,

S. 85ff) ist schon verwiesen worden. Diese beziehungstheoretischen Aspekte der modernen Psychoanalyse (z. B. Bauriedl, 1980, 1985b; Thomä/Kächele, 1989) sind für die Soziale Arbeit noch nicht genügend rezipiert worden (B. Müller, 1985, S. 79 ff; 1990, S. 29ff). Hinweise auf die Rezeption des „szenischen Verstehens" nach Lorenzer findet man im Beitrag von Horvath/Scheidl-Trummer.

Das besondere Praxis- und Wissenschaftsverständnis der Supervision kann im Anschluß an diese beziehungstheoretische Psychoanalyse mit Lorenzer wie folgt definiert werden: Psychoanalyse ist eine „verstehende Psychologie im Sinne Diltheys" (1970, S. 51). Es geht nicht um objektivierte Daten, wie die traditionelle Triebtheorie der Psychoanalyse suggerieren mag (Belardi, 1980b, S. 17ff), sondern um einen „verstehenden Zugang", um „Evidenzerlebnisse", um Rekonstruktionen von Lebenszusammenhängen (Lorenzer, 1970, S. 79ff).

In Wirklichkeit ist der Gegenstand des psychoanalytischen Dialoges weniger, „was die Psychoanalyse – ihrem eigenen Selbstverständis nach – ist", sondern „was der Psychoanalytiker macht" (S. 46). Auch Supervision beinhaltet Aspekte dieser Hermeneutik als „persongebundenes Wissen und Können" (Fürstenau, 1979, S. 24).

Ähnlich wie bei Wellendorf (1979) gilt als entscheidendes Moment der Supervision „nicht irgendeine benennbare Theorie, wie sie z. B. im wissenschaftlichen Gedruckten erscheint, sondern das persönliche Denken des Supervisors, das auf seine jeweilige Situation gerichtet ist, einschließlich seiner selbst in dieser Situation" (Weißenfels, 1982, S. 12). Danach beinhaltet der Transfer von Supervisionsprozessen mit hohem emotionalen Gehalt zu deren schriftlicher Fixierung schon eine Verzerrung. Ein weiterer Verzerrfaktor entsteht, wenn man Supervision nur anhand von schriftlichen Dokumenten beurteilen möchte, wie es beispielsweise Huppertz praktiziert hat, ohne diese besondere Dialog- und Kommunikationsform zu würdigen.

Dieses phänomenologisch-hermeneutische Element der Supervisionsprozesse heben viele moderne Autoren der Supervisions-Literatur hervor. So waren mehrere Beiträge des ersten Heftes der Zeitschrift „Supervision" (1982) dem „Verstehen in der Supervision" gewidmet. Dabei kommt wieder der „Methodenpluralismus" der Supervision zum Vorschein. Lehmenkühler beispielsweise beschreibt „Verstehen in der Supervision aus sozialpsychologischer

Sicht". Ihrer Meinung nach zeigen Themen der Sozialpsychologie eine Verwandtschaft zu Arbeitsthemen im Bereich der Supervision:

- „Soziale Einstellung, Vorurteile und Stereotype;
- Beziehungen in und zwischen Gruppen;
- Arten der sozialen Anpassung und Wege der Internalisierung sozialer Normen;
- Kooperation und Wettbewerb in Gruppen;
- das Bedürfnis nach Kontakt mit anderen;
- Soziale Rollen und Sozialer Status;
- Soziale Wahrnehmung, Personwahrnehmung und Beurteilung" (1982, S. 31).

Über „Verstehen aus psychoanalytischer Sicht" liegt ein Beitrag von Eicke vor, der davon ausgeht, daß „alle wichtigen psychischen Vorgänge völlig unbewußt sein können" (1982, S. 21).

Wittenberger bezieht sich auf Jaspers Trennung von „erklärender und verstehender Psychologie" wie auch auf Dilthey (1982, S. 47f). In der Supervision geht es für ihn um die „Übersetzbarkeit" und darum, daß „ein hermeneutisch verstehbarer Sinnzusammenhang" geschaffen werden kann (S. 53).

Auch die Supervision der Integrativen Therapie hat auf dem Hintergrund ihrer phänomenologisch-leiblichen Konzeption von Mead und Merleau-Ponty (Petzold, 1984b, S. 73ff; Schreyögg, 1991b, S. 241) nicht nur Beobachtungsfelder supervisorischer Prozesse beschrieben, sondern auch eine „phänomenologische Rekonstruktion der Ursprungssituation für die Supervision entworfen:

- Präzisierung des Problems
- Erinnerung von Szenen und Atmosphären
- Strukturierung der Situation durch den Supervisor
- Versuch der Erhellung der beschriebenen Ursprungssituation durch methodenplurale Deutungsmuster (z. B. psychoanalytische Übertragungs/Gegenübertragungsmodelle, soziologische Rollenkonzepte, organisatorischer Kontext u. a.)" (Schreyögg, 1986b, S. 301ff).

In den letzten Jahren haben zunehmend Ansätze aus der Ethnomethodologie das Interesse von sozialpädagogischer Forschung gefunden (Arbeitsgruppe Bielefelder Soziologen, 1973). Über die Erforschung der Regeln des „Alltagslebens fremder Kulturen" und „natürlicher Kommunikationsstrukturen" kam man dazu, „ethnomethodologische Forschungsmethoden in der Sonder- und Sozialpädagogik" (Eberwein/Köhler, 1984, S. 363 ff; auch B. Müller, 1985, 1990) einzusetzen.

Vor allem Devereux formulierte eine Kritik des „methodischen Objektivismus", die ausspart, „was im Beobachter vorgeht" (1967, S. 11). In den Verhaltenswissenschaften (Sozialwissenschaften) wird die wissenschaftliche Erforschung des Menschen durch die „angsterregende Überschneidung von Objekt und Beobachter behindert". Deswegen müsse man Art und Ort der Trennung zwischen beiden untersuchen. Auf der Ebene des Bewußtseins und des Unbewußten können Verzerrungen auftreten, welche diese Kommunikationsmängel zu kompensieren versuchen; was wiederum „Angst und infolge dessen Gegenübertragungsreaktionen hervorruft". Dadurch können sich die „Wahrnehmung und Deutung von Daten verzerren".

Jede verhaltenswissenschaftliche Methodologie muß diese Störfaktoren beachten und sich vor einer „fiktiven Objektivität" hüten. „Ignoriert man diese ‚Störungen' oder wehrt sie durch als Methodologie getarnte Gegenübertragungswiderstände ab, so werden sie zu einer Quelle unkontrollierter und unkontrollierbarer Irrtümer."

Zusammenfassend schreibt Devereux: „Verhaltenswissenschaftliche Daten erregen Ängste, die durch eine von der Gegenübertragung inspirierte Pseudomethodologie abgewehrt werden. Dieses Manöver ist für nahezu alle Mängel der Verhaltenswissenschaft verantwortlich" (1967, S. 18).

Damit rückt Devereux die Angst und die daraus resultierenden unbewußten gefühlsmäßigen Reaktionen des Forschers, Beobachters – in unserem Verständnis auch Sozialarbeiters und Supervisors – in den Vordergrund. Er meint, daß „das entscheidende Datum jeglicher Verhaltenswissenschaft eher die Gegenübertragung, denn die Übertragung ist". Deswegen können die „Gegenübertragungen wissenschaftlich gesehen mehr Daten über die Natur des Menschen erbringen" (1967, S. 17; 1984).

Diese grundlegenden Gedanken eines anderen nicht objektivistischen Forschungs- und Wissenschaftsverständnisses sind für die Erziehungswissenschaft und Sozialarbeit noch nicht genügend berücksichtigt worden. Auf die Arbeit von Brück über „Die Angst des Lehrers vor seinem Schüler" (1978), der ein ähnliches Wissenschaftsverständnis zugrunde liegt, ist in einem früheren Zusammenhang schon verwiesen worden.

Parmentier macht in der „Enzyklopädie Erziehungswissenschaft" auf die Verwendung der Ethnomethodologie für die Sozialpädagogik aufmerksam, beispielsweise bei Labeling-Prozessen (1983, S. 253ff). B. Müller hat kürzlich mit Hinweis auf Devereux auf das Problem des „Fremdverstehens" in der Sozialen Arbeit verwiesen (1990, S. 36ff).

Analysen von Gegenübertragung, Angstphänomenen und Fremdverstehen sind aber auch zentraler Gegenstand der Supervision. Hier ergeben sich beim Entwurf einer Evaluation der Supervision viele Möglichkeiten der Anleihe wie auch der Probleme der Erforschung. Die ethnomethodologischen Ansätze haben einerseits Bezüge zur Psychoanalyse (z. B. Devereux, 1967, 1984) und überschneiden sich andererseits mit den Darstellungen des symbolischen Interaktionismus (Bielefelder Soziologen Gruppe, 1973; Parmentier, 1983; Schütze, 1984). Über die Bedeutung des symbolischen Interaktionismus (Schütz, 1971) in der Pädagogik liegt eine Veröffentlichung von Brumlik vor (1973).

Nach diesem Exkurs in die Bereiche möglicher Forschungsansätze zur Supervision soll untersucht werden, welche Forschung über diesen Gegenstand im Rahmen der Sozialen Arbeit bisher überhaupt stattgefunden hat.

Ansätze interpretativer Supervisionsforschung

Von Gaertner stammt die Beschreibung einer „methodologischen Begründung eines Supervisionsforschungsprojektes" der Supervisoren-Ausbildung an der G.H. Kassel, das im Zusammenhang mit den oben erwähnten Arbeiten von Giesecke-Rappe gesehen werden kann.

Er geht von den schon skizzierten „erheblichen forschungstechnischen Problemen" bei einem derartigen Ansatz aus, weil „die Verfahren der quantifizierenden Sozialforschung offensichtlich die Qualität von Gruppenprozessen nicht erfassen können". Sein „interpretatives Paradigma bezieht sich auf die Analyse von Sinnstrukturen sozialen Handelns". Dessen „Wahrheit" liegt deswegen nicht im „statistischen Prüfverfahren", sondern in „systematischen, intersubjektiv nachvollziehbaren Klärungen über Motive und Normen des Handelns" (1978b, S. 256).

Hierbei ergaben sich „methodisch-technische Probleme", weil die herkömmlichen „Methoden psychologischer und soziologischer Empirie" nicht weiterhelfen können (S. 262). Es wurden deswegen Anleihen aus der schon skizzierten kommunikativen Sozialforschung und der psychoanalytischen Tiefenhermeneutik vorgenommen, wie auch der Arbeiten über den symbolischen Interaktionismus und der Ethnomethodologie der „Arbeitsgruppe Bielefelder Soziologen".

Das Auswertungsschema im Forschungsdesign von Gaertner enthält folgende Dimensionen, die sowohl die manifesten Gruppeninhalte, wie auch latente und unbewußte Gruppenvorgänge betreffen.

- Dimension I: Fallgeschichte
- Dimension II: Thematisierungsebenen des manifesten Gruppenprozesses
- Dimension III: Selbst- und Fremdwahrnehmung (Befindlichkeit, Kontakt, Anerkennung, Beziehungsmuster)
- Dimension IV: Unbewußte gesellschaftliche und institutionelle Determinanten des beruflichen Handelns; diese haben eine Ähnlichkeit mit
- Dimension V: Analyse der unbewußten Gruppenprozesse (wie Übertragung, Abwehr, Gruppengefühle, Spiegelphänomene u. a.)
- Dimension VI: Rolle des Leiters (S. 274ff).

Das von Gaertner beschriebene Forschungsdesign bezieht sich im Grunde genommen auf Ausbildungs- und Balintgruppen. Es spart die institutionellen Zusammenhänge der Supervisanden eher aus. Da sich das professionelle Handeln stets im institutionellen Kontext abspielt, müßte dies in den komplexen, mehrperspektivischen Forschungsansätzen Berücksichtigung finden.

Nach Schütz bilden Organisationen „geschlossene Sinnbezirke" mit einer eigenen Sprache, einer besonderen Symbol- und Kategorienwelt (1971, S. 266f). Hierunter fallen auch Erscheinungen, die schon mit dem Begriff der „Organisationskultur" beschrieben worden sind. Die „geschlossenen Sinnbezirke" können bei den sehr unterschiedlichen Trägern der Sozialen Arbeit und ihren Subsystemen sehr verschieden sein (Jugendhaus, Beratungsstelle, Amt, Arbeitslosenprojekt u. a.).

Bei einer Evaluation von Supervision wären vor allem die Routinepraktiken im Berufsalltag in diesen unterschiedlichen Subsystemen zu erforschen. Hierzu gehören „selbstverständliche Techniken der Bewältigung des Berufsalltags, über die in der Regel nicht nachgedacht wird und die weitgehend unbeachtet ablaufen. Sie werden typischerweise im Schwerpunkt nicht in der universitären Ausbildung, sondern in Berufspraktika und in der Berufspraxis vermittelt. Ohne sie ist keine professionelle Handlungskompetenz möglich. Sie reichen von der geschickten Einteilung des Tagesablaufs (z. B. daß die schwierigen Fälle erst für den Schluß der Sprechstunde bestellt werden, wenn keine ungeduldigen Klienten mehr vor der Tür des Beratungszimmers warten) bis zu den grundlegenden Leistungen der Interaktionsbewältigung (z. B. der grundsätzlichen Unterstellung, daß der Klient aus seiner Erfahrungswirklichkeit Interessantes zu berichten habe)" (Schütze, 1984, S. 380).

Eine künftige Supervisionsforschung müßte deswegen nicht nur den „metaprofessionellen Charakter" der Supervision berücksichtigen, sondern auch die spezifischen höhersymbolischen „Gebärden-, Sprach- und Wissensbestände" erfassen können. Denn ein „ganz wesentliches Merkmal besteht darin, daß der Bericht des Falleinbringers streckenweise von den Supervisionsteilnehmern anders verstanden wird als in alltäglichen Interaktionskontexten: Die dargestellten Ereignisse und Merkmale bedeuten immer noch etwas zusätzliches, das zunächst verborgen ist und allmählich in der Supervisionsinteraktion herausgearbeitet wird" (S. 374).

Wittenberger listet im „Handbuch Sozialarbeit/Sozialpädagogik" eine Reihe von möglichen Forschungsschwerpunkten zur Supervision auf. Etwa über die organisatorischen Rahmenbedingungen, Vergleiche zwischen unterschiedlichen Verfahren, Fragen zur Technik, Didaktik oder den verschiedenen Wertvorstellungen in der Supervision (1984, S. 1191f).

Sagebiel verweist in ihren „Fragen und Thesen zur Supervision" darauf, wie wichtig es ist, sich dem Problem der Supervision nicht nur wissenschaftlich, sondern auch praktisch zu nähern (1984, S. 496). Sie hält die Verwendung objektiver Meßmethoden zur Evaluation der Supervision für wenig sinnvoll und schlägt deswegen Anleihen aus der empirischen Psychotherapieforschung, speziell der klientenzentrierten Gesprächsführung und aus der Institutionsberatung/Organisationsentwicklung vor (S. 501ff).

In ihrem systemtheoretischen Ansatz von „Gruppen- und Teamsupervision" legt Rappe-Giesecke im Anschluß an frühere empirische Arbeiten an der G.H. Kassel ein mehrstufiges Forschungsdesign vor (1990, S. 188ff).

Es ist bezeichnend für den Stand der Erforschung von Supervision, daß bis auf diese wenigen Ansätze auch in den beiden im Jahre 1990 erschienenen Handbüchern von Fatzer/Eck und Pühl, die als Standardwerke gelten können, das Thema Evaluation der Supervision überhaupt nicht auftaucht. Lediglich Schreyögg hat in ihrer Dissertation im letzten Kapitel einen „Versuch zur Evaluation des Supervisionsmodells" (1991b; S. 437) vorgestellt. In einem mehrstufigen Verfahren hat sie etwa 80 Personen (normale Supervisanden, Fort- und Ausbildungsteilnehmer verschiedener theoretischer Vorbildungen sowie Experten) befragt. Die Experten konnten anhand von Protokollanalysen „Veränderungen der Deutungshaltungen und -muster bei den Supervisanden wahrnehmen" (S. 493). Ein weiteres Ergebnis von ihr ist, daß Gruppensupervisanden „wesentlich mehr dazugewonnen" zu haben scheinen, als Einzelsupervisanden (S. 498).

Diese Evaluation ihres Supervisionsmodells ist in der Buchausgabe der Dissertation von Schreyögg (1991f) jedoch nicht enthalten. Ein Abdruck soll in einer weiteren Veröffentlichung erfolgen.

Die Literaturanalyse hat gezeigt, daß die Evaluation von Supervision wie auch viele andere Fragen dieser Beratungsform sich noch in den Anfängen befinden. Es existieren lediglich einige prozeßorientierte Beschreibungen von Gruppen- und Teamsupervisionen; sowie die Evaluation des Supervisionsmodells von Schreyögg (1991b). Es müßten viel stärker die Möglichkeiten der modernen Sozialwissenschaften, die in diesem Abschnitt angedeutet worden sind, genutzt werden.

Ein mehrstufiges interdisziplinäres Forschungsverfahren wäre von Nöten. Deskription des psychologischen, sozialen und organisatorischen Kontextes, verschiedene Befragungen, Textanalysen, Gruppendiskussionen, Tiefeninterviews von Supervisanden im Vergleich mit einer nicht supervisierten Kontrollgruppe. Natürlich wären das institutionelle Umfeld und die Klienten als „abwesende Dritte" in die Messung von Wirkfaktoren und Effektivität der Supervision auch mit einzubeziehen. Ein derartiges Forschungsvorhaben könnte noch erweitert werden, indem man mit Paralleluntersuchungen verschiedene Supervisionsverfahren und Settings benutzt, um eventuell auch persönlichkeitsbedingte Supervisionsstile der Supervisoren messen zu können. Worin bestehen eigentlich die Hauptwirkfaktoren einer gelungenen Supervision, in dem persönlichen Verhalten des Supervisors oder in seinen (methodenpluralen) angewendeten Supervisionstechniken? Alle diese Fragen sind ungeklärt.

Grundsätzlich kann nicht am Sinn und Nutzen der Supervision für die Soziale Arbeit gezweifelt werden. Weshalb sind große Trägerorganisationen, Behörden, Landschaftsverbände und Landeswohlfahrtsverbände bereit, jährlich Millionenbeträge für die Supervision und Organisationsberatung aufzuwenden, wenn sie nicht von deren Gebrauchswert für die praktische Arbeit überzeugt wären? Supervision ist eine wichtige Realität in vielen Berufsfeldern und kein „Mythos". Die Tatsache, daß man deren Wirkfaktoren und Effektivität wissenschaftlich bislang nur schwer nachweisen konnte, hat eher etwas mit den schwierigen Forschungsbedingungen zu tun. Supervision ist an den wissenschaftlichen Hochschulen – bis auf die wenigen Ausnahmen – nicht etabliert. Es bleibt zu hoffen, daß die für 1993 geplante Professur für Supervision an der G.H. Kassel, die dann die erste ihrer Art in Deutschland wäre, hier neue Ergebnisse vor allem im Hinblick auf die spezifischen Wirkfaktoren der Supervisionsprozesse und Effektivierungen von Organisationszusammenhängen der Sozialen Arbeit vorlegen kann.

Ergebnisse für die Supervision der Sozialen Arbeit

Im Vergleich zum Erkenntnisstand der beiden größeren, dem Feld der Sozialen Arbeit gewidmeten Untersuchungen zur Supervision, die vor mehr als 15 Jahren abgeschlossen wurden (Huppertz, 1975; Ringshausen-Krüger, 1977), hat sich die Situation der Supervision der Sozialen Arbeit während der letzten zwei Jahrzehnte nahezu völlig verändert. Diese Veränderungsprozesse sind seitens der Fachliteratur bisher weder historisch noch systematisch untersucht worden. Das Hauptergebnis der vorliegenden Studie über das Verhältnis von Sozialer Arbeit zur Supervision während des genannten Zeitraumes ist, daß die enge Verbindung zwischen der Sozialen Arbeit und ihren traditionellen Methoden ebenso verlorenging, wie die Pionierrolle der Sozialen Arbeit bei der Entwicklung der Supervision. Die klassische Sozialarbeiter-Supervision existiert kaum noch.

In diesem Schlußkapitel soll aus der historischen und aktuellen Perspektive über Möglichkeiten und Grenzen der Supervision der Sozialen Arbeit reflektiert werden. Die Verlaufsprozesse der etwa hundertjährigen Supervisionsgeschichte von ihren Anfängen bis heute sind durch mehrfache Verzerrung und Entwicklungsschübe gekennzeichnet. Der Titel dieser Betrachtung über Supervision in Deutschland markiert die Entwicklung: Von der Praxisberatung kam es zur Supervision, und nimmt man die Vorgänge in Arbeitsteams der Sozialen Arbeit konsequent wahr, so muß folgerichtig die Innovation der Sozialen Arbeit sowie ihrer organisatorischen Zusammenhänge, die Organisationsentwicklung, auf der Tagesordnung stehen.

Historisch betrachtet hat das, was sich heute in Deutschland als Supervision darstellt, sowohl von amerikanischen Quellen als auch von seinen Anfängen in Deutschland mehrfache Veränderungen und Bereicherungen durch andere Verfahren erlebt.

1. Die Anfänge der Supervision in Deutschland

Die Vorgesetzten-, Kontroll- und Qualifizierungsfunktion der amerikanischen Supervision, die unter den dortigen gesellschaftlichen und institutionellen Bedingungen kurz vor der Jahrhundertwende entstanden war, und seit den dreißiger Jahren auch eine psychoanalytische Ergänzung erfahren hatte, kam nach dem Zweiten Weltkrieg zur Unterstützung der Einzelhilfe zu uns. Hier traf sie auf eine völlig andere gesellschaftliche Situation, die auch von den politischen und persönlichen Problemen der Menschen im besiegten Deutschland geprägt war. Demgegenüber hatte sich im Ursprungsland diese Supervision selber weiterentwickelt. Wie immer, wenn man etwas unhistorisch und nicht reflektiert von einer Gesellschaft auf die andere überträgt, kommt es zu verschiedenen Veränderungsprozessen. Nur wenige Sozialarbeiter in Deutschland hatten die amerikanischen Methoden in den fünfziger Jahren persönlich kennenlernen können. Das erklärt auch, weshalb Einzelhilfe und Praxisberatung mit vielerlei Widerständen seitens der Sozialarbeiter und deren Institutionen zu kämpfen hatten. Zudem konnte sich die Praxisberatung aufgrund der unterschiedlichen Bedingungen nicht in der gleichen Weise in den Organisationen der Sozialen Arbeit etablieren, wie im Ursprungsland. So wurde schon mit der Aufnahme der regulären Praxisberater-Ausbildung in den sechziger Jahren deutlich, daß das in den USA dominierende Modell des organisationsinternen Vorgesetzten-Supervisors sich bei uns nicht durchsetzen würde. Deswegen fand die Supervision eher ihren Platz in den Aus- und Weiterbildungseinrichtungen. Damit war es zu einer inhaltlichen und rollenmäßigen Veränderung der Supervision und des (internen/externen) Supervisors gekommen. Eine weitere wesentliche Transfer-Verzerrung hat stattgefunden.

2. Der Methodenpluralismus beginnt

Bei uns hat sich seit 1970 neben den Rahmenbedingungen von Sozialer Arbeit auch vieles im Sozialwesen verändert. Durch die akademisierte Ausbildung, dem Bedeutungsrückgang der Methoden und dem Eindringen der neuen psychologischen und sozialwissenschaftlichen Verfahren wandelte sich die Szenerie seit den siebziger Jahren abermals. Dieser Wandel fand etwa während eines Jahrzehntes statt. Die Supervisoren-Ausbildung fand nun plötzlich sowohl an den traditionellen, verbandsnahen Ausbildungsstätten, als auch an neuen, der Gruppendynamik sowie den aufkommenden psychologischen Schulen ihren Platz.

Dadurch existiert seit den achtziger Jahren folgendes Bild: Die Sozialarbeiter-Supervision hat einen Monopolverlust erlitten. Supervision ist längst nicht mehr primär eine Angelegenheit der Sozialarbeiter. Auch andere Berufsgruppen drängen sich mit neuen Verfahren in die Felder der Sozialen Arbeit. Diese Entwicklung ist neben dem historischen Veralten der Methoden auch eine Ursache dafür, daß in der deutschen Supervision der Pluralismus (und zuweilen auch Eklektizismus) der Supervisionsansätze vorherrscht.

Aber auch die Phase der Praxisberatung und der amerikanischen Supervision beruhte nicht auf einer monistischen Methodik. Neben den vereinfachten psychoanalytischen Modellen aus dem Casework waren in den USA seit den vierziger Jahren auch agogische und später soziologische Aspekte zur Supervision hinzugekommen. Die gegenwärtig oft zusammenhangslos verwendeten Supervisions-Modelle sind ebenso bedenklich, wie die Fixierung an einer einzigen Theorie und Methodik.

Beispielsweise klientifiziert und emotionalisiert eine alleinige Anwendung von psychotherapeutischen Verfahren das Geschehen. Man kann Familienstrukturen nicht unreflektiert auf komplizierte organisatorische und arbeitsmäßige Zusammenhänge übertragen. Konzepte wie etwa aus der traditionellen Psychoanalyse oder den Anfängen der Gestalttherapie sind schwerlich geeignet, Supervision in der Sozialen Arbeit zu leisten.

3. Neue Arbeitsformen und Orientierungen

Auch die Veränderungen im Bereich der Arbeitsformen der Supervision verdeutlichen den Wandel während der letzten zwei Jahrzehnte.

Von den Arbeitsformen her gesehen hat die Gruppen- und Teamsupervision die früher dominierende Einzelsupervision weitgehend abgelöst. Seit Ende der achtziger Jahre zeigt sich, daß die Teamsupervision zunehmend durch Organisationsberatung/Organisationsentwicklung erweitert und ergänzt werden kann. Auch hierbei ist gegenüber der Organisationsentwicklung im Profit-Bereich für den Sektor der Sozialen Arbeit ein Verspätungseffekt festzustellen. Möglicherweise kommt es künftig auch bei der Übernahme von Organisationsentwicklungs-Modellen aus dem Wirtschaftsbereich zu weiteren Transferproblemen für die Soziale Arbeit.

Schließlich handelt es sich bei den sozialen Dienstleistungsinstitutionen um Einrichtungen, die insgesamt etwa 750.000 Menschen hauptberuflich beschäftigen und die, wie angedeutet, teilweise einen erheblichen Innovationsbedarf haben. Aufgrund der beschriebenen Situation in Aus- und Weiterbildung der Sozialen Arbeit hat die Supervision hierbei eine zunehmende Aufgabe als „beruflichen und organisationsspezifischen Sozialisationsfaktor" erhalten.

Den Anforderungen an eine kostensparende und leistungsorientierte Soziale Arbeit kommen die seit 1970 weiterentwickelten Arbeitsformen der Supervision tendenziell entgegen.

Heute dominiert die Teamsupervision. Ihre Fortschreibung in Form der Organisationsberatung und Organisationsentwicklung beginnt gerade. Dadurch ist Supervision „demokratischer" geworden, denn der Supervisor muß sich einem differenzierteren Publikum stellen. Schließlich ist Supervision auch konsequenter geworden, denn bei dieser Perspektive ist nicht so sehr der einzelne berufstätige Sozialarbeiter „defizitär", sondern die Gesellschaft, die immer wieder neue soziale Probleme produziert, sowie materiell, sächlich und personell unzulängliche Hilfsmöglichkeiten einschließlich der entsprechenden Organisationsformen zur Lösung dieser Probleme anbietet. Vereinfacht gesagt sind bei dieser Sichtweise die „Handlungsfehler" einzelner Sozialarbeiter eher zu „Organisationsfehlern" der gesellschaftlich Verantwortlichen bei den Bewältigungsversuchen der vielen Aufgaben der Sozialen Arbeit geworden.

Der konsequente Weg von der Praxisberatung zur Organisationsentwicklung muß jedoch noch gegangen werden. Insofern hat die Abkehr von der subjektivistischen und psychologisierenden Praxisberatung auch positive Züge.

4. Anleihen und Abgrenzungen

In den letzten zwanzig Jahren sind neue Themen wie Menschenbild, Ethik, Recht und organisatorische Bezüge der Supervision diskutiert worden. Dagegen ist ein altes Thema der Supervisionsdebatte immer noch aktuell. Wie soll sich Supervision von der Psychotherapie abgrenzen? Diese Frage ist umso wichtiger, wenn man bedenkt, daß die Soziale Arbeit ihre Methodik weitgehend verloren hat und demgegenüber die Psychotherapie-Richtungen hochentwickelte und teilweise empirisch überprüfbare Methodologien zur Verfügung stellen.

Die Forderung nach einer Grenzbeziehung zwischen der Supervision der Sozialen Arbeit und den psychotherapeutischen Verfahren ist einfacher aufzustellen, als in der Praxis zu realisieren. Denn die Supervision soll, um die Tiefenbindungen innerpsychischer, interaktioneller und institutioneller Verstrickungen zu verstehen, sich über den „rationalen Dialog" hinaus auch der „psychotherapieorientierten Methoden" bedienen.

Im Hinblick auf die primäre Aufgabenstellung der Supervision als berufsbezogenen Reflexions- und Beratungsprozeß beinhaltet die hierbei auch notwendige Abgrenzung von den Psychotherapieverfahren beispielsweise einen anderen Umgang mit Übertragung, Gegenübertragung, Widerstand, Deutungsmustern und regressiven Prozessen.

In Abgrenzung zur Psychotherapie, wie auch zur Supervision der psychotherapeutischen Arbeit, müßten für die Supervision der Sozialen Arbeit hier noch grundsätzliche und methodische Klärungen erfolgen.

Ein derartiger Prozeß der Neudefinition der Supervision der Sozialen Arbeit sollte auch parallel gehen mit einer Weiterentwicklung der Methoden der Sozialen Arbeit, die ihre Bezüge teilweise ebenfalls aus den neuen psychologisch-psychotherapeutischen Verfahren nehmen. Denn schließlich ist auch ein Ausgangspunkt des traditionellen Sozialarbeiter-Handelns, das klassische Casework, verlorengegangen. Für Methoden und Supervision der Sozialen Arbeit müßten deswegen neue Bezugspunkte gefunden werden.

Im Grunde kann eine Theorie der Supervision Sozialer Arbeit eigentlich nur im Zusammenhang mit neu definierten Methoden der Sozialen Arbeit selber entwickelt werden. Schließlich haben die verschiedenen therapeutischen Richtungen für ihre klinische Arbeit auch spezifische Supervisionsansätze entworfen. Die neuen Verfahren aus der Psychotherapie sind jedoch nur der eine Orientierungspunkt einer Supervision der Sozialen Arbeit. Das zweite Bezugssystem bilden sozialwissenschaftliche Ansätze (Organisationssoziologie, Rollentheorie, sowie klienten- und feldspezifische Kenntnisse). In diesem Punkt unterscheidet sich die Supervision der Sozialen Arbeit deutlich von der Supervision der Psychotherapie. Zur sozialwissenschaftlichen Orientierung der Supervision der Sozialen Arbeit gehört vor allem die Hinwendung zur Organisationsentwicklung.

Die aktuelle Entdeckung der Organisationsentwicklung für die Soziale Arbeit ist eigentlich eine Rückkehr zu vergessenen „Wurzeln“ wesentlicher Elemente der Sozialarbeit. Denn Gruppenpädagogik, Gruppendynamik und Organisationsentwicklung haben ebenfalls Anstöße aus den Arbeiten von Lewin und seiner Schüler erhalten.

Die Supervision der Sozialen Arbeit unterscheidet sich also vor allem hinsichtlich der (oft geringeren) Tiefendimension der Prozesse, des (höheren) Kontextbezuges und anderer Ziele von der Supervision der Psychotherapie sowie der Supervision anderer Arbeitsfelder. Mit anderen Worten: Supervision der Sozialen Arbeit liegt nur dann vor, wenn neben der „psychotherapie-orientierten Methodik“, dem „rationalen Dialog“ und der sozialwissenschaflichen Sichtweise auch Arbeitsfeldkenntnisse vorhanden sind, welche institutionelle Bedingungen des Supervisanden und lebensweltliche Zusammenhänge des Klienten so thematisieren, daß innovative Effekte auf die Leistungsfähigkeit der Organisation zu erwarten sind.

5. Die Supervisorenrolle

Die Rollenmöglichkeiten der Supervisoren sind vielfältig und schillernd geworden. Auf der einen Seite kann der Supervisor organisationsintern tätig sein. Das ist ein Erbe der in den USA üblichen Rollenfunktion. Denkbar wäre, daß diese Möglichkeit künftig auch ausgeweitet wird, etwa analog zur Fachberaterfunktion. Nicht nur größere Jugendämter beschäftigen inzwischen eigene Supervisoren in besonderen Weiterbildungsabteilungen mit Stabsfunktion. Sondern auch die Fachverbände bieten zunehmend entweder bei ihnen beschäftigte oder ihnen nahestehende Supervisoren für die speziellen Arbeitsfelder zur Beratungstätigkeit an.

Auf der anderen Seite finden wir verschiedene Gruppen von organisationsexternen Supervisoren. Diese lassen sich differenzieren in solche, die selber in einem Feld der Sozialen Arbeit tätig sind und nebenberuflich für andere Träger in begrenztem Maße Supervision anbieten. Ferner wären davon diejenigen freiberuflichen

Supervisoren zu unterscheiden, die eine Sozialarbeiter-Ausbildung haben und den Sprung in die Selbständigkeit wagten. Möglicherweise ist diese Gruppe zahlenmäßig sehr klein.

Schließlich kann man noch die Gruppe von externen Supervisoren mit unterschiedlichen Ausbildungen und beruflichen Hintergründen benennen, welche wenig Bezüge zur Sozialen Arbeit haben und sich in erster Linie wohl eher als Fachpersonen für Beratung verstehen. Vermutlich finden wir in dieser letzten Gruppe verstärkt andere grundständige Ausbildungen (Psychologie, Sozialwissenschaften u. a.) und Zusatzausbildungen, die eher dem Bereich der Psychotherapie, Gruppendynamik und Organisationsberatung entstammen.

Ob und wie diese oben angesprochene notwendige Abgrenzung und Präzisierung einer Supervision der Sozialen Arbeit sich künftig vollzieht, hängt auch von der Orientierung der Supervisoren in diesem Sektor ab.

Die Auftraggeber der Supervisoren sollten stärker als bisher auf die Feldkompetenz achten. Bei einigen Supervisoren kann als Gegentendenz dazu die primäre Orientierung als „Beratungsexperten für möglichst viele Arbeitszusammenhänge" beobachtet werden. Hier sind die Professionalisierungsbestrebungen einiger Supervisoren zu bedenken, die sich auch in einer Verbandsgründung, einer Fachzeitschrift und den Monopolisierungsversuchen niederschlagen, ohne daß man wirklich von einem echten neuen Beruf sprechen kann.

6. Evaluation der Supervision ist notwendig

Die Erforschung von Supervisionsvorgängen befindet sich noch in den Anfängen. Über die sehr komplizierten Gruppenprozesse liegen einige Untersuchungen vor, in welchen die Prozeßabläufe beschrieben werden. Es existieren viele positive, oft auch sehr persönliche und mündlich überlieferte Mitteilungen von Supervisionsteilnehmern. Gleiches gilt für Befragungsergebnisse, die darauf verweisen, daß Supervision für den einzelnen Sozialarbeiter hilfreich ist und im Hinblick auf die Klienten positive Ergebnisse hervorbringt. Bezüglich der Organisationsentwicklung im sozialen Dienstleistungsbereich sind, außer kurzen Berichten, überhaupt noch keine Evaluationsergebnisse bekannt.

Aber auch beim traditionellen Supervisions-Setting werden noch Forschungsresultate darüber vermißt, wie und wodurch Supervision eigentlich erfolgreich sein kann.

Liegen diese Wirkfaktoren eher im Konzept, der Theorie und der Methode oder mehr in den Erfahrungen und dem Können, also der Persönlichkeit des Supervisors? (Meiner Meinung nach ist der letztgenannte Faktor der ausschlaggebende.) Ferner müßte erforscht werden, welchen Einfluß die spezifischen Arbeitsbedingungen (Team, Organisationsstruktur, Klientel) des Supervisanden auf das Supervisionsergebnis haben können.

Die Legitimation der Supervision würde sich erhöhen, wenn durch Forschungsprojekte ihre wirtschaftliche Effizienz nachgewiesen werden könnte.

Die Literaturanalyse ergab auch, daß die Klienten als eigentliche Adressaten der Supervision in die Rolle der „abwesenden Dritten" geraten sind. Sie tauchen nur am Rande auf. Plausible Veränderungen bei den Klienten werden nicht belegt. Die meisten Supervisionsbeschreibungen unterstellen einen Automatismus positiver Auswirkungen der Supervision auf die Klienten.

Die Tatsache, daß die Klienten in den Beschreibungen der Supervision nicht auftauchen, verstärkt die Annahme, daß mancher Bericht der Selbstdarstellung und Werbung der Autoren dient.

Das erwähnte Forschungsdefizit hat auch damit zu tun, daß Supervision der Sozialen Arbeit – oder anders gefaßt – Personal- und Organisationsentwicklung für den Bereich der sozialen Dienste, bisher noch nicht in Lehre und Forschung an deutschen Hochschulen vertreten ist. Die erste Professur für Supervision an der G.H./ Universität Kassel ist, wie schon erwähnt, erst im Jahre 1993 ausgeschrieben worden. Ferner existiert an der G.H./Universität Wuppertal noch die einzige Professur Deutschlands für Organisationsentwicklung, die derzeit Burkard Sievers innehat. Maelicke verweist darauf, daß an keiner deutschen Hochschule organisatorische Konzeptionen für den Wohlfahrtsbereich gelehrt werden (1991, S. 64 ff).

Wieviele Lehrstühle existieren aber an den betriebswirtschaftlichen Fakultäten über Personalwesen, Management oder Organisation?

7. Schlußbemerkung

Supervision ist inzwischen nicht nur eine zwingende Notwendigkeit für die psychotherapeutischen Berufe (Meyer u. a., 1991, S. 160 f); sondern auch ein von der Bundesregierung anerkanntes Verfahren der Weiterbildung im Sozialwesen geworden (Bundesregierung, 1990, S. 166 ff).

Die Soziale Arbeit hat neben ihren administrativen und kontrollierenden Bereichen auch eine helfende und damit interaktionsabhängige Dienstleistungsfunktion innerhalb sozialer Organisationen. Damit entzieht sie sich teilweise der bürokratischen Leistungskontrolle.

Als sekundäre berufliche Dienstleistung und methodenplurale angewandte Sozialwissenschaft war die Supervision in Deutschland schon immer ein Teil des Weiterbildungsmarktes der sozialen und helfenden Berufe.

Andererseits ist die Supervision eine „Leitungsfunktion auf Zeit", ohne daß diese von außen adoptierte Leitungsperson reale Verantwortung für ihr Handeln oder gar die Arbeitsergebnisse der Supervisanden übernehmen muß. Allein diese Tatsache stellt schon eine merkwürdige Arbeits- und Beziehungskonstellation dar. Der Supervisor kann in seinem Arbeitszusammenhang faktisch sehr viel Macht innehaben, obwohl er über keine formelle Machtposition verfügt und in der Regel die Folgen seines Verhaltens im Gegensatz zu den Supervisanden (Sozialarbeitern) rechtlich nicht zu verantworten hat.

Nicht nur bezüglich der psychotherapeutischen und sozialwissenschaftlichen Ansätze muß sich die Supervision der Sozialen Arbeit neu orientieren, auch seitens der Supervisanden haben beträchtliche Veränderungen stattgefunden. Bei den in der Praxis tätigen Sozialarbeitern, Sozialpädagogen, Diplompädagogen und Erziehern kann man fundierte Methodenkenntnis nicht mehr voraussetzen. Zusätzlich ist zu bedenken, daß Soziale Arbeit längst nicht mehr das Monopol dieser Berufsgruppen ist. Ärzte, Psychologen, Pflegepersonal, Lehrer, Zivildienstleistende, Laien sowie Angehörige anderer Berufsgruppen sind zunehmend auch sozialarbeiterisch tätig, ohne daß sie dafür ausgebildet worden sind.

Selbst wenn die klassischen Methoden noch so in Gebrauch wären wie früher, so würden sie als Fachwissen einer Berufsgruppe nicht mehr den Ansprüchen der zunehmenden Spezialisierung und Multiprofessionalität in der Sozialen Arbeit gerecht werden können.

Auch wegen dieser Veränderungen im Berufssektor steigt die Bedeutung der Supervision als organisationsinterne berufliche Sozialisationsinstanz. Häufig ist die Supervision deswegen der einzige Ort, an dem eine systematische Reflexion der beruflichen Praxis stattfinden kann. Damit steigt die Bedeutung von Supervision, obwohl und weil sie ihre „Wurzel", die Einzelhilfe, verloren hat

Längst nicht alle in den sozialen Berufsfeldern tätigen Menschen haben bislang Erfahrung mit supervisorischer Beratung machen können. Häufig ist Supervision noch ein Privileg. Auch hierin können Fehlentwicklungen begründet sein. Privilegiert durch ihren relativen Abstand vom Tagesgeschehen der Sozialen Arbeit sollte sich die Supervision nicht zum ständigen „Über-Ich" und „schlechtem Gewissen" der Sozialarbeit entwickeln. Ebensowenig darf sie zum „technokratischen Anpassungsinstrument" von Trägerinteressen werden.

Zukünftig wird die Team-Supervision an Bedeutung gewinnen und mit Hilfe der Organisationsentwicklung die Veränderung von verkrusteten Organisationsstrukturen einklagen. Gerade die zunehmenden Publikationen über Organisationsentwicklung seit Ende der achtziger Jahre lassen in dieser Hinsicht Hoffnung aufkommen. Die sozialen Dienste als Organisationen unserer Gesellschaft können deswegen auch als die eigentlichen „Supervisanden" bezeichnet werden.

Andererseits muß auf die engen Grenzen von Supervision und Organisationsentwicklung in unserer Gesellschaft hingewiesen werden. Letztlich ist die Supervision auch ein Ausdruck vieler grundsätzlich unlösbar erscheinender, meist langjährig verursachter struktureller sozialer Probleme in unserer Gesellschaft. Ihre für den Laien merkwürdig erscheinende Rollenkonstruktion ist eine Mischung von historischer Notwendigkeit, mehrfachen Transferveränderungen und notwendigem kreativem Pragmatismus. Der innovatorische Effekt der Supervision sollte nicht überschätzt werden, denn sie ist nur ein Beratungssystem der marginalen Sozialen Arbeit selber. Andererseits sind die Möglichkeiten emanzipatorischer, sozialreformerischer und klientenorientierter Supervision sicher längst noch nicht ausgeschöpft.

Die Supervision hat, als sie noch stärker der Sozialen Arbeit verbunden war, als Praxisberatung im Zusammenhang mit der

Einzelhilfe, einen wesentlichen Beitrag zur Professionalisierung der Sozialen Arbeit geleistet. Diese berufspolitische Qualifizierungsleistung sollte auch mit dieser Schrift entsprechend gewürdigt werden. Doch diese Entwicklung wurde auch erkauft mit einer nicht aufgearbeiteten Geschichte der Sozialen Arbeit in den Jahren von 1933-45 und einer unkritischen Übernahme der amerikanischen Methoden, die in Deutschland dann auch Entlastungsfunktion hatten.

Die Epoche der klassischen Methoden der Sozialarbeit, wie auch der ihr verbundenen Praxisberatung ist endgültig vorüber. Eine Supervision der Sozialen Arbeit hat sich grundsätzlich immer wieder neu zu orientieren. Sie muß neu aufkommende Theorien kritisch daraufhin prüfen, welchen Beitrag sie im Hinblick auf Zielsetzung, Menschenbild, Ethik, Arbeitsfeldorientierung, institutionellen Kontext und berufliche Praxis von Sozialer Arbeit leisten können. Mit dem Methodenpluralismus alleine ist es nicht getan. Eine spezielle und in sich nochmals arbeitsfeldspezifisch (Jugendarbeit, Heimerziehung, Soziale Dienste u. a.) zu differenzierende **Supervision der Sozialen Arbeit** muß entwickelt werden. Ausgangspunkt derartiger Beratungsformen dürften nicht in erste Linie transferierte, fachfremde Konzepte sein. Am Anfang einer Supervision der Sozialen Arbeit muß vielmehr eine Metatheorie der Sozialen Arbeit mit allgemeiner Zielsetzung, einem Menschenbild, einer ethischen Fundierung und daraus folgenden arbeitsfeldspezifischen Theorien, Methoden und Praxeologien stehen. In einer derartig konzipierten und durch Evaluation unterstützten Theorie der Supervision der Sozialen Arbeit finden dann auch psychologische, psychotherapeutische und andere sozialwissenschaftliche Erkenntnisse ihren angemessenen Platz.

Die kreative Schöpfung der Supervision vor etwa hundert Jahren als institutionalisierte Selbst- und Fremdreflexion einer im Entstehen begriffenen Berufsgruppe, ist für sich gesehen schon ein bedeutsames und noch viel zu wenig gewürdigtes Ereignis in den Humanwissenschaften.

Die Soziale Arbeit hat ihre Pionierrolle bezüglich der Supervision verloren; dieser Vorgang ist jedoch vor allem als Herausforderung zu einer notwendigen Neuorientierung zu verstehen.

Grundsätzlich bezieht sich die Sozialarbeiter-Supervision auf folgende Aspekte:

1. Innerpsychische Vorgänge im Supervisanden, soweit sie die Bewältigung seiner Arbeitsaufgaben betreffen.

2. Interaktionen der Sozialarbeiter mit den Klienten.

Während diese beiden genannten Gesichtspunkte zum klassischen Supervisionsfokus gehören, liegen Neuorientierungen durch die Entwicklung der letzten zwei Jahrzehnte in

3. Interaktionen mit Kollegen über Arbeitszusammenhänge (Peer- und Teamorientierung);
4. Interaktionen über organisatorische Zusammenhänge im Arbeitsprozeß (Kontext- und Innovationsorientierung).

Diese vier Gesichtspunkte stellen auch jenseits von wissenschaftlicher Überprüfbarkeit und ökonomischer Effizienzberechnung, in pragmatischer Hinsicht die Legitimationsgrundlage von Supervision als Ort von Praxisreflexion dar.

Anmerkungen

1 Die Begriffe „Sozialarbeiter", „Supervisor", „Supervisand" sowie andere Termini werden durchgängig in der männlichen Schreibweise verwendet, zumal viele sich in Zitatform befinden. Es ist jedoch immer die geschlechtsneutrale Fassung gemeint.
Noch ein Hinweis zu den verschiedenen Begrifflichkeiten, die im Text vorkommen. Nach Möglichkeit wurde der von mir bevorzugte Oberbegriff Soziale Arbeit für Sozialarbeit und Sozialpädagogik verwendet. Ansonsten werden beide Begriffe auch austauschbar benutzt; obwohl der Gegenstand dieser Untersuchung von der Methodenentwicklung her gesehen sich eher auf die sozialarbeiterische Traditionslinie (vgl. C.W. Müller, 1982; 1988) als auf die sozialpädagogische Entwicklung (Marburger, 1979) bezieht.
Die Bezeichnung „Sozialarbeiter" meint natürlich auch die Sozialpädagogen, Diplompädagogen und die Erzieher.
Die unterschiedlichen Schreibweisen von Fachausdrücken, beispielsweise Casework, case-work u.a. habe ich nach Möglichkeit durch Großbuchstaben vereinheitlicht. Hervorhebungen in den Originaltexten wurden nicht wiedergegeben. Offensichtliche Druckfehler wie beispielsweise „Tvorschak" statt „Dworschak" (beispielsweise: Weigand 1990c, S. 45) wurden ohne Anmerkung von mir korrigiert.
Alle englischen und französischen Texte sind von mir übersetzt worden.

2 **Supervisor** ist jemand, der Supervisionsleistungen anbietet. **Supervisand** ist eine Person, die Supervisionsleistungen in Anspruch nimmt. **Klient** ist der Mensch, der das Beratungsangebot des Supervisanden nutzt.

3 Im Text werden häufig die Begriffe Institution und Organisation auch bedingt durch die Quelle synonym verwendet. Unter **Institution** soll verstanden werden ein „Komplex von gesamtgesellschaftlich zentralen, den planenden Eingriff (‚Organisation') jedoch schwer zugänglichen und unspezifischen (‚überdeterminierten'), trotzdem aber deutlich abhebbaren Handlungs- und Beziehungsmustern, der vor allem durch die Verankerung der zentralen Ordnungswerte in der Antriebstruktur der Gesellschaftsmitglieder gekennzeichnet ist".
So hebt die Kulturanthropologie die Institutionalisierung als Instinkt-Ersatz zur Stabilisierung menschlichen Verhaltens hervor. „Der struktural-funktionale Ansatz betont die Bedeutung der Institution für die Selbsterhaltung des sozialen Systems." Hierbei haben die Aspekte von sozialer Rolle, Macht, Ideologien und Symbolen eine Bedeutung (Bühl, 1975, S. 302).

Während Institutionalisierung eine fast „automatisch" ablaufende Verfestigung der sozialen Bezüge des Menschen darstellt, handelt es sich bei **Organisationen**, als Unterbegriff von Institution, um ein bewußt geplantes soziales System vor allem mit den Merkmalen der Arbeitsteilung, der Zielgerichtetheit und der Verfestigung zu formalen Regeln (Kieser/Kubicek, 1983, S. 1). Damit unterscheiden sich Organisationen grundsätzlich von anderen sozialen Systemen, wie der Familie oder Therapie- und Selbsterfahrungsgruppen. Dieser Gesichtspunkt ist bei der Supervision der Sozialen Arbeit im Organisationskontext zu beachten.
Nach Staehle, der sich an der Begrifflichkeit von Mayntz (1963) orientiert, sind „Organisationen zielorientierte soziale Gebilde mit einem angebbaren Mitgliederkreis (...). Der Anspruch der beteiligten Organisationsmitglieder, die gestellten Ziele möglichst rational zu erreichen und entsprechend effizient zusammenzuarbeiten, führt zur zielorientierten Institutionalisierung einer Reihe von Regeln. Das Handeln in Organisationen ist zumindest der Intention nach überwiegend bewußt geplant, geordnet und auf die Realisierung bestimmter Ziele gerichtet, wozu eine rational gestaltete Struktur funktional sein soll. Unter Institutionalisierung versteht man einen Prozeß, im Verlauf dessen Handlungen sowie die Handelnden selbst (in ihrem Verhalten) typisiert, normisiert und damit auf längere Zeit festgeschrieben werden. Das Ergebnis einer solchen Typisierung und Normierung nennt man eine **Institution**" (Staehle, 1989, S. 383).

4 **Übertragung** meint ein von Freud entdecktes „universelles Interaktionsphänomen" (Schreyögg, 1991b, S. 172), was bedeutet, daß Menschen „alte" Erfahrungen und Interaktionsmuster in aktuelle Beziehungen einbringen (Beckmann, 1978; Peters, 1977; Racker, 1978 u.a.). Supervision arbeitet mit Übertragung, intensiviert diese aber nicht, wie in vielen Formen der Psychotherapie/Psychoanalyse/ Selbsterfahrung.

Man kann unterscheiden:

1. **Spontane Übertragungen** entstehen aufgrund äußerer Merkmale eines Menschen; sie lösen sich oft von selber auf, wenn man merkt, daß diese Person doch nicht die Projektionsfigur früherer Erfahrungen ist.

2. **Typologische Übertragung** entsteht durch spezifische Rollen-Settings (beispielsweise Arzt – Patient). Gesellschaftlich anerkannte Rollenphänomene spielen dabei mit. Diese beiden Übertragungsformen sind bewußtseinsnah, können teilweise selber erkannt und korrigiert werden und stehen im Zentrum der supervisorischen Erhellung von Arbeitsvorgängen.

3. **Notorische Übertragung** meint im Gegensatz zu den beiden vorgenannten Formen eher Themen der Psychotherapie, sie ist langfristig

lebensgeschichtlich und unbewußt determiniert. In Supervisionsprozessen tauchen auch oft notorische Übertragungen auf. Sie sind als Störvariablen zu benennen. Ihre längerfristige Bearbeitung gehört jedoch in den Bereich der Psychotherapie. Auf das rollentheoretische und psychoanalytische Übertragungskonzept kann hier nicht eingegangen werden (Richter, 1970; auch: Belardi, 1980b, S. 94 ff).

Im Gegensatz zu früheren engen Definitionen meint **Gegenübertragung** heute vor allem nach Kernberg (1983, S. 68 ff) und Thomä/Kächele (1989) „die Gesamtheit aller emotionalen Reaktionen des Analytikers auf den Patienten in der Behandlungssituation. Diese emotionalen Reaktionen umfassen bewußte und unbewußte Reaktionen des Analytikers auf den Patienten in der Behandlungssituation. Sie beinhalten seine Übertragungen ebenso wie seine realitätsrelevanten Bedürfnisse, aber auch seine neurotischen Strebungen" (Schreyögg, 1991b, S. 189). Gegenübertragungsprobleme in der Supervision sind beispielsweise dann vorhanden, wenn der Supervisor schwierige Themen vermeidet, sich zu sehr um den Supervisanden sorgt oder mit ihm rivalisiert (Wittenberger, 1990, S. 24).

Widerstand meint im allgemeinen Sinne ein sich Sträuben von Menschen gegen die Einflüsse anderer. Das Widerstandskonzept in seiner klassischen Form entspringt wie die Übertragungs- und Gegenübertragungsansätze der Psychoanalyse. Hier wurden die Widerstände selber zur Quelle sehr wichtiger Informationen über die Lebensgeschichte des Patienten. Die Psychoanalyse unterscheidet zwischen ich-syntonen und ich-fremden Widerständen (Reich, 1933). „Ich-fremde Widerstände werden vom Patienten leicht als Widerstände erkannt, während ich-syntone Widerstände die ganze Person als sogenannte Charakterstruktur oder Charakterpanzer infiltrieren. Im Verlauf des Behandlungsprozesses sollen dann die ich-syntonen in ich-fremde Widerstände umgewandelt werden" (Schreyögg, 1991b, S. 200). Im Rahmen von Supervision sollte man ich-syntone Widerstände von Supervisanden nicht angehen, weil diese nur im Verlauf eines umfassenden psychotherapeutischen Prozesses zu verändern sind. Lediglich ich-fremde Widerstände, die der Supervisand selber als solche erkennt, sind supervisorischer Arbeit zugänglich. Auf die sehr verschiedenen Umgangsweisen mit Widerstand im Verhältnis der unterschiedlichen psychotherapeutischen Richtungen hat der Sammelband von Petzold (1981) hingewiesen. Bearbeitung von Widerstand beim Supervisanden ist wichtig und sinnvoll, wenn diese im Kontext der Arbeitssituation bleibt. Denn erst mit dem „Auftauchen von Widerständen und deren Durcharbeitung beginnt der wirkliche Lernprozeß des Supervisanden" (Wittenberger, 1990, S. 17).

Interessanterweise sind einige der bedeutendsten sozialwissenschaftlichen Entdeckungen der letzten hundert Jahre „Zufallsprodukte". Auf

das Feed-Back (Lewin u.a.) und den Hawthorne-Effekt (Mayo u.a.), also die Bedeutung der sozialen und psychologischen Faktoren bei der Arbeit, wurde schon hingewiesen. Gleiches gilt für die Übertragung. Freud hatte den Mut, dort weiterzuforschen, wovor Breuer zurückschreckte und auch von seinen Patientinnen zu lernen (vgl. u.a.: Freud, G.W. Bd. 14, S. 52 ff; Jones, 1960, Bd. 1, S. 288; Freeman, 1973).
Wie schon erwähnt, mußten in dieser historischen Untersuchung spezielle theoretische und methodologische Gesichtspunkte der Supervisionsentwicklung vernachlässigt werden. Deswegen wird auch auf die Handhabung von Übertragung, Gegenübertragung, Widerstand und Deutungsmustern nicht weiter eingegangen (hierzu: Schreyögg, 1991b, S. 171 ff; S. 185 ff; S. 199 ff; S. 382 ff/423 ff).
Auch eine genauere Differenzierung zwischen „Psychoanalyse" und „psychoanalytischer Psychotherapie" wird vernachlässigt. Teile der jüngsten psychoanalytischen Fachliteratur betonen ohnehin, daß die hochfrequente, langjährige „klassische" Analyse nur noch die Ausnahme gegenüber den häufigeren psychoanalytischen Therapien zu sein scheint (vgl. u.a.: Cremerius, 1981; 1990; Nedelmann/Reiche, 1990).

5. Angesichts der langjährigen Entwicklungsgeschichte der Supervision in den USA sollte man annehmen, daß diese schon vor 1933 bei uns Eingang in Aus- oder Weiterbildung gefunden hätte. Prof. Dr. W. Weigand (F.H. Bielefeld), seit 1992 Präsident der DGSv, verdanke ich den Hinweis, daß an der „Freien Wohlfahrtsschule" in Berlin vor 1933 schon Supervision existiert haben soll. Nachforschungen vor Ort, auch im „Deutschen Zentralinstitut für soziale Fragen" (Berlin), sind leider ergebnislos verlaufen. Einem Aufsatz von Peter Reinicke („Soziale Arbeit" 10/1987) zufolge entstand 1923 in Berlin das „Seminar für Jugendwohlfahrt", das 1925 zur „Wohlfahrtsschule" erweitert wurde. Dieses Seminar ist von der Deutschen Hochschule für Politik getragen worden. Anhand des Lehrplans läßt sich leider nicht erkennen, daß damals Supervision, oder eine ähnliche Beratungsform, zur Anwendung gekommen wäre. Weitere Schulunterlagen konnten „bisher nicht nachgewiesen werden" (Reinicke, S. 383).
   An dieser Stelle möchte ich auch Herrn Kochs vom „Deutschen Zentralinstitut für soziale Fragen" noch für seine Hilfe bei den Archivarbeiten danken.

6. Diesen Hinweis verdanke ich Prof. Dr. Manfred Kappeler (T.U. Berlin). Die angesprochenen Zusammenhänge weiter aufzuhellen bleibt jedoch künftiger historischer Sozialarbeiter-Forschung überlassen.

Literaturverzeichnis und Bibliographie zur Supervision der Sozialen Arbeit

Die bisher umfangreichsten Bibliographien zur Supervision der Sozialen Arbeit waren die von Huppertz (1975) mit etwa 130 Titeln, sowie Kröger (1977) mit 300 und Ringshausen-Krüger (1977) mit 180 Publikationen.

Diese Bibliographien leiden in mehrfacher Hinsicht unter Mängeln.

Abgesehen davon, daß sie natürlich völlig veraltet sind und sich deswegen noch weitgehend auf die vergangene Supervisions-Periode der Sozialarbeit beziehen, sind sie auch nicht trennscharf genug. Sie enthalten auch Beiträge zur Einzelhilfe, Social Group Work, Gruppenpädagogik, Gruppendynamik, Gruppenanalyse, Balint-Gruppenarbeit, zum Beratungswesen und anderen verwandten Disziplinen.

Eine aktuelle Bibliographie zur Supervision, die alle diese Richtungen und die spezifischen über die Soziale Arbeit hinausgehenden Arbeitsfelder (Psychotherapie, Pädagogik, Wirtschaft, Verwaltung, Gesundheitsberufe u.a.) berücksichtigte, würde sicherlich mehrere 1000 Titel betragen. Der Gebrauchswert einer derartig ausufernden Bibliographie für die Soziale Arbeit wäre gering zu veranschlagen. Aus diesem Grunde werden folgende, enger zu fassenden Kriterien für diese Bibliographie der Supervision der Sozialen Arbeit im deutschsprachigen Raum aufgestellt. Es sind nur Titel (in Normaldruck) aufgenommen worden, die

1. in der Fachliteratur (Monographien und der genannten Zeitschriftenjahrgänge 1970 bis 1992) abgedruckt waren. Allerdings auch, wenn sie ihre theoretischen Bezüge nicht direkt aus der Sozialen Arbeit hatten, sondern beispielsweise aus der Gruppendynamik, Balint-Gruppen-Arbeit oder Psychotherapie.
2. Aus der über den genannten Bestand hinaus vorhandenen Literatur wurden nur Titel aufgenommen, die grundlegenden Charakter hatten und sich eindeutig mit Arbeitsfeldern der Sozialen Arbeit beschäftigten. Das war zuweilen bei einigen Titeln der allgemeinen Supervisionsliteratur, der Gruppendynamik, Gruppenanalyse, Balint-Gruppen-Arbeit und Organisationsentwicklung der Fall.

3. Grundsätzlich wurde es jedoch vermieden, Literatur dieser Richtungen, vor allem wenn sie nicht in den Fachzeitschriften abgedruckt worden sind, zu berücksichtigen.
4. Gleiches gilt für die Literatur der Einzelhilfe, Soziale Gruppenarbeit, Gruppenpädagogik in der Fachliteratur.
5. Auch die allgemeine Literatur zur Sozialen Arbeit und Organisationsentwicklung ist nicht zur Bibliographie zu rechnen. Diese wurde, wie die übrige (zitierte) Literatur, *kursiv* in der Bibliographie mit abgedruckt.
6. Damit erfüllt das Literaturverzeichnis zwei Funktionen. In Normaldruck befindet sich die **Bibliographie zur Supervision der Sozialen Arbeit** und der *Kursivdruck* enthält die *übrige Literatur* im Sinne eines Literaturverzeichnisses.

Diese „engen" Kriterien an die Bibliographie, im Verhältnis zu den Zusammenstellungen von Huppertz, Kröger und Ringshausen-Krüger, erlauben damit eine bessere Einschätzung des Literaturstandes zur Supervision der Sozialen Arbeit in Abgrenzung zu den Supervisionen anderer Bereiche.

Auch geht eine derartige Bibliographie stärker von der „Leserperspektive" des „Normal-Sozialarbeiters" aus. Schließlich will diese Studie auch die Eigenständigkeit der Supervision der Sozialen Arbeit fördern, was eine stärkere Abgrenzung von den anderen Supervisionsfeldern notwendig macht.

Eine seit 1987 von der G.H. Kassel angekündigte „Bibliographie zur Supervision" scheint noch nicht erschienen zu sein.

Weiterhin wurden vom „Deutschen Zentralinstitut für soziale Fragen" zwei Disketten zu den Stichworten „Beratung" und „Supervision" erworben. Allerdings wurde hier der Supervisions-Begriff nicht sehr trennscharf benutzt, sondern auch viel Literatur aus der Einzelhilfe und Gruppenarbeit angeführt. Demgegenüber fehlen neuere Titel.

Die Bibliographie ist sicherlich unvollständig aber doch so materialreich, daß sie eindeutige quantitative Veränderungen seit den 70er Jahren sichtbar macht.

Von den insgesamt etwa 1200 Titeln im Literaturverzeichnis gehören ungefähr 1000 (**Normaldruck**) zur aktuellsten und umfangreichsten Bibliographie der Supervision für die Soziale Arbeit. Eine andere Perspektive zeigt noch eine weitere Veränderung. Die Supervisionsliteratur für die Sozialarbeit ist längst nicht mehr eine Angelegenheit der Sozialarbeiter-Fachliteratur wie noch vor 20 Jahren.

Von den genannten knapp 1000 Titeln befanden sich nur 200 (davon etwa 50 über Organisationsentwicklung) in den genannten Fachzeitschriften der Sozialen Arbeit und ebenfalls einige wenige in Buchpublikationen. Alle anderen Beiträge waren in der allgemeinen Literatur zur Supervision sowie in Fachzeitschriften anderer beruflicher Orientierungen. Hierzu wurde in diesem Falle auch die „Gruppendynamik" und die „Supervision" gezählt.

Achterberg, Bernhard: Einige Ambivalenzen und Polaritäten in der Supervision, in: Gesamthochschule Kassel (Hg.): Beiträge zur Supervision, Bd. 1, Kassel 1982

Achterberg, Bernhard: Des Kaisers neue Kleider, in: Supervision 3/1983

Achterberg, Bernhard: Zur Sprache der Supervision, in: Gesamthochschule Kassel (Hg.): Beiträge zur Supervision, Bd. 3, Kassel 1984a

Achterberg, Bernhard: Frauen und Männer in der Supervision, in: Gesamthochschule Kassel (Hg.): Beiträge zur Supervision, Bd. 3, Kassel 1984b

Achterberg, B./Wehrspaun, C.: Männer und Frauen. Ein (Streit-) Gespräch, in: Gesamthochschule Kassel (Hg.): Beiträge zur Supervision, Bd. 7, Kassel 1991

Adorno, Theodor, W., u.a.: Der autoritäre Charakter, (1950), 2 Bde., Amsterdam 1968

AFET-Diskussionsbeitrag zur Problematik Praxisanleitung und Praxisberatung/Supervision für Mitarbeiter in sozialpädagogischen Einrichtungen, in: AFET-Mitgliederrundbrief 4/1980

Aichhorn, August: Verwahrloste Jugend (1925), Stuttgart, Wien 1974

Aigner, Josef Christian (Hg.): Sozialarbeit und Psychoanalyse, Wien 1985

Akademie für Jugendfragen Münster (Hg.): Supervision im Spannungsfeld zwischen Person und Institution, Freiburg 1979

Alderfer, Clayton T.: Grenzrelationen und Organisationsdiagnose, in: Sievers, B. (Hg.): Organisationsentwicklung als Problem, Stuttgart 1978

Allison, G.T.: Drei Modelle zur Analyse politischer Prozesse, in: Badura, B. (Hg.): Seminar angewandte Sozialforschung, Frankfurt/M. 1976

Amt für Jugend und Familie der Stadt Wien: Symposion – Supervision in sozialen Berufen. Dokumentation, Referate und Arbeitsgruppenbeiträge, Wien 1989

Andriessen-Miethner: Praxis der Supervision. Beispiel pastorale Supervision, Eschborn/Frankfurt/M. 1985

Anschau, Peter: Organisationsinterne Supervision im kirchlichen Bereich, in: Supervision 12/1988

Antons, Klaus/Keller, Sylvia: Gruppendynamik im Sozialwesen, in: Heigl-Evers, Anneliese (Hg.): Lewin und die Folgen, München 1979

Apel, K.O./Böhler, D./Rebel, K.H. (Hg.): Praktische Philosophie/Ethik. Studientexte 1-3, (Funkkolleg), Weinheim, Basel 1984

Appleby, John J. u.a.: Praxisberatung durch die Kollegengruppe, in: v. Caemmerer, D. (Hg.): Praxisberatung (Supervision), Freiburg 1970

Arbeitsgruppe Berufspraktikanten (Hg.): Leitfaden für das Berufspraktikum, Frankfurt/Main 1987

Arbeitsgruppe Bielefelder Soziologen (Hg.): Alltagswissen, Interaktion und gesellschaftliche Wirklichkeit, 2 Bde., Reinbek 1973

Argelander, Hermann: Gruppenprozesse – Wege zur Anwendung der Psychoanalyse in Behandlung, Lehre und Forschung, Reinbek 1972

Argelander, H.: Balint-Gruppen, in: Heigl-Evers, A./Streeck, U. (Hg.): Die Psychologie des 20. Jahrhunderts, Bd. 8, München 1978a

Argelander, Hermann: Freud als Supervisor, in: Drews, Sibylle u.a. (Hg.): Provokation und Toleranz. Festschrift für Alexander Mitscherlich zum 70. Geburtstag, Frankfurt/Main 1978b

Argelander, Hermann: Die Struktur der „Beratung unter Supervision", in: Psyche 1/1980

Argyris, Ch.: Das Individuum und die Organisation, in: Türk, Klaus (Hg.): Organisationstheorie, Hamburg 1975

Aronson, E./Pines, A. u.a.: Ausgebrannt. Vom Überdruß zur Selbstentfaltung, Stuttgart 1983

Auer-Hunzinger, Verena/Sievers, Burkard: Organisatorische Rollenberatung und -analyse. Ein Beitrag zur Aktionsforschung, in: Gruppendynamik 1/1991

Austin, Lucille: Behandlungsstufen und -ebenen, in: Kraus, Hertha (Hg.): Casework in USA, Frankfurt/Main 1950

Austin, L.: Grundprinzipien der Praxisberatung, in: v. Caemmerer, Dora, (Hg.): Praxisberatung (Supervision), Freiburg 1970

Austin, Lucille: Eine kritische Auswertung des Systems der Supervision (in USA), in: v. Caemmerer (Hg.): Praxisberatung (Supervision), Freiburg 1970

Baacke, Dieter: Handlungskompetenz kritisch betrachtet, in: Keil, Siegfried/Bollermann, Gerd u.a. (Hg.): Studienreform und Handlungskompetenz im außerschulischen Erziehungs- und Sozialwesen, Neuwied, Darmstadt 1981

Baal, Joseph: Konzeption für eine praxisbezogene Ausbildung der Sozialarbeiter/Sozialpädagogen an Fachhochschulen, in: Der Sozialarbeiter 5/1976

Bach, George, R./Molter, Haja: Psychoboom. Wege und Abwege moderner Psychotherapie, Düsseldorf, Köln 1976

Bachmann, Klaus Henning (Hg.): Kritik der Gruppendynamik, Frankfurt 1981

Bachmann, Winfried: Das Neurolinguistische Programmieren (NLP) als pädagogisches Qualifizierungskonzept, in: Pallasch, W./Mutzeck, W./Reimers, H. (Hg.): Beratung, Training, Supervision, Weinheim und München 1992

Bäuerle, Wolfgang: Institutionsberatung in Institutionen der Sozialarbeit, in: Theorie und Praxis der Sozialen Arbeit, 8/1976a

Bäuerle, Wolfgang: Fortbildung von Sozialarbeitern ohne Fortbildung ihrer Institutionen? in: Theorie und Praxis der Sozialen Arbeit, 4/1976b

Bäuerle, Wolfgang: Institutionsberatung, in: Kreft/Mielenz (Hg.): Wörterbuch Soziale Arbeit, Weinheim 1988

Baldewein, Irmgard u.a.: Empirische Studien in den Kursen für Praxisberater (Supervisoren), in: Nachrichtendienst des Deutschen Vereins für öffentliche und private Fürsorge, 9/1973

Baldewein, Irmgard: Das System der Sozialverwaltung und die Rollen des Sozialarbeiters und Praxisberaters (Supervisors), in: Deutscher Verein für öffentliche und private Fürsorge (Hg.): Praxisberatung (Supervision) in Abgrenzung zur analytisch orientierten Psychotherapie, Frankfurt/Main 1975

Balint, Enid: Michael Balint und die Droge Arzt, in: Psyche 2/1976

Balint, Michael: Der Arzt, sein Patient und die Krankheit, Stuttgart 1965

Bardé, Benjamin: Supervision – Theorie, Methode und empirische Forschung. Versuch eines systematischen Überblicks, in: Supervision 19/1991

Bardmann, Theodor-Maria/Kersting, Heinz Jürgen/Vogel, Hans-Christoph: Lesebuch für Sozialarbeiter und andere Konstruktivisten, Aachen 1991

Bang, Ruth: Was ist Supervision? in: Recht der Jugend 4/1961

Bang, Ruth: Supervision und Supervisor, in: Bewährungshilfe 2/1964a

Bang, Ruth: Supervision mit Bewährungshelfern. Ein Fortbildungslehrgang des niedersächsischen Kultusministeriums, in: Bewährungshilfe 2/1964b

Bang, Ruth: Psychologische und methodische Grundlagen der Einzelfallhilfe (Casework), München, Basel 1968

Bank für Sozialwirtschaft (Hg.): Zur volkswirtschaftlichen Bedeutung der Freien Wohlfahrtspflege in der Bundesrepublik, o.O., o.J.

Barabas, Friedrich u.a. (Hg.): Jahrbuch der Sozialarbeit 1976, Reinbek 1975

Baron, Rüdeger u.a. (Hg.): Sozialarbeit zwischen Bürokratie und Klient (Dokumente der Sozialarbeiterbewegung Sozialpädagogische Korrespondenz 1969 1973, Reprint), Offenbach 1978

Baron, Rüdeger: Eine Profession wird gleichgeschaltet – Fürsorgeausbildung unter dem Nationalsozialismus, in: Otto, Hans-Uwe/Sünker, Heinz (Hg.): Soziale Arbeit und Faschismus, Bielefeld 1986

Baron, Rüdeger/Landwehr, Rolf: Zum Wandel beruflicher Identität – der Verlust bürgerlichen Selbstbewußtseins in der Sozialen Arbeit, in: Olk, Thomas/Otto, Hans-Uwe: Soziale Dienste im Wandel, Bd. 2, Neuwied, Frankfurt/Main 1989

Bartel, E./Harbig, J./Schneider, K.D.: DGSv und Supervision in den neuen Bundesländern, in: DGSv aktuell 1/1991

Barthe, Hans-Jürgen: Gruppenprozesse in der Teamsupervision – Konstruktive und destruktive Effekte, in: Mitgliederrundbrief der Arbeitsgemeinschaft für Erziehungshilfe (AFET), 2/3 1985

Basaglia, Franco (Hg.): Die negierte Institution oder Die Gemeinschaft der Ausgeschlossenen (1968), Frankfurt am Main 1973

Bauer, Annemarie: Sorgerecht und Sozialisationseinflüsse in einer Familie mit getrennten Eltern. Einige problematisierende Ideen zur Position des Lehrsupervisors, in: Boettcher, Wolfgang/Leuschner, Gerhard (Hg.): Lehrsupervision. Beiträge zur Konzeptionsentwicklung, Aachen 1990

Bauer, Annemarie/Bauer, Ulrike: Macht und Kränkung als Korrelat pflegender Berufe. Supervisions- und Balinterfahrungen mit Krankenschwestern und Pflegern, in: Pühl, Harald (Hg.): Handbuch der Supervision, Berlin 1990

Bauer, Annemarie/Gröning, Katharina: Solidarität und Konkurrenz feministischer Schwestern: Frauensupersivion, in: Pühl, Harald (Hg.): Handbuch der Supervision, Berlin 1990

Bauer, Rudolph: Wohlfahrtsverbände in der Bundesrepublik, Weinheim 1978

Bauer, Rudolph (Hg.): Die liebe Not. Zur historischen Kontinuität der „Freien Wohlfahrtspflege", Weinheim, Basel 1984

Baumann, Heinz/Virnich, Josef: Das studienbegleitende Praktikum im Ausbildungssystem der Sozialarbeit/Sozialpädagogik, in: Supervision 13/1988

Baumann, Erwin: Supervision: Ja oder nein? in: Bewährungshilfe 2/1961

Bauriedl, Thea: Beziehungsanalyse, Frankfurt/Main 1980

Bauriedl, Thea: Die Auflösung von Beziehungsstörungen in Balint-Gruppen, in: Supervision 6/1984

Bauriedl, Thea: Die Aufhebung von Unbewußtheit in Balint-Gruppen. Ein politisch bedeutsamer Prozeß, in: Supervision 8/1985a

Bauriedl, Thea: Psychoanalyse ohne Couch, München 1985b

Bauriedl, Thea: Veränderungsprozesse in Balint-Gruppen, in: Pühl, Harald/Schmidbauer, Wolfgang (Hg.): Supervision und Psychoanalyse, München 1986 (auch: Frankfurt/Main 1991)

Bayer, Josef u.a.: Ausbildungsprobleme in der Sozialarbeit? in: Neue Praxis 1/1984

Bechtler, Hildegard: Emotionale Probleme als Störfaktoren in Lernprozessen in der Praxisberatung (Supervision), in: Deutscher Verein für öffentliche und private Fürsorge (Hg.): Praxisberatung (Supervision) in Abgrenzung zur analytischen Psychotherapie, Frankfurt/Main 1975

Beck, Georg: Supervisionskongreß. Zwischen Miß- und Klang, in: Sozial:Extra 11/1989

Beck, Ulrich: Risikogesellschaft, Frankfurt/Main 1986

Beck, Ulrich: Gegengifte. Die organisierte Unverantwortlichkeit, Frankfurt/Main 1988

Becker, Ingrid: Subjektkompetenz und Helfersyndrom, in: Akademie für Jugendfragen Münster (Hg.): Supervision im Spannungsfeld zwischen Person und Institution, Freiburg 1979

Becker, Ingrid: Teamsupervision in einer Telefonseelsorge, in: Supervision 2/1982

Beckmann, Dieter: Übertragungsforschung, in: Pongratz, L.J. (Hg.): Handbuch der Psychologie, Bd. 8, Klinische Psychologie, 2. Halbbd., Göttingen 1978

Behn, E.A.: Coach statt Couch. Wie man Krisen im Beruf überwindet, in: Supervision 16/1989

Belardi, Nando: Erfahrungsbezogene Jugendbildungsarbeit, Lollar-Gießen 1975

Belardi, Nando: Ich will ein Helfer werden, in: Sozialmagazin 12/1978

Belardi, Nando/Glinka, Bernd: Die verzweifelte Omnipotenz, in: Sozialmagazin 6/1979

Belardi, Nando (Hg.): Pädagogik – Sozialpädagogische Arbeitsfelder, Frankfurt/Main 1980a

Belardi, Nando (Hg.): Psychologische Grundlagen. Psychoanalyse, Psychiatrie, Sozial- und Entwicklungspsychologie, Frankfurt/Main 1980b

Belardi, Nando (Hg.): Gesellschaftsentwicklung und soziologische Grundlagen, Frankfurt/Main 1980c

Belardi, Nando (Hg.): Didaktik und Methodik Sozialer Arbeit, Frankfurt/Main 1980d

Belardi, Nando/Belardi-Günther, Hildegard: Supervisionserfahrungen mit Bewährungshelfern, in: Bewährungshilfe 4/1983

Belardi, Nando: Probleme von Berufsanfängern in der offenen Jugendarbeit, in: Deutsche Jugend 5/1986

Belardi, Nando: Ausbildung und Praxisfelder der Sozialen Arbeit in den Niederlanden. Ein Exkursionsbericht. (Fachbereich Sozialpädagogik, Fachhochschule Köln), Köln 1987

Belardi, Nando: Integrative Gruppentherapie im Feld der Sozialen Arbeit, in: Mühlfeld, Claus u.a. (Hg.): Soziale Gruppenarbeit, Neuwied 1990

Belardi, Nando: Supervisionserfahrungen in der Sterbebegleitung, in: Sozialmagazin 4/1990

Belardi, Nando: Gewalt von Klienten an Sozialberuflern, in: Sozialmagazin 3/1991a

Belardi, Nando: Die Stigmatisierung der Institution – Stigmatisierung durch die Institution, in: Gestalt und Integration, 1/1991b

Belardi, Nando: Supervision in Großorganisationen und totalen Institutionen, in: Gestalt und Integration, 1/1991c

Benne, Kenneth D.: Geschichte der Trainingsgruppe im Laboratorium, in: Bradford, L.P./Gibb, J.R./Benne, K.D. (Hg.): Gruppentraining. T-Gruppentheorie und Laboratoriumsmethode, (1964), Stuttgart 1972

Benne, Kenneth D./Birnbaum, Max: Prinzipien der Innovation, in: Bennis, Warren G./Benne, Kenneth D./Chin, Robert: Änderung des Sozialverhaltens, (1961), Stuttgart 1975

Bennis, Warren G.: Organisationsentwicklung. Ihr Wesen, ihr Ursprung, ihre Aussichten, Baden-Baden, Bad Homburg 1972

Bennis, Warren G./Benne, Kenneth D./Chin, Robert: Änderung des Sozialverhaltens, (1961), Stuttgart 1975

Bennis, Warren G.: Die Anwendung der Verhaltenswissenschaft auf den planmäßigen Organisationswandel: Theorie und Modelle, in: Bennis/Benne/Chin (Hg.): Änderung des Sozialverhaltens, Stuttgart 1975

Bennis, Warren G./Schein, Edgar H.: Die Anwendung des Laboratoriumstrainings für die Umgestaltung sozialer Systeme – Prinzipien und Strategien, in: Bennis/Benne/Chin (Hg.): Änderung des Sozialverhaltens, Stuttgart 1975

Bennis, Warren G.: Organisationswandel, in: Bennis/Benne/Chin (Hg.): Änderung des Sozialverhaltens, Stuttgart 1975

Berger, Peter/Luckmann, Thomas: Die gesellschaftliche Konstruktion der Wirklichkeit, Frankfurt/Main 1982

Berker, Peter: Lernen, was Supervision ist, in: Supervision 13/1988

Berker, Peter: Felddynamik, in: Supervision 21/1992

Berker, Peter/Müller-Schöll, Albrecht: Fragen zur Supervision im Diakonischen Werk, in: Supervision 15/1989

Berker, Peter/Jansen, Bernd: „Familienbetrieb" – Zum Konzept der Teamsupervision, in: Supervision Sonderheft 1990

Berl, Fred: Inhalt und Methode der Praxisberatung, in: v. Caemmerer, Dora (Hg.): Praxisberatung (Supervision), Freiburg 1970

Bernes, Louis B.: Ansätze zum Organisationswandel, in: Bennis/Benne/Chin (Hg.): Änderung des Sozialverhaltens, Stuttgart 1975

Bernfeld, Siegfried: Sisyphos oder die Grenzen der Erziehung, (1925), Frankfurt/Main 1970

Bernstein, Saul/Lowy, Louis (Hg.): Untersuchungen zur sozialen Gruppenarbeit in Theorie und Praxis, Freiburg 1969

Berntop, Conrad C./Anema, Gé, T.: Praxisberatung in der Ausbildung zum Personalberater in einer Schule für Sozialarbeit, in: Siegers, Frans (Hg.): Praxisberatung in der Diskussion, Freiburg 1974

Beugen, van M.: Agogische Interventionen, Freiburg 1972

Beutel, Helmuth: Supervision – Praxisanleitung – Praxisberatung, in: Blätter der Wohlfahrtspflege 5/1975

Bielke, Edeltraud: Die Normalform der Integration von Zuspätkommern in Supervisionsgruppen, in: Gaertner, Adrian (Hg.): Supervision, Kassel 1979

Biestek, Felix: Wesen und Grundsätze der helfenden Beziehung in der Sozialen Einzelhilfe, Freiburg 1972

Bilger, Hans: Konflikte in der Sozialarbeit, Weinheim, Basel 1978

Bion, W.R.: Erfahrungen in Gruppen und andere Schriften, Stuttgart 1974

Birzer, Edgar: Helfern helfen. Pädagogische Reflexionen zur Erziehungsberatung und Supervision, Regensburg 1989

Blancke, Thomas/Sachße, Christoph: Wertwandel in der Sozialarbeit? in: Olk, Thomas/Otto, Hans-Uwe (Hg.): Soziale Dienste im Wandel, Bd. 1, Helfen im Sozialstaat, Neuwied, Darmstadt 1987

Blau, P.M./Scott, R.W.: Formal Organizations, San Franzisco 1962

Blaue, Magdalena: Praxisberatung (Supervision) in Abgrenzung zur analytisch orientierten Psychotherapie, in: Deutscher Verein für öffentliche und private Fürsorge (Hg.): Praxisberatung (Supervision) in Abgrenzung zur analytisch orientierten Psychotherapie, Frankfurt/Main 1975

Bleimbrunner, Siegbert/Böhm, Andreas: Das Zeugnisverweigerungsrecht, in: Sozialmagazin 5/1989

Blinkert, Baldo/Huppertz, Norbert: Der Mythos der Supervision, in: Neue Praxis 2/1974

Blinkert, Baldo u.a.: Berufskrisen in der Sozialarbeit, Weinheim, Basel 1976

Bloesy, Stephan/Stack, Gerhold: Qualifizierung für das Management der Sozialen Arbeit, in: Blätter der Wohlfahrtspflege 3/1989

Bock, Theresa/Lowy, Louis u.a.: Lehrplanentwicklung für Sozialarbeiter/Sozialpädagogen, Freiburg 1975

Bode, Odilia: Der Supervisor als Berater für die Praxis der Sozialarbeit, in: Supervision 3/1983

Böhnisch, Lothar/Münchmeier, Richard: Wozu Jugendarbeit? Weinheim, München 1987

Böhnisch, Lothar/Schefold, Werner: Jugend und soziale Integration, in: Olk, Thomas/Otto, Hans-Uwe (Hg.), Soziale Dienste im Wandel, Bd. 2, Neuwied, Darmstadt 1989

Boettcher, Wolfgang/Bremmerich-Voss, Albert: Die Beratung des Referendars, in: Supervision 5/1984

Boettcher, Wolfgang: Überlegungen zum Gesprächstyp „Supervision“, in: Kersting, Heinz J./Krapohl, Lothar/Leuschner, Gerhard (Hg.): Diagnose und Intervention in Supervisionsprozessen, Aachen 1988

Boettcher, Wolfgang/Leuschner, Gerhard (Hg.): Lehrsupervision – Beiträge zur Konzeptionsentwicklung, Aachen 1990

Boettcher, Wolfgang: Kontraktgespräche in der Lehr-Supervision. Ein kommentiertes Transcript, in: Boettcher/Leuschner (Hg.) Lehrsupervision. Beiträge zur Konzeptionsentwicklung, Aachen 1990

Borwick, I.: Systemische Beratung von Organisationen, in: Fatzer, Gerhard/Eck, Claus D. (Hg.): Supervision und Beratung, Köln 1990

Bosch, Maria: Koevolution und Supervision in der entwicklungsorientierten Familientherapieausbildung, in: Pühl, Harald (Hg.): Handbuch der Supervision, Berlin 1990

Bosch, Maria: Supervision als Koevolution, in: Brandau, Hannes (Hg.): Supervision aus systemischer Sicht, Salzburg 1991

Boskamp, Peter/Grönefeld, Bernhard/Hollenkamp, Peter: Einschätzung der Bedeutung und Effektivität von Supervision. Ergebnisse einer Befragung von Studenten des 6. Semesters und Berufspraktikanten der Katholischen Fachhochschule Nordrhein-Westfalen (Aachen, Köln, Münster, Paderborn) im Sommersemester 1975, Köln 1975

Brack, Ruth: Instrumente für den Interaktionsprozeß zwischen Klienten und Sozialarbeitern/Sozialpädagogen, in: Der Sozialarbeiter 6/1975

Brackett, Jeffery: Supervision and Education in Charity, New York 1903

Brackett, Jeffery: Training for Work, in Munson Carlton E. (Ed.): Social Work Supervision, New York 1979

Bradford, L.P./Gibb, J.R./Benne, K.D. (Hg.): Gruppentraining, T-Gruppentheorie und Laboratoriumsmethode (1964), Stuttgart 1972

Brandau, Hannes (Hg.): Supervision aus systemischer Sicht, Salzburg 1991a

Brandau, Hannes: Supervision als Koevolution oder Sokrates als Supervisor, in: Brandau, Hannes (Hg.): Supervision aus systemischer Sicht, Salzburg 1991b

Brandau, Hannes: NLP und Systemische Super-Visionen in Trance, in: Brandau, Hannes (Hg.): Supervision aus systemischer Sicht, Salzburg 1991c

Brandt, Siewert: Praxisbezogene Ausbildung mit Supervision, in: Sozialpädagogik 1/1974

Bratt, Nancy: Gespräch und Behandlung. Einzelfallhilfe in der sozialen Arbeit, Weinheim 1971

Brauner, Klaus: Konzepte der Supervision, in: Wege zum Menschen (44) 1992

Brauner, Thomas: Supervision für soziale Projekte – Überleben als Beratungsfokus, in: Pühl, Harald (Hg.): Handbuch der Supervision, Berlin 1990

Brauns, Hans-Jochen/Kramer, David (Hg.): Social Work Education in Europe, Frankfurt/Main 1986a

Brauns, Hans-Jochen/Kramer, David (Hg.): Die Ausbildung von Sozialarbeitern. Anforderungen an Hochschulen und Einrichtungen der Fortbildung, in: Oppl, H./Tomaschek, A. (Hg.): Soziale Arbeit 2000, Bd. 2, Freiburg 1986b

Brauns, Hans-Jochen: Personalentwicklung in sozialen Organisationen, in: Blätter der Wohlfahrtspflege 3/1989

Bremen, Klaus: Das Resonanzphänomen. Das Besondere von Beratung und Entwicklung sozialer Organisationen, in: Blätter der Wohlfahrtspflege 5/1991

Bremerich-Vos, Albert: Transkript einer Lehrsupervision, in: Kersting/Krapohl/Leuschner (Hg.): Diagnose und Intervention in Supervisionsprozessen, Aachen 1988

Bremerich-Vos, Albert: Über Verständigungsaufgaben im Supervisionsprozeß, in: Kersting/Krapohl/Leuschner (Hg.): Diagnose und Intervention in Supervisionsprozessen, Aachen 1988

British Association of Social Workers (Eds.): Code of Ethics for Social Work, in: Socialmanagement 2/1991

Brocher, Tobias: Gruppendynamik und Erwachsenenbildung, Braunschweig 1967

Brocher, Tobias/Deichmann, Christa/Fürstenau, Peter: Zur Konzeption berufsbezogener gruppendynamischer Laboratorien, in: Gruppendynamik 4/1972

Brönnimann/Jordi/Neumann-Wirsig: Der Schweizer Berufsverband für Supervision und Praxisberatung (BSP), in: DGSv aktuell 1/1991

Bronfenbrenner, Uri: Ansätze zu einer experimentellen Ökologie menschlicher Entwicklung, in: Oerter, Rolf (Hg.): Entwicklung als lebenslanger Prozeß, Hamburg 1988

Bronfenbrenner, Uri: Die Ökologie der menschlichen Entwicklung, Frankfurt/Main 1989

Bronke, Karl u.a.: Soziale Dienste zwischen Herrschaft und öffentlicher Produktion – Zur Doppelstruktur kommunaler Sozialverwaltung, in: Olk/Otto (Hg.): Soziale Dienste im Wandel, Bd. 3, Neuwied, Frankfurt/Main 1989

Brown, J.A.C.: Psychologie der industriellen Leistung, Reinbek 1956
Brown, Muriel: Introduction to Social Administration in Britain, London 1979
Brück, Horst: Die Angst des Lehrers vor seinem Schüler, Reinbek 1978
Brück, Horst: Seminar der Gefühle, Reinbek 1986
Brück, Horst: Hört, was sie dachten, nicht sagten! in: Päd: Extra/Demokratische Erziehung 7-8/1988
Bruhn, Manfred/Tilmes, Jörg: Social Marketing, Stuttgart, Mainz, Köln 1989
Brumlik, Micha: Der symbolische Interaktionismus und seine pädagogische Bedeutung, Frankfurt/Main 1973
Brumlik, Micha: Was heißt Helferkompetenz? in: Müller, Siegfried/Otto, Hans-Uwe/Peter, Hilmar/Sünker, Heinz (Hg.): Handlungskompetenz in der Sozialarbeit/Sozialpädagogik, Bd. 2, Bielefeld 1989
Brunnet, Ralph: Die Bedeutung der Supervision für die Sozialarbeit, in: Praxis der Kinderpsychologie und Kinderpsychiatrie, 3/1968
Brusten, Manfred/Hohmeier, Jürgen (Hg.): Stigmatisierung, 2 Bde., Neuwied, Darmstadt 1975
Buchholtz, Fritz (Hg.): Die Utopie des Ikaros, Dortmund 1991
Buchholz, N.B.: Macht im Team – intim, in: Praxis der Kinderpsychologie und Kinderpsychiatrie, (37)1988
Buchinger, Kurt: Widersprüche in Organisationen, in: Systemische Therapie 4/1988
Buchinger, Kurt: Balint-Gruppe – Gruppensupervision – Teamsupervision: Indikation und Methode, in: Pühl, Harald (Hg.): Handbuch der Supervision, Berlin 1990a
Buchinger, Kurt: Der paranoide Firmenchef. Organisationsberatung gruppendynamisch und systemisch, in: Gruppendynamik 1/1990b
Buchinger, Kurt: Eine Organisation hält sich für eine Gruppe und ein anderer Irrtum des Supervisors, in: Brandau, Hannes (Hg.): Supervision aus systemischer Sicht, Salzburg, 1991
Buer, Ferdinand: Praxisberatung psychosozialer Arbeit im Wandel – Von der psychoanalytischen Supervision zur psychodramatischen Intervision, in: Gruppendynamik 3/1988
Buer, Ferdinand: Psychodramatische Konzepte und Methoden in der Supervision, in: Integrative Therapie 3/4 1989
Bühl, Walter: Institutionen, in: Fuchs, Werner u.a. (Hg.): Lexikon zur Soziologie, Bd. 1, Reinbek 1975
Büschges, Günther: Einführung in die Organisationssoziologie, Stuttgart 1983
Büttner, Christian/Finger-Trescher, Urte/Scherpner, Martin (Hg.): Psychoanalyse und Soziale Arbeit, Mainz 1990
Bundesarbeitsgemeinschaft der Freien Wohlfahrtspflege. Konferenz der Fachbereichsleitungen der Fachbereiche für Sozialwesen in der Bundesrepublik Deutschland: Praxisanleitung – Qualifikation und Anforderungsprofil, Bonn 1989
Bundesminister für Jugend, Familie, Frauen und Gesundheit (Hg.): Achter Jugendbericht. Bericht über Leistungen der Jugendhilfe, Bonn 1990
Burisch, Matthias: Das Burnout-Syndrom, Berlin 1989

Burisch, Wolfram: Industrie- und Betriebssoziologie, Berlin 1971

Burow, Olaf-Axel: Persönliche und institutionelle Wahrnehmungsroutinen erkennen, Trainings- und Beratungskonzepte der Gestaltpädagogik, in: Pallasch, W./Mutzeck, W./Reimers, H. (Hg.): Beratung, Training, Supervision, Weinheim und München 1992

Busch, Hans-Joachim/Deserno, Heinrich: Zur Dynamik einer Institutionalisierung. Überlegungen im Rahmen der Supervision eines Projekts alternativer Gesundheitsarbeit, in: Supervision 15/1989

Busch, Dirk/Hommerich, Christoph: Professionalisierung als Daueraufgabe, in: Oppl, H./Tomaschek, A. (Hg.): Soziale Arbeit 2000, Bd. 2, Freiburg 1986

v. Caemmerer, Dora/Schiller, Heinrich: Aufbaulehrgänge für Berliner Sozialarbeiter, in: Soziale Arbeit 6/1953

v. Caemmerer, Dora: Akademiekurs über Praxisanleitung (Supervision), in: Nachrichtendienst des Deutschen Vereins 9/1966

v. Caemmerer, Dora (Hg.): Praxisberatung (Supervision). Ein Quellenband, Freiburg 1970a

v. Caemmerer, Dora: Zum Problem der Praxisberatung (Supervision) in der Bewährungshilfe, in: Bewährungshilfe 3/1970b

v. Caemmerer, Dora: Supervision, in: Keil, Siegfried (Hg.): Familien- und Lebensberatung, Stuttgart, Berlin 1975

v. Caemmerer, Dora u.a. (Red.): Supervision – ein berufsbezogener Prozeß, Wiesbaden 1977a

v. Caemmerer, Dora: Orientierungshilfen für den Supervisor gegenüber verschiedenen Modellen des Praxishandelns, in: v. Caemmerer, Dora u.a. (Red.): Supervision – ein berufsbezogener Lernprozeß, (Haus Schwalbach) Wiesbaden 1977

v. Caemmerer, Dora: Einige Elemente inhaltlich guter Supervision, in: Gesamthochschule Kassel (Hg.): Beiträge zur Supervision, Bd. 6, Kassel 1987

Carroll, Donald/McCuan, Patrick: Das Konzept einer spezialisierten Rollenfunktion bei der praxisbezogenen Ausbildung in der sozialen Administration, in: Council of Social Work Education (Ed.): Handeln lernen durch Anleiten im Arbeitsfeld, Freiburg 1979

Cartwright, D./Zander, A.: Group Dynamics, New York 1960

Chin, Robert/Benne, Kenneth D.: Strategien zur Veränderung sozialer Systeme, in: Bennis, Warren G./Benne, Kenneth D./Chin, Robert (Hg.): Änderung des Sozialverhaltens, Stuttgart 1975

Chin, Robert: System- und Entwicklungsmodelle. Ihr Nutzen für Praktiker, in: Bennis/Benne/Chin (Hg.): Änderung des Sozialverhaltens, Stuttgart 1975

C.H.P.: Sind Teamarbeit und Supervision ein Mittel zum Aufbau einer erfolgreichen fürsorgerischen Arbeit? in: Unsere Jugend 10/1953

C.H.P.: Teamarbeit und Supervision, in: Unsere Jugend 11/1954

Christ, Hans/Wedekind, Erhard: Zur Praxis systemischer Institutionsberatung, in: Systemische Therapie 4/1988

Coché, Erich: Supervision in USA, in: Supervision 10/1986

Cohen, Eugene: Private Practioners, in: Kaslow, F.W.: Supervision, Consultation and Staff Training in the Helping Professions, San Francisco 1977

Combs, Arthur W./Avila, Donald L./Purkey, William W.: Die helfenden Berufe (1971), Stuttgart 1975

Conen, Marie-Luise: Teamsupervision in alternativen Projekten, in: Supervision 15/1989

Conen, Marie-Luise: Supervision in der sozialpädagogischen Familienhilfe, in: Supervision 21/1992

Connell, Gary M./Whitaker, Carl/Keith, David V.: Supervision in der Familientherapie, in: Gestalt und Integration, 1/1991

Conrad, Gabriele/Pühl, Harald (Hg.): Team-Supervision. Gruppenkonflikte erkennen und lösen, Berlin 1983

Cooper, David: Psychiatrie und Anti-Psychiatrie (1967), Frankfurt/M. 1971

Council on Social Work Education (Ed.): Handeln lernen durch Anleitung im Arbeitsfeld, Freiburg 1979

Cremerius, Johannes: Die Präsenz des Dritten in der Psychoanalyse. Zur Problematik der Fremdfinanzierung, in: Psyche 1/1981

Cremerius, Johannes: Vom Handwerk des Psychoanalytikers, 2 Bde., Stuttgart 1984

Cremerius, Johannes: Kritische Überlegungen zur Supervision in der institutionalisierten psychoanalytischen Ausbildung, in: Pühl, Harald (Hg.): Handbuch der Supervision, Berlin 1990

Cremerius, Johannes: Die hochfrequente Langzeitanalyse und die psychoanalytische Praxis. Utopie und Realität, in: Psyche 1/1990b

Curriculum-Arbeitsgruppe an der Gesamthochschule Kassel (Hg.): Studienmodell für soziale Berufe, Neuwied, Berlin 1973

Czichos, Reiner: Coaching = Leistung durch Führung, München 1991

Dantlgraber J.: Über einen Ansatz zur Untersuchung von „Balint-Gruppen", in: Psychosomatische Medizin, 7/1977

Daigl, Klaus: Kleine Planspiele für Helfer. Anregungen zur Selbsthilfe, Reflexion und Supervision in Praxis und Ausbildung, Freiburg 1988

Degwart, Ingeborg/Krüger, Dietrich: Systemischer Ansatz in der Supervision, in: Sonderheft Supervision 1990

Deichmann, Christa: Vorwort zu Pettes, Dorothy: Supervision in der Sozialarbeit, Freiburg 1971

Deichmann, Christa/Fürstenau, Peter: Das Modell des berufsbezogenen gruppendynamischen Lernmediums, in: Heigl-Evers, Anneliese (Hg.): Lewin und die Folgen, München 1971

Deller, Ulrich: Beratung von ehrenamtlichen Mitarbeitern in der Jugendarbeit, in: Deutsche Jugend 1/1980

Deutschmann, Manfred: Ich-Strukturelle und kognitive Störungen chronisch Schizophrener als Herausforderung an psychiatrische Team-Supervision, in: Pühl, Harald (Hg.): Handbuch der Supervision, Berlin 1990

Deutsche Gesellschaft für Supervision (Hg.): Materialien für die Supervisionspraxis, Hille 1992

Deutscher Verein für öffentliche und private Fürsorge (Hg.): Anleitung von Praktikanten in der Sozialarbeit, Köln, Berlin 1971

Deutscher Verein für öffentliche und private Fürsorge (Hg.): Praxisberatung (Supervision) in Abgrenzung zur analytisch orientierten Psychotherapie (Arbeitshilfe Heft 6), Frankfurt/Main 1975

Deutscher Verein für öffentliche und private Fürsorge (Hg.): Studie über die Berufsvollzüge der Praxisberater (Supervisoren) (Arbeitshilfe Heft 13), Frankfurt/Main 1976

Deutscher Verein für öffentliche und private Fürsorge (Hg.): Fachlexikon der sozialen Arbeit, Frankfurt/Main 1986

Devereux, Georges: Angst und Methode in den Verhaltenswissenschaften, München 1967

Devereux, Georges: Ethnopsychoanalyse. Die komplementaristische Methode in den Wissenschaften vom Menschen, Frankfurt/Main 1984

Dewe, Bernd/Otto, Hans-Uwe: Professionalisierung, in: Eyferth/Otto/Thiersch (Hg.): Handbuch Sozialarbeit/Sozialpädagogik, Neuwied, Darmstadt 1984

Dewe, Bernd/Ferchhoff, Wilhelm/Stüwe, Gerd: Professionalisierung. Kritik, Deutung, Frankfurt/Main 1986

Dewe, Bernd/Otto, Hans-Uwe: Verwissenschaftlichung ohne Selbstreflexivität, in: Olk, Thomas/Otto, Hans-Uwe (Hg.): Soziale Dienste im Wandel, Bd. 1, Neuwied, 1987

Dewe, Bernd/Wohlfahrt, Norbert: Zu einigen methodologischen Problemen empirischer Sozialarbeitsforschung, in: Neue Praxis, 1/1989

Dewe, Bernd/Scherr, Albert: Beratung oder Therapie, in: Blätter der Wohlfahrtspflege 1/1991

„DGSv aktuell". Informationsblatt der Deutschen Gesellschaft für Supervision, Hille 1/1990

Dickhaut, Hans H./Luban-Plozza, Boris: Balint-Arbeit, in: Pühl, Harald (Hg.): Handbuch der Supervision, Berlin 1990

Dorst, Brigitte: Psychodynamische und gruppendynamische Besonderheiten von Frauengruppen, in: Supervision 20/1991

Dürr-Feuerlein, Elvira: Bewertungskriterien für die Lehrsupervision, in: Boettcher/Leuschner (Hg.): Lehrsupervision, Aachen 1990

Dworschak, Rose: Probleme der Praxisberatung, in: v. Caemmerer, Dora (Hg.): Praxisberatung (Supervision), Freiburg 1970

Ebel, M.: Supervision: Ein mißbrauchbares Kontrollinstrument, in: Gesamthochschule Kassel (Hg.): Beiträge zur Supervision, Bd. 1, Kassel 1982

Eberwein, Hans/Köhler, Klaus: Ethnomethodologische Forschungsmethoden in der Sonder- und Sozialpädagogik, in: Zeitschrift für Pädagogik 3/1984

Eck, Claus D.: Elemente einer Rahmentheorie der Beratung und Supervision, in: Fatzer/Eck (Hg.): Supervision und Beratung, Köln 1990a

Eck, Claus D.: Rollencoaching als Supervision, in: Fatzer/Eck, (Hg.): Supervision und Beratung, Köln 1990b

Eck, Claus D.: Projektberatung und Projektbegleitung, in: Fatzer/Eck, (Hg.): Supervision und Beratung, Köln 1990c

Eck, Doris u.a.: Empirische Studien in den Kursen für Praxisberater (Supervisoren), in: Nachrichtendienst des Deutschen Vereins 6/1973

Edding, Cornelia: Supervision – Teamberatung – Organisationsentwicklung. Ist das wirklich alles dasselbe? in: Supervision 7/1985

Edding, Cornelia: Führungskräfteberatung im Betrieb und in sozialen Einrichtungen, in: Supervision 17/1990

Edding, Cornelia: Öffnen oder schließen? Gedanken zu einem berufspolitischen Dilemma? in: DGSv aktuell 3/1991

Edelwich, Jerry u.a: Ausgebrannt. Das Burn-Out-Syndrom in den Sozialberufen (1980), Salzburg 1984

Ehrhardt-Kramer, Angelika/Hanesch, Walter: Innovation in der Sozialen Arbeit – durch Innovation der Ausbildung? in: Maelicke, B. (Hg.): Soziale Arbeit als soziale Innovation? Weinheim, München 1987

Ehrhardt-Kramer, Angelika: Fortbildung an Fachhochschulen, in: Kemmler/Maelicke/Scherpner (Hg.): Fortbilden und Gestalten, Weinheim, München 1990

Eichberger, Michael: TZI in der Gruppensupervision mit LehrerInnen, in: Pühl, Harald (Hg.): Handbuch der Supervision, Berlin 1990

Eicke, Dieter: Über Verstehen aus psychoanalytischer Sicht, in: Supervision 1/1982

Eicke, Dieter: Zum Standort von Balint-Gruppen, in: Supervision 4/1983

Eicke, Dieter/Wittenberger, Gerhard: Konflikte in der Balint-Gruppe, in: Supervision 4/1983

Eicke, Dieter/Schulz, Gerd: Zum Menschenbild des Supervisors und Supervisanden, in: Gesamthochschule Kassel (Hg.): Beiträge zur Supervision, Bd. 3, Kassel 1984

Eis, Zdenek: Die Supervision in der Tschechoslowakei, in: Gesamthochschule Kassel (Hg.): Beiträge zur Supervision, Bd. 6, Kassel 1987

Eisele, Günther: Zum Verhältnis von Supervision und Seelsorge in der klinischen Seelsorgeausbildung, in: Wege zum Menschen 5/6 1977

Eisner, Clara: Einführung neuer Mitarbeiter im Unterstützungsamt, in: Kraus, Hertha (Hg.): Casework in USA, Frankfurt am Main 1950

Ehrensperger, Hubert: Organisationsgestaltung als politischer Prozeß, Spardorf 1985

Endo, T./Schang, H./Schubert, M./Achterberg, B.: Körperausdruck – Bildersprache der Seele – Symbolik, in: Lippenmeier, Norbert/Gesamthochschule Kassel (Hg.): Beiträge zur Supervision, Bd. 7, Kassel 1991

Engel-Kemmler, Jens-G./Maelicke, Bernd/Scherpner, Martin (Hg.): Fortbilden und Gestalten. Zur Vermittlung zwischen Ausbildung, Praxis und Fortbildung in der sozialen Arbeit, Weinheim und München 1990

Engelbrecht, Hilke: Die Inszenierung der Übertragung in der Supervision, in: Psyche 8/1990

Engelhardt, Hans-Dietrich: Innovation durch Organisation. Unterwegs zu problemangemessenen Organisationsformen (F.H. München), München 1991

Engelhardt, Gertrud: Social Casework und Supervision, in: Nachrichtendienst des Deutschen Vereins für öffentliche und private Fürsorge 5/1962

Erdheim, Mario: Die gesellschaftliche Produktion von Unbewußtheit, Frankfurt am Main 1984

Erdmann, Anneliese: Anleitung im Beruf durch erfahrene Sozialarbeiter, in: Nachrichtendienst des deutschen Vereins für öffentliche und private Fürsorge 10/1961

Erger, Raimund/Molling, Manfred: Der kleine Unterschied. Ein Fachbuch für Supervisions- und Beratungsarbeit mit Frauen und Männern, Hille 1991

Ertle, Christoph: Praxisanleitung durch Fortbildung, in: Sozialpädagogik 2/1971

Eschenröder, Christof T.: Hier irrte Freud, München 1984

Essen, Siegfried: Super-Vision. Der Blick vom Problem auf das Ressourcensystem, in: Brandau, Hannes (Hg.): Supervision aus systemischer Sicht, Salzburg 1991

Esser, Werner Michael: Individuelles Konfliktverhalten in Organisationen, Stuttgart, Berlin, Köln, Mainz 1975

Etzioni, Amitai (Ed.): The Semi-Professions and their Organizations: Teachers, Nurses, Social Workers, New York 1969

Etzioni, Amitai: Soziologie der Organisation, München 1973

Eyferth/Otto/Thiersch (Hg.): Handbuch Sozialarbeit/Sozialpädagogik, Neuwied und Darmstadt 1984

Fachgruppe Supervision: Bericht über die Bundesfachgruppentagung Supervision 28.-30.4.1989 in Bottrop, in: Die Berufliche Sozialarbeit 2/3 1989

Fachgruppe Supervision auf DBS-Landesebene und deren Supervisoren/innen, in: Die Berufliche Sozialarbeit 2/1992

Fachverband für Supervisoren: Mitteilung, in: Sozial:Extra, 11/1987

Fallner, Heinrich: Einverständnis, Einfühlung und Konfrontation als zentrale Prinzipien in der Lehrsupervision, in: Boettcher/Leuschner (Hg.): Lehrsupervision, Aachen 1990a

Fallner, Heinrich: Skulpturen in der Supervision, in: Sonderheft Supervision 1990b

Fallner, Heinrich/Gräßlin, H.M.: Kollegiale Beratung, Hille 1991

Faltermaier, Martin (Hg.): Nachdenken über Jugendarbeit, München 1983

Farrelly, Frank: Provokative Supervision: Ein Life-Transkript, in : Brandau, Hannes (Hg.): Supervision aus systemischer Sicht, Salzburg 1991

Fattke, Reinhard/Hornstein, Walter: Sozialpädagogik – Entwicklungen, Tendenzen und Probleme, in: Zeitschrift für Pädagogik, 5/1987

Fatzer, Gerhard: Organisationsentwicklung in den Vereinigten Staaten – Eindrücke und Überlegungen, in: Gruppendynamik 4/1983

Fatzer, Gerhard: Praxis der Supervision in der Schweiz, in: Gesamthochschule Kassel (Hg.): Beiträge zur Supervision, Bd. 6, Kassel 1987

Fatzer, Gerhard: Rollencoaching als Supervision von Führungskräften, in: Supervision 17/1990a

Fatzer, Gerhard/Eck, Claus D. (Hg.): Supervision und Beratung. Ein Handbuch, Köln 1990b

Fatzer, Gerhard: Phasendynamik und Zielsetzung der Supervision und Organisationsberatung, in: Fatzer/Eck, (Hg.): Supervision und Beratung, Köln 1990c

Fatzer, Gerhard: Institutions- und Systemdynamik der Supervision, in: Fatzer/Eck (Hg.): Supervision und Beratung, Köln 1990d

Fatzer, Gerhard: Teamsupervision als Organisationsentwicklung, in: Fatzer/Eck (Hg.): Supervision und Beratung, Köln 1990e

Fatzer, Gerhard: Die lernfähige Organisation, in: Fatzer/Eck (Hg.): Supervision und Beratung, Köln 1990f

Fatzer, Gerhard: Kreative Methoden in der Supervision, in: Lippenmeier, N./Gesamthochschule Kassel (Hg.): Beiträge zur Supervision, Bd. 7, Kassel 1991

Federn, Ernst: Geschichtliche Bemerkungen zum Thema Psychoanalyse und Sozialarbeit, in: Büttner u.a. (Hg.): Psychoanalyse und Soziale Arbeit, Mainz 1990a

Federn, Ernst: Ernst Federn im Gespräch mit Wolfgang Weigand. Sozialarbeit – Supervision – Psychoanalyse, in: Supervision 18/1990b

Fehlker, Martha: Thema: Methoden und Konzepte, in: Sozialmagazin 1/1987

Fehlker, Martha: Der wissenschaftliche Anspruch der Sozialarbeit, in: Die Berufliche Sozialarbeit 2/3 1989

Fehr, Johannes: Der Kontrakt in der Supervision, in: Sozialpädagogik 1/1973

Fengler, Jörg: Verhaltensänderung in Gruppenprozessen, Heidelberg 1975

Fengler, Jörg: Die Geschichte der Gruppendynamik in Deutschland, in: Heigl-Evers, Anneliese (Hg.): Lewin und die Folgen, München 1979

Fengler, Jörg: Soziologische und sozialpsychologische Gruppenmodelle, in: Petzold, H./Frühmann, R. (Hg.): Modelle der Gruppe in Psychotherapie und psycho-sozialer Arbeit, Bd. 1, Paderborn 1976

Fengler, Jörg: Entwicklungen, Kontroversen und Herausforderungen in der Praxis der Supervision, in: Gesamthochschule Kassel (Hg.): Beiträge zur Supervision, Bd. 6, Kassel 1987

Fengler, Jörg: Gruppenmethoden in der Sozialarbeit, in: Theorie und Praxis der Sozialen Arbeit, 3/1991

Fengler, Jörg: Helfen macht müde. Zur Analyse und Bewältigung von Burnout und beruflicher Deformation, München 1991b

Fengler, Jörg: Wege zur Supervision, in: Pallasch, W./Mutzeck, W./Reimers, H. (Hg.): Beratung, Training, Supervision, Weinheim und München 1992

Fiedler, Marianne: Supervision in der Sozialarbeiterausbildung, in: Pühl, Harald (Hg.): Handbuch der Supervision, Berlin 1990

Fieseler/Lippenmeier: Supervision und Recht (Teil I), in: Supervision 8/1985

Fieseler/Lippenmeier: Supervision und Recht (Teil II), in: Supervision 9/1986

Filsinger, Dieter/Schäfer, Jutta: Supervision im Kontext, in: Supervision 21/1992

Findeklee, R.M.: Stellungswechsel, in: Supervision 9/1986

Fizdale, Ruth: Peer-Group Supervision, in: Munson, Carlton E. (Ed.): Social Work Supervision, New York 1979

Flosdorf, Peter: Praxisanleitung, in: Jugendwohl 12/1974

Föllner, Malena: Supervision in der amerikanischen Sozialarbeit, in: Neue Praxis 1/1977

Foole, Henk/Kamphorst, Jaap/Zier, Henry J.: Gegenseitige Praxisberatung, in: Siegers, Frans (Hg.): Praxisberatung in der Diskussion, Freiburg 1974

Foulkes, S.H.: Gruppenanalytische Psychotherapie, München 1974

Foulkes, S.H.: Praxis der gruppenanalytischen Psychotherapie, München und Basel 1978

Fox, Renate: Der/die institutionsinterne Supervisor/in. Der/die institutionsexterne Supervisor/in, in: Gesamthochschule Kassel (Hg.): Beiträge zur Supervision, Bd. 6, Kassel 1987

Frank, Gerhard/Wolf, Manfred: Führen und Leiten in sozialen Diensten, in: Blätter der Wohlfahrtspflege 3/1989

Franke, Wolfgang: Supervision nach dem Nürnberger Modell, in: Die Berufliche Sozialarbeit 6/1990

Freeman, Lucy: Die Geschichte der Anna O., München 1973

Freier, Dietmar: Mehr Markt und weniger Dirigismus in der Sozialen Arbeit, in: Lewkowicz, Marina (Hg.): Neues Denken in der Sozialen Arbeit, Freiburg 1991

Freitag-Becker, Edeltrud/Jansen, Anna: Gemeinsam bin ich stark, in: Supervision 9/1986

Freitag-Becker, Edeltrud: Leitungs-Supervision – Ein Erfahrungsbericht, in: Supervision 17/1990

French, W.L./Bell, C.H. jr.: Organisationsentwicklung. Sozialwissenschaftliche Strategien zur Organisationsveränderung, Bern und Stuttgart 1977a

French, W.L./Bell, C.H. jr.: Zur Geschichte der Organisationsentwicklung, in: Sievers, Burkard (Hg.): Organisationsentwicklung als Problem, Stuttgart 1977b

Freud, Sigmund: Analyse der Phobie eines fünfjährigen Knaben (1909), in: Gesammelte Werke, Bd. 7, London 1955

Freud, Sigmund: „Selbstdarstellung" (1925), in: Gesammelte Werke, Bd. 14, Frankfurt/M. 1963

Freud, Sigmund: Die Frage der Laienanalyse (1926), in: Gesammelte Werke, Bd. 14, Frankfurt/M. 1963

Freudenreich, Dorothea/Meyer, Ulrike: Supervision und Beratung mit der Themenzentrierten Interaktion, in: Pallasch, W./Mutzeck, W./Reimers, H. (Hg.): Beratung, Training, Supervision, Weinheim und München 1992

Frese, Erich: Grundlagen der Organisation, Wiesbaden 1984

Fricke, Cornelia/Fricke, Peter: Praxisanleitung in der Ausbildung für sozialtherapeutische Berufe, in: Blätter der Wohlfahrtspflege 10/1975

Fricke, Peter: Beratung und Supervision zwischen Funktionieren und Veränderung, in: Neue Schriftenreihe der Arbeitsgemeinschaft für Erziehungshilfe (AFET) 24/1975

Friedländer, Walter A. (Hg.): Grundbegriffe und Methoden der Sozialarbeit (deutsche Bearbeitung von Hans Pfaffenberger), Neuwied und Berlin 1974

Friedmann, Lieselotte: Praxisberatung in Gruppen, in: v. Caemmerer, Dora (Hg.): Praxisberatung (Supervision), Freiburg 1970

Frijling-Schreuder, E.C.M.: Bemerkungen zur Supervision, in: Psyche 2/1976

Fröhlich-Uhl, Christiane/Krahn, Wolfgang: Gespräche als szenisches Zusammenspiel. Zur Rekonstruktion zu Erfahrungen in der Supervision, in: Gesamthochschule Kassel (Hg.): Beiträge zur Supervision, Bd. 3, Kassel 1984

Fromm, Erich/Horkheimer, Max u.a.: Autorität und Familie, 2 Bde., Paris 1936

Fromm, Erich: Das Menschenbild bei Marx, Frankfurt am Main 1963

Frühmann, Renate: Die Bedeutung des Teams und der Teamsupervision in sozialen Institutionen aus der Sicht Integrativer Supervision, in: Gestalt und Integration 1/1991

Füchtner, Hans: Supervisionsausbildung – Entpolitisierung als Zusatzqualifikation? in: Büttner u.a. (Hg.): Psychoanalyse und Soziale Arbeit, Mainz 1990

Fürstenau, Peter: Institutionsberatung. Ein neuer Zweig angewandter Sozialwissenschaft, in: Gruppendynamik 3/1970 (auch in: Fürstenau, Peter: Zur Theorie psychoanalytischer Praxis, Stuttgart 1979)

Fürstenau, Peter: Zur Psychoanalyse der Schule als Institution (1964), in: Fürstenau, Peter (Hg.): Der psychoanalytische Beitrag zur Erziehungswissenschaft, Darmstadt 1974 (auch in Fürstenau, Peter: Zur Theorie psychoanalytischer Praxis, Stuttgart 1979)

Fürstenau, Peter: Zur Theorie psychoanalytischer Praxis, Stuttgart 1979

Fürstenau, Peter: Die Bedeutung von Rahmenbedingungen und rahmenbezogenen Konflikten in der Gruppenarbeit, in: Gruppenpsychotherapie und Gruppendynamik (21)1986

Fürstenau, Peter: Interview über Supervision, in: Sozialpsychiatrische Informationen 2/1990

Fürstenau, Peter: Entwicklungsförderung durch Therapie. Grundlagen psychoanalytisch-systemischer Psychotherapie, München 1992

Fürstenau, Peter: Psychoanalytisch-systemische Teamsupervision im psychiatrisch-psychosomatischen Bereich zwecks Förderung der Teamentwicklung, in: Fürstenau, Peter: Entwicklungsförderung durch Therapie.

Grundlagen psychoanalytisch-systemischer Psychotherapie, München 1992
Fujike, Ursula: Supervision. Ein emanzipatorisches Lernangebot im Vorschulbereich, in: Blätter der Wohlfahrtspflege 11/1979
Funck-Späth, Lenemarie: Existenzgefährdet? ... oder neue Perspektiven? Bericht über die Mitgliederversammlung der Bundesfachgruppe Supervision am 30.11.1991 in Nürnberg, in: Sozial 2/1992
Gaertner, Adrian (Hg.): Supervision. Unterlagen und Referate zum Modellversuch: „Soziale Studiengänge" an der G.H. Kassel, Materialien Bd. 7, Kassel 1976
Gaertner, Adrian: Supervision. Systematische Reflexion der Berufspraxis oder Psychohygiene für Sozialarbeiter, in: Barabas, Friedrich u.a. (Hg.): Jahrbuch der Sozialarbeit 1978, Reinbek 1977
Gaertner, Adrian: Beratung als praktischer Diskurs, in: Neue Praxis Sonderheft 1978a
Gaertner, Adrian: Interpretative Sozialforschung: Bemerkung zur theoretischen und methodologischen Begründung eines Supervisionsforschungsprojekts, in: Müller, C.W. (Hg.): Begleitforschung in der Sozialpädagogik, Weinheim und Basel 1978b
Gaertner, Adrian/Wittenberger, Gerhard: Supervision und der institutionelle Diskurs, in: Akademie für Jugendfragen Münster (Hg.): Supervision im Spannungsfeld zwischen Person und Institution, Freiburg 1979a
Gaertner, Adrian: Institution und Angst, in: Sozialmagazin 9/1979b
Gaertner, Adrian: Das Verstummen, in: Sozialmagazin 9/1979c
Gaertner, Adrian (Hg.): Supervision (Modellversuch „Soziale Studiengänge" an der G.H. Kassel, Materialien Nr. 7), Kassel 1979d (3. Aufl.)
Gaertner, Adrian: Überlegungen zur Supervisorenausbildung, in: Gaertner, Adrian (Hg.): Supervision, Kassel 1979e (3. Aufl.)
Gaertner, Adrian: Teamsupervision, in: Supervision 2/1982a
Gaertner, Adrian: Über einige Probleme des postgradualen Studiengangs Supervision für Soziale Berufe, in: Gesamthochschule Kassel (Hg.): Beiträge zur Supervision, Bd. 1, Kassel 1982b
Gaertner, Adrian: Zur Technik der Gruppensupervision, in: Gesamthochschule Kassel (Hg.): Beiträge zur Supervision, Bd. 3, Kassel 1984
Gaertner, Adrian: Supervision, in: Kreft, Dieter/Mielenz, Ingrid (Hg.): Wörterbuch Soziale Arbeit, Weinheim und Basel 1988
Garfield, L.S.: Psychotherapie. Ein eklektischer Ansatz, Weinheim und Basel 1982
Garlichs, Ariane: Balintgruppenarbeit mit Lehrern, in: Supervision 5/1984
Garlichs, Ariane: Wir da oben – Ihr da unten. Anmerkungen einer Außenstehenden, in: Lippenmeier, Norbert/ Gesamthochschule Kassel (Hg.): Beiträge zur Supervision, Bd. 7, Kassel 1991
Garret, Annette: Psychiatrische Konsultation, in: v. Caemmerer, Dora (Hg.): Praxisberatung (Supervision), Freiburg 1970
Geck, Adolph L.H.: Über das Eindringen des Wortes „sozial" in die deutsche Sprache, Göttingen 1963
Gehlen, Arnold: Die Seele im technischen Zeitalter, Reinbek 1969

Gehlen, Arnold: Anthropologische Forschung, Reinbek 1970

Gehrmann, Gerd/Müller, Klaus D.: Praxisbezug an Fachhochschulen für Sozialarbeit/Sozialpädagogik, in: Neue Praxis 2/3 1985

Gehrmann, Gerd/Müller, Klaus D.: Organisationsentwicklung – Eine Chance für soziale Dienste, in: Sozialmagazin 5/1988

Geißler, Karl-Heinz (Hg.): Gruppendynamik für Lehrer, Reinbek 1979

Geißler, Karl-Heinz: Supervision in der Erwachsenenbildung, in: Supervision 5/1984

Geißler, Karl-Heinz/Hege, Marianne: Verlorene Hoffnungen – Gewonnene Einsichten. Zum Verhältnis von Politik und Beratung, in: Supervision 8/1985

Geißler, Karl-Heinz: Supervision in der Moderne – moderne Supervision, in: Supervision 14/1988a

Geißler, Karl-Heinz/Hege, Marianne: Konzepte sozialpädagogischen Handelns, Weinheim und Basel 1988b

Gemmrig, Lucie: Blockierungen im Lernprozeß der Praxisberatung, in: Deutscher Verein für öffentliche und private Fürsorge (Hg.): Praxisberatung (Supervision) in Abgrenzung zur analytisch orientierten Psychotherapie, Frankfurt am Main 1975

Germert, Wolfgang/Störmer-Eichholz, Gisela: Supervision, in: Bauer, Rudolph (Hg.): Lexikon des Sozial- und Gesundheitswesens, München 1992

Gerspach, Manfred: Supervision als ergänzendes Trägerangebot für soziale Dienste, in: Archiv für Wissenschaft und Praxis der sozialen Arbeit 1/1991a

Gerspach, Manfred (Hg.): Supervision für Soziale Dienste, Mainz 1991b

Gerspach, Manfred: Supervision – das Angebot zur Reflexion der eigenen professionellen Rolle, in: Gerspach, Manfred (Hg.): Supervision für Soziale Dienste, Mainz 1991c

Gerspach, Manfred: Wie wird die Supervision angenommen? in: Gerspach, Manfred (Hg.): Supervision für Soziale Dienste, Mainz 1991d

Gerspach, Manfred/Lorenz, Elke: Die praktischen Auswirkungen von Supervision, in: Gerspach, Manfred (Hg.): Supervision für Soziale Dienste, Mainz 1991e

Gesamthochschule Kassel (Hg.): Beiträge zur Supervision, Bd. 1, Kassel 1982

Gesamthochschule Kassel (Hg.): Beiträge zur Supervision, Bd. 3, Kassel 1984

Gesamthochschule Kassel (Hg.): Beiträge zur Supervision, Bd. 4, Kassel 1985

Gesamthochschule Kassel (Hg.): Beiträge zur Supervision, Bd. 6, Kassel 1987

Gesamthochschule Kassel (Hg.): Beiträge zur Supervision, Bd. 7, Kassel 1990

Gesamthochschule Kassel (Hg.): Beiträge zur Supervision, Bd. 8, Kassel 1990

Gester, Peter: Checkliste zur Reflexion von Einflußvariablen auf Supervisionsprozesse, in: Sozialpsychiatrische Informationen 2/1990

Gfäller, Georg Richard: Team-Supervision nach dem Modell von S.H. Foulkes, in: Pühl, Harald/Schmidbauer, Wolfgang (Hg.): Supervision und Psychoanalyse, München 1986 (auch: Frankfurt am Main 1991)

Gfäller, Georg Richard: Die Reflexion des institutionellen Umfeldes in der gruppenanalytischen Supervision, in: Pühl, Harald (Hg.): Handbuch der Supervision, Berlin 1990

Giese, Eckhard: Risiken für die Klienten, in: Giese, Eckhard/Kleiber, Dieter (Hg.): Das Risiko Therapie, Weinheim und Basel 1989

Giesecke, Hermann: Pädagogik als Beruf, Weinheim und München 1987

Giesecke, Michael: Die Normalform der Falleinbringung in Supervisionsgruppen, in: Gaertner, Adrian (Hg.): Supervision, Kassel 1979a

Giesecke, Michael: Übersicht über Grundannahmen und Untersuchungsverfahren in dem Projekt „Erforschung interaktioneller Vorgänge in ausbildungs- und berufsbegleitenden Supervisions- und Balintgruppen an der Gesamthochschule Kassel, in: Gaertner, Adrian (Hg.): Supervision, Kassel 1979b

Giesecke, Michael/Rappe, Kornelia: Setting und Ablaufstrukturen in Supervisions- und Balintgruppen, in: Flader, Dieter/Grodzicki, Wolfgang/Schröter, Klaus (Hg.): Psychoanalyse als Gespräch, Frankfurt am Main 1982

Giesecke, Michael/Rappe-Giesecke, Kornelia (Hg.): Kommunikation in Balint-Gruppen, Stuttgart, New York 1983

Gildenmeister, Regine: Als Helfer überleben. Beruf und Identität in der Sozialarbeit/Sozialpädagogik, Neuwied und Darmstadt 1983

Gildenmeister, Regine: Institution und Sinnstiftung. Über Methodisierungsformen des Alltags und ihrer Implikationen, in: Lippenmeier, Norbert/Gesamthochschule Kassel (Hg.): Beiträge zur Supervision, Bd. 7, Kassel 1991

Girschner, Walter: Theorie sozialer Organisationen, Weinheim und München 1990

Glaser, Klaus u.a.: Mehrere Generationen unter einem Kindergartendach. Ein Gespräch über Supervisionserfahrungen mit Erzieherinnen, in: Theorie und Praxis der Sozialpädagogik 4/1989

Gnädinger, Hermann: Der Supervisor als Therapeut, in: Supervision 3/1983

Gnädinger, Hermann: Teamsupervision und Balintansatz, in: Fatzer, Gerhard/Eck, Claus D. (Hg.): Supervision und Beratung, Köln 1990

Gneif, J.: Der Ansatz psychodramatischer Techniken im Rahmen der Fortbildung und Supervision einer Laienhelfergruppe des sozialpsychiatrischen Dienstes München/Nord, in: Overbohrbeck, K.W. (Hg.): Psychodrama, Rehburg-Lockum 1980

Gniss, Hans-Peter u.a.: Der Übergang vom Studium zur Praxis. Aufgezeigt am Beispiel einer Gruppensupervision für Berufspraktikanten, in: Nachrichtendienst des Deutschen Vereins für öffentliche und private Fürsorge 4/1980

Göppner, Hans-Jürgen: Berufskompetenz, wahrgenommene Institutionsflexibilität, Berufsrolle, Weinheim 1988

Goerke, W.: Organisationsentwicklung als ganzheitliche Innovationsstrategie, Berlin und New York 1981

Goffman, Erving: Asylums, New York 1961

Goffman, Erving: Stigma. Über Techniken der Bewältigung beschädigter Identität, Frankfurt am Main 1972

Goffman, Erving: Rahmen-Analyse, Frankfurt am Main 1977

Goll, Dieter u.a.: Arbeitsmarktchancen besser als ihr Ruf? in: Neue Praxis 1/1989

Goolishian, Harold / Anderson, Harlene: Dialogische Systemtherapie: Implikationen für Supervision und Training, in: Brandau, Hannes (Hg.): Supervision aus systemischer Sicht, Salzburg 1991

Gorges, Elfi / Krapohl, Lothar: Wahrnehmungszugänge in der Supervision, in: Kersting, Heinz J. / Krapohl, Lothar / Leuschner, Gerhard (Hg.): Diagnose und Intervention in Supervisionsprozessen, Aachen 1988

Gotthardt-Lorenz, Angela: Supervision für Sozialarbeiterinnen und Sozialarbeiter im Jugendamt, in: Supervision 9/1986a

Gotthardt-Lorenz, Angela: Ein Versuch, Supervision in Österreich, ihre Entstehung und heutige Situation zu entschlüsseln, in: Supervision 10/1986b

Gotthardt-Lorenz, Angela: Organisationsberatung. Hilfe und Last für Sozialarbeit, Freiburg 1989

Gotthardt-Lorenz, Angela: Einbeziehung von Leitern in den organisationsbezogenen Beratungsprozeß – eine conditio sine qua non? in: Supervision 17/1990

Gratz, Wolfgang: Organisationsentwicklung in der österreichischen Bewährungshilfe, in: Socialmanagement 1/1991

Greenson, Ralph R.: Technik und Praxis der Psychoanalyse, Stuttgart 1981

Gregor-Rautschenberger, Brigitte/Hansel, Jürgen: Projektleiter-Supervision, Berlin, Heidelberg, New York 1992

Grinell, Sh.: Rollenverhalten in der Supervisions-/beratungsbeziehung, in: Fatzer, Gerhard / Eck, Claus D. (Hg.): Supervision und Beratung, Köln 1990a

Grinell, Sh.: Der persönliche Supervisionsprozess, in: Fatzer, Gerhard / Eck, Claus D. (Hg.): Supervision und Beratung, Köln 1990b

Grottian, Peter u.a.: Die Wohlfahrtswende, München 1988

Gumbinger, H.W. / Dorenburg, H. / Mann, B.: Psychoanalyse und Sozialarbeit. Ein Fallbeispiel zum institutionellen Aspekt, in: Büttner u.a. (Hg.): Psychoanalyse und soziale Arbeit, Mainz 1990

Haas, Luitgard: Studie über die Berufsvollzüge von Praxisberatern (Supervisoren) in der Bundesrepublik Deutschland (Deutscher Verein für öffentliche und private Fürsorge) Frankfurt am Main 1982

Haan, P.M.: Hintergründe der amerikanischen Literatur zur Praxisberatung betrachtet unter dem Gesichtspunkt der „Praxisberatung als kooperativem Prozeß", in: Siegers, Frans (Hg.): Praxisberatung in der Diskussion, Freiburg 1974

Habermas, Jürgen: Erkenntnis und Interesse, Frankfurt am Main 1973

Habermas, Jürgen: Theorie des kommunikativen Handelns, 2 Bde., Frankfurt am Main 1981

Hackewitz, Waltraud v.: Anmerkungen zur Vorgeschichte des Supervisionsstudienganges, in: Gaertner, Adrian (Hg.): Supervision, Kassel 1979

Hackewitz, Waltraud v.: Meine Antwort auf die elf Fragen, in: Gesamthochschule Kassel (Hg.): Beiträge zur Supervision, Bd. 1, Kassel 1982

Hackewitz, Waltraud v.: Evaluation als Theoriearbeit, in: Gesamthochschule Kassel (Hg.): Beiträge zur Supervision, Bd. 3, Kassel 1984

Haley, Jay: Gemeinsamer Nenner: Interaktion, München 1978

Hanke, Friedbert: Supervision als Forschungsprozeß. Theoretische und praktische Aspekte, in: Gesamthochschule Kassel (Hg.): Beiträge zur Supervision, Bd. 3, Kassel 1984

Hanke, Friedbert: Supervision für die Organisation oder: Wie wirkt der Externe intern? in: Gesamthochschule Kassel (Hg.): Beiträge zur Supervision, Bd. 6, Kassel 1987

Hanke, Friedbert: Supervision im Wirtschaftsunternehmen, in: Sonderheft Supervision 1990

Hansis, Helga: Supervision und Seelsorge, in: Sozialpädagogik 1/1974

Hansel, Jürgen: Supervision – ein traditionsreiches Instrument als Neuentdeckung in der Wirtschaft, in: Gestalt und Integration 1/1991

Hantsche, Brigitte: Das Herstellen von „geteilten Bedeutungen" im Prozeß der Supervision, in: Gesamthochschule Kassel (Hg.): Beiträge zur Supervision, Bd. 3, Kassel 1984

Hapke, Eduard: Child Guideance in den USA. Eindrücke von einer Studienreise, in: Unsere Jugend 10/1951 (1. Teil); 11/1951 (2. Teil)

Hapke, Eduard: Über Supervision, in: Rundbrief der Gilde Soziale Arbeit 6/1952

Hapke, Eduard: Die Rolle der Supervision im amerikanischen Casework, in: Unsere Jugend 1/1954

Hapke, Eduard: Idee und empirische Grundlagen der sogenannten vertieften Einzelhilfe (Casework), in: Blätter der Wohlfahrtspflege 9/1962

Hardt, Karin/Schröder, Edith: Auf dem Wege zur Supervision. Entwicklung der Supervision im Burckhardthaus der ehemaligen DDR, in: DGSv aktuell 2/1990

Hargens, Jürgen/Grau, Uwe: Konstruktivistisch orientierte Supervision, in: Pallasch, W./Mutzeck, W./Reimers, H. (Hg.): Beratung, Training, Supervision, Weinheim und München 1992

Harrach, Ander: Das Konzept der Gruppe in der Balint-Gruppenarbeit, in: Petzold, Hilarion/Frühmann, Renate (Hg.): Modelle der Gruppe, Bd. 2, Paderborn 1986

Harrison, Roger: Rollenverhandeln. Ein harter Ansatz zur Teamentwicklung, in: Sievers, Burkard (Hg.): Organisationsentwicklung als Problem, Stuttgart 1977

Hartmann, Helmut: Beziehungen zwischen Klienten und Sachbearbeitern auf dem Sozialamt, in: Theorie und Praxis der Sozialen Arbeit 9/1985

Hartmann, Helmut: Organisationsentwicklung im Amt. Ein Fallbeispiel aus der Sozialverwaltung, in: Blätter der Wohlfahrtspflege 5/1991

Hecker, M./Strömbach, R.: Erfahrungen mit Supervision in der Praxis, in: Theorie und Praxis der sozialen Arbeit 8/1975

Hege, Marianne: Praxisberatung in der Fachhochschule, in: Gruppenpsychotherapie und Gruppendynamik 12/1977

Hege, Marianne: Abstinenz oder Authentizität als Beratungsformen in der Supervision, in: Supervision 3/1983a

Hege, Marianne: Interview mit Henning Graf von Schlieffen, in: Supervision 4/1983b

Hege, Marianne: Interview mit Rolf Gfeller, in: Supervision 4/1983c

Hege, Marianne: Politik und Supervision, Interview mit Gotthard Schwarz, in: Supervision 8/1985

Hege, Marianne: Der Theorie-Praxis-Bezug an der Fachhochschule – Seine Reflexion in der Supervision von Studierenden, in: Supervision 13/1988a

Hege, Marianne: Gruppeninterventionen in Supervisionsgruppen mit Sozialpädagogen, in: Gruppenpsychotherapie und Gruppendynamik, 23/1988b

Hege, Marianne: Stationen – Zur Biographie einer Supervisorin, in: Supervision 16/1989

Hege, Marianne: Männer und Frauen in der Supervision, in: Sonderheft Supervision 1990a

Hege, Marianne: Die Fachhochschule an der Schnittstelle zwischen Bildung und Praxis, in: Engel-Kemmler/Maelicke/Scherpner (Hg.): Fortbilden und Gestalten, Weinheim, München 1990

Hege, Marianne: Frauen in der Supervision, in: Supervision 20/1991

Hegenscheidt-Renartz, Marianne: Spiegelphänomene in einer an Balint-orientierten Supervision des Therapeutenteams einer Suchtklinik, in: Gruppenpsychotherapie und Gruppendynamik 22/1986

Heid, H.: Zur logischen Struktur einer empirischen Sozialpädagogik, in: Ulich, D. (Hg.): Theorie und Methode der Erziehungswissenschaft, Weinheim 1972

Heidemann, H.: Der Alltag und der Wertehimmel. Menschenbilder und Religionen, in: Lippenmeier, Norbert/Gesamthochschule Kassel (Hg.): Beiträge zur Supervision, Bd. 7, Kassel 1991

Heigl-Evers, Anneliese (Hg.): Lewin und die Folgen. Die Psychologie des 20. Jahrhunderts, Bd. 8, München 1979

Heigl-Evers, Anneliese/Brocher, Tobias/Fürstenau, Peter u.a. (Hg.): Die Balint-Gruppe in Klinik und Praxis, Berlin, Heidelberg, New York 1988ff

Heinevetter, Andrea: Vom Wunsch zur Wirklichkeit. Arbeitsleben und Supervision, in: Supervision 15/1989

Heiner, Maja: Evaluation und Effektivität in der sozialen Arbeit. Modelle, Methoden, Erfahrungen, in: Oppl/Tomaschek (Hg.): Soziale Arbeit 2000, Bd. 2, Freiburg 1986

Heiner, Maja (Hg.): Praxisforschung in der Sozialen Arbeit, Freiburg 1988

Heiner, Maja: Selbstevaluation. Orientierung und Bilanz in der sozialen Arbeit, in: Olk, Thomas/Otto, Hans-Uwe (Hg.): Soziale Dienste im Wandel, Bd. 2, Neuwied und Frankfurt 1989

Heintl, Peter: Institutions- und Organisationsberatung, in: Heigl-Evers, Anneliese (Hg.): Lewin und die Folgen, München 1979

Heinze, Hannelore: Umgang mit Problemaffinitäten in der Praxisberatung, in: Deutscher Verein für öffentliche und private Fürsorge (Hg.): Praxisberatung (Supervision) in Abgrenzung zur analytisch orientierten Psychotherapie, Frankfurt am Main 1975

Helfer, Inge: Die tatsächlichen Berufsvollzüge der Sozialarbeiter, Frankfurt am Main 1971

Hemp, Hans-Werner: Vom Supervisor-Werden – Oder wie man sich als Supervisor vorstellt, in: Gruppendynamik 1/1986

Henke, Hans-Heinrich/Kanzler, Karsten: Strukturelle Konflikte als Gegenstand der Supervision, in: Gaertner, Adrian (Hg.): Supervision, Kassel 1979

Herdieckerhoff, Erhard: Besonderheiten der externen Supervision in der Alkoholklinik, in: Sozialpsychiatrische Informationen 2/1990

Hering-Zalfen, Sabine: Wenn der Diplom-Supervisor kommt, in: Sozialmagazin 9/1979

Hermann, H. u.a.: Supervision und Beratung im Heim. Ein Tagungsbericht, in: Sozialpädagogik 4/1987

Hess, A.K.: Psychotherapy Supervision. Theory, Practice, Research, New York 1980

Hester, Mary C.: Der Lern- und Ausbildungsprozeß in der Praxisberatung, in: v. Caemmerer, Dora (Hg.): Praxisberatung (Supervision), Freiburg 1970

Hinnen, P.: Gestaltansatz der Supervision, in: Fatzer, Gerhard/Eck, Claus D. (Hg.): Supervision und Beratung, Köln 1990

Hinte, Wolfgang: Personen prägen Institutionen. Gegen die neue Macht der SozialmanagerInnen, in: Sozial:Extra 1/1991

Hinte, Wolfgang/Springer, Werner: Supervision – Spurensuche nach Subjektivität im professionellen Alltag, in: Supervision 21/1992

Hoefert, Hans-Wolfgang: Zur Qualifizierung von Fachkräften des Sozialwesens für Führungs- und Managementtätigkeiten, in: Lewkowicz, Marina (Hg.): Neues Denken in der Sozialen Arbeit, Freiburg 1991

Hoffmann, Florentine: Gegen den Sand im Betriebe, in: Supervision 16/1989

Hofstätter, Peter R.: Gruppendynamik, Reinbek 1957

Hollstein, Walter/Meinhold, Marianne (Hg.): Sozialarbeit unter kapitalistischen Produktionsbedingungen, Frankfurt am Main 1975

Hoppe, Jörn Reiner/Zern, Hartmut: Praxisanleitung im Spannungsfeld von sozialpädagogischer Praxis und Ausbildung (Eigenverlag des deutschen Vereins für öffentliche und privat Fürsorge), Frankfurt am Main 1988

Horn, Klaus (Hg.): Gruppendynamik und der „subjektive Faktor", Frankfurt am Main 1972

Horster, D.: Das sokratische Gespräch, in: Lippenmeier, Norbert/Gesamthochschule Kassel (Hg.): Beiträge zur Supervision, Bd. 7, Kassel 1991

Houwink, Eda: Der Praxislehrer als Mensch, in: Kraus, Hertha (Hg.): Casework in USA, Frankfurt am Main 1950

Horvath, Maria/Scheidl-Trummer, Elisabeth: Psychoanalytische Pädagogik seit 1983, in: Trescher, Hans-Georg/Büttner, Christian (Hg.): Jahrbuch für psychoanalytische Pädagogik, Bd. 1, Mainz 1989

Hubschmid, Marliese/Schönholzer, Jürg u.a: Entwicklung der Supervision in der Schweiz, in: Supervision 10/1986

Hüppauff, Hubertus: Supervision als Einflußsicherung in Organisationen oder: Was macht der Wirt mit dem Bier im Gesicht? in: Supervision 7/1985

Hürter, Elisabeth: Männliches und Weibliches in der Supervision, in: Supervision 20/1991

Hummel, Konrad: Organisationsannäherungen als Fortbildungsmethode, in: Theorie und Praxis Sozialer Arbeit 1/1982

Hundsalz, Andreas: Psychodrama in der Supervision von Sozialarbeitern, in: Gruppendynamik 16/1985

Huppertz, Norbert: Supervision. Analyse eines problematischen Kapitels der Sozialarbeit, Neuwied und Darmstadt 1975

Huppertz, Norbert: Zum Fortschritt in der Supervision, in: Unsere Jugend 11/1976

Huppertz, Norbert: Ein Rätsel für Eingeweihte. Ein „Klassiker" der Supervisionskritik resümiert: Noch immer keine Wissenschaftlichkeit, in: Sozialmagazin 9/1979

Hutta, Jos: Sozialarbeiter zwischen Gruppe, Supervision und Institution, in: Schwalbacher Blätter 4/1970

Iben, Gerd: Die Sozialpädagogik und ihre Theorie, in: Zeitschrift für Pädagogik 4/1969

Imber-Black, Evan: Familien und größere Systeme, Heidelberg 1990

Imhoff, Susanne v.: Zur Diskussion in der DGSv über die SupervisorInnenausbildung für Fachkräfte der Krankenpflege durch die Akademie Münster (Leserbrief), in: DGSv aktuell 3/1991

Ingerfeld, Gisela: Hoffnungen und Befürchtungen bezüglich einer freiberuflichen Vereinigung der Supervisoren/Supervisorinnen, in: Supervision 11/1987

Ingerfeld, Gisela: Deutscher Supervisionstag 1992, in: DGSv aktuell 3/1991

Irle, G.: Überlegungen zur Supervisionsausbildung, in: Gesamthochschule Kassel (Hg.): Beiträge zur Supervision, Bd. 1, Kassel 1982

Irle, G.: Strategisches Handeln als Bindeglied zwischen Institution und Person. Theoretische und praktische Konsequenzen aus der Theorie sozialer Dienstleistungsentwicklung für Qualifikation und berufliches Selbstverständnis der Supervision, in: Gesamthochschule Kassel (Hg.): Beiträge zur Supervision, Bd. 3, Kassel 1984

Irle, G.: Supervision und sozialer Dienstleistungswandel, in: Supervision 8/1985

Irle, G.: Supervision als Verhandlungsberatung in informationstechnischen Rationalisierungsvorhaben, in: Gesamthochschule Kassel (Hg.): Beiträge zur Supervision, Bd. 6, Kassel 1987

Isbary, Gerda: Unterrichtsbegleitendes Praktikum unter Supervision, in: Sozialpädagogik 1/1968
Jansen, Bernd: Felddynamik – Beziehungsdynamik in der Supervision, in: Supervision 9/1986
Jansen, Bernd: Zur Konzeptualisierung von Supervision, in: Gruppenpsychotherapie und Gruppendynamik 2/1989
Jansen, Bernd/Langthaler, Werner: Zur Stellung des Lehrsupervisors im Kontext der Supervisionsausbildung, in: Boettcher/Leuschner (Hg.): Lehrsupervision, Aachen 1990
Jansen, Bernd: Zur Diskussion in der DGSv über die Supervisorenausbildung für Fachkräfte der Krankenpflege durch die Akademie Münster, in: DGSv aktuell 2/1991
Jaspert, Siegfried: Personalentwicklung im Non-Profit-Bereich, in: Maelikke/Reinbold (Hg.): Organisationsentwicklung im sozialen Bereich, (Tagungsreader, ISS), Frankfurt/M. 1990
Jochum, Manfred: Supervision in der Ausbildung, in: Sozialpädagogik 1/1974
John, Renate/Fallner, Heinrich: Handlungsmodell Supervision, Mayen 1980
Jonas, Hans: Das Prinzip Verantwortung, Frankfurt am Main 1984
Jones, Ernest: Sigmund Freud. Leben und Werk, Bd. 1, Bern und Stuttgart 1960
Judd, Jadwiga u.a.: Praxisberatung in Gruppen (Group-Supervision). Ein Mittel zur beruflichen Entwicklung, in: v. Caemmerer, Dora (Hg.): Praxisberatung (Supervision), Freiburg 1970
Jugendwerk der Deutschen Shell (Hg.): Jugend '81, Opladen 1982
Jugendwerk der Deutschen Shell (Hg.): Jugendliche und Erwachsene, 5 Bde., Opladen 1985
Junker, Helmut: Das Beratungsgespräch, München 1973
Julier, Claude (Hg.): La Supervision. Son usage en travail social, Genève 1984
Jung, H.: Praktikanten in der Bewährungshilfe, in: Bewährungshilfe 1/1965
Kadushin, Alfred: „Spiele" in der Praxisberatung, in: v. Caemmerer, Dora (Hg.): Praxisberatung (Supervision), Freiburg 1970
Kadushin, Alfred: Supervision in Social Work, New York 1985
Kadushin, Alfred: Supervision in der Sozialarbeit, in: Supervision 18/1990
Kallabis, Oriana: Vorstellungen zu einem Curriculum „Lehrsupervision" in: Boettcher/Leuschner (Hg.): Lehrsupervision, Aachen 1990
Kamphuis, Marie: Die persönliche Hilfe in der Sozialarbeit unserer Zeit, Stuttgart 1965
Kapp, Gertrud: Praxisanleitung und Praxisberatung, in: Schwalbacher Blätter 43/1959
Kapp, Gertrud: Das Fernziel heißt Reifungshilfe. Zum Problem der Supervision in der Praxis, in: Sozialpädagogik 5/1963
Kapp, Gertrud: Die Phasen in der Supervision, in: Unsere Jugend 11/1976
Kapp, Gertrud: Vertiefendes Arbeiten in der Supervision durch Einbeziehung der Gestalttherapie, in: Schwalbacher Blätter 3/1983

Kappeler, Manfred/Liebel, Manfred: Praxisberatung im Klima des Berufsverbots, in: Deutsche Jugend 5/1973

Kardoff, Ernst v.: Praxisforschung als Forschung der Praxis, in: Heiner, Maja (Hg.): Praxisforschung in der Sozialarbeit, Freiburg 1988

Karnath, Joachim: Supervision und Beratungskultur in der alternativen Szene, in: Supervision 15/1989

Kaslow, Florence, Whiteman u.a: Supervision, Consultation and Staff Training in the Helping Professions, San Francisco, Washington, London 1977

Katz-Bernstein, Nitza: Supervisionverfahren in der Logopädie – Perspektiven des Integrativen Ansatzes, in: Gestalt und Integration 1/1991

Keeney, Bradford: Hörst du die Melodie? Eine kurze Abhandlung des Wechsels von der „Super-Vision" zur „Super-Audition", in: Brandau, Hannes (Hg.): Supervision aus systemischer Sicht, Salzburg 1991

Keil, Siegfried/Bollermann, Gerd/Nieke, Wolfgang (Hg.): Studienreform und Handlungskompetenz im außerschulischen Erziehungs- und Sozialwesen, Neuwied und Darmstadt 1981

Kelber, Magda (Hg.): Gruppenpädagogik, Wiesbaden 1959

Kelber, Magda (Hg.): Auswahl Drei. Beiträge zur Gruppenpädagogik, Wiesbaden 1971

Kernberg, Otto: Borderline-Störungen und pathologischer Narzißmus, Frankfurt am Main 1983

Kersting, Heinz J.: Kommunikationssystem Gruppensupervision, München 1975

Kersting, Heinz J.: Supervision in der sozialpädagogischen Ausbildung, in: Sozialpädagogik 2/1978

Kersting, Heinz J.: Die Rolle des nebenberuflichen Supervisors, in: Supervision 3/1983

Kersting, Heinz J./Krapohl, Lothar/Leuschner, Gerhard (Hg.): Diagnose und Intervention in Supervisionsprozessen, Aachen 1988a

Kersting, Heinz J./Lehmenkühler-Leuschner, Angelica: Konfrontation in der Supervision, in: Kersting/Krapohl/Leuschner (Hg.): Diagnose und Intervention in Supervisionsprozessen, Aachen 1988b

Kersting, Heinz Jürgen: Supervision in langfristigen Fortbildungen, in: Sozialpädagogik 2/1989

Kersting, Heinz J./Krapohl, Lothar (Hg.): Teamsupervision: Eine Problemskizze, in: Pühl, Harald (Hg.): Handbuch der Supervision, Berlin 1990a

Kersting, Heinz J.: Analogie-Lernen in der Lehrsupervision, in: Boettcher/Leuschner (Hg.): Lehrsupervision, Aachen 1990b

Kersting, Heinz J.: Konstruktivistische Teamsupervision oder „Wie störe ich ein Arbeitssystem", in: Brandau, Hannes (Hg.): Supervision aus systemischer Sicht, Salzburg 1991a

Kersting, Heinz J.: Deutsche Gesellschaft für Supervision e.V., in: Sozialpädagogik 3/1991b

Kersting, Heinz: Nachruf für Louis Lowy, in: DGSv-Aktuell 2/1991c

Kessel, Louis v.: Einige Aspekte der niederländischen Supervision, in: Gesamthochschule Kassel (Hg.): Beiträge zur Supervision, Bd. 6, Kassel 1987

Keupp, Heiner: Beratung und Therapie, in: Blätter der Wohlfahrtspflege 1/1991

Kieper-Wellmer, Marianne: Wo Frauen unter sich sind – Überlegungen zu Struktur, Beziehung und Macht in frauendominierten sozialpädagogischen Einrichtungen, in: Supervision 20/1991

Kieser, A./Kubicek, H.: Organisation, Berlin, New York 1983

Kipp, Hilde: Der psychoanalytische Blick im pädagogischen Handlungsfeld, in: Gesamthochschule Kassel (Hg.): Beiträge zur Supervision, Bd. 3, Kassel 1984

Kitz: Koordinierung, Supervision und Teamarbeit als Probleme der Sozialreform, in: Nachrichtendienst des Deutschen Vereins für öffentliche und private Fürsorge 12/1954

Klein, Brigitte: Der Kontrakt in der Supervision, in: Sozialpädagogik 1/1973

Klessmann, Michael: Supervision in der klinischen Seelsorgeausbildung, in: Wege zum Menschen 5/6 1977

Klinglmair, Alfred: Systemisch-evolutionäre Supervision in Institutionen, in: Brandau, Hannes (Hg.): Supervision aus systemischer Sicht, Salzburg 1991

Klückmann, C.: Emanzipation, Entfaltung, in: Lippenmeier, Norbert/Gesamthochschule Kassel (Hg.): Beiträge zur Supervision, Bd. 7, Kassel 1991

Klüsche, Wilhelm: Professionelle Helfer. Anforderungen und Selbstdeutungen, Aachen 1990

Klüwer, Karl: Arbeit mit Heimgruppenleitern in E-Gruppen, in: Gruppenpsychotherapie und Gruppendynamik 5/1972

Knieschewski, Elmar: Bildungsökonomische Überlegungen zur Supervision, in: Theorie und Praxis der Sozialen Arbeit 11/1974

Knieschewski, Elmar: Zur Institutionalisierung von Supervision, in: Der Sozialarbeiter 5/1975

Knieschewski, Elmar: Sozialarbeiter und Klient, Weinheim und Basel 1978

Knieschewski, Elmar: Zur Institutionalisierung von Supervision, in: Gaertner, Adrian (Hg.): Supervision, Kassel 1979

Kilian, Hans: Zur Frage einer kritischen Praxis der Supervision und der Supervisorenausbildung, in: Gaertner, Adrian (Hg.): Supervision, Kassel 1979

Knoers, Alphons H.P.: Praxisberatung und Lerntheorie, in: Siegers, Frans (Hg.): Praxisberatung in der Diskussion, Freiburg 1974

Knoll, A.: Über die strukturelle und qualitative Unterschiedlichkeit von Supervision, in: Gesamthochschule Kassel (Hg.): Beiträge zur Supervision, Bd. 1, Kassel 1982

Koch, Hans-Bernd: Entpolitisierung durch Beratung? in: Neue Praxis 3/1975

Koch, Hans-Bernd: Kirchliche Arbeit unter Supervision, in: Wege zum Menschen 5/6 1977

Koch, Hans-Bernd: Welche Kompetenz braucht der Supervisor? Eine Sichtung aus Erfahrungen der Praxis, in: Gesamthochschule Kassel (Hg.): Beiträge zur Supervision, Bd. 3, Kassel 1984

Koch, Ursula/Ohlenburg, Harro: Berufseinmündung bei graduierten Sozialarbeitern/Sozialpädagogen, in: Projektgruppe Soziale Berufe (Hg.): Sozialarbeit: Professionalisierung und Arbeitsmarkt. Expertisen III, München 1981

Koch, Ursula/Ohlenburg, Harro: Der Berufsanfang in der sozialen Arbeit, Weinheim 1982

Kochan, Boris: Sozialmarketing – Herausforderung für soziale Organisationen, in: Maelicke/Reinbold (Hg.): Organisationsentwicklung im sozialen Bereich, (Tagungsreader, ISS), Frankfurt/M. 1990

Koechel, Roland: Zur Abstinenz des Supervisors, in: Gesamthochschule Kassel (Hg.): Beiträge zur Supervision, Bd. 3, Kassel 1984

Kögl, Walter: Die Beziehung zwischen Anleiter und Praktikant, das Anleitungsgespräch und die Beurteilung des Praktikanten, in: Nachrichtendienst des Deutschen Vereins für öffentliche und private Fürsorge 9/1971

Kölle, Gerda/Bentivegni, Gesa v.: Supervision (Praxisberatung) in der Sozialarbeit, in: Schwalbacher Blätter 88/1970

König, Walter: Abwehrmechanismen in der Team-Supervision, in: Gestalt und Integration 1/1991

Körner, Jürgen: Neuere Überlegungen zum psychoanalytischen Übertragungskonzept und seine Anwendung in der Supervision sozialberuflich Tätiger, in: Supervision 6/1984

Kolleck, Bernd: Abwechslungsreich arbeiten, in: Soziale Arbeit 6/1991

Konopka, Gisela: Soziale Gruppenarbeit – ein helfender Prozeß, (1963), Weinheim 1968

Konopka, Gisela: Soziale Gruppenarbeit, in: Pfaffenberger, Hans (Hg.): Grundbegriffe und Methoden der Sozialarbeit, Neuwied, Berlin 1966

Kothe, Birgit: Zusammenfassende Berichterstattung über die Diskussion des Supervisionskongresses, in: Gaertner, Adrian (Hg.): Supervision, Kassel 1979

Krämer, Klaus: Kritische Aspekte der Organisationsentwicklung, in: Bachmann, C.H. (Hg.): Kritik der Gruppendynamik, Frankfurt am Main 1981

Krämer, Klaus: Von der Ungeduld, warten zu können. Supervision im Rahmen der Organisationsentwicklung, in: Supervision 3/1983

Krämer, Klaus: Organisationskultur und Supervisionsfokus, in: Supervision 7/1985

Krämer, Klaus: Professionalisierung von Supervision? in: Sonderheft Supervision 1990

Krämer, Renate: Teamsupervision innerhalb eines Großunternehmens, in: Supervision 2/1982

Kramer, David/Landwehr, Rolf: Die „Freie Wohlfahrtspflege" am Ende der Weimarer Republik, in: Bauer, Rudolph (Hg.): Die liebe Not, Weinheim und Basel 1984

Kranz, Ulrike: Spielerische Möglichkeiten fallbezogener Supervision in Gruppen, in: Brandau, Hannes (Hg.): Supervision aus systemischer Sicht, Salzburg 1991

Krauß, E. Jürgen: Methoden der Sozialarbeit/Sozialpädagogik, in: Kreft, Dieter/Mielenz, Ingrid (Hg.): Wörterbuch Soziale Arbeit, Weinheim und Basel 1988

Kraus, Hertha (Hg.): Casework in USA, Frankfurt am Main 1950

Kraus, Rudolf: Supervision in der Jugendhilfe, in: Unsere Jugend 12/1972

Krauskopf, Wolfgang: Teamsupervision in der Strafentlassenenhilfe, in: Supervision 2/1982

Krauskopf, Wolfgang: Werkstatt für Berufspraktikanten, in: Supervision 13/1988

Kremers, Rolf: Überlegungen zum Problem der Abhängigkeit in der Praxisberatung (Supervision), in: Deutscher Verein für öffentliche und private Fürsorge (Hg.): Praxisberatung (Supervision) in Abgrenzung zur analytisch orientierten Psychotherapie, Frankfurt am Main 1975

Kreft, Dieter: Veränderungsbedarf aus der Sicht der Praxis, in: Maelicke, Bernd (Hg.): Sozialarbeit als soziale Innovation, Weinheim und München 1987

Kreft, Dieter/Mielenz, Ingrid (Hg.): Wörterbuch Soziale Arbeit (Neuausgabe), Weinheim und Basel 1988

Kreutz, Henrik/Landwehr, Rainer (Hg.): Studienführer für Sozialarbeiter/Sozialpädagogen. Ausbildung und Beruf im Sozialwesen, Neuwied und Darmstadt 1977

Kreutz, Henrik: Soziale Stellung und berufliches Rollenverständnis von Sozialarbeitern/Sozialpädagogen, in: Kreutz, Henrik/Landwehr, Rainer (Hg.): Studienführer für Sozialarbeiter/Sozialpädagogen, Neuwied und Darmstadt 1977

Krisam, Raymund: Die Ausbildung für Sozialarbeit in Großbritannien, in: Keil, Siegfried u.a. (Hg.): Studienreform und Handlungskompetenz im außerschulischen Erziehungs- und Sozialwesen, Neuwied und Darmstadt 1981

Kriwat, Gerlinde: Kindertagesstätten-Beratung in Berlin. Organisationsinterne und berufsbegleitende Beratung „vor Ort“, in: Supervision 12/1988

Kröger, Friedrich Wilhelm: Bibliographie zur Supervision, in: v. Caemmerer, Dora u.a. (Red.): Supervision – ein berufsbezogener Prozeß, Wiesbaden 1977

Krüger, Dietrich: Die Bedeutung des systemischen Denkens für Supervision, in: Sozialpädagogik 4/1991

Krüger, Reinhard T.: Psychodrama als Supervisionsmethode, in: Pühl, Harald (Hg.): Handbuch der Supervision, Berlin 1990

Kuhn, Thomas S.: Die Struktur wissenschaftlicher Revolutionen, Frankfurt am Main 1973

Küper, Brigitte/Lüdemann-Wieringa, Waltraud: Supervision in der Institution, in: Supervision 12/1988

Kurrle, Bernhard: Supervision – die Zukunft beginnt zu beginnen, in: Unsere Jugend 4/1972a

Kurrle, Bernhard: Überlegungen zur Praxisberatung in der Heimerziehung, in: Blätter der Wohlfahrtspflege 8/1972b

Kurrle, Bernhard: Anleiter sein, ein hartes Geschäft, in: Sozialpädagogik 10/1968

Kurrle, Bernhard: Balanceakt auf dem Hochseil, in: Unsere Jugend 9/1969

Kutter, Peter: Sozialarbeit und Psychoanalyse, Göttingen 1974

Kutter, P./Roth J.K.: Psychoanalyse an der Universität, München 1981

Kutter, P.: Psychoanalytische Supervisions-Gruppen an der Hochschule, in: Psyche 3/1983

Kutter, Peter: Psychoanalytische, methodische und systemtheoretische Anmerkungen zur Supervision, in: Supervision 6/1984

Kutter, Peter (Hg.): Methoden und Theorien der Gruppenpsychotherapie, Stuttgart 1985

Kutter, Peter: Ethik und Supervision, in: Sonderheft Supervision 1990a

Kutter, Peter: Das direkte und indirekte Spiegelphänomen, in: Pühl, Harald (Hg.): Handbuch der Supervision, Berlin 1990b

Kutter, Peter: Psychoanalyse als Reflexionsinstrument der Sozialarbeit, in: Büttner, Christian u.a. (Hg.): Psychoanalyse und soziale Arbeit, Mainz 1990c

Kutzik, Alfred J.: The Social Work Field, in: Kaslow, F.W. u.a.: Supervision, Consultation and Staff Training in the Helping Professions, San Francisco, Washington, London 1977

Lankton, Stephen/Kutschera, Gundl: In die Rolle des anderen schlüpfen. NLP und die „Strukturen der Magie" in der Supervision, in: Brandau, Hannes (Hg.): Supervision aus systemischer Sicht, Salzburg 1991

Lander, Hilda: Macht Supervision emanzipatorische Lernprozesse machbar? in: Der Sozialarbeiter 3/1975

Lander, Hilda/Palm, Franz: Die Schein-Dramatik der Identitätskrise beim Lernziel. Einstellungsveränderungen im Bereich beruflicher Fortbildung/Supervision, in: Der Sozialarbeiter 3/1976

Lander, Hilda: Politische Dimensionen von Supervision – eine Legitimationsskizze, in: v. Caemmerer, Dora u.a. (Red.): Supervision – ein berufsbezogener Lernprozeß (Haus Schwalbach) Wiesbaden 1977

Landshut, Gerd: Umgang mit regressiven Phänomenen in der Supervision von Institutionen, in: Gestalt und Integration 1/1991

Landwehr, Rolf: Alice Salomon und ihre Bedeutung für die soziale Arbeit (Fachhochschule für Sozialarbeit und Sozialpädagogik Berlin), Berlin 1981

Landwehr, Rolf/Baron, Rüdeger (Hg.): Geschichte der Sozialarbeit, Weinheim und Basel 1983

Lantermann, E.D.: Selbstbefangenheit als konstruktiver Prozeß, in: Lippenmeier, Norbert/Gesamthochschule Kassel (Hg.): Beiträge zur Supervision, Bd. 7, Kassel 1991

Lapassade, Georges: Gruppen, Organisationen, Institutionen, Stuttgart 1972

Lapassade, Georges: Institutionsanalyse und Sozioanalyse, in: Gruppendynamik 6/1973

Laplanche, J./Pontalis, J.-B.: Das Vokabular der Psychoanalyse, Bd. 1, Frankfurt/M. 1973

Lattke, Herbert: Soziale Arbeit und Erziehung, Freiburg 1955

Lattke, Herbert: Sozialpädagogische Gruppenarbeit, Freiburg 1962

Lattke, Herbert: Das helfende Gespräch, Freiburg 1973

Lau, Th./Wolff, St.: Grenzen von Modellen sozialpädagogischer Kompetenz, in: Neue Praxis 4/1982

Lau, Th./Wolff, St.: Wer bestimmt eigentlich, wer kompetent ist? in: Müller/Otto/Peters/Sünker (Hg.): Handlungskompetenz in der Sozialarbeit/Sozialpädagogik, Bd. 1, Bielefeld 1989

Launer, Vera/Sorge, Bernd: Supervision im Spannungsfeld der Sozialberatung von Schuldnerinnen und Schuldnern, in: Sozialpädagogik 3/1991

Leffers, Josef: Teamsupervision mit professionellen Helfern in sozialen und therapeutischen Einrichtungen, in: GwG-Zeitschrift 69/1987

Leffers, Josef: Kritische Anmerkungen zu organisationsinterner Supervision, in: Supervision 12/1988

Leffers, Josef: Synopse der Ausbildungsstätten für Supervisoren in der BRD – Standarderhebung, in: Supervision 16/1989

Leffers, Josef/Wieringa, Cornelis: Das Team im Umfeld der Institution. Von der Teamsupervision zur Institutionsberatung, in: Sonderheft Supervision 1990

Leffers, Josef: Gruppen- und Teamsupervision mit professionellen Helfern, in: Sozialpädagogik 3/1991

Lehmenkühler, Angelica: Umgang mit Identifikation und Abgrenzung in der Gruppensupervision, in: Akademie für Jugendfragen Münster (Hg.): Supervision im Spannungsfeld zwischen Person und Institution, Freiburg 1979

Lehmenkühler, Angelica: Verstehen in der Supervision aus sozialpsychologischer Sicht, in: Supervision 1/1982

Lehmenkühler-Leuschner, Angelica: Supervision für Erzieherinnen in Tageseinrichtungen für Kinder, in: Supervision 5/1984

Lehmenkühler-Leuschner, Angelica: Rollenlernen in der Lehrsupervision, in: Boettcher/Leuschner (Hg.): Lehrsupervision, Aachen 1990a

Lehmenkühler-Leuschner, Angelica/Langthaler, Werner: Zur Stellung der Lehrsupervision im Kontext der Supervisionsausbildung, in: Boettcher/Leuschner (Hg.): Lehrsupervision, Aachen 1990b

Leinfelder, Franz: Organisationsinterne Supervision in der Fortbildung, in: Supervision 12/1988

Lempert, Jürgen: Organisation und Supervision, in: Supervision 12/1988

Lessing, Hellmut/Liebel, Manfred: Jugend in der Klassengesellschaft, München 1974

Letz, Gertrud: Praxisanleitung, in: Unsere Jugend 2/1971

Letz, Gertrud: Praxisanleitung für Sozialarbeiter, in: Blätter der Wohlfahrtspflege 8/1972

Leube, Konrad: Ausbildung für „Social Work" in den USA, in: Kreutz, Henrik/Landwehr, Rainer (Hg.): Studienführer für Sozialarbeiter/Sozialpädagogen, Neuwied und Darmstadt 1977

Leube, Konrad: Professionalisierung und Ausbildung in der amerikanischen Sozialarbeit (DJI-Forschungsbericht), München 1981

Leuschner, Gerhard: Beratungsmodelle in der Gruppensupervision, in: v. Caemmerer, Dora u.a. (Red.): Supervision – ein berufsbezogener Lernprozeß (Haus Schwalbach) Wiesbaden 1977

Leuschner, Gerhard: Gedanken zur Rolle des Lehrsupervisors, in: Akademie für Jugendfragen Münster (Hg.): Supervision im Spannungsfeld zwischen Person und Institution, Freiburg 1979

Leuschner, Gerhard: Der freiberufliche Supervisor, in: Supervision 3/1983

Leuschner, Gerhard: Übersetzungen – aus der Balint-Gruppenpraxis eines Supervisors, in: Supervision 4/1983

Leuschner, Gerhard: Fragen zum gesellschaftlichen Standort von Supervision, in: Kersting/Krapohl/Leuschner (Hg.): Diagnose und Intervention in Supervisionsprozessen, Aachen 1988a

Leuschner, Gerhard/Schaaf, Johannes: Angewandte Gruppendynamik in der Teamsupervision und Organisationsberatung, in: Kersting/Krapohl/Leuschner (Hg.): Diagnose und Intervention in Supervisionsprozessen, Aachen 1988b

Leuschner, Gerhard: Aspekte einer Konzeption von Lehrsupervision, in: Boettcher/Leuschner (Hg.): Lehrsupervision, Aachen 1990

Leuschner, Gerhard: Leiter-Supervision, in: Sozialpädagogik 3/1991

Levy, Charles S.: The Ethics of Supervision, in: Munson Carlton E. (Ed.): Social Work Supervision, New York 1979

Lewin, Kurt: Die Lösung sozialer Konflikte, Bad Nauheim 1953

Lewin, Kurt: Feldtheorie in den Sozialwissenschaften (1946), Bern, Stuttgart 1963

Lewkowicz, Marina (Hg.): Neues Denken in der Sozialen Arbeit. Mehr Ökologie – mehr Markt – mehr Management, Freiburg 1991

Lide, Pauline: Aufzeichnungen eines Praxislehrers, in: Kraus, Hertha (Hg.): Casework in USA, Frankfurt am Main 1950

Lievegoed, B.C.J.: Organisationen im Wandel, Bern und Stuttgart 1974

Likert, R.: Die integrierte Führungs- und Organisationsstruktur, Frankfurt am Main 1975

Lingesleben, Otto: Die Berufssituation der Sozialarbeiter, Köln und Opladen 1968

Linster, Hans Wolfgang/Panagiotopoulos, Panagiotis: Supervision in der klientenzentrierten Psychotherapieausbildung, in: Pühl, Harald (Hg.): Handbuch der Supervision, Berlin 1990

Lippenmeier, Norbert (Hg.): Arbeitskonferenz Theorie der Supervision, Kassel 1984

Lippenmeier, Norbert (Hg.): Was kann Supervision leisten? Kassel 1985

Lippenmeier, Norbert (Hg.): Praxis der Supervision. Supervisionskongreß 1987, Kassel 1987

Lippenmeier, Norbert: Die Bedeutung des sokratischen Prinzips für und im Supervisionsprozeß, in: Pühl, Harald (Hg.): Handbuch der Supervision, Berlin 1990a

Lippenmeier, Norbert: Axiome aus dem Sokratischen Dialog als Grundlage einer Fortbildung für Lehrsupervisoren, in: Boettcher, Wolfgang/Leuschner, Gerhard (Hg.): Lehrsupervision, Aachen 1990b

Lippenmeier, Norbert: Analyse eines Fallbeispiels aus einer Supervisionsgruppe mit Hilfe der Axiome des Sokratischen Dialogs, in: Lippenmeier, Norbert/Gesamthochschule Kassel (Hg.): Beiträge zur Supervision, Bd. 7, Kassel 1991

Lippitt, Ronald: Kurt Lewin und die Anfänge der Gruppendynamik, in: Heigl-Evers, Anneliese (Hg.): Lewin und die Folgen, München 1979a

Lippitt, Ronald: Kurt Lewin und die Aktionsforschung, in: Heigl-Evers, Anneliese (Hg.): Lewin und die Folgen, München 1979b

Lippitt, R./Lippitt, Gordon: Der Beratungsprozeß in der Praxis, in: Sievers, Burkard (Hg.): Organisationsentwicklung als Problem, Stuttgart 1979c

Little, Ruby: Anleitung zur guten Berichterstattung, in: Kraus, Hertha (Hg.): Casework in USA, Frankfurt am Main 1950

Loofs, Maria: Aufgaben, Arten, Voraussetzungen und Möglichkeiten der Supervision, in: Jugendwohl 7-8 1973

Loos, W.: Die Einzelsupervision von „Beziehungsarbeitern", in: Fatzer, Gerhard/Eck, Claus (Hg.): Supervision und Beratung, Köln 1990

Lorenzer, Alfred: Sprachzerstörung und Rekonstruktion, Frankfurt am Main 1970

Lorenzer, Alfred: Zur Begründung einer materialistischen Sozialisationstheorie, Frankfurt am Main 1972

Lorenzer, Alfred: Die Wahrheit der psychoanalytischen Erkenntnis, Frankfurt am Main 1974

Lorenzer, Alfred: Gesellschaftskritik im Interventionsprozeß. Thesen und Referat, in: Gaertner, Adrian (Hg.): Supervision, Kassel 1979

Loureau, René: Die institutionelle Gegenübertragung und der Analysator in der sozio-analytischen Intervention, in: Gruppendynamik 4/1971

Lowy, Louis: Supervision: Ein agogischer Lehr- und Lernprozeß, in: v. Caemmerer, Dora u.a. (Red.): Supervision – ein berufsbezogener Lernprozeß (Haus Schwalbach) Wiesbaden 1977

Lowy, Louis: Case Management in der Sozialarbeit, in: Mühlfeld/Oppl u.a. (Hg.): Soziale Einzelhilfe, Frankfurt/M. 1988

Luban-Plozza, Boris (Hg.): Praxis der Balint-Gruppen, München 1974

Ludewig, Kurt: Grundarten des Helfens. Ein Schema zur Orientierung der Helfer und der Helfer der Helfer, in: Brandau, Hannes (Hg.): Supervision aus systemischer Sicht, Salzburg 1991

Lüdemann-Wieringa, Waltraud: Meine Erfahrungen in einer Balint-Gruppe, in: Supervision 4/1984

Lüders, Christian: Der wissenschaftlich ausgebildete Praktiker, Weinheim 1989

Lüssi, Peter: Systemische Sozialarbeit, Bern 1991

Lützow, Klaus/Strömbach, Renate u.a.: Supervision – eine Notwendigkeit in der Jugend-, Sozial- und Gemeindearbeit, in: Neue Praxis 3/1975

Luhmann, Niklas: Funktionen und Folgen formaler Organisationen, Berlin 1964

Luhmann, Niklas: Formen des Helfens im Wandel gesellschaftlicher Bedingungen, in: Otto, Hans-Uwe/Schneider, Siegfried (Hg.): Gesellschaftliche Perspektiven der Sozialarbeit, Bd. 1, Neuwied und Darmstadt 1975a

Luhmann, Niklas: Allgemeine Theorie organisierter sozialer Systeme, in: Luhmann, Niklas: Soziologische Aufklärung, Bd. 2, Opladen 1975b

Luhmann, Niklas: Soziale Systeme, Frankfurt am Main 1987

Lumma, Klaus/Willms, Dieter: Organisationsentwicklung als Folge kommunikationsfördernder Weiterbildung, in: Treude, Burkhard (Hg.): Organisationsentwicklung. Praxismodelle aus der Bundesrepublik Deutschland, Hamburg 1981

Maelicke, Bernd: Institutionsberatung, in: Deutscher Verein für öffentliche und private Fürsorge (Hg.): Fachlexikon für soziale Arbeit, Frankfurt am Main 1980

Maelicke, Bernd (Hg.): Soziale Arbeit als soziale Innovation, Weinheim und München 1987

Maelicke, Bernd: Management in sozialen Organisationen, in: Blätter der Wohlfahrtspflege 3/1989

Maelicke, Bernd/Reinbold, Brigitte: Ganzheitliche und sozialökologische Organisationsentwicklung für Non-Profit-Organisationen (Institut für Sozialarbeit und Sozialpädagogik/Bank für Sozialwirtschaft Frankfurt), Berlin, Hannover, Köln, München, Stuttgart o.J. (1990)a

Maelicke, Bernd/Reinbold, Brigitte: Organisationsentwicklung im sozialen Bereich, (Tagungsreader, ISS) Frankfurt/M. 1990b

Maelicke, Bernd: Funktionelle Dilettanten, in: Socialmanagement 2/1991

Maetze, Gerhard: Die Psychoanalyse in Deutschland, in: Eicke, Dieter (Hg.): Freud und die Folgen (I), Zürich 1976

Maraun, Erna: Casework und Supervision in der amerikanischen Jugendfürsorge, in: Praxis der Kinderpsychologie und Kinderpsychiatrie 8/9 1952

Maraun, Erna: Aufnahme und Verbreitung der Case-Work-Methode in Berlin, in: Praxis der Kinderpsychologie und Kinderpsychiatrie 2/1955

Marburger, Helga: Entwicklung und Konzepte der Sozialpädagogik, München 1979

Marr, Dieter u.a.: Unterschiedliche Organisationsformen von Supervision, in: Nachrichtendienst des Deutschen Vereins für öffentliche und private Fürsorge 8/1983

Martin, Ernst: Didaktik der sozialpädagogischen Arbeit, Weinheim und München 1989

Maslow, Abraham A.: Psychologie des Seins, München 1981

May, Ulrike: Psychoanalyse in den USA, in: Eicke, Dieter (Hg.): Tiefenpsychologie, (Bd. 2), Neue Wege der Psychoanalyse – Psychoanalyse der Gesellschaft – Die psychoanalytische Bewegung, Weinheim und Basel 1982

Mayntz, Renate: Soziologie der Organisation, Reinbek 1971

Mayntz, Renate (Hg.): Bürokratische Organisationen, Köln, Berlin 1968

M.E.: Streit um ein Pflegekind – Team erforderlich, in: Unsere Jugend 6/1953

Mead, D. Eugene: Supervision. A Task-Oriented Model for the Mental Health Professions, New York 1990

Mead, G.H.: Geist, Identität und Gesellschaft, Frankfurt am Main 1973

Mehl, Hans Peter: Supervision – Praxisberatung in sozialen Berufen, in: Sozial 1/1982

Meinhold, Marianne: Wissenstransfer durch Organisationsberatung, in: Otto/Hirschauer/Thiersch (Hg.): Zeit-Zeichen sozialer Arbeit, Neuwied 1992

Melzer, Gerhard: Praxisanleitung. Praxisberatung und Konsultation, Soziale Arbeit 12/1968

Melzer, Gerhard: Praxisanleitung und Praxisberatung in der Sozialarbeit, Frankfurt am Main 1972

Melzer, Gerhard: Ein Konzept von Praxisberatung, in: Deutscher Verein für öffentliche und private Fürsorge (Hg.): Praxisberatung (Supervision) in Abgrenzung zur analytisch orientierten Psychotherapie, Frankfurt am Main 1975a

Melzer, Gerhard: Praxisberaterkurse der Akademie für Jugendarbeit und Sozialarbeit des Deutschen Vereins für öffentliche und private Fürsorge über Theorie und Praxis der Supervision, in: Archiv für Wissenschaft und Praxis der sozialen Arbeit 6/1975b

Melzer, Gerhard: Funktionen und Einsatzbereiche der Praxisberatung (Supervision), in: Nachrichtendienst des Deutschen Vereins für öffentliche und private Fürsorge 9/1977

Melzer, Gerhard/Launer, Vera: Supervision, in: Deutscher Verein für öffentliche und private Fürsorge (Hg.): Fachlexikon der sozialen Arbeit, Frankfurt am Main 1986

Melzer, Gerhard/Retaiski, Herbert: Praxisberatung, in: Deutscher Verein für öffentliche und private Fürsorge (Hg.): Fachlexikon der sozialen Arbeit, Frankfurt am Main 1986

Menthonnex, Andrée: Supervision und Praxisanleitung in der Sozialarbeit (übersetzt von Jaqueline Nieder), in: Schwalbacher Blätter 4/1972

Mentzos, Stavros: Interpersonale und institutionalisierte Abwehr, Frankfurt am Main (1976), 1988

Menzies, Isabel E.P.: Die Angstabwehr-Funktion sozialer Systeme, in: Gruppendynamik 3/1974

Merkblatt: Supervision im Heim, in: Jugendwohl 9/1975

Merl, Christel/Merl, Harry: Systemische Aspekte der Teamsupervision, in: Brandau, Hannes (Hg.): Supervision aus systemischer Sicht, Salzburg 1991

Merleau-Ponty, Maurice: Phänomenologie der Wahrnehmung, Berlin 1966

Merleau-Ponty, Maurice: Die Struktur des Verhaltens, Berlin 1976

Metzger, Wolfgang: Daten zu Leben und Werk von Kurt Lewin, in: Heigl-Evers, Anneliese (Hg.): Lewin und die Folgen, München 1979

Meyer, A.E./Richter R. u.a.: Forschungsgutachten zu Fragen eines Psychotherapeutengesetzes (im Auftrage des Bundesministeriums für Jugend, Frauen, Familie und Gesundheit) Hamburg 1991

Meyer, Elisabeth/Niederschmid, Theo: Wie wird man Lehrsupervisor? in: Boettcher, Wolfgang/Leuschner, Gerhard (Hg.): Lehrsupervision, Aachen 1990

Miller, Irving: Spezifische Merkmale der Praxisberatung in der Sozialen Gruppenarbeit, in: v. Caemmerer, Dora (Hg.): Praxisberatung (Supervision), Freiburg 1970

Minuchin, Salvador/Fishman, Charles, H.: Praxis der strukturellen Familientherapie, Freiburg 1985

Möller, Jens/Grau, Uwe/Rohweder, Norbert: Beratung von Individuen in komplexen Systemen, in: Systemische Therapie 4/1988

Mörsberger, Thomas: Verschwiegenheitspflicht und Datenschutz, Freiburg 1985

Mollenhauer, Klaus: Die Ursprünge der Sozialpädagogik in der industriellen Gesellschaft (1959), Weinheim und Berlin 1987

Mollenhauer, Klaus: Einführung in die Sozialpädagogik, Weinheim und Berlin 1968

Mollenhauer, Klaus: Erziehung und Emanzipation, München 1970

Mühlberger, Erich: Rat und Korrektur von außen (Supervision), in: Der Sozialarbeiter 6/1980

Müller, Burkhard: Die Last der großen Hoffnungen. Methodisches Handeln und Selbstkontrolle in sozialen Berufen, München 1985

Müller, Burkhard: Der eigene und der fremde Alltag, in: Neue Praxis 5/1986

Müller, Burkhard: Vom Nutzen und Nachteil der Psychoanalyse für das Sozialpädagogen/innen-Leben, in: Büttner, Christian/Finger-Trescher, Urte/Scherpner, Martin (Hg.): Psychoanalyse und soziale Arbeit, Mainz 1990

Müller, C.W. (Hg.): Gruppenpädagogik. Auswahl aus Schriften und Dokumenten, Weinheim 1972

Müller, C.W. (Hg.): Sozialpädagogische Arbeitsplätze. Acht Beispiele von Diplompädagogen im Beruf, Weinheim und Basel 1977

Müller, C.W. (Hg.): Begleitforschung in der Sozialpädagogik, Weinheim 1978

Müller, C.W. (Hg.): Einführung in die soziale Arbeit, Weinheim und Basel 1985

Müller, C.W.: Wie Helfen zum Beruf wurde, Bd. 1, Weinheim und Basel 1982

Müller, C.W.: Wie Helfen zum Beruf wurde, Bd. 2, Weinheim und Basel 1988

Müller, C.W.: Achtbare Versuche. Zur Geschichte von Praxisforschung in der Sozialen Arbeit, in: Heiner, Maja (Hg.): Praxisforschung in der Sozialarbeit, Freiburg 1988a

Müller, C.W.: Evaluierung, in: Kreft, Dieter/Mielenz, Ingrid (Hg.): Wörterbuch Soziale, Weinheim und Basel Arbeit 1988b

Müller, Elisabeth/Schmal-Eisenberg, Willemien: Supervision als Möglichkeit, emanzipatorische Handlungskompetenz zu erwerben, in: Gesamthochschule Kassel (Hg.): Beiträge zur Supervision, Bd. 3, Kassel 1984

Müller, Hermann/Retaiski, Herbert u.a.: Lehren und Lernen von Leitung und Beratung. Beiträge und Berichte aus dem Akademiekurs „Leitung von Mitarbeitergruppen und Praxisberatung/Supervision" in den sozia-

len Diensten (Deutscher Verein für öffentliche und private Fürsorge) Frankfurt/M. 1987
Müller, Klaus D./Gehrmann, Gerd: Organisationsentwicklung – eine Chance für Soziale Dienste? in: Sozialmagazin 5/1988
Müller, Rolf, Fritz u.a.: Offener Brief der Regionalgruppe Köln, in: DGSV aktuell 2/1991
Müller, Rolf, Fritz: Supervision in der sozialpädagogischen Familienhilfe, in: Jugendwohl 6/1992
Müller, Toni: Meine Vorstellungen und Erfahrungen mit Supervision, in: Gesamthochschule Kassel (Hg.): Beiträge zur Supervision, Bd. 1, Kassel 1982
Müller, Toni: Systematische Abläufe in der Supervision, in: Gesamthochschule Kassel (Hg.): Beiträge zur Supervision, Bd. 3, Kassel 1984
Müller, Toni: Überlegungen zum Selbstverständnis von Supervisoren/innen im BSH in: Sozial 4/1985
Müller-Schöll, Albrecht: Fortbildung für die Heimerziehung, in: Sozialpädagogik 1/1973
Müller-Schöll, Albrecht: Supervision als Entwicklungshilfe, in: Sozialpädagogik 1/1974
Müller-Schöll, Albrecht: Thema Supervision, in: Sozialpädagogik 2/1983
Müller-Schöll, Albrecht: Systemisches Sozialmanagement, in: Engel-Kemmler/Maelicke/Scherpner (Hg.): Fortbilden und Gestalten, Weinheim und München 1990
Müller-Schöll/Priepke: Fortbildung – Organisations- und Institutionsberatung, in: Sozialpädagogik 4/1976
Müller-Zadow, Emilie: Praxisberatung, in: Nachrichtendienst des Deutschen Vereins für öffentliche und private Fürsorge 7/1960
Müller, Siegfried/Otto, Hans-Uwe/Peter, Hilmar/Sünker, Heinz (Hg.): Handlungskompetenz in der Sozialarbeit/Sozialpädagogik, 2 Bde., Bielefeld 1989
Münch, Winfried: Die Bearbeitung von beruflichen Konflikt- und Krisenerlebnissen in der Supervisionsgruppe, in: Supervision 5/1984a
Münch, Winfried: Leiden und Lust an der Schule. Psychoanalytische Selbsterfahrung und Supervision in Lehrergruppen, Frankfurt am Main 1984b
Münch, Winfried: Psychische Belastungen durch Arbeitslosigkeit, in: Supervision 8/1985
Münch, Winfried: Die Arbeit mit Lehrern in Supervisionsgruppen, in: Pühl, Harald/Schmidbauer, Wolfgang (Hg.): Supervision und Psychoanalyse. Selbstreflexion der helfenden Berufe, München 1986 (auch: Frankfurt 1991)
Münch, Winfried: Über Helfereinstellungen und Handlungskonzepte von Sozialarbeiterinnen und Sozialarbeitern, im „Sozialen Dienst", in: Supervision 14/1988
Münch, Winfried: Über ein zeit-historisches Ereignis: Zeit- und Grenzgedanken zu einer Verbandsgründung, in: Supervision 16/1989
Münch, Winfried: Zur Arbeit mit Übertragung und Gegenübertragung in Supervisionsgruppen für Lehrer: Die Abwehr ödipaler Verantwortung, in: Pühl, Harald (Hg.): Handbuch der Supervision, Berlin 1990

Münch, Winfried: Wie entsteht Wachstum? in: Lippenmeier, Norbert/Gesamthochschule Kassel (Hg.): Beiträge zur Supervision, Bd. 7, Kassel 1991

Münchmeier, Richard: Zugänge zur Geschichte der Sozialarbeit, München 1981

Munson, Carlton E. (Ed.): Social Work Supervision, New York 1979

Munson, Carlton (Ed.): The Clinical Supervisor, Houston 1983ff

Muthesius, Hans (Hg.): Alice Salomon, die Begründerin des sozialen Frauenberufs in Deutschland, Köln und Berlin 1959

Nagel, Herbert/Seifert, Monika (Hg.): Inflation der Therapieformen, Reinbek 1979

Nedelmann, Carl/Ferste, Heinz (Hg.): Die Methode der Balint-Gruppe, Stuttgart 1989

Nedelmann, Carl/Reiche, Reimut: Analyse und Analysieren im Spiegel einer empirischen Studie, in: Psyche 3/1991

Neidhardt, Nuna: Beiträge zur Gruppensupervision, I, II, III; in: Nachrichtendienst des Deutschen Vereins 11/1972; 1/1973; 2/1973

Nellessen, Lothar: Supervision: Vom Drauf-Schauen übers Vor-Machen zum Mit-Tun, in: Gesamthochschule Kassel (Hg.): Beiträge zur Supervision, Bd. 1, Kassel 1982

Nellessen, Lothar: Supervision trotz/zur Verzichtsplanung? in: Gesamthochschule Kassel (Hg.): Beiträge zur Supervision, Bd. 3, Kassel 1984

Nellessen, Lothar: Akquisition in der Supervision oder: Von der Nachfrage- zur Angebotssupervision, in: Supervision 7/1985

Nellessen, Lothar: Professionalität von Supervisoren/Supervisorinnen, in: Supervision 11/1987

Nellessen, Lothar: Interne, externe und nebenberufliche Supervision, in: Supervision 12/1988

Nellessen, Lothar: Die Gruppendynamik in der Supervision, in: Fatzer, Gerhard/Eck, Claus D. (Hg.): Supervision und Beratung, Köln 1990

Nellessen, Lothar: Das Alltägliche in der Supervision, das Außergewöhnliche und der Wertehimmel, in: Lippenmeier, Norbert/Gesamthochschule Kassel (Hg.): Beiträge zur Supervision, Bd. 7, Kassel 1991

Nentzel, Eva-Maria: Auswahl von Fällen in der Praxisanleitung, in: Nachrichtendienst des Deutschen Vereins für öffentliche und private Fürsorge 10/1971

Nestmann, Frank: Beratung von sozialpädagogischen Institutionen – Plädoyer für einen eklektischen Ansatz, in: Neue Praxis 1/1985

Neuberger, Oswald/Kompa, Ain: Wir, die Firma. Der Kult um die Unternehmenskultur, Weinheim 1987

Neuffer, Manfred: Die Kunst des Helfens, Weinheim und Basel 1990

Neutzling, Rainer: Die Super-Vision, in: Sozialmagazin 6/1987

Nevis, E.C.: Organisationsberatung, Köln 1988

Nicholds, E.: Praxis sozialer Einzelhilfe, Freiburg 1971

Niebel, W.: 15 Jahre erfolgreiche Weiterbildung, in: Die Berufliche Sozialarbeit 6/1991

Niedermeier, Andreas: Fachliche Effektivität und betriebswirtschaftliche Effizienz – Interessenkonflikt oder Gestaltungsaufgabe, in: Maelikke/Reinbold (Hg.): Organisationsentwicklung im sozialen Bereich, (Tagungsreader, ISS), Frankfurt/M. 1990

Niederschmid, Theo: Das Phänomen des Unbewußten in der analytisch orientierten Supervision, dargestellt an Eröffnungsszenen, in: Supervision 6/1984

Nieke, Wolfgang: Das Konzept der professionellen Handlungskompetenz als Versuch der Bestimmung von Studienzielen, in: Keil, Siegfried/Bollermann, Gerd/Nieke, Wolfgang (Hg.): Studienreform und Handlungskompetenz im außerschulischen Erziehungs- und Sozialwesen, Neuwied und Darmstadt 1981

Nijkerk, Karel J.: Der Ort für Training und Praxisberatung in einem Ausbildungsprozeß, in: Siegers, Frans N.J. (Hg.): Praxisberatung in der Diskussion, Freiburg 1974

Nilo, Mario (Ed.): Psychiatria e Antipsychiatria, Novara 1977

Nittel, D.: Berufliche Alltagsprobleme von hauptberuflichen Volkshochschul-Mitarbeiter/Innen: Fixpunkt und möglicher Gegenstand einer Supervision in der Erwachsenenbildung, in: Lippenmeier, Norbert/Gesamthochschule Kassel (Hg.): Beiträge zur Supervision, Bd. 7, Kassel 1991

Nix, Christoph: Für ein Zeugnisverweigerungsrecht der Sozialarbeit, in: Sozialmagazin 12/1990

Northen, Helen: Soziale Arbeit mit Gruppen, Freiburg 1973

Oberhoff, Bernd: Konzeption der Supervisorenausbildung an der Akademie für Jugendfragen, in: Akademie für Jugendfragen Münster (Hg.): Supervision im Spannungsfeld zwischen Person und Institution, Freiburg 1979

Oberhoff, Bernd: Rezension von: Gesamthochschule Kassel (Hg.): Beiträge zur Supervision, Bd. 1, Kassel 1982, in: Supervision 3/1983

Oberhoff, Bernd: Über Supervision, Identität und Sich-Erinnern – Gedanken eines deutschen Supervisors, in: Supervision 10/1986

Ohlmeier, Dieter: Supervision – Balintarbeit – Therapie. Was sie verbindet, was sie trennt, und was – oft – von ihnen erwartet wird, in: Gesamthochschule Kassel (Hg.): Beiträge zur Supervision, Bd. 3, Kassel 1984

Oliva, Hans/Oppel, Hubert/Schmid, Rudolf: Innovation in sozialen Diensten, in: Blätter der Wohlfahrtspflege 5/1991

Olk, Thomas/Otto, Hans-Uwe (Hg.): Der Wohlfahrtsstaat in der Wende, München 1985

Olk, Thomas: Abschied vom Experten, München 1986

Olk, Thomas/Otto, Hans-Uwe (Hg.): Soziale Dienste im Wandel, 3 Bde., Neuwied 1987-1989

Olk, Thomas/Otto, Hans-Uwe: Perspektiven professioneller Kompetenz, in: Olk/Otto (Hg.): Soziale Dienste im Wandel, Bd. 2, Neuwied 1989

Oppl, Hubert: Der Prozeß der Sozialen Einzelhilfe, in: Mühlfeld/Oppl u.a. (Hg): Soziale Einzelhilfe, Frankfurt am Main 1988

Oppl, Hubert: Organisationsentwicklung in Non-Profit-Organisationen, in: Lewkowicz, Marina (Hg): Neues Denken in der Sozialen Arbeit, Freiburg 1991

Orywa, Renate/Dröge, Annette (Bearb.): Alice Salomon und ihre Schriften (Fachhochschule für Sozialarbeit und Sozialpädagogik Berlin) Berlin 1989

Oswald, Rolf: Bedarf an Organisationsentwicklung aus der Sicht der Praxis, in: Maelicke/Reinbold (Hg): Organisationsentwicklung im sozialen Bereich (Tagungsreader, ISS), Frankfurt am Main 1990

Otterbach, Rosmarie: Institution und Supervision, in: Sozialpädagogik 2/1977

Otto, Hans-Uwe/Utermann, Kurt: Sozialarbeit als Beruf, München 1971

Otto, Hans-Uwe/Schneider, Siegfried (Hg.): Gesellschaftliche Perspektiven der Sozialarbeit, 2 Bde., Neuwied und Darmstadt 1973

Otto, Hans-Uwe/Dewe, Bernd: Professionalisierung, in: Eyferth, Hanns/Otto, Hans-Uwe/Thiersch, Hans (Hg.): Handbuch Sozialarbeit/Sozialpädagogik, Neuwied 1984

Otto, Hans-Uwe/Sünker, Heinz (Hg.): Soziale Arbeit und Faschismus, Bielefeld 1986

Pagés, Max: Das affektive Leben der Gruppe, Stuttgart 1974

Pallasch, Waldemar: Supervision. Neue Formen beruflicher Praxisbegleitung in pädagogischen Arbeitsfeldern, Weinheim 1991

Pallasch, W./Mutzeck, W./Reimers, H. (Hg.): Beratung, Training, Supervision, Weinheim 1992

Pankoke, Eckhart: Sozialarbeit im Schatten der Modernisierungskrisen. Zur Problem-, Programm- und Organisationsentwicklung sozialer Dienste, in: Oppl/Tomaschek (Hg.): Soziale Arbeit 2000, Bd. 2, Freiburg 1986

Parisius, P.: Die Verantwortung des Supervisors zwischen Verweigern und Paktieren, in: Lippenmeier, Norbert/Gesamthochschule Kassel (Hg.): Beiträge zur Supervision, Bd. 7, Kassel 1991

Parmentier, Michael: Ethnomethodologie, in: Lenzen, Dieter/Mollenhauer, Klaus (Hg.): Enzyklopädie Erziehungswissenschaft: Theorien und Grundbegriffe der Erziehung und Bildung, Bd. 1, Stuttgart 1983

Paulwitz, Irmtraut: Freiwillige in sozialen Diensten. Volunteers und Professionelle im Wohlfahrtssektor der USA, Weinheim und München 1988

Payne, Chr./Scott, T.: Developing Supervision of Teams in Field and Residential Social Work, London 1982

Pazzini, Karl Josef: Es spiegelt sich. Verborgene Liebe und Machtgedanken – Arbeit an Supervisionsthemen aus einer Balint-Gruppe, in: Päd:Extra/Demokratische Erziehung 7-8/1988

Perlman, Helen H.: Soziale Einzelhilfe als problemlösender Prozeß, Freiburg 1970

Perls, Frederick, S.: Gestalt-Therapie in Aktion, Stuttgart 1974

Perls, Frederick, S.: Gestalt-Wahrnehmung, Frankfurt am Main 1981

Perls, Fritz: Grundlagen der Gestalt-Therapie, München 1982

Peters, Helge: Die mißlungene Professionalisierung der Sozialarbeit, in: Otto, Hans-Uwe/Utermann, Kurt (Hg.): Sozialarbeit als Beruf, München 1971

Peters, Hilmar: Handlungskompetenz in der „klassischen" Methodenliteratur der Sozialarbeit und Perspektiven für eine Neuorientierung, in: Müller, S./Otto, H.-U. u.a. (Hg.): Handlungskompentenz in der Sozialarbeit/Sozialpädagogik, Bd. 1, Bielefeld 1984

Peters, Uwe Henrik: Übertragung – Gegenübertragung, München 1977

Pettes, Dorothy: Supervision in der Sozialarbeit, Freiburg 1971

Petzold, Hilarion: Das Korrespondenzmodell in der Integrativen Agogik, in: Integrative Therapie 1/1978

Petzold, Hilarion (Hg.): Widerstand – ein strittiges Konzept in der Psychotherapie, Paderborn 1981

Petzold, Hilarion: Die Gestalttherapie von Fritz Perls, Lore Perls und Paul Goodman, in: Integrative Therapie 1-2/1984a

Petzold, Hilarion: Vorüberlegungen und Konzepte zu einer integrativen Persönlichkeitstheorie, in: Integrative Therapie 1-2/1984b

Petzold, Hilarion/Schneewind-Udi, Jutta: Konzepte zur Gruppe und Formen der Gruppenarbeit in der Integrativen Therapie und Gestalttherapie, in: Petzold/Frühmann (Hg.): Modelle der Gruppe, Bd. 1, Paderborn 1986

Petzold, Hilarion: Curriculum Supervision (Fritz-Perls-Institut), Düsseldorf 1987

Petzold, Hilarion: Supervision zwischen Exzentrizität und Engagement, in: Integrative Therapie 3-4/1989

Petzold, Hilarion: Konzept und Praxis von Mehrperspektivität in der Integrativen Supervision, dargestellt am Fallbeispiel für Einzel- und Teambegleitung, in: Gestalt und Integration 1/1991

Pfaffenberger, Hans: Sozialarbeiterausbildung in USA und Kanada, in: Keil, Siegfried/Bollermann, Gerd/Nieke, Wolfgang (Hg.): Studienreform und Handlungskompetenz im außerschulischen Erziehungs- und Sozialwesen, Neuwied und Darmstadt 1981

Plag, Elisabeth: Praxisberatung im Heim, in: Sozialpädagogik 1/1973

Plessen, Ulf/Kaatz, Stefan: Supervision in Beratung und Therapie, Salzburg 1985

Plessner, Helmut: Zwischen Philosophie und Gesellschaft, Bern 1953

Plessner, Helmut: Soziale Rollen und menschliche Natur, in: ders.: Diesseits der Utopie, Düsseldorf 1966

Post, Ingrid (Bearbeiterin): Supervision für Teams in Erziehungsberatungsstellen, in: Caritas-Korrespondenz, B 1; 3/1983

Pott, Ludwig/Thürnau, Fritz: Leitungskräfte müssen führen, in: Engel-Kemmler/Maelicke/Scherpner (Hg.): Fortbilden und Gestalten, Weinheim und München 1990

Praag, van Eric: Ziele der Praxisberatung – eine Untersuchung, in: Siegers, Frans N.J. (Hg.): Praxisberatung in der Diskussion, Freiburg 1974

Pressel, Alfred: Soziologische und sozialpsychologische Aspekte der Praxisanleitung, in: Nachrichtendienst des deutschen Vereins für öffentliche und private Fürsorge 5/1971

Preuß, Alfred: Wie es zur gemeindenahen Supervision kam, in: Gerspach, Manfred (Hg.): Supervision für Soziale Dienste, Mainz 1991

Prieler, Gerhard: Supervision in der pastoralen Arbeit, in: Gestalt und Integration 1/1991

Prognos: Entwicklung der Freien Wohlfahrtspflege bis zum Jahr 2000, Basel 1984

Prognos: Freie Wohlfahrtspflege im zukünftigen Europa. Herausforderungen und Chancen im Europäischen Binnenmarkt, Köln und Berlin 1991

Projektgruppe Soziale Berufe (Hg.): Sozialarbeit, 3 Bde., München 1982

Pühl, Harald: Methodische Überlegungen zur Bearbeitung unbewußter Gruppenprozesse – am Beispiel einer Teamsupervision, in: Supervision 6/1984

Pühl, Harald: Beratungsansätze in der Sozialarbeit, in: Theorie und Praxis der Sozialen Arbeit 5/1985

Pühl, Harald/Schmidbauer, Wolfgang: Helfen als Beruf, Entfremdung und Supervision, in: Pühl/Schmidbauer (Hg.): Supervision und Psychoanalyse, München 1986 (auch Frankfurt am Main 1991)

Pühl, Harald/Schmidbauer, Wolfgang: Supervision und Psychoanalyse, München 1986b (auch Frankfurt am Main 1991)

Pühl, Harald: Supervision zwischen Institution und Therapie, in: Theorie und Praxis der Sozialen Arbeit 2/1987

Pühl, Harald: Angst in Gruppen und Institutionen, Frankfurt am Main 1988

Pühl, Harald: Alternativprojekte: Der Kollektivmythos als Chef, in: Supervision 15/1989a

Pühl, Harald: Der „wilde" und der „professionelle" Supervisor, in: Supervision 16/1989b

Pühl, Harald (Hg.): Handbuch der Supervision, Berlin 1990a

Pühl, Harald: Der Supervisor als Lehrer und Leiter, in: Pühl, Harald (Hg.): Handbuch der Supervision, Berlin 1990b

Pühl, Harald: „Wilde" oder „professionelle" Supervision? in: Pühl, Harald (Hg.): Handbuch der Supervision, Berlin 1990c

Pühl, Harald: Einleitung zu: Ausbildungs-Supervision, in: Pühl, Harald (Hg.): Handbuch der Supervision, Berlin 1990d

Pühl, Harald: Einleitung zu: Fortbildungs-Supervision, in: Pühl, Harald (Hg.): Handbuch der Supervision, Berlin 1990e

Pühl, Harald: Erstkontakt, Beginn und Nachfrageanalyse in der Team-Supervision, in: Pühl, Harald (Hg.): Handbuch der Supervision, Berlin 1990f

Pühl, Harald: Einzelsupervision im Schnittpunkt von persönlicher und beruflicher Rolle, in: Pühl, Harald (Hg.): Handbuch der Supervision, Berlin 1990g

Pühl, Harald: Psychoanalytisch-orientierte Supervision, in: Pühl, Harald (Hg.): Handbuch der Supervision, Berlin 1990h

Pühl, Harald/Schmidbauer, Wolfgang (Hg.): Supervision und Psychoanalyse. Selbstreflexion der helfenden Berufe, (überarbeitete Neuauflage von Pühl/Schmidbauer 1986) Frankfurt am Main 1991a

Pühl, Harald: Psychoanalytische Supervision: Einleitung, in: Pühl, Harald/Schmidbauer, Wolfgang (Hg.): Supervision und Psychoanalyse, Frankfurt am Main 1991b

Pühl, Harald: Institutionen als Orte der Angstbindung und -mobilisierung, in: Lippenmeier, Norbert/Gesamthochschule Kassel (Hg.): Beiträge zur Supervision, Bd. 7, Kassel 1991c

Pühl, Harald: Plädoyer für eine emanzipatorische Supervision, in: DGSv aktuell 1/1992

Racker, Heinrich: Übertragung und Gegenübertragung, München und Basel 1978

Raguse, Hartmut: Psychoanalytische Teamsupervision oder: Der Psychoanalytiker als Teamsupervisor, in: Supervision 14/1988

Raguse, Hartmut: Der quasi-abwesende Supervisand – Supervision als literarisches Verstehen, in: Pühl, Harald (Hg.): Handbuch der Supervision, Berlin 1990a

Raguse, Hartmut: Supervision – angewandte Psychoanalyse? in: Fatzer, Gerhard/Eck, Claus D. (Hg.): Supervision und Beratung, Köln 1990b

Raguse, Hartmut: Gruppensupervision, in: Fatzer, Gerhard/Eck, Claus D. (Hg.): Supervision und Beratung, Köln 1990c

Rank, Otto: Technik der Psychoanalyse: Die analytische Situation (Bd.1), Leipzig und Wien 1926

Rank, Otto: Technik der Psychoanalyse: Die analytische Reaktion (Bd. 2), Leipzig und Wien 1929

Rappe-Giesecke, Kornelia: Gruppendynamik in Balintgruppen? in: Gruppendynamik 1/1986

Rappe-Giesecke, Kornelia: Probleme der Anwendung der Balintgruppenmethode auf Teamsupervisionen, in: Gesamthochschule Kassel (Hg.): Beiträge zur Supervision, Bd. 6, Kassel 1987

Rappe-Giesecke, Kornelia: Theorie und Praxis der Gruppen- und Teamsupervision, Berlin und Heidelberg 1990a

Rappe-Giesecke, Kornelia: Die Komplexität der Gruppensupervision, in: Sonderheft Supervision 1990b

Rauchfuß, Andreas/Schrader, Michael: Organisationsberatung für Soziale Beschäftigungsinitiativen, in: Blätter der Wohlfahrtspflege 5/1991

Rebstock, Brigitte: Mein Verständnis von Supervision, in: Sozialpädagogik 2/1992

Reich, Wilhelm: Charakteranalyse, Berlin 1933

Reichel, René: Integrative Supervision, in: Integrative Therapie 3-4/1989

Rechtien, Wolfgang: Angewandte Gruppendynamik, München 1992

Reichert, Kurt: Professionalisierung der Sozialarbeit in den Vereinigten Staaten – Entwicklung und Gegenwartsprobleme, in: Otto, Hans-Uwe/Utermann, Kurt (Hg.): Sozialarbeit als Beruf, München 1971

Reinbold, Brigitte: Unternehmensphilosophie/-kultur und Corporate Identity – Selbstverständniserklärung als Voraussetzung und Bestandteil von Organisationsentwicklung in sozialen Organisationen, in: Maelikke/Reinbold (Hg.): Organisationsentwicklung im sozialen Bereich, (Tagungsreader, ISS), Frankfurt/M. 1990a

Reinbold, Brigitte: Organisationsentwicklung und Sozialmanagement als Innovationsschub, in: Sozial: Extra, März 1990b

Reinbold, Brigitte: Organisationsentwicklung vom Kopf auf die Füße stellen, in: Socialmanagement 3/1991

Reinmund, Anneliese: Verwirklichung von Supervision in der eigenen Einrichtung, in: Sozialpädagogik 3/1977

Retaiski, Herbert: Leitung, Beratung und Supervision, in: Engel-Kemmler/Maelicke/Scherpner (Hg.): Fortbilden und Gestalten, Weinheim und München 1990

Retzer, Arnold: Systemische Supervision, in: Pühl, Harald (Hg.): Handbuch der Supervision, Berlin 1990

Richmond, Mary E.: Social Diagnosis (1917), New York 1944

Richmond, Mary E.: Supervision and Review (1917/1944), in: Munson Carlton E. (Ed.): Social Work Supervision, New York 1979

Richtberg, Werner: Lernen in der Supervision, in: Archiv für Wissenschaft und Praxis der sozialen Arbeit 8/1977

Richtberg, Werner u.a.: Praxisberatung in Leitungsfunktionen, in: Nachrichtendienst des Deutschen Vereins 64/1984

Richter, Horst-Eberhard: Patient Familie, Reinbek 1970

Richter, K./Fallner, H.: Kreative Medien in der Supervision und psychosozialen Beratung, Hille/Minden 1989

Richter, K.: Methodenintegration in der Supervision, in: Sonderheft Supervision 1990

Riedel, I.: Sich Zeit Nehmen, in: Lippenmeier, Norbert/Gesamthochschule Kassel (Hg.): Beiträge zur Supervision, Bd. 7, Kassel 1991

Riege, Marlo: Soziale Arbeit in den USA, in: Neue Praxis 2/1990

Ringshausen-Krüger, Margarete: Die Supervision in der deutschen Sozialarbeit (Dissertation Frankfurt/M.), Frankfurt am Main 1977a

Ringshausen-Krüger, Margarete: Supervision als Beratungsverfahren in der pastoralen Praxis, in: Wege zum Menschen 5-6/1977b

Ritter, Judy/Hundsalz, Andreas: Der Umgang mit dem Kontext als Werkzeug in der Supervision, in: Wege zum Menschen 2/1987

Rix, Ulrike/Prinz, Andreas: Dialog mit Krallen, in: Sozialmagazin 9/1979

Robinson, Virginia T.: Supervision in Social Casework (University of North Carolina Press) 1936

Roethlisberger, F./Dickson, W.: Management and the Worker, Cambridge (Mass.) 1939

Rohde, Bernhard: Sozialpädagogische Hochschulausbildung (Dissertation Hamburg), Frankfurt, Bern, New York 1989

de Roos, Sijtze: Workshop für Supervisorinnen und Supervisoren. Ein Bericht über eine Veranstaltung des Senators für Familie, Jugend und Sport, Berlin, in: DGSv aktuell 3/1991

Roth, Alfons Michael: Die Supervision in der sozialpädagogischen Arbeit und ihre Anwendung im Heim, in: Jugendwohl 6/1975

Roth, Jörg Kaspar: Wer hat Angst vor der Balint-Gruppe? in: Supervision 4/1983

Roth, Jörg Kaspar: Hilfe für Helfer: Balintgruppen, München 1985

Roth, Jörg Kaspar: Die Balintgruppe – ein Klassiker der Supervision, in: Fatzer, Gerhard/Eck, Claus D. (Hg.): Supervision und Beratung, Köln 1990

Roth, Niklaus: Das Modell der Rollenzuweisung: Therapeutische Supervision unter Einbezug des Körpers als Organ der Wahrnehmung und des

Ausdrucks, in: Pühl, Harald (Hg.): Handbuch der Supervision, Berlin 1990

Rosin, Ulrich: Balint-Gruppen: Konzeptionen – Forschung – Ergebnisse, in: Heigl-Evers, Anneliese/Brocher, Tobias/Fürstenau, Peter u.a. (Hg.): Die Balint-Gruppe – in Klinik und Praxis, Bd. 3, Berlin und Heidelberg 1989

Rost, Wolf-Dieter: Als Supervisor in einer Fachklinik. Ein Erfahrungsbericht, in: Supervision 14/1988

Rotering-Steinberg, Sigrid: Kollegiale Praxisberatung, in: Supervision 13/1988

Rotering-Steinberg, Sigrid: Ein Modell kollegialer Supervision, in: Pühl, Harald (Hg.): Handbuch der Supervision, Berlin 1990

Rumpf, E.: Die Traumdeutung im Dienste der Supervision, in: Lippenmeier, Norbert/Gesamthochschule Kassel (Hg.): Beiträge zur Supervision, Bd. 7, Kassel 1991

Rupprecht, Bernd: Wenn Frust das Betriebsklima stört, ist der Supervisor gefragt, in: Kölner Stadt-Anzeiger 11.2.1992

Sachße, Christoph/Tennstedt, Florian (Hg.): Jahrbuch der Sozialarbeit 1982, Reinbek 1981

Sachße, Christoph: Mütterlichkeit als Beruf, Frankfurt am Main 1986

Sackmann, Sonja: Organisationskultur: Die unsichtbare Einflußgröße, in: Gruppendynamik 4/1983

Sackmann, Sonja: Diagnose von sozialen Systemen, in: Fatzer, Gerhard/Eck, Claus D. (Hg.): Supervision und Beratung, Köln 1990

Saenen, Fons: Die „Landelijke Vereniging voor Supervisie en andere Begeleidingsvormen“, in: Sozialpädagogik 3/1991

Sagebiel, Felizitas: Fragen und Thesen zur Evaluation von Supervision, in: Gesamthochschule Kassel (Hg.): Beiträge zur Supervision, Bd. 3, Kassel 1984a

Sagebiel, Felizitas/Zundel, Edith: Supervision von Gruppenarbeit im sozialtherapeutischem Feld, in: Gruppenpsychotherapie und Gruppendynamik 19/1984b

Salomon, Alice: Zwanzig Jahre soziale Hilfsarbeit, Karlsruhe 1913

Salomon, Alice: Was wir uns und anderen schuldig sind, Leipzig und Berlin 1918

Salomon, Alice: Soziale Diagnose, Berlin 1926

Salomon, Alice: Die Ausbildung zum sozialen Beruf, Berlin 1927

Salzberger-Wittenberg, Isca: Die Psychoanalyse in der Sozialarbeit, Stuttgart 1973

Sandler, Erika: Die Zeit Philipps des Großmütigen ist vorbei, in: Socialmanagement 3/1991

Sarnat, Rhoda G.: Praxisberatung bei erfahrenen Sozialarbeitern, in: v. Caemmerer, Dora (Hg.): Praxisberatung (Supervision), Freiburg 1970

Scobel, Walter Andreas: Was ist Supervision? Göttingen 1988

Scobel, Walter: Psychotherapeutisch angelegte Supervision, in: Wege zum Menschen (44) 1992

Scott, Richard W.: Professional Employees in a Bureaucratic Structure: Social Work, in: Etzioni, Amitai (Ed.): The Semi-Professionals and their Organizations, New York 1969

Sheafor, Bradford W./Jenkins, Lowell E. (Ed.): Quality Field Instruction in Social Work, New York, London, 1982

Seewald, Cornelia: Der personenzentrierte Ansatz in der Managemententwicklung, in: GwG-Zeitschrift 69/1987

Seibel, Wolfgang: Leitung und Wirtschaftsführung von Wohlfahrtsverbänden, in: Blätter der Wohlfahrtspflege 3/1989

Seibel, Wolfgang: Funktionaler Dilettantismus. Erfolgreich scheiternde Organisationen im „Dritten Sektor" zwischen Markt und Staat, (unveröffentlichte Habilitationsschrift), Kassel/Konstanz 1991 auch: Baden-Baden 1992

Seibel, Wolfgang: Mißmanagement in der verbandlichen Wohlfahrtspflege, in: Socialmanagement 3/1991b

Seibel, Wolfgang: Besondere Managementrisiken bei Wohlfahrtsverbänden, in: Theorie und Praxis der Sozialen Arbeit 1/1992

Selvini Palazzoli, Mara u.a.: Hinter den Kulissen der Organisation, Stuttgart 1984

Selvini Palazzoli, Mara u.a.: Paradoxon und Gegenparadoxon, Stuttgart 1985

Siegers, Frans N.J. (Hg.): Praxisberatung in der Diskussion, Freiburg 1974a

Siegers, Frans N.J.: Praxisberatung in der Fachgruppe Sozial (päd)agogik an der Universität Nijmegen, in: Siegers, F.N.J. (Hg.): Praxisberatung in der Diskussion, Freiburg 1974b

Siegers, Frans N.J.: Praxisberatung, in: Siegers, F.N.J. (Hg.): Praxisberatung in der Diskussion, Freiburg 1974c

Siegers, Frans N.J.: Was macht der Supervisor mit dem Beruf und dem Arbeitsfeld des Supervisanden? in: Supervision 9/1986a

Siegers, Frans N.J.: Supervision in den Niederlanden, in: Supervision 10/1986b

Siegers, Frans N.J.: Supervisionspraxis in den Niederlanden, in: Gesamthochschule Kassel (Hg.): Beiträge zur Supervision, Bd. 6, Kassel 1987

Siegers, Frans N.J.: Professionalisierung von Supervision, in: Pühl, Harald (Hg.): Handbuch der Supervision, Berlin 1990

Sierek, Karl Willi: Supervision – ein Arbeitsmittel für Sozialarbeiter und Sozialpädagogen, in: Die Berufliche Sozialarbeit 6/1991

Sievers, Burkard: Theorien und Methoden der Organisationsentwicklung in den USA, in: Gruppendynamik 1/1975

Sievers, Burkard (Hg.): Organisationsentwicklung als Problem, Stuttgart 1977

Sievers, Burkard/Weigand, Wolfgang: Rolle und Beratung in Organisationen. Ein Gespräch, in: Supervision 7/1985

Sievers, Burkard: Motivation als Sinnersatz, in: Gruppendynamik 3/1987

Sievers, Burkard: Nicht jede Organisation ist eine Kirche! Oder: die Managementhierarchie beginnt ganz unten, in: Supervision 17/1990

Simon, Fritz: Chronifizierung von Problemmustern in Supervisionen, in: Brandau, Hannes (Hg.): Supervision aus systemischer Sicht, Salzburg 1991

Skiba, Ernst-Günther: Der Sozialarbeiter in der gegenwärtigen Gesellschaft, Weinheim 1968

Spangenberg, Kurt: Chancen der Gruppenpädagogik, Weinheim 1970

Spiegel, Hiltrud von: Selbstevaluation als Medium der Qualifizierung sozialer Arbeit, in: Neue Praxis 5/6, 1991

Spiess, Walter (Hg.): Gruppen- und Teamsupervision in der Heilpädagogik, Bern, Stuttgart 1991

Spiess, Walter: Entspannung, Metaphern, Imaginationen, ... Brain-Storming: Das Freiburger (CH) Supervisionsmodell für Gruppen und Teams, in: Pallasch, W./Mutzeck, W./Reimers, H. (Hg.): Beratung, Training, Supervision, Weinheim und München 1992

Sprung-Ostermann, Brigitte/Radebold, Hartmut: Probleme der Weiterbildung und Supervision für therapeutisch orientierte Arbeit mit älteren und alten Menschen durch Sozialarbeiter, in: Wege zum Menschen 3/1979

Staub-Bernasconi, Silvia: Stellen Sie sich vor: Markt, Ökologie und Management wären Konzepte einer Theorie und Wissenschaft Sozialer Arbeit, in: Lewkowicz, Marina (Hg.): Neues Denken in der Sozialen Arbeit, Freiburg 1991

Steinle, Claus: Organisation und Wandel, Berlin und New York 1985

Stemmer-Lück, Magdalena: Sexueller Mißbrauch – ein Thema in der Supervision, in: Supervision 20/1991

Szillat, W.: Szenen der Befangenheit – Gefangenheit in der Supervisionssitzung. Erleben – Verstehen – Deuten, in: Lippenmeier, Norbert/Gesamthochschule Kassel (Hg.): Beiträge zur Supervision, Bd. 7, Kassel 1991

Schaaf, Johannes: Die Angst des Supervisors vor der Gruppe und ihrer Dynamik, in: Gruppendynamik 1/1986

Schaaf, Johannes/Wiese, Barbara: Ein Lehrsupervisionsprozeß aus der Sicht der beiden Beteiligten, in: Boettcher, Wolfgang/Leuschner, Gerhard (Hg.): Lehrsupervision, Aachen 1990

Schaeffer, Doris: (AIDS)-Supervision und professionelles Handeln, in: Supervision 21/1992

Schäffter, Ortfried: Institutionsberatung, 2 Bde., Baltmannsweiler 1981

Schäffter, Ortfried: Institutionsberatung für Einrichtungen und Projekte der Erwachsenenbildung, in: Pühl, Harald (Hg.): Handbuch der Supervision, Berlin 1990

Scheer, Peter: Armut schändet: Arme Supervision von armen Betreuern für arme Trinker, in: Brandau, Hannes (Hg.): Supervision aus systemischer Sicht, Salzburg 1991

Scheffler, Sabine: Supervision in selbstorganisierten sozialen Projekten, in: Integrative Therapie 3-4/1989

Schein, Edgar H.: Wie vollziehen sich Veränderungen?, in: Bennis, Warren G./Benne, Kenneth D./Chin, Robert: Änderung des Sozialverhaltens, Stuttgart 1975

Schein, Edgar H.: Process Consultation, Vol. 2, Reading 1987a

Schein, Edgar H.: Clinical Perspective in Fieldwork, Beverly Hills 1987b

Scherpner, Hans: Theorie der Fürsorge, Göttingen 1962

Scherpner, Hans: Geschichte der Jugendfürsorge, Göttingen 1966

Scherpner, Martin: AFET-Diskussionsbeitrag zur Problematik Praxisanleitung und Praxisberatung/Supervision für Mitarbeiter in sozialpädagogischen Einrichtungen, in: AFET-Mitglieder-Rundbrief der Arbeitsgemeinschaft für Erziehungshilfe e.V. 4/1980

Scherpner, Martin: Tendenzen zur Entwicklung von Sozialarbeit und Beratung, in: Sonderheft Supervision 1990a

Scherpner, Martin: Praxisnahe Aus- und Fortbildung für den sozialen Bereich, in: Engel-Kemmler/Maelicke/Scherpner (Hg.): Fortbilden und Gestalten, Weinheim und München 1990b

Scherz, Francis H.: Vorschläge zur Praxisberatung auf der Grundlage neu definierter Verantwortungsbereiche, in: v. Caemmerer, Dora (Hg.): Praxisberatung (Supervision), Freiburg 1970

Scheuermann, P.: Der geheime Lehrplan in der Supervision, in: Lippenmeier, Norbert/Gesamthochschule Kassel (Hg.): Beiträge zur Supervision, Bd. 7, Kassel 1991

Scheuner: Auswertung der Fragebogen über Praxisanleitung/Supervision, in: AFET-Mitglieder-Rundbrief der Arbeitsgemeinschaft für Erziehungshilfe e.V. 4/1980

Schiess, Regula/v. Salis, Elisabeth: Supervision und gegeninstitutionelle Momente des Lernens, in: Pühl, Harald (Hg.): Handbuch der Supervision, Berlin 1990

Schigutt, Robert: Wege aus der Sackgasse: Von der Kontrollanalyse zur systemischen Supervision, in: Brandau, Hannes (Hg.): Supervision aus systemischer Sicht, Salzburg 1991

Schild, Walter: Praxisberatung als Lernstruktur in der praxisorientierten Ausbildung von Sozialarbeitern/Sozialpädagogen, in: Supervision 13/1988

Schiller, Heinrich: Gruppenpädagogik (Social Group Work) als Methode der Sozialarbeit, Wiesbaden 1963

Schiller, Heinrich: Präzisierung und Operationalisierung von Zielen in der Supervision mit Studierenden der Sozialarbeit und Sozialpädagogik, in: v. Caemmerer, Dora u.a. (Red.): Supervision – ein berufsbezogener Lernprozess (Haus Schwalbach) Wiesbaden 1977

Schiller, Heinrich: Dora von Caemmerer und ihr Beitrag zur Geschichte der deutschen Sozialausbildung und zur Einführung von Supervision, in: Supervision 14/1988

Schindler, Raoul: Grundprinzipien der Psychodynamik in der Gruppe, in: Psyche 11/1957

Schindler, Walter: The Role of the Mother in Group Psychotherapy, in: International Journal of Group Psychotherapy, Vol. XVI, 2/1966

Schindler, Walter: Die analytische Gruppentherapie nach dem Familienmodell, München und Basel 1980

Schleusner, Brigitte: Umgang mit Übertragung und Widerstand in der Praxisberatung (Supervision), in: Deutscher Verein für öffentliche und private Fürsorge (Hg.): Praxisberatung (Supervision) in Abgrenzung zur analytisch orientierten Psychotherapie, Frankfurt am Main 1975

Schlingensiepen, Ulrich: Vom Nutzen der Supervision für freie Träger, in: Theorie und Praxis der Sozialen Arbeit 3/1992

Schlüter, Wolfgang: Sozialphilosophie für helfende Berufe, München 1984

Schmid, Elsbeth: Supervision im Heim, in: Sozialpädagogik 4/1976

Schmidbauer, Wolfgang: Die hilflosen Helfer. Über die seelische Problematik helfender Berufe, Reinbek 1977

Schmidbauer, Wolfgang: Helfen als Beruf. Die Ware Nächstenliebe, Reinbek 1983, (Neuausgabe 1992)

Schmidbauer, Wolfgang: Über endliche und unendliche Supervision, in: Pühl, Harald/Schmidbauer, Wolfgang (Hg.): Supervision und Psychoanalyse, München 1986 (auch Frankfurt am Main 1991)

Schmidbauer, Wolfgang: Die Supervision der Supervisoren, in: Pühl, Harald (Hg.): Handbuch der Supervision, Berlin 1990

Schmidbauer, Wolfgang: Antworten auf vier Fragen zur gesellschaftlichen Rolle und Problematik von Supervision, in: Brandau, Hannes (Hg.): Supervision aus systemischer Sicht, Salzburg 1991

Schmidt, E./Mohr, B.: Supervision in der sozialen Arbeit, in: Schraml J./Baumann, U. (Hg.): Klinische Psychologie, Bern 1975

Schmidt, Gunther: Strategien, Glaubenshaltungen und Werte beim systemischen Supervidieren, in: Brandau, Hannes (Hg.): Supervision aus systemischer Sicht, Salzburg 1991

Schmidt, Manfred G.: Supervision im Krankenhaus unter Einbeziehung psychoanalytisch-systemischer Gesichtspunkte, in: Gruppenpsychotherapie und Gruppendynamik (26) 1990

Schmitz, Christof: Beobachtung der Organisation/Organisation der Beobachtung, in: Systemische Therapie 4/1988

Schneewind, Udi-Jutta: Konzepte und Methoden Integrativer Einzelsupervision, in: Integrative Therapie 3-4/1989

Schneider, Klaus D.: Supervision im Frauenhaus, in: Sozialpädagogik 3/1991a

Schneider, Klaus D.: Lehrersupervision, in: Sozialpädagogik 3/1991b

Schoen, Paul: Die nationalsozialistische Volkswohlfahrt e.V. (NSV) als Träger der „Freien Wohlfahrtspflege" und ihr Verhältnis zur öffentlichen Fürsorge und den anderen Wohlfahrtsverbänden, in: Bauer, Rudolph (Hg.): Die liebe Not, Weinheim und Basel 1984

Schönheit, Hilde: Praxisanleitung, in: Deutscher Verein für öffentliche und private Fürsorge (Hg.): Fachlexikon der sozialen Arbeit, Frankfurt am Main 1986

Scholz, Christian/Hofbauer, Wolfgang: Organisationskultur. Die vier Erfolgsprinzipien, Wiesbaden 1990

Schramm, Dieter: Organisationsberatung, in: Eyferth/Otto/Thiersch (Hg.): Handbuch Sozialarbeit/Sozialpädagogik, Neuwied und Darmstadt 1984

Schreyögg, Astrid: Konzepte zur Supervisionsgruppe, in: Petzold, H./Frühmann, R. (Hg.): Modelle der Gruppe Bd. 2, Paderborn, 1986a

Schreyögg, Astrid: Integrative Gestaltsupervision, in: Gruppendynamik 3/1986b
Schreyögg, Astrid: Supervision und Ethik, in: Integrative Therapie 2-3/1988
Schreyögg, Astrid: Supervision therapeutischer Arbeit in Organisationen, in: Integrative Therapie 3-4/1989
Schreyögg, Astrid: Organisationsanalytische Perspektiven in der Supervision von Suchtkliniken, in: Suchtgefahren 2/1990a
Schreyögg, Astrid: Die ethische Dimension in der Supervision, in: Pühl, Harald (Hg.): Handbuch der Supervision, Berlin 1990b
Schreyögg, Astrid: Integrative Gestaltsupervision: Ein methodenplurales Modell, in: Pühl, Harald (Hg.): Handbuch der Supervision, Berlin 1990c
Schreyögg, Astrid: Organisationsanalytisches Wissen in der Supervision sozialer Arbeitsfelder, in: Gruppendynamik 1/1991a
Schreyögg, Astrid: Integrative Gestaltsupervision (Dissertation Dortmund) 1991b
Schreyögg, Astrid: Teamsupervision am Beispiel Weihersmühle, in: Buchholtz, Fritz (Hg.): Die Utopie des Ikaros – Gestalttherapie mit Abhängigen, Dortmund 1991c
Schreyögg, Astrid: Was hat „Integrative Gestaltsupervision" mit Therapie zu tun? in: Supervision 19/1991d
Schreyögg, Astrid: Die „organisationsanalytischen Brillen" des Supervisors, in: Gestalt und Integration 1/1991e
Schreyögg, Astrid: Supervision. Ein Integratives Modell. Lehrbuch zu Theorie und Praxis, Paderborn 1991f. (Textidentische, aber nicht seitenidentische Buchausgabe der Dissertation. Die Buchausgabe erschien erst nach Fertigstellung des vorliegenden Manuskripts und konnte deswegen bei der Zitation nicht mehr berücksichtigt werden.)
Schreyögg, Astrid: Organisationsberatung in stationären Einrichtungen für Psychotherapie, in: Integrative Therapie 3/1991g
Schüning, Gerd: Die Kasseler Supervisionsausbildung am Scheideweg – „Die Profession in Kinderschuhen" oder „Zusatzqualifikation für soziale Berufe", in: Gesamthochschule Kassel (Hg.): Beiträge zur Supervision, Bd. 3, Kassel 1984
Schüning, Gerd: Supervision als Management, in: Gesamthochschule Kassel (Hg.): Beiträge zur Supervision, Bd. 6, Kassel 1987
Schürs, Wolfgang: Supervision und Vision – Parallelen zur Tradition der Heiler, in: Brandau, Hannes (Hg.): Supervision aus systemischer Sicht, Salzburg 1991
Schütt, Brunhilde: Anleitung-Supervision, in: Unsere Jugend 11/1976
Schütz, Alfred: Das Problem der Relevanz, Frankfurt am Main 1971
Schütze, Fritz: Zur Relevanz kommunikativer Sozialforschung für die Supervision, in: Gesamthochschule Kassel (Hg.): Beiträge zur Supervision, Bd. 3, Kassel 1984
Schultes, Jutta: Entwicklungslinien – Veränderungen eines Alternativprojektes durch Organisationsberatung, in: Supervision 15/1989

Schultze, Annedore: Supervision bei der Vernetzung von Projekten, in: Gestalt und Integration 1/1991

Schumacher, Bernd/Schweitzer, Jochen: Forschungsseminar in systemischer Supervision, in: DGSv aktuell 2/1991

Schumacher, Michaela A.: Lehrsupervision: Selbst-Aufklärung oder Selbst-Anpassung? in: Boettcher, Wolfgang/Leuschner, Gerhard (Hg.): Lehrsupervision, Aachen 1990

Schwäbisch, Lutz/Siems, Martin: Anleitung zum Sozialen Lernen, Reinbek 1990

Schwarzwälder, Hedwig: Praxisnahe Ausbildung. Ein Schlagwort oder mehr? in: Sozialpädagogik 1/1968

Schwarzwälder, Hedwig: Supervision im Gesamtkonzept methodischer Sozialarbeit, in: Sozialpädagogik 1/1970

Schwarzwälder, Hedwig: Das Heim als Modell für Supervision, in: Sozialpädagogik 1/1973

Schwarzwälder, Hedwig: Sozialarbeit und Supervision, in: Sozialpädagogik 2/1976a (wieder abgedruckt in: Supervision 18/1990)

Schwarzwälder, Hedwig: Supervision und Organisation, in: Sozialarbeit 4/1976b

Schwarzwälder, Hedwig: Gruppensupervision, in: Sozialpädagogik 2/1977

Schwarzwälder, Hedwig: Das Konzept der Supervisorenausbildung an der Diakonischen Akademie, in: Sozialpädagogik 1/1979

Schwegel-Johann, Renate: Praxisbericht: Die Bedeutung der Praxisberatung in der Heimerziehung, in: AFET-Mitglieder-Rundbrief 4/1980

Schwendter, Rolf: Zum Für und Wider die Professionalisierung von Supervision, in: Supervision 11/1987

Schwendter, Rolf: Supervision zwischen Konformismus, Rebellion und Subversion, in: Lippenmeier, Norbert/Gesamthochschule Kassel (Hg.): Beiträge zur Supervision, Bd. 7, Kassel 1991a

Schwendter, Rolf: Totale Institutionen, in: Gestalt und Integration 1/1991b

Schwinger, T.: Zur Funktion der Supervision für Mitarbeiter psychosozialer Einrichtungen – am Beispiel therapeutischer Wohngemeinschaften, in: Gruppenpsychotherapie und Gruppendynamik 19/1984

Sondermann, Josef: Supervision mit Pflegeeltern, in: Supervision 21/1992

Städtetag Nordrhein-Westfalen (Hg.): Empfehlungen zum Berufspraktikum (Langzeitpraktikum) der Sozialarbeiter/Sozialpädagogen bei einem öffentlichen Träger der Jugend-, Sozial- und Gesundheitshilfe oder einem freien Verband, Köln 1984

Staehle, Wolfgang: Management, München 1989

Staehle, Wolfgang: Organisatorischer Konservatismus in der Unternehmensberatung, in: Gruppendynamik 1/1991

Stahl, Ch.: Erfahrungen mit verschiedenen methodischen Ansätzen der Gruppensupervision, in: Blätter der Wohlfahrtspflege 11/1981

Stahl, Claus D.: Supervision – im Zusammenhang mit dem Kommunikationssystem TZI, in: Blätter der Wohlfahrtspflege 11/1981

Stark, Arnold: Supervision an der Fachhochschule als Beitrag zur Professionalisierung von Sozialarbeitern, in: Supervision 13/1988

Steegeren, van W.: Gruppenpraxisberatung, in: Siegers, Frans (Hg.): Praxisberatung in der Diskussion, Freiburg 1974

Stehmanns, Heinrich: Person- und systemorientierte Teamberatung – Gemeinwesenorientierte Praxisberatung/Supervision, in: Theorie und Praxis der Sozialen Arbeit 6/1980

Stock-Döring, Ingrid: Organisationsentwicklung als Aufgabe der betrieblichen Fort- und Weiterbildung in den v. Bodelschwinghschen Anstalten Bethel, in: Sozialpsychiatrische Informationen 2/1990

Stockhofe, H.: Leserbrief zu B. Blinkert/N. Huppertz: Der Mythos der Supervision, in: Neue Praxis 4/1974

Stoltenberg, C.D./Delworth, U.: Supervising Counsellors and Therapeuts, San Francisco 1987

Strehmel, Petra: Organisationsentwicklung in Selbsthilfeorganisationen, in: Blätter der Wohlfahrtspflege 5/1991

Strömbach, Renate/Fricke, Peter/Koch, Hans-Bernd: Supervision. Protokolle eines Lernprozesses, Gelnhausen 1975

Strömbach, Renate: Supervision – Chance zur Veränderung, in: Wege zum Menschen 5-6/1977

Strotzka, Hans: Die analytisch orientierte Ausbildungsgruppe. Bericht über ein Gruppenexperiment für Casework-Supervisions-Ausbildung, in: Soziale Arbeit 11/1964

Stoos, Friedemann/Otto, Manfred: Bildungs- und Arbeitsplatzstrukturen im Bereich der Sozialarbeit/Sozialpädagogik, in: Kreutz, Henrik/Landwehr, Rainer (Hg.): Studienführer für Sozialarbeiter/Sozialpädagogen, Neuwied und Darmstadt 1977

Tafoya, Terry: Mit den Augen des Adlers und der Maus, in: Brandau, Hannes (Hg.): Supervision aus systemischer Sicht, Salzburg 1991

Terjung, Beatrix: Person-centered approach und Organisationsentwicklung, in: Behr/Esser u.a. (Hg.): Jahrbuch für personenzentrierte Psychologie und Psychotherapie, Bd. 2, Salzburg 1990

Thiel, Axel: Supervision als kreativer Prozeß (Gesamthochschule Kassel), Kassel 1991

Thiersch, Hans: Die hermeneutisch-pragmatische Tradition der Erziehungswissenschaften, in: Thiersch/Ruprecht/Herrmann: Die Entwicklung der Erziehungswissenschaft, München 1978

Thiersch, Hans: Die Zukunft der Sozialarbeit und der sozialen Berufe, in: Projektgruppe Soziale Berufe (Hg.): Sozialarbeit: Ausbildung und Qualifikation. Expertisen I, München 1981

Thiersch, Hans: Theorie der Sozialarbeit/Sozialpädagogik, in: Kreft, Dieter/Mielenz, Ingrid (Hg.): Wörterbuch Soziale Arbeit, (Neuausgabe), Weinheim und Basel 1988

Thomä, Helmut/Kächele, Horst: Lehrbuch der psychoanalytischen Therapie, 2 Bde., Berlin, Heidelberg, New York 1989

Thürnau, Fritz: Gruppendynamik in Institutionen und Organisationen, in: Theorie und Praxis der Sozialen Arbeit 5/1982

Tillmanns, Arnd: Supervision in der Verhaltenstherapieausbildung, in: Pühl, Harald (Hg.): Handbuch der Supervision, Berlin 1990

Timm, Helga: Bericht über die Bundesfachgruppentagung Supervision vom 14.2.-16.2.1992 in Bottrop, in: Die Berufliche Sozialarbeit 2/1992

Toman, Walter: Familienkonstellationen. Ihr Einfluß auf den Menschen und sein soziales Verhalten, München 1974

Toren, Nina: Semi-Professionalism and Social Work. A Theoretical Perspective, in: Etzioni, Amitai (Ed.): The Semi-Professionals and their Organizations, New York 1969

Toren, Nina: Social Work. The Case of a Semi-Profession, London, Beverly Hills 1972

Towle, Charlotte: Der Beitrag der Ausbildung in den Methoden der Sozialarbeit für die Praxis, in: v. Caemmerer, Dora (Hg.): Praxisberatung (Supervision), Freiburg 1970

Trattner, Walter I.: From Poor Law to Welfare State, London 1984

Trebesch, Karsten (Hg.): Organisationsentwicklung in Europa, 2 Bde., Bern und Stuttgart 1980

Treude, Burkhard (Hg.): Organisationsentwicklung. Praxismodelle aus der Bundesrepublik Deutschland, Hamburg 1981

Türk, Klaus: Grundlagen einer Pathologie der Organisation, Stuttgart 1976

Türk, Klaus: Neuere Entwicklungen in der Organisationsforschung, Stuttgart 1989

Tuggener, Heinrich: Social Work. Versuch einer Darstellung und Deutung im Hinblick auf das Verhältnis von Sozialarbeit und Sozialpädagogik, Weinheim und Basel 1973

Tymister, Hans Josef (Hg.): Individualpsychologisch-pädagogische Beratung. Grundlagen und Praxis, München 1990

Uleyn, A.: Gruppensupervision, in: Sozialpädagogik 1/1976

Ulke, Karl-Dieter (Hg.): Ist Sozialarbeit lehrbar? Freiburg 1988

Uslar, v. Gesine: Das Verhältnis von Praxis und Forschung in der sozialen Arbeit – nur ein Transferproblem? in: Heiner, Maja (Hg.): Praxisforschung in der sozialen Arbeit, Freiburg 1988

Vinter, Robert D.: Beiträge zur Praxis der Sozialen Gruppenarbeit, Freiburg 1973

Virnich, Josef: Supervision in der ehemaligen DDR, in: DGSv aktuell 2/1990

Vogtmann, Manfred: Praxisberatung im Heim, in: Sozialpädagogik 1/1973

Völker, Ulrich (Hg.): Humanistische Psychologie, Weinheim 1980

Völkl-Maciejczyk, Margareta: Supervision als Bedingung für Fachlichkeit und Handlungsfähigkeit von Sozialarbeitern, in: Oppl, H./Falkensammer, H. (Hg.): Ganzheitliches Arbeiten im Gesundheitswesen (Lebenslagen und Gesundheit. Hilfen durch Soziale Arbeit, Bd. 3) Frankfurt 1986

Volkenhoff, Bernhard: „Wachsenlassen" und „Bewerten" in der Lehrsupervision, in: Boettcher, Wolfgang/Leuschner, Gerhard (Hg.): Lehrsupervision, Aachen 1990

Vollmoeller, W.: Rechtliche Aspekte externer pychiatrischer Supervisionen, in: Spektrum 6/1989

Vorstand der DGSv: Stellungnahme des Vorstands der DGSv zur Supervisionsausbildung für Fachkräfte in der Krankenpflege, in: DGSv aktuell 2/1991

Waals, v. der Koos/Houte, v. Hans: Die Ausbildung im Sozialwesen in den Niederlanden, in: Kreutz, Henrik/Landwehr, Rainer (Hg.): Studienführer für Sozialarbeiter/Sozialpädagogen, Neuwied und Darmstadt 1981

Waelder, Robert: Casework und Psychoanalyse, in: Kraus, Hertha: Casework in USA, Frankfurt am Main 1950

Wagner, Dieter: Konfliktsituationen in alternativen Organisationsmodellen, München 1988

Wagner, Katharina: Supervision von familienbezogener Sozialarbeit, in: Die Berufliche Sozialarbeit 2-3/1988

Wagner, Katharina: Bericht über die Bundesfachgruppentagung Supervision 19.-21.4.1991 in Bottrop, in: Die Berufliche Sozialarbeit 4/1991

Walz, Ursula: Soziale Reifung in der Schule, Hannover 1960

Watson, Goodwin: Widerstand gegen Veränderungen, in: Bennis, Warren G./Benne, Kenneth D./Chin, Robert: Änderung des Sozialverhaltens, Stuttgart 1975

Watzlawick, Paul u.a.: Menschliche Kommunikation, Bern und Stuttgart 1969

Watzlawick, Paul: Supervision am „Mental Research Institut", in: Brandau, Hannes (Hg.): Supervision aus systemischer Sicht, Salzburg 1991

Weber, Max: Gesammelte Aufsätze zur Religionssoziologie, Tübingen 1963

Weber, Max: Wirtschaft und Gesellschaft, 2 Bde., Tübingen 1964

Weber, Max: Die protestantische Ethik, München und Hamburg 1965

Wegscheider, Karl u.a.: Beratung von Gruppenleitern, in: Deutsche Jugend 12/1970

Weigand, Wolfgang: Supervision: Durch Selbstreflexion zur Emanzipation? in: Akademie für Jugendfragen Münster (Hg.): Supervision im Spannungsfeld zwischen Person und Institution, Freiburg 1979

Weigand, Wolfgang: Supervision für eine institutionelle Alternative, in: Supervision 2/1982a

Weigand, Wolfgang: Zusatzausbildung für Institutionsberater und Leiter von Organisationen, in: Gruppendynamik 3/1982b

Weigand, Wolfgang: Zur Praxis der Supervision, in: Gesamthochschule Kassel (Hg.): Beiträge zur Supervision, Bd. 3, Kassel 1984

Weigand, Wolfgang: Des Supervisors Gang in die Organisation, in: Supervision 7/1985a

Weigand, Wolfgang: Rolle und Beratung in Organisationen. Ein Gespräch mit Prof. Dr. Burkard Sievers, G.H. Wuppertal, in: Supervision 7/1985b

Weigand, Wolfgang: Zur beruflichen Identität des Supervisors, in: Supervision 11/1987a

Weigand, Wolfgang: Supervision als Innovationsinstrument sozialer Arbeit, in: Maelicke, B. (Hg.): Soziale Arbeit als Innovation, München 1987b

Weigand, Wolfgang: Sozialarbeit – das Ursprungsland der Supervision, in: Integrative Therapie 3-4/1989 (Wiederabdruck auch in: Sozialpädagogik 3/1991)

Weigand, Wolfgang: Analyse des Auftrags in der Teamsupervision und Organisationsberatung, in: Fatzer, Gerhard/Eck, Claus D. (Hg.): Supervision und Beratung, Köln 1990a

Weigand, Wolfgang: Interventionen in Organisationen: Ein Grenzgang zwischen Teamsupervision und Organisationsberatung, in: Pühl, Harald (Hg.): Handbuch der Supervision, Berlin 1990b

Weigand, Wolfgang: Zur Rezeptionsgeschichte der Supervision in Deutschland, in: Supervision 18/1990c

Weigand, Wolfgang: Lehrsupervision – ein Spiegelbild der Profession, in: Boettcher, Wolfgang/Leuschner, Gerhard (Hg.): Lehrsupervision, Aachen 1990d

Weigand, Wolfgang: Cornelis Frans Wieringa (Nachruf), in DGSv aktuell 1/1992

Weingart, Peter: De-Institutionalisierung der Gesellschaft oder Verlust der Subjektivität? in: Heigl-Evers, Anneliese (Hg.): Lewin und die Folgen, München 1979

Weinheimer, Edeltraud: Supervision in der Heimerziehung, in: Sozialpädagogik 3/1991

Weinschenk, Reinhold: Didaktik und Methodik für Sozialpädagogen, Bad Heilbrunn 1981

Weiß, Kersti: Psychodrama – Soziometrie. Ein Supervisionskonzept, in: Supervision 19/1991

Weiß, Reinald: Bühne frei für eine politische Supervision, München 1985

Weiß, Reinald: Selbstmanagement als Rollenmanagement, in: Lewkowicz, Marina (Hg.): Neues Denken in der Sozialen Arbeit, Freiburg 1991

Weißenfels, Ulf: Wiederholungen, in: Gesamthochschule Kassel (Hg.): Beiträge zur Supervision, Bd. 1, Kassel 1982

Weißenfels, Ulf: Zur berufsethischen Ortsbestimmung von Supervision, in: Neue Praxis 3/1984a

Weißenfels, Ulf: Einführendes zur Theorie der Supervision, in: Gesamthochschule Kassel (Hg.): Beiträge zur Supervision, Bd. 3, Kassel 1984b

Weißenfels, Ulf: Etwas ist wert, was es kostet. Supervision und Bezahlung, in: Neue Praxis 1/1986a (Wiederabdruck in: Sozial 2/1986)

Weißenfels, Ulf: Zur Theorie der Supervision, in: Wege zum Menschen 1/1986b

Wellendorf, Franz: Sozioanalyse und Beratung pädagogischer Institutionen, in: Geißler, Karl-Heinz (Hg.): Gruppendynamik für Lehrer, Reinbek 1979

Wellendorf, Franz: Verstehen in der Supervision, in: Supervision 1/1982

Wellendorf, Franz: Supervision und institutionelle Analyse, in: Sozialpsychiatrische Informationen 3/1990

Wellendorf, Franz: Supervision als Institutionsanalyse, in: Pühl, Harald/Schmidbauer, Wolfgang (Hg.): Supervision und Psychoanalyse, München 1986 (Neuausgabe: Frankfurt am Main 1991)

Welter-Enderlin, Rosemarie: Zur Bedeutung der Kontextsensibilität in der systemischen Supervision, in: Brandau, Hannes (Hg.): Supervision aus systemischer Sicht, Salzburg 1991

Wendt, Wolf Rainer: Geschichte der Sozialen Arbeit, Stuttgart 1985a

Wendt, Wolf Rainer: Ethik für Sozialpädagogen, in: Wendt W.R. (Hg.): Studium und Praxis der Sozialarbeit, Stuttgart 1985b

Wendt, Wolf Rainer: Soziale Einzelhilfe: Von der Falldiagnose zum Unterstützungsmanagement, in: Mühlfeld/Oppl u.a. (Hg.): Soziale Einzelhilfe, Frankfurt am Main 1988

Wendt, Wolf Rainer: Sozialarbeit zwischen Moral und Management: Wie können wir fit sein für beides? in: Lewkowicz, Marina (Hg.): Neues Denken in der Sozialen Arbeit, Freiburg 1991

Westerlund, Gunnar/Sjöstrand, Sven-Erik: Organisationsmythen, Stuttgart 1982

Westermann, Elisabeth: Personenzentrierte Supervision – ein Handlungsmodell, in: Supervision 19/1991

Widauer, Hermann: Supervision für Institutionen und ihre Mitarbeiter: am Beispiel der Veränderung des Arbeitsklimas im Krankenhaus, in: Brandau, Hannes (Hg.): Supervision aus systemischer Sicht, Salzburg 1991

Widem Paul: Die Bedeutung administrativer Strukturen für die Praxisberatung, in: v. Caemmerer, Dora (Hg.): Praxisberatung (Supervision), Freiburg 1970

Wieringa, Cornelis: Einzel- und Gruppensupervision im Rahmen der Sozialen Gruppenarbeit, in: v. Caemmerer, Dora (Hg.): Praxisberatung (Supervision), Freiburg 1970

Wieringa, C.: Spiele in der Supervision, in: Schwalbacher Blätter 3/1972

Wieringa, C.: Spiele in der Praxisberatung, in: Siegers, Frans N.J. (Hg.): Praxisberatung in der Diskussion, Freiburg 1974

Wieringa, C.: Supervision in ihren unterschiedlichen Entwicklungsphasen, in: Akademie für Jugendfragen Münster (Hg.): Supervision im Spannungsfeld zwischen Person und Institution, Freiburg 1979

Wieringa, C.: Mein Selbstverständnis als Supervisor, in: Supervision 3/1983

Wieringa, C.: Notizen zu Leiter und Leiterrollen im Sozialmanagement, in: Supervision 17/1990a

Wieringa, C.: Entwicklungsphasen der Supervision (1860-1950), in: Supervision 18/1990b

Wilhelm, Johann: Einige Gedanken zum Verständnis von Supervision in Theorie und Praxis der Sozialarbeit, in: Neue Praxis 2/1975

Wilhelm, Johann u.a.: Versuch einer emanzipatorischen Gruppensupervision, in: Neue Praxis 4/1977

Willi, Jürg: Die Zweierbeziehung, Reinbek 1975

Willke, Helmut: Systemtheorie, Stuttgart und New York 1987

Willke, Helmut: Supervision als Revisionsinstanz des therapeutischen Prozesses, in: Gestalt und Integration 1/1991

Wippich, Ingrid: Supervision von Supervisoren: Mit einem Interview zur Supervision in strategischer Therapie mit Tony Manochio, in: Brandau, Hannes (Hg.): Supervision aus systemischer Sicht, Salzburg 1991

Wirth, Hans-Jürgen: Motive sozialen Engagements, Lollar 1979

Wittenberger, Gerhard: Neutralität oder Parteilichkeit in der Supervision, in: Neue Praxis 4/1974

Wittenberger, Gerhard: Die Arbeitsbeziehung in der Gruppensupervision – Versuch einer theoretisch-methodischen Beschreibung, in: Neue Praxis 1/1977a

Wittenberger, Gerhard: Zur wissenschaftstheoretischen Situation der Supervision – einige Probleme der Supervisionsforschung, in: v. Caemmerer, Dora u.a. (Red.): Supervision – ein berufsbezogener Lernprozeß, Wiesbaden 1977b

Wittenberger, Gerhard: Modelle der Gruppentherapie und Gruppensupervision im sozialem Feld, in: Wege zum Menschen 7/1979

Wittenberger, Gerhard: Reflexionen zum Thema „Verstehen", in: Supervision 1/1982

Wittenberger, Gerhard: Supervision zwischen Psychoanalyse und Sozialarbeit, in: Supervision 6/1984a

Wittenberger, Gerhard: Gruppensupervision. Ein Beitrag zur Entwicklung beruflicher Identität, in: Gesamthochschule Kassel (Hg.): Beiträge zur Supervision, Bd. 3, Kassel 1984b

Wittenberger, Gerhard: Supervision, in: Eyferth/Otto/Thiersch (Hg.): Handbuch Sozialarbeit/Sozialpädagogik, Neuwied und Darmstadt 1984c

Wittenberger, Gerhard: Supervision eine Sozialtechnologie? in: Supervision 8/1985

Wittenberger, Gerhard: Supervision – eine neue Profession auf dem Psycho-Markt? in: Gruppenpsychotherapie und Gruppendynamik 24/1988a

Wittenberger, Gerhard/Zimmer, Inge: Introspektion und Gegenübertragung als diagnostische Mittel in der Supervision, in: Kersting, Heinz-J./Krapohl, Lothar/Leuschner, Gerhard (Hg.): Diagnose und Intervention in Supervisionsprozessen, Aachen 1988b

Wittenberger, Gerhard: Supervisionsausbildung und Lehrsupervision, in: Boettcher, Wolfgang/Leuschner, Gerhard (Hg.): Lehrsupervision, Aachen 1990

Wogenstein, Roswitha: Eine Supervisorin aus der ehemaligen DDR berichtet über die Entwicklung der Supervision in der DDR, in: DGSv aktuell 2/1990

Wolf, Antonius: Zur Geschichte der Sozialpädagogik, Donauwörth 1977

Wolff, Reinhard: Sozialarbeit als Beruf – Der Traum vom unabhängigen Sachverständigen, in: Erziehung und Klassenkampf 4/1971

Wronski, G./Salomon, A.: Soziale Therapie, Berlin 1926

Zacherl, Nikolaus: Teambuilding – Voraussetzung und Aufgabe effizienter Supervision in der Wirtschaft, in: Gestalt und Integration 1/1991

Zeig, Jeff: Supervision bei Milton Erickson, in: Brandau, Hannes (Hg.): Supervision aus systemischer Sicht, Salzburg 1991
Zeillemaker, Trik: Praxisberatung in der Hochschulausbildung. Überlegungen zur Praxis, in: Siegers, Frans N.J. (Hg.): Praxisberatung in der Diskussion, Freiburg 1974
Zeller, Doris: Supervision – eine Standortbestimmung, in: Der Sozialarbeiter 2/1976
Zeller, Doris: Funktion und Rolle von Praxisanleitung und Supervision, Bern und Stuttgart 1981
Zeller, Doris: Supervision nach dem Verfahren Urteilsbildung, in: Fatzer, Gerhard/Eck, Claus (Hg.): Supervision und Beratung, Köln 1990
Zetzel, Elisabeth R.: Die dynamischen Grundlagen der Praxisberatung, in: v. Caemmerer, Dora (Hg.): Praxisberatung (Supervision), Freiburg 1970
Zier, Henri J.: Beurteilungskriterien für Gruppenarbeit in der Hochschulausbildung, in: Siegers, Frans N.J. (Hg.): Praxisberatung in der Diskussion, Freiburg 1974a
Zier, Henri J.: Diskussion der Praxisberatung, in: Siegers, Frans N.J. (Hg.): Praxisberatung in der Diskussion, Freiburg 1974b
Zimmer, Dieter E.: Tiefenschwindel. Die endlose und die beendbare Psychoanalyse, Reinbek 1986
Zottl, Anton: Otto Rank, München 1982
Zundel, Edith: Gruppendynamik in der Bewährungshilfe, in: Bewährungshilfe 3/1972
Zwemmer, Helen: Teamsupervision im Erziehungsheim, in: Der Sozialarbeiter 2/1976

Personenverzeichnis

A
Achterberg, B. 263
Adorno, Th. 57, 90, 138, 263
Aichhorn, A. 15, 263
Aigner, J. Ch. 263
Alderfer, C.T. 137, 263
Allison, G.T. 134, 263
Andriessen-Miethner, F. 51, 263
Anschau, P. 263
Antons, K. 264
Apel, K.O. 214, 264
Appleby, J.J. 111, 264
Argelander, H. 96f, 264
Argyris, Ch. 129, 264
Aristoteles 214
Aronson, E. 202, 264
Auer-Hunzinger, V. 102, 264
Austin, L. 42f, 45, 264

B
Baacke, D. 264
Baal, J. 264
Bach, G.R. 93, 264
Bachmann, H.C. 291
Bachmann, K.H 264
Bachmann, W. 264
Badura, B. 263
Baldewein, I. 265
Balint, E. 123, 265
Balint, M. 77, 108, 120f, 123, 265
Baltussen, C. 51
Bang, R. 51, 61, 70f, 228, 265
Barabas, F. 265, 280
Barde, B 265
Bardmann, T.-M. 98, 265
Baron, R. 27, 57, 91, 95, 265
Bartel, E. 265
Barthe, H.-J. 265
Basaglia, F. 144, 266
Bauer, A. 266
Bauer, R. 266, 291, 312
Baumann, H. 266
Bauriedl, T. 237, 266
Bayer, J. 29, 68, 266
Bäuerle, W. 51, 144, 150, 265
Bechtler, H. 266
Beck, G. 266
Beck, U. 21, 266
Becker, I. 118, 266
Beckmann, D. 258, 266
Behn, E.A. 267
Belardi, N. 21, 24, 33f, 37, 46, 93f, 97f, 108, 111, 118, 140, 198, 210, 237, 259, 267
Benne, K. 85f, 88, 129, 267
Bennis, W.G. 127, 130, 183, 267, 310, 317
Berger, P. 134, 212, 268
Berker, P. 194, 268
Berl, F. 268
Bernes, L.B. 268
Bernfeld, S. 46, 91, 138, 268
Bernstein, S. 50, 94, 188, 268
Berntop, C.C. 268
Beugen, M. van 62, 268
Beutel, H. 268
Bielke, E. 268
Biestek, F. 268
Bilger, H. 268
Bion, W.R. 107, 268
Birzer, E. 268
Blancke, Th. 268
Blau, P.M. 42, 268
Blaue, M. 268
Bleimbrunner, S. 216, 268
Blinkert, B. 15f, 28, 178, 234, 269
Bloesy, St. 269
Bock, Th. 269
Bode, O. 101, 195f, 269
Boettcher, W. 177f, 228, 266, 269, 274, 296, 310, 314, 318, 320
Borwick, I. 269
Bosch, M. 269
Boskamp, P. 233, 269
Böhnisch, L. 21, 269

Brack, R. 269
Brackett, J. 39, 269
Bradford, L.P 85, 88, 269
Brandau, H. 18, 98, 270,
276, 283, 289f, 292, 298,
309, 311, 313, 317, 321
Brandt, S. 270
Bratt, N. 270
Brauner, K. 270
Brauns, H.-J. 27, 141, 270
Braunthal, H. 51
Bremen, K. 146, 270
Bremerich-Vos, A. 270
Breuer, J. 260
Brocher, T. 88, 117, 270
Bronfenbrenner, U. 23, 270
Bronke, K. 23, 270
Brown, J.A.C. 127, 271
Brown, M. 271
Brönnimann 270
Bruhn, M. 271
Brumlik, M. 27, 240, 271
Brunnet, R. 271
Brusten, M. 271
Brück, H. 12, 138, 239, 271
Buchholtz, F. 271, 313
Buchholz, N.B. 271
Buchinger, K. 118, 174f, 271
Buer, F. 83, 98, 204, 271
Burisch, M. 44, 56, 202, 271
Burisch, W. 127, 272
Burmeister, E. 61
Burow, O.-A. 272
Busch, D. 21, 29, 95, 272
Busch, H.-J. 205, 272
Bühl, W. 257, 271
Büschges, G. 271
Büttner, Ch. 271, 279, 283, 299

C

Caemmerer, D. v. . 18, 51ff, 60, 69ff, 94,
174, 264, 272, 279, 286,
292, 299, 311, 319, 321
Cartwright, D. 272
Chin, R. 128, 272
Christ, H. 272
Coche, E. 44, 46, 69, 272
Cohen, E. 46, 273
Cohn, R. 50
Combs, A.W. 273
Conen, M.-L. 273
Connell, G.M. 273
Conrad, G. 108, 178, 273
Cooper, D. 144, 273
Cremerius, J. 199, 260, 273
Czichos, R. 102, 273

D

Daigl, K. 273
Dantlgraber, J. 122, 273
Degwart, I. 273
Deichmann, Ch. 52, 60, 273
Deller, U. 273
Deutschmann, M. 273
Devereux, G. 153, 239, 274
Dewe, B. 25, 228, 274
Dewey, J. 42
Dickhaut, H.H. 120, 122, 274
Dilthey, W. 237f
Dorst, B. 274
Drews, S. 264
Dürr-Feuerlein, E. 274
Dworschak, R. 51, 71, 274

E

Ebel, M. 195, 274
Eberwein, H. 239, 274
Eck, C.D. 69, 211, 274f
Edding, C. 103, 181, 275
Edelwich, J. 202, 275
Ehrensperger, H. 275
Ehrhardt-Kramer, A. 27, 275
Eichberger, M. 98, 275
Eicke, D. 184f, 211, 238, 275, 297
Eis, Z. 275
Eisele, G. 275
Eisner, C. 52, 275
Endo, T. 275
Engel-Kemmler, J.-G. 275, 285, 304, 311
Engelbrecht, H. 275
Engelhardt, G. 276

Engelhardt, H.-D. . . . 29, 105, 142, 275
Erdheim, M. 138, 276
Erdmann, A. 276
Erger, R. 276
Ertle, Ch. 276
Eschenröder, Ch. 72, 276
Essen, S. 276
Esser, W.M. 276
Etzioni, A. 25, 42, 137, 276, 308
Eyferth, H. 50, 276, 312, 320

F

Fallner, H. 276
Faltermaier, M. 276
Farrelly, F. 276
Fattke, R. 26, 276
Fatzer, G. 18, 82, 98, 135, 142, 173, 176, 243, 274, 276, 282, 286, 296, 301, 306, 318, 321
Federn, E. 33, 37, 41, 277
Fehlker, M. 277
Fehr, J. 174, 277
Fengler, J. . . . 56, 88, 106f, 112, 180f, 182, 202, 233, 277
Ferenczi, S. 36
Fiedler, M. 68, 277
Fieseler 216f, 278
Filsinger, D. 235, 278
Findeklee, R.M. 278
Fizdale, R. 111, 278
Flader, D. 282
Flosdorf, P. 278
Foole, H. 111, 278
Foulkes, S.H. 107f, 278
Fox, R. 189, 191, 278
Föllner, M. 45, 278
Frank, G. 278
Franke, W. 278
Freeman, L. 260, 278
Freier, D. 278
Freitag-Becker, E. 278
French, W.L. 129, 183, 278
Frese, E. 127, 279
Freud, S. 15, 36ff, 55, 96f, 199, 236, 258, 260, 278
Freudenreich, D. 98, 279
Fricke, C. 279
Fricke, P. 279
Friedländer, W.A. 50, 94, 279
Friedmann, L. 279
Frijling-Schreuder, E.C.M. 279
Fromm, E. 138, 279
Fröhlich-Uhl, Ch. 177, 279
Frühmann, R. 279
Fuchs, W. 271
Fujike, U. 280
Funck-Späth, L. 223, 280
Füchtner, H. 279
Fürstenau, P. 27, 88, 138, 142, 149, 151ff, 162, 175, 181, 186, 195, 205, 237, 279

G

Gaertner, A. 74, 98, 109, 119, 178, 224, 235, 240f, 268, 280, 282, 284, 290
Garfield, L.S. 280
Garlichs, A. 280
Garret, A. 280
Geck, A. 280
Gehlen, A. 137, 210f, 280f
Gehrmann, G. 68, 281
Geißler, K.-H. . . . 74, 188, 211, 281, 318
Gemmrig, L. 281
Germert, W. 281
Gerspach, M. 96f, 147f, 281
Gester, P. 281
Gfäller, G.R. 108, 118, 123, 281f
Giese, E. 90, 282
Giesecke, H. 282
Giesecke, M. 121, 123, 235, 282
Giesecke-Rappe, K. 240
Gildenmeister, R. 26, 282
Girschner, W. 282
Glaser, K. 282
Gnädinger, H. 122f, 204, 282
Gneif, J. 282
Gniss, H.-P. 282
Goerke, W. 133, 282
Goffman, E. 42, 137, 139, 144, 283
Goldstein, K. 108
Goll, D. 283

Gollancz, V. 50
Goolishian, H. 283
Gorges, E. 177, 283
Gotthardt-Lorenz, A. 125, 130, 143, 172, 283
Göppner, H.-J. 26, 282
Gratz, W. 283
Greenson, R.R. 283
Gregor-Rautschenberger, B. 283
Grinell, S. 185, 283
Grottian, P. 21, 283
Gumbinger, H.W. 146, 283

H

Haan, P.M. 283
Haas, L. 65, 226, 283
Habermas, J. 212, 215, 283
Hackewitz, W. v. 284
Haley, J. 181, 284
Hanke, F. 284
Hansel, J. 284
Hansis, H. 284
Hantsche, B. 284
Hapke, E. 53ff, 58, 63, 284
Harder, I. 63
Hardt, K. 68, 284
Hargens, J. 98, 284
Harrach, A. 122f, 284
Harrison, R. 159, 284
Hartmann, H. 146f, 284
Hecker, M. 284
Hege, M. 68, 199, 285
Hegenscheidt-Renartz, M. 285
Heid, H. 285
Heidemann, H. 285
Heigl-Evers, A. 121, 264, 273, 277, 285, 296, 308
Heiner, M. 229ff, 285, 289, 299
Heinevetter, A. 285
Heintl, P. 285
Heinze, H. 286
Helfer, I. 26, 286
Hemp, H.-W. 286
Henke, H.-H. 286
Herdieckerhoff, E. 286
Hering-Zalfen, S. 286
Hermann, H. 286
Hess, A.K. 286
Hester, M.C. 286
Hinnen, P. 286
Hinte, W. 150f, 286
Hoefert, H.-W. 286
Hoffmann, F. 286
Hofstätter, P.R. 106, 286
Hollstein, W. 27, 91, 198, 286
Hoppe, J.R. 286
Horn, K. 95, 109, 198, 286
Horster, D. 286
Horvath, M. 237, 286
Houwink, E. 52, 286
Hubschmid, M. 61, 287
Hummel, K. 287
Hundsalz, A. 287
Huppertz, N. 15f, 18, 44, 53, 69, 72f, 78, 82, 101f, 108, 120, 178, 183, 188, 193, 198, 213, 219, 228, 232, 237, 245, 261f, 287
Husserl, E. 211
Hutta, J. 287
Hüppauff, H. 287
Hürter, E. 287

I

Iben, G. 287
Illich, I. 229
Imber-Black, E. 287
Imhoff, S. v. 287
Ingerfeld, G. 226, 287
Irle, G. 31f, 74, 287
Isbary, G. 288

J

Jansen, B. 197, 222, 288
Jaspers, K. 238
Jaspert, S. 288
Jochum, M. 288
Johannsen, C. 12
John, R. 74, 189f, 288
Jonas, H. 215, 288
Jones, E. 260, 288
Judd, J. 288

Julier, C. 70, 288
Jung, C.G. 36f
Jung, H. 288
Junker, H. 288

K
Kadushin, A. 24, 33ff, 40f, 43f, 46, 50, 71, 77, 203, 232f, 288
Kallabis, O. 288
Kamphuis, M. . 51, 61, 71, 202f, 213, 288
Kapp, G. 288
Kappeler, M. 12, 260, 289
Kardoff, E. v. 231, 289
Karnath, J. 148, 289
Kaslow, F. 45, 77, 289, 293
Katz-Bernstein, N. 289
Keeney, B. 289
Keil, S. 264, 272, 289, 302, 304
Kelber, M. 87, 93, 289
Kernberg, O. 259, 289
Kersting, H.J. 66, 94, 98, 109, 111, 118, 188, 220, 224, 269, 283, 289, 295, 320
Kessel, L. v. 290
Keupp, H. 290
Kieper-Wellmer, M. 290
Kieser, A. 258, 290
Kilian, H. 97, 290
Kipp, H. 290
Klein, B. 174, 290
Klein, M. 107
Klessmann, M. 290
Klinglmair, A. 175, 290
Klückmann, C. 290
Klüsche, W. . 16, 27f, 113, 125, 234, 290
Klüwer, K. 290
Knieschewski, E. 183, 202, 290
Knoers, A. 98, 290
Knoll, A. 105, 290
Koch, H.-B. 188, 198, 232, 290f
Koch, U. 26, 291
Kochan, B. 291
Koechel, R. 199, 291
Kolleck, B. 26, 291
Konopka, G. 50, 58, 94, 291
Kothe, B. 291
Kögl, W. 291
Kölle, G. 291
König, W. 291
Körner, J. 291
Kramer, D. 57, 291
Kranz, U. 292
Kraus, H. 39, 49f, 51ff, 69, 194, 275, 286, 292, 296
Kraus, R. 292
Krauskopf, W. 118, 292
Krauß, E.J. 292
Krämer, K. 130f, 291
Krämer, R. 291
Kreft, D. 23, 280, 292, 315
Kremers, R. 292
Kreutz, H. 292, 295, 315, 317
Krisam, R. 292
Kriwat, G. 292
Kröger, F.W. 18, 261f, 292
Krüger, D. 292
Krüger, R.T. 98, 292
Kuhn, T. 292
Kurrle, B. 64, 292f
Kutter, P. 122, 214, 293
Kutzik, A.J. 34, 44f, 293
Küper, B. 292

L
Lander, H. 293
Landshut, G. 293
Landwehr, R. 39, 293
Lankton, St. 293
Lantermann, E.D. 293
Lapassade, G. 85, 136, 153, 293
Laplanche, J. 37, 294
Lattke, H. 93, 294
Lau, Th. 294
Launer, V. 294
Leffers, J. 149, 294
Lehmenkühler-Leuschner, A. . 99, 109, 294
Leinfelder, F. 294
Lempert, J. 294
Lessing, H. 294
Letz, G. 294

Leube, K. 47, 295
Leuschner, G. 103, 208f, 216, 219, 226, 295
Levy, C.S. 295
Lewin, K. . . . 77, 85, 87, 97, 107f, 126f, 129, 212, 250, 260, 295
Lewkowicz, M. 150, 278, 286, 295, 302, 310, 319
Lide, P. 52, 295
Lievegoed, B.C.J. 133, 295
Likert, R. 129, 295
Lingesleben, O. 295
Linster, H.W. 98, 295
Lippenmeier, N. . . . 35, 275, 282, 295f, 301f, 305, 310, 314
Lippitt, R. 85, 296
Little, R. 296
Loofs, M. 296
Loos, W. 27, 296
Lorenzer, A. 176f, 236f, 296
Loureau, R. 138, 153, 296
Lowy, L. 50, 66, 94, 188, 296
Luban-Plozza, B. 296
Luckmann, Th. 211
Ludewig, K. 187, 296
Luhmann, N. 75, 125, 132, 297
Lumma, K. 297
Lüdemann-Wieringa, W. 296
Lüders, Ch. 296
Lüssi, P. 296
Lützow, K. 16, 296

M

Maelicke, B. 29f, 105, 141f, 150, 252, 275, 288, 297, 301f, 306, 317
Maetze, G. 38, 297
Maraun, E. 53f, 297
Marburger, H. 21, 257, 297
Marr, D. 297
Martin, E. 297
Marx, K. 126, 211
Maslow, A. 212, 297
May, U. 38, 297
Mayntz, R. 131, 258, 297
Mayo 126f, 129, 260
Mead, D.E. 298
Mead, G.H. 42, 134, 212, 238, 298
Mehl, H.P. 298
Meijerinck, T. 51
Meinhold, M. 298
Melzer, G. 51, 65f, 70, 144, 178f, 183, 203, 226, 298
Menthonnex, A. 298
Mentzos, St. 138f, 298
Menzies, I. 138, 298
Merl, Ch. 298
Merleau-Ponty, M. 212, 238, 298
Metzger, W. 298
Meyer, A.E. 253, 299
Meyer, E. 299
Miller, I. 299
Minuchin, S. 299
Mitscherlich, A. 57
Mollenhauer, K. 299
Moreno, J.L. 85, 107, 199
Möller, J. 299
Mörsberger, Th. 216, 218, 299
Munson, C. 42, 77, 233, 278, 301
Muthesius, H. 301
Mühlberger, E. 299
Müller, B. . . . 25, 91, 95, 237, 239f, 299
Müller, C.W. . . 12, 21, 27, 33ff, 38f, 42, 47, 57f, 60, 64, 87, 93f, 140, 229, 257, 280, 299
Müller, E. 200, 299
Müller, H. 299
Müller, K.D. 129, 145, 300
Müller, R. 300
Müller, S. 271, 300, 303
Müller, T. 98, 219, 228ff, 300
Müller-Schöll, A. 80, 300
Müller-Zadow, E. 300
Münch, W. 300f
Münchmeier, R. 21, 301

N

Nachbauer, K. 63
Nagel, H. 93, 301
Nedelmann, C. 260, 301
Neidhardt, N. 108, 301
Nellessen, L. 189, 207, 220, 224, 226, 301

Nentzel, E.-M. 301
Nestmann, F. 301
Neuberger, O. 301
Neuffer, M. 33, 43, 50, 57, 61, 64, 71, 301
Neutzling, R. 301
Nevis, E.C. 301
Nicholds, E. 301
Niebel, W. 301
Niedermeier, A. 301
Niederschmid, Th. 302
Nieke, W. 302
Nijkerk, K.J. 302
Nilo, M. 144, 302
Nittel, D. 302
Nix, Ch. 216, 302
Northen, H. 94, 302

O
Oberhoff, B. 62, 195, 225, 302
Ohlmeier, D. 302
Oliva, H. 130, 145, 302
Olk, Th. 95, 265, 268, 274, 285, 302
Oppl, H. 270, 302, 316
Orywa, R. 39, 303
Oswald, R. 303
Otterbach, R. 144, 303
Otto, H.-U. 57, 265, 297, 303
Overbohrbeck, K.W. 282

P
Pages, M. 153, 303
Pallasch, W. 264, 272, 277, 284, 303, 310
Pankoke, E. 30, 303
Parisius, P. 303
Parmentier, M. 240, 303
Passavant, Ch. v. 70
Paulwitz, I. 47, 303
Payne, Ch. 303
Pazzini, K.J. 303
Perlman, H.H. 303
Perls, F. 216, 303
Peters, Helge 25, 303
Peters, Hilmar 303
Peters, U.H. 258, 304
Pettes, D. 44, 52, 69, 71, 144, 183, 203, 304
Petzold, H. 12, 62, 74, 199, 215f, 236, 238, 259, 284, 304, 312
Pfaffenberger, H. 47, 51, 279, 304
Plag, E. 304
Plessen, U. 304
Plessner, H. 211f, 304
Pongratz, L.J. 266
Post, I. 304
Pott, L. 105, 304
Praag, E. van 304
Pressel, A. 304
Preuß, A. 147, 304
Prieler, G. 304
Pühl, H. 17f, 74, 76f, 82, 95, 97, 102, 117, 139, 148, 173, 183, 197, 204, 210f, 243, 266, 269, 274, 277, 281f, 295, 300, 305, 312, 318f

R
Racker, H. 258, 306
Raguse, H. 306
Rank, O. 36ff, 306
Rappe-Giesecke, K. . . . 18, 75, 95, 118, 121, 123, 125, 235, 243, 306
Rauchfuß, A. 146f, 306
Rebstock, B. 306
Rechtien, W. 85f, 306
Reich, W. 91, 259, 306
Reichel, R. 306
Reichert, K. 306
Reinbold, B. . . . 30, 142f, 145, 150, 306
Reinmund, A. 306
Retaiski, H. 105, 307
Retzer, A. 98, 307
Reynolds, B. 42
Richmond, M. . 34f, 37f, 40f, 55, 229, 307
Richtberg, W. 307
Richter, H.E. 107, 259, 307
Richter, K. 307
Riedel, I. 307
Riege, M. 44, 47, 307

Ringshausen-Krüger, M. . . 18, 49, 53, 62f, 68, 72f, 78, 82, 89, 96, 202, 245, 261f, 307
Ritter, J. 144, 307
Rix, U. 307
Robinson, V.T. 41, 307
Roethlisberger, F. 129, 132, 307
Rogers, C. 129
Rohde, B. 307
Roos, S. de 307
Rosin, U. 121, 235, 308
Rost, W.-D. 308
Rotering-Steinberg, S. 111, 308
Roth, A.M. 307
Roth, J.K. 121, 307
Roth, N. 307
Rumpf, E. 308
Rupprecht, B. 308

S

Sachße, Ch. 308
Sackmann, S. 134f, 308
Saenen, F. 62, 308
Sagebiel, F. 242, 308
Salomon, A. 25, 38, 57, 229, 308
Salzberger-Wittenberg, I. 308
Sandler, E. 308
Sarnat, R.G. 308
Schaaf, J. 310
Schaeffer, D. 235, 310
Schäffter, O. 310
Scheer, P. 310
Scheffler, S. 148, 310
Schein, E. 129, 159, 310
Scherpner, H. 22, 310f
Scherz, F.H. 311
Scheuermann, P. 311
Scheuner 191, 194, 233, 311
Schiess, R. 311
Schigutt, R. 311
Schild, W. 311
Schiller, H. 51, 60, 93, 311
Schindler, R. 107, 311
Schindler, W. 107, 311
Schleusner, B. 311
Schlingensiepen, U. 312
Schlüter, W. 213, 312
Schmid, E. 312
Schmidbauer, W. 25, 44, 56, 193, 195, 209, 312
Schmidt, E. 312
Schmidt, G. 312
Schmidt, M.G. 312
Schmidt, W. 91
Schmitz, Ch. 312
Schneewind, U.-J. 312
Schneider, K.D. 312
Schnek, Chr. v. 63
Schoen, P. 312
Scholz, Ch. 312
Schönheit, H. 312
Schönhuber, I. 51, 66, 188
Schraml, J. 312
Schramm, D. 144f, 312
Schreyögg, A. 12, 18, 74, 82, 95, 98f, 106, 119, 125, 131f, 134f, 140f, 153, 177, 179, 185, 206, 212, 214ff, 238, 243, 258f, 312f
Schultes, J. 313
Schultze, A. 43, 51, 64, 314
Schumacher, B. 235, 314
Schumacher, M. 314
Schüning, G. 313
Schürs, W. 313
Schütt, B. 177, 313
Schütz, A. 211, 240f, 313
Schütze, F. . . 74, 171f, 187, 240, 242, 313
Schwarzwälder, H. . 61, 71, 80, 108, 144, 149, 183, 189, 314
Schwäbisch, L. 94, 112, 314
Schwegel-Johann, R. 314
Schwendter, R. 144, 314
Schwinger, T. 314
Scobel, W. 97, 205, 308
Scott, R.W. 308
Seewald, C. 309
Seibel, W. 141, 309
Selvini Palazzoli, M. 134, 107, 309
Sheafor, B.W. 309
Siegers, F. . . . 62, 70f, 278, 302, 309, 321
Sierek, K.W. 223, 309
Sievers, B. 89, 129, 153, 252, 309

Simmel, G. 42, 211
Simon, F. 309
Singer, P. 214
Skiba, E.-G. 309
Smith, A. 126
Sondermann, J. 314
Spangenberg, K. 88, 93, 309
Spiegel, H. v. 310
Spiess, W. 310
Sprung-Ostermann, B. 310
Staehle, W. . . . 126, 131, 133f, 258, 314
Stahl, C.D. 98, 314
Stahl, Ch. 314
Stark, A. 315
Staub-Bernasconi, S. 310
Steegeren, W. van 41, 108, 315
Stehmann, H. 315
Steinle, C. 310
Stemmer-Lück, M. 219, 310
Stock-Döring, I. 315
Stockhofe, H. 315
Stoltenberg, C.D. 46, 77, 315
Stoos, F. 315
Strehmel, P. 146, 315
Strotzka, H. 315
Strömbach, R. 51, 178, 315
Szillat, W. 310

T

Tafoya, T. 315
Taylor, F.W. 126, 132
Tägert, I. 63
Terjung, B. 315
Thiel, A. 315
Thiersch, H. 236, 315
Thomä, H. 237, 259, 315
Thürnau, F. 316
Tillmanns, A. 98, 316
Timm, H. 223, 316
Toman, W. 316
Toren, N. 25, 316
Towle, Ch. 316
Trattner, W.I. 33, 316
Trebesch, K. 131, 316
Trescher, H.-G. 287
Treude, B. 297, 316
Tuggener, H. 316
Türk, K. 132, 134, 145, 264, 316
Tymister, H.J. 98, 316

U

Uleyn, A. 108, 316
Ulke, K.-D. 316
Uslar, G. v. 316

V

Vinter, R.D. 94, 316
Virnich, J. 316
Vogtmann, M. 316
Volkenhoff, B. 316
Vollmoeller, W. 218, 317
Völker, U. 97, 316
Völkl-Maciejczyk, M. 316

W

Waals, K. v.d. 317
Waelder, R. 52, 317
Wagner, D. 317
Wagner, K. 317
Walz, U. 317
Watson, G. 317
Watzlawick, P. 181, 317
Weber, M. 42, 128, 132, 136, 317
Wegscheider, K. 317
Weigand, W. 30, 41, 49, 51, 53, 64, 67, 71, 73f, 89, 96, 98, 108f, 116f, 120, 172, 175, 184, 186f, 200, 204f, 207ff, 232, 257, 260, 317
Weingart, P. 318
Weinheimer, E. 318
Weinschenk, R. 35, 318
Weiß, K. 98, 318
Weiß, R. 98, 199, 318
Weißenfels, U. 195, 204, 213, 225, 237, 318
Wellendorf, F. . . 89, 153, 155f, 162, 172f, 177, 179, 182, 236f, 318
Welter-Enderlin, R. 319
Wendt, W.R. 21, 150, 213, 319

Westerlund, G. 319
Westermann, E. 319
Whyte, L.L. 85, 87
Widauer, H. 319
Widem, P. 144, 319
Wieringa, C. 40, 49, 51, 53, 62, 71, 90, 94, 319
Wilhelm, J. 109, 319
Willi, J. 319
Willke, H. 75, 319
Wippich, I. 320
Wirth, H.-J. 320
Wittenberger, G. 62, 74, 96, 106, 109, 198f, 204, 211, 225, 228, 236, 238, 242, 259, 320
Wogenstein, R. 68, 320
Wolf, A. 21, 226, 320
Wolff, R. 25, 320
Wronski, G. 320

Z

Zacherl, N. 320
Zeig, J. 321
Zeillemaker, T. 321
Zeller, D. 51, 61, 321
Zetzel, E.R. 321
Zier, H.J. 321
Zimmer, D.E. 72, 321
Zottl, A. 36, 321
Zundel, E. 321
Zwemmer, H. 321

Sachwortregister

A

Abgrenzung 109
Abhängigkeit 102, 107, 121
Ablöse- und Entwicklungsprozeß . 26
ABM-Kräfte 104, 147
Abschlußprüfungen 220
Abstinenz 56, 198f
Abteilungsleiter 183
Abwehr 65, 178, 186, 203, 241
abwesende Dritte 180, 243, 252
Achter Jugendbericht 22
Administration 45, 144
administrative Supervisoren . . . 34, 43, 46f, 183
administrativer Aspekt 42f
Affekte 117
Agency-Orientierung 46
Agent-Supervisor 34
agogische Ansätze 42, 62
AIDS 22, 196, 235
Akademie 222
Akademie des Deutschen Vereins . . . 63, 65, 70, 219ff
Akademie für Fort- und Weiterbildung e.V. Münster 197, 221
Akademie für Jugendfragen . . 63, 88f, 188, 195, 220ff
Akademie Remscheid 63, 220
Akademisierung . 24, 93, 95, 163, 221f
Akten 136, 230
Aktionsforschung 85, 231
Akzeptanz 235
Alkoholismus 157
Allgemeiner Sozialer Dienst (ASD) 115, 137
Allgemeinkrankenhäuser 141
Alt-BRD 21f
Altenarbeit 216
Altenpfleger 197
Alternativsektor 103, 141, 148, 210
Ambivalenz 112
ambulant 140
Amerika 61, 108, 165
amerikanische Methoden . . 33, 49, 58, 164, 246, 255
amerikanische Sozialarbeit 37f, 47, 50, 53, 76, 166
amerikanische Sozialarbeiterbewegung 42
amerikanische Supervision . . 245, 247
amerikanisches Wohlfahrtssystem 49, 53f
Amsterdam 62, 223
Amt 104, 136, 241
Amtsgericht Köln 221
Analysand 228
Analyse 260
Analyse der Supervisions-Nachfrage 143, 158, 172, 208
Analytiker 259
analytische Situation 154f
analytisches Medium 181f
Anamnese 37
Anfangsphase 172
Angebot und Nachfrage 226
Angst 45, 117, 138f, 152, 174, 184, 210f, 226, 239f
Anleiter 45, 52, 69, 103, 111
Anstellungsträger . . . 65, 103, 119, 159, 171, 180, 216f, 219, 254
anthropologische Begründung der Supervision 211ff
Antreiber-Kultur 135
Anwalt 24, 35, 55
Anzeigepflicht 218
Apathische Kultur 135
Arbeiterwohlfahrt 141
Arbeitgeber 43, 217f
Arbeits- und Aufgabendifferenzierung 113
Arbeitsamt 160
Arbeitsaufgabe . . . 127, 161, 205f, 255
Arbeitsbedingungen . 65, 127, 130, 252
Arbeitsbeziehungen 205
Arbeitsbündnis 179

Arbeitsfeld 73, 106, 119, 187, 193, 196, 198, 205, 250, 255, 261
Arbeitsformen 17, 101, 247f
Arbeitsgruppe 152
Arbeitsgruppe Bielefelder Soziologen 238
Arbeitsklima 162
Arbeitskontrakt 175
Arbeitslosenprojekt 241
Arbeitsplatz 21, 23, 118, 161, 163
Arbeitsproblem 177, 206
Arbeitssituation . . . 126, 199, 216, 259
Arbeitsstrukturen 159
Arbeitsteams 117, 245
Arbeitsteilung 132f, 155, 258
Arbeitsverträge 158f
Arbeitswelt 207
Arbeitszeitverkürzung 158
Arbeitszufriedenheit 131, 163, 232
Archiv für Sozialpädagogik 78
Archiv für Wissenschaft
und Praxis der sozialen Arbeit 78
Ärger 161
Arzt 24, 35, 41, 55, 81, 111, 117, 120, 140, 157ff, 201, 210, 218, 253, 258
ASD 28, 113, 148, 179, 193, 208
Asylanten 22, 196
Atmosphären 238
Aufgabenbewältigung 140
Aufhebungsvertrag 218
Aufklärung 213
Aufnahmestation 158
Aufstiegsvehikel 220
Auftraggeber 114, 119, 174f, 179
Aus- und Fortbildung . 41, 72, 185, 248
Aus- und Weiterbildungseinrichtungen 19, 163, 165, 220, 246
Ausbildung 80, 105, 150, 246
Ausbildungs-Supervision . . 37, 43, 62, 76, 233
Ausbildungsgänge in Supervision / Counselling 46
Ausbildungsgruppen 106
Ausbildungskonzepte 198
Ausbildungsprogramme für Supervisoren 46
Ausbildungssituation 163
Ausbildungsstätten . . . 16, 26, 65, 67, 71, 89, 246
Aushandlungsstrategien 134
Auskünfte 217
Aussiedler 22
Auswandern aus der Institution . . 210
Außenwohngruppen 135
Autoritärer Charakter 90, 138
Autorität 22, 91, 148, 159, 197

B

B.S.W.-Abschluß 47
Back-Home 86
Balance-Modell 107
Balintgruppe . . 18, 73, 77f, 95, 97, 101, 106, 108f, 116, 118, 120ff, 174, 227, 241, 261
Basic Assumptions 134
Bayrisches Landesjugendamt, München 221
BDP 227
Beamtenhaltung 118
Bearbeitungsebene 23
Bearbeitungsstrategien 74
Bedarfs- und Angebotsstruktur . . 142
Bedarfsanalyse 231
Befragungsergebnisse 251
Befragungstechniken 229
Befreiung 58
Befreiungslehren 91
Begegnen und Helfen 78
Behandlungsteams 158
Behörden 244
Beichte 11
Belgien 51
Beobachtungsfelder 238
Beratende Fürsorger 54
Berater 68, 153, 159, 183, 189, 199
Beratung 149, 151ff, 199, 215, 233, 261f
Beratungsarrangement 74
Beratungsauftrag 174
Beratungsbegriff 73
Beratungsfunktion 183
Beratungsinstrumentarium 162
Beratungskompetenz 82, 193ff

Beratungsmanie 15, 188
Beratungsmarkt 205
Beratungsmethode 119
Beratungsprozeß . 74, 153, 162, 173, 198
Beratungsstelle 41, 113, 132, 148, 210, 241
Beratungswesen 81
Berliner Frauenarbeit 38
Berliner Institut für Familientherapie e.V. 221
Berliner Psychoanalytisches Ausbildungsinstitut 37, 76
berufliche Kompetenzen 203
berufliche Primär-Sozialisationsinstanzen 140
berufliche Sozialstation 207
berufliche Überforderung 202
Berufsalltag 231, 242
Berufsanfänger 43, 105
Berufsausbildung 113
berufsbezogene Beratung 76
berufsethische Prinzipien 215
Berufsfelder 45, 74, 89, 195, 244
Berufsfeldorientierung 94
Berufsgruppe 153f, 159, 161
Berufsmüdigkeit 202
Berufspraktikanten . 104, 106, 109f, 233
Berufspraxis 206, 231, 236
Berufsprobleme 165
Berufsrolle 26, 56, 70, 102, 137, 158, 160, 166, 210
Berufssozialisation 103
Berufssoziologie 228
Berufsverband der Deutschen Psychologen 227
Berufsverband der Sozialarbeiter, Sozialpädagogen - Vereinigte Vertretung sozialpädagogischer Berufe 219
Berufsverbände 19
Beschäftigungsinitiativen 147f
Beschäftigungstherapie 160f
Besitzeinkünfte 22
Beta-Position 107
Beurteilungsfunktion 183
Bewährungshilfe 23, 66, 79, 118, 139, 193, 196, 230
Bewältigungsstrategie 74
Beziehung . 116, 154, 185, 211, 215, 238
Beziehungs- und Interaktionsprobleme 171
Beziehungsangebote 181
Beziehungsarbeit 27
Beziehungsaspekt 68, 116, 183
Beziehungsdiagnostik 122
Beziehungsformen 203, 214
Beziehungsgefüge 108
Beziehungsstörungen 114
Bibliographie 18
Bielefelder Soziologen Gruppe . . . 240
bildungsoptimistischer Lebensentwurf 21
Bildungswesen 82
Billard-Modell 106
Binnendifferenzierung 147
Binnenkultur 136, 140, 162f, 210
Biographie 171, 236
Blinde Flecke 180, 203
Blockierungen 178
Botschaften 154
Bottom-Up 175
Bryn Mawr College, Pa. 51
Bund der Sozialarbeiter und Heilpädagogen 222
Bundesarbeitsgemeinschaft der Freien Wohlfahrtspflege 226
Bundesgenosse 183
Bundesregierung 253
bundeszentrale Supervisoren-ausbildungsstätten 220
Bündnisgenossen 159
Burckhardthaus, Gelnhausen . . 63, 221
Bürgertum 24
Burn-Out-Problematik 44, 56
Bürokratie 128, 132f, 136f, 145, 157, 163

C

Caritas 79
Casework . . 16, 25, 33, 35f, 38f, 41, 47, 50, 52ff, 56, 60f, 64, 71, 77, 95ff, 101, 164, 182, 193, 219, 247, 249, 257
Casework in den USA 49, 51
Change Agent 89, 106, 129, 152
Charakterpanzer 259

Charakterstruktur 138, 259
Chefarzt 157, 161
Chicago School of Civics and Philanthropy 35
Child Guidance 54
Clinical Social Work 233
Clinical Supervision 43, 45
Cliquenbildung 210
Coaching 101f
College-Ausbildung 39
Columbia University 35
Community Work 41
Consulting 44f
Corporate Identity 142
Council of Social Work Education . . 47
Curriculum 38, 230

D

DBS 222
DDR 21, 58, 68
Delegation 103, 152
Detektiv 185
Deutsche Gesellschaft für Supervision 61, 197, 220, 222
Deutsche Jugend 19, 79f
Deutscher Arbeitskreis für Gruppenpsychotherapie und Gruppendynamik (DAGG) . . 219
Deutscher Bund der Sozialarbeiter . 222
Deutscher Verein 50, 57, 60, 63, 66f, 70, 219
Deutsches Jugendinstitut 230
Deutsches Zentralinstitut für soziale Fragen 262
Deutung . . 121, 184f, 206, 238f, 249, 260
Dezentralisierung 135, 137
DGSv 197, 221f, 226f
Diagnose 37, 152, 155, 173, 176, 181, 185, 187, 194, 204
Diakonie 79
Diakonische Akademie (Stuttgart) 61, 63, 71, 95, 149, 220
Dialog- und Kommunikationsform 237
Didaktik 242
Dienstaufsicht 55
Dienstleistung . . . 25, 74, 103, 152, 253
Dienststelle 118, 183
Differenzierungsphase 133, 147
Diplom-Pädagoge 81, 194, 218, 224f 253, 257
Diplom-Psychologe . . . 81ff, 157, 194, 205, 224f, 227
Diplom-Soziologe 224
Diplom-Supervisor 223ff
direktes Spiegelphänomen 122
Diskurs 74
Disposition 175
Dort und Damals 86
Drei Abhandlungen zur Sexualtheorie 36
Droge Arzt 120
Drogenarbeit . . 139, 179, 194, 196, 198
Durcharbeitung 259
Dynamik 153, 172

E

Educational Process 41
Educational Supervision 43
Effekte 201, 235
Effektivität . . . 128, 130, 142, 166, 189, 207, 229f, 233, 243f
Effizienz 130f, 142, 151, 166, 184, 201, 252, 256
Ehescheidungen 22
ehrenamtliche Mitarbeiter 147
Eigentherapie 15, 76
Eignungsberuf 26
Ein-Geschwister-Kinder 22
Einflußverhältnisse 152
Einfühlung 56, 185
Einkommensverhältnisse 201
Einzel- und Gruppenarbeit 46
Einzel- und Gruppensupervision 46, 62, 73, 101ff, 122, 166, 179, 204, 234, 247
Einzel- und Gruppentherapie . . . 157
Einzelhilfe 16, 18, 28, 33, 51f, 57, 60, 71, 73, 91, 94, 128, 193, 223, 246, 254f, 261f
Einzelkämpferdasein 198
Einzelkinder 22
Eklektizismus 247
Elberfelder System 34
Eltern 155

Emanzipation 198, 200
Emigration 36, 41, 50
Emotionen 186
Empirie 241
Empirisch-rationale Strategien . . . 128
empirische Sozialforschung 229
empirische Supervisionsforschung . 182
empirische Überprüfung 228
England 51
Entlastungsfunktion 137, 210
Entmystifizierung 178
Entpolitisierung 198
Entprivatisierung der Beziehung zum Klienten 56
Entry Problem 146, 156
Entscheidungsbefugnis 152
Entscheidungsebene 23
Erfahrungsmuster 138
Erfolgskriterien 118, 230
Erforschung von Supervisionsvorgängen 251
Ermittlungsarbeit 37
Erpressungsversuche 208
erste Akademiekurse 63
Erstgespräch 158, 175
Erstkontakt 172f
Erwartungsmuster 177
Erzbistum Köln 221
Erzieher 15, 140, 194, 197, 218, 222, 253, 257
Erziehung und Klassenkampf 91
Erziehungsbeistandschaft 66
Erziehungsberatung 54, 96
Erziehungsheim 135, 179, 191, 194
Erziehungsstil-Forschung 85
Erziehungswissenschaft 239
Ethik . . 43, 58, 193, 211, 213ff, 248, 255
Ethnomethodologie 238, 240
Ethos 118
Europäische Akademie für psychosoziale Gesundheit 221, 227f
Euthanasie 214
Evaluation 229ff, 233, 240, 242f, 251, 255
Evangelische Fachhochschule Freiburg 224
Evidenzerlebnis 177, 237
Existenzanalyse 211
Existenzrisiko 136
Experte 25, 184f, 243
Experten aus den USA 50
externer Supervisor 44, 105, 112, 119, 189f, 251
exzentrische Position 185, 212

F

F.H. Niederrhein 28
face-to-face-Kontakt 106
Fachberater 250
Fächerstudium 27
Fachgespräch 44
Fachhochschul-Ausbildung 60
Fachhochschulabschluß 197
Fachhochschule für Sozialwesen in Stuttgart-Esslingen 63, 224
Fachhochschule für Sozialwesen, Religionspädagogik und Gemeindediakonie Freiburg-Weingarten . . . 221
Fachhochschule Hamburg 224
Fachhochschulen 26, 66ff, 88, 109, 220, 222f
Fachhochschulprofessoren 67, 81
Fachkongreß 89
Fachlehrer 220
fachlicher Begleiter 228
Fachmann 155
Fachschule 24, 60, 67, 220
Fachtagungen 226
Fachteams 227
Fachverbände 250
Fair Employment Practices Act . . . 85
Faktoren im Supervisionsprozeß 169, 171f
Fakultäten 252
Fall-Supervision 105, 190
Fallarbeit 54, 97, 114ff, 123, 174, 176, 210
Fallaushandlung 123
Fallbeispiel 209
Fallbesprechungen 122f, 154, 158, 217, 241
Falleinbringer 114, 123, 235, 242
Fallzahlen 116
falsches Setting 187

familiäre Positionen 185
Familie 22f, 95, 210, 229, 258
Familienarbeit 46
Familienfürsorge 66
Familienmodell 107
Familiensituation 117
Familienstrukturen 247
Familientherapie 19, 46, 107, 110, 138, 214, 233, 235
Family Group 114
Feed-Back 86, 127f, 182, 186, 260
Fehler 187
fehlerhafte Wahrnehmung von Klientenproblemen 217
Fehlzeiten 130
Feiern 134
Feindbild 104
Feldarbeit 64
Felddynamik 194
Feldkompetenz . . 20, 54, 89, 111, 187f, 193ff, 201, 222, 225, 251
Festangestellte 147
Field Instruction 44f
fiktive Objektivität 239
Filzmanagement 141
Finanzknappheit 24
Fluktuation 130, 189, 203
Focussieren 86
Folgekosten 230f
follow-up-Untersuchung 233
Formelle und informelle Strukturen 43, 105, 116f
Forschung . . . 230, 232, 235, 239ff, 252
Fortbildung . 72, 76f, 149, 220f, 235, 243
Forum Jugendhilfe 79
Fragebogen 234
Frauenhaus 141, 148
freiberufliche Tätigkeit 67, 190, 220, 226, 250
freie Assoziation 121
freie Trägerschaft 140
Freie Universität Amsterdam 12, 62, 225
Freie Wohlfahrtspflege 57, 66
Fremd-Supervision 112
Fremdbestimmung 200
Fremdkritik 178
Fremdplazierung 125
Fremdverstehen 240
Freudianer 37
Friendly Visitor 35
Fritz Perls Institut 62, 225, 227
frühkindliche Prägung 138
Führung 104, 142, 150
Funktionaler Dillettantismus . 141, 150
funktionalistische Gesichtspunkte . . 47
Funktionäre 142
Funktionen 155, 172
Funktionspflege 141
Funktionsträger 155
Furcht 45
Fürsorge 53, 193, 229
Fürsorgeausbildung 57
Fürsorgepflicht 217
Fürsorgerin 51
Fürsorgestellen 41
Fürsorgetag 49
Fürsorglichkeits-Kultur 135

G

G.H. Kassel 97, 105, 121, 221, 224, 235, 240, 243f, 252, 262
G.H. Wuppertal 252
Gefängnis 116, 132, 139, 152, 179
Gefühle 156, 176, 211
Gegenübertragung . . 38, 123, 177f, 185, 206, 239, 249, 259f
Gegenübertragungsreaktionen 185, 239
Gegenübertragungswiderstände . . 239
Geistlicher 218
Gemeindedienst 147
Gemeinwesenarbeit 60
Generalisten 140, 196
Generation 236
geringe institutionelle Anbindung . 179
Geschichte der Sozialen Arbeit 58
Geschwister 22, 184, 211
Gesellschaft für analytische Gruppendynamik, München 221
Gesellschaft für Wissenschaftliche Gesprächspsychotherapie 227
Gesetzesverstöße 218
Gesetzgeber 218
Gesprächsförderer 185
Gesprächsführung 96

Gesprächspsychotherapie . . . 129, 235
Gesprächstyp Supervision 177
Gestaltpsychologie 85, 108
Gestalttherapie 19, 96, 98, 215, 235, 247
Gesundheitswesen 11, 134, 151, 231, 261
Gilde Soziale Arbeit 50
Grad formaler Aufgabenspezialisierung 141
Graduate School of Social Work, University of Houston 233
Grenzlinie zwischen Psychotherapie und Supervision 205
Groningen 62
Großbritannien 35
Group-Work 193
Gruppe 28, 89, 101, 112, 233, 238
Gruppen- und Teamsupervision 18, 75, 106, 120, 122, 183, 243, 247
Gruppenanalyse . 97, 106f, 117f, 194, 261
Gruppenarbeit . . . 60, 87, 101f, 108, 262
Gruppenarrangements 153
Gruppenatmosphären 85
Gruppendiskussionen 243
Gruppendruck 205
Gruppendynamik . . 16, 18, 77, 79ff, 85, 87f, 90, 97, 106, 108f, 117, 126ff, 131, 150f, 164ff, 211, 246, 250f, 261, 263
Gruppendynamiker 194, 224
gruppendynamische Methoden . . . 86
gruppendynamisches Laboratorium 153
Gruppenentwicklung 86
Gruppenfeldforschung 108
Gruppeninhalte 241
gruppeninterne Konflikte 122
Gruppenleiter 103f, 115, 117, 207f
Gruppenmitglieder 117
Gruppenpädagogik . . 18, 60, 63, 87, 93, 109, 250, 261f
Gruppenprozeß . . . 106f, 175, 240, 251
Gruppenpsychotherapie 77, 79
Gruppensoziologie 132
Gruppensupervision 46, 71, 73, 94, 101, 103, 105, 108f, 111, 114, 179, 217
Gruppenverhalten 86
GwG 227

H

Haftanstalten 198
Handlungsdefizit 21, 214
Handlungsebene 23
Handlungsfehler 248
Handlungskompetenz . . 180, 200, 242
Handlungsmuster 136, 206
Harvard University 35
Hauptwirkfaktoren 244
Haus am Schliersee 88
Haus Schwalbach 18, 60, 63, 87f
Hausarbeiten 220
Hausbesucherinnen 34
Haushaltsmittel 151
Hawthorne-Effekt 126f, 260
Heilgymnastik 141
Heilpädagogik 140, 235
Heim 23, 61, 103, 113, 118, 140, 144, 148, 152, 154, 179, 190, 193, 196, 218
Heimerziehung 54, 71, 137, 140, 178f, 216, 233, 255
heiminterne und heimexterne Supervisoren 191
Heimleiter 179, 191
Heimplätze 135
helfende Berufe 207, 209, 253
helfende Beziehung 91
Helfer 25, 44, 55, 66, 105, 164, 166 171, 187, 202f, 229
Helfer-Erzieher-Perspektive 137
Helfer-Syndrom 44, 56, 163
Helferdiskussion . . . 25, 137f, 193, 209
Helfernaturen 25
Hermeneutik . . . 17, 56, 72f, 177, 236f
Herrschen 207
Hier und Jetzt 86
Hierarchie 45, 65, 104f, 113f, 116f, 132, 148, 152, 180, 189, 193, 197
hierarchische Organisationsstrukturen 125
hierarchische Team-Supervision . . 115

Hierarchisierung 59, 104, 133
Hilflosigkeit 203
Historiker 225
Hochkonjunkturphase 21
Hochschulausbildung 157, 194
Hochschule 26, 46, 68, 106, 109, 134, 152, 244, 252
Hochschullehrer 27, 67, 81
Höhere Fachschule 24, 60, 67
Honorare 201
Human Relations 129, 136
Human Ressources 129
Humanistische Psychologie . . 96f, 212
Humanwissenschaft 236, 255
Hypothesen 232

I

Ich-fremde Widerstände 259
Ich-Kräfte 44
ich-syntone Widerstände 259
Idealismus 202
Identifikation 109, 186, 198, 204
Identifizierung 181
Identität 21, 24, 27, 95, 109, 148
Identität des Supervisanden 186
Identität des Supervisors 185ff
Ideologie 200, 257
Implementationsanalysen 231
Impressionsmanagement 196
indirektes Spiegelphänomen 122
Individualisierungsschub 21
individualpsychologische Supervision 98
Individuum 102
Industrie 103
Industriekapitalismus 136
Ineffektivität 136, 189
Informelle Strukturen 132, 134
informelle und formelle Gruppen 132, 155, 159, 210
innere Kündigung 130
Innerpsychische Vorgänge 255
Innovation 103, 119f, 127ff, 136, 142, 145, 148f, 152, 162f, 166, 231, 245
Innovationsagenten 128
Institut für angewandte Psychologie, Transaktionsanalyse und Erwachsenenbildung, Hannover 221
Institut für Beratung und Supervision , Aachen 221
Institut für Familientherapie und systemische Supervision, Köln 221
Institut für Humanistische Psychologie, Eschweiler 221
Institut für Sozialarbeit und Sozialpädagogik 150
Institution 22, 45, 65, 68, 89, 103, 112, 117, 122, 137ff, 145, 149, 151f, 154, 165, 172f, 176, 181, 183f, 187ff, 190, 193f, 197, 207, 209f, 234, 246, 257f
Institutionalisierung 89, 212, 257
Institutionalisierungsgrad . . . 106, 176
institutionelle Analyse 181
institutionelle Dynamik und Struktur 119, 154f, 156, 158, 181
institutionelle Gegenübertragung 156, 159, 161
institutionelle Rollen 210
institutionelle Tabus 174
institutionelle Übertragung 155
institutioneller Kontext . . . . 138, 149, ... 156, 214
institutioneller Widerstand 160
institutionelles Interaktionsgefüge . 119
Institutionsanalyse 153
Institutionsberatung . 88, 142, 144, 149, 151ff, 183, 231, 242
Institutionsdynamik 194
Institutionskontext 117
Institutionskritik 144
Institutionsverdrossenheit 95
instrumentelle Beziehung 201
instrumentelle Supervision 214
Inszenierung 123
Integration 133, 210
integrative Kultur 135
Integrative Therapie 98, 238
Interaktion . . 42, 46, 98, 113, 155, 163, 177, 197, 206, 212, 240f, 256, 258

Interessenüberfremdung 119
Internalisierung 43, 45, 238
interne und externe Supervision 45, 189ff, 246
Interpretation 176, 236
Interventionen . . . . 86, 153, 181, ... 185, 217, 231
Interview 230
Intimverhältnis 208

J

Jahreseinkommen 202
Journal of Social Casework 51
Juden 50
Jugend- und Sozialämter 163
Jugendamt 28, 66, 115, 125, 135, 147f, 179, 190, 208, 210, 250
Jugendarbeit 23, 68, 87, 103, 110, 125, 139f, 144, 179, 210, 255
Jugendberufshilfe 163, 210
Jugendbewegung 87
Jugendgerichtshilfe 139
Jugendhaus 109, 113, 217, 241
Jugendhilfe 125, 163
Jugendliche 110
Jugendprobleme 49, 196
Jugendwohl 79
Jugendzentrum 135
Juristen 41, 111, 225
Justiz 118

K

Kampf-Flucht-Gruppe 107
Kampf-Spiele 134
Kassenzulassung 227
Katalysator 181, 183
Katholische Fachhochschule NRW 63, 224, 233f
katholische Soziallehre 229
Katholische Stiftungsfachhochschule München 221, 224
Kind 54, 138, 184, 209, 211
Kinder- und Jugendarbeit 219
Kindergärten 91, 113, 140, 148, 190, 209
Kinderheime 141
Kindertagesstätte 196
Kirche 152, 220
KJHG 135
Klassengesellschaft 91, 202
klassische Methoden der Sozialarbeit 92f, 96, 101, 109, 255
Kleiner Hans 96
Kleingruppenforschung . . 77, 87, 106, 108, 126, 185
Klient 20, 23, 35, 37, 40, 45f, 55, 58, 75, 103, 115, 119, 134, 139f, 143, 145, 155, 163f, 166, 171, 174ff, 179ff, 198, 203, 206, 216f, 232, 242, 252, 256f
Klient der Supervision 172
Klientel 23, 52, 114, 119, 140, 147, 197, 199, 252
Klientel- und Mitarbeitersysteme 135, 140
Klientenansprüche 148
Klientenarbeit 114, 119
Klientenbezug 34
Klientendynamik 171, 180, 194
Klientengruppen 146
Klientenkulturen 146
Klientensystem 179
Klientenzentrierte Gesprächsführung/ Gesprächstherapie . . 98, 211, 227, 242
Klientenzentrierte Supervision . . . 98
Klientifizierung 20, 146
Klinik 140, 148, 159ff, 208f, 218
Klinik-Beispiel 216
Klinikleitung 157f, 161
Klinikmitarbeiter 161
Klinische Psychologen 227
Koalitionen 134
kollegiale Supervision . . 111, 117, 227
Kollektivmythos als Chef 117
Köln 220
Kolping-Bildungsstätte, Coesfeld . . 221
kommunale Wohlfahrtsämter 39
Kommunikation 44, 117, 141, 145, 154, 201, 213ff, 238f,
Kommunikationsmuster 155
Kompetenz 25, 119, 182, 188, 194
Kompetenzstreitigkeiten 159

Kompetenzverhältnisse 152
Kompromisse 134
Konferenz der Deutschen Schulen für Sozialarbeit 60
Konferenz zentraler Fortbildungsinstitutionen für Jugendarbeit und Sozialarbeit 89
Konflikt 153, 161, 207
Konformitätsdruck 45
Konfrontierer 185
Kongresse 226
Konkurrenz 136, 164
Konstruktivistisch orientierte Supervision 98
Konsultation 43ff
Kontakt 172, 238
Kontext 144, 185, 206, 238, 250, 255f, 259,
Kontraindikationen 195
Kontrakt 114, 174, 233
Kontrollanalyse 11, 37f, 76, 97, 101, 183, 187
Kontrollarbeit 102
Kontrollaspekt 76
Kontrolle 44, 105, 152, 227
Kontrolle des Sozialarbeiters 43
Kontrolleur 66
Kontrollgespräch 55
Kontrollgruppe 243
Konzentrationslager 188
Kooperation 65, 116, 145, 147, 152
Kooperationsformen 160
Koordination 105
Korrespondenzmodell 215
Kosten 151, 201
Kostenträger 157, 159, 162
Kranken- und Altenpflegeberufe . . 222
Krankenhaus 103, 132, 142, 151f, 157, 160
Krankenhaus-Reform-Gesetz 157
Krankenkasse 160, 182
Krankenpflegeberufe . . 117, 157, 160, 197, 210, 218
Krankheits- und Fluktuationsraten 130, 158, 189, 201, 203
Kränkung 161, 209f
Kriegsfolgen 49
Krisen 186
Kulturanthropologie 134, 257
Kurieren 15

L

Laien 176, 253f
Laienanalyse 38
Laienhelfer 45, 103
Landerziehungsheime 87
Landeskrankenanstalten 201
Landeswohlfahrtsverbände 244
Landschaftsverbände 244
Langzeitarbeitslose 147
Langzeitbehandlung 182
Lebensprobleme 202
Lebensraum 212
Lebensunterhalt 226
Legitimationsgrundlage 256
Legitimationskompetenz 188
Lehr- und Kontrollsupervisor . . . 223
Lehr- und Kontrolltherapeut 227
Lehr- und Lernprozeß 42
Lehranalyse 38
Lehranalytiker 228
Lehraspekt der Supervision 42
Lehrer 11, 26, 88, 138, 155, 185, 239, 253
Lehrfunktion 183
Lehrpersonal 26, 68
Lehrstühle 252
Lehrsupervision 178, 220, 228
Leipzig 227
Leistungskontrolle 55
Leitender Fürsorger 52, 69
Leiter 102f, 105, 114, 149, 180, 183, 208
Leiter auf Zeit 183
leiterfreie Team-Supervisionen . . . 115
Leiterproblematik 208
Leiterrolle 103, 109
Leitung 17, 142, 145, 183, 191, 193, 200, 207, 218
Leitungs- und Personalwechsel . . 135
Leitungs- und Supervisionsaufgaben 105
Leitungsabstinenz 159
Leitungsberatung 101ff, 161

Leitungsdefizit 160
Leitungsebene 173
Leitungsfunktion . 65, 103, 149, 188, 253
Leitungsperson . . 103ff, 115f, 145, 253
Lern- und Ausbildungsprozeß . . . 70
Lerngruppe 109
Lernprozesse in der Supervision
. . . . 220, 235
Lernprozeß 186
Lewin-Schule 77
Liberalismus 33
Linienfunktion 189
Linienposition 189
logisches Verstehen 176
Loyalität 103, 200

M

M.S.W.-Caseworker 47
Macht 15, 45, 116, 128, 152, 159, 184, 193, 195, 207f, 210, 214, 253, 257
Mailänder-Schule 107
Makroebene 92
Management 126, 128, 142f, 145, 150, 252
Manager-Fortbildung 127
manifester Gruppenprozeß 241
Manipulation 150, 181
Markt 106, 136, 141f, 150, 162, 164, 194f, 226
Marxismus 91
Massachusetts Institute of Technology 85
Massage 141
Massen- und Dauerarbeitslosigkeit . 21
Master of Social Work 46f
Medizin 45, 82
Mehr-Personen-Supervision 106ff
Mehrdeutigkeit 177, 231
Mehrperspektivität 139
Menschenbild . 193, 211f, 215, 248, 255
Mentor 228
Mesosystem 23, 141
Meßmethoden 242
Metamodell 99
Metatheorie der Sozialen Arbeit . . . 255
Methode des Lehrens und Lernens . 71
Methoden 27, 36, 38, 49, 57, 85, 92, 164f, 178, 193, 223, 235, 239, 246, 252, 255
Methoden der Sozialarbeit 16, 98
Methoden-Orientierung 94, 188
Methodenausbildung 27
Methodendefizit 93
Methodendozenten 92
Methodenkonzepte 51
Methodenkritik 27, 57f, 90f, 93, 95, 150, 202
Methodenlehre 67, 95, 253
Methodenlehrer 67
Methodenliteratur 39
Methodenpluralismus 92, 95, 98, 171, 237, 255
Methodenpluralismus in der Psychotherapie 99
Methodenrezeption 94
Methodik 247f
Methodik der deutschen Sozialpädagogik 87
methodische Fehler 178
methodisches Handeln 21, 28
Middle-Management 69
Mikroebene 92
Mikrosystem 23, 200
Militärverwaltung 51
Minitherapie 178
Mischkulturen 163
Mischstrukturen 28
Mißbrauchshandlungen 216
Mißhandlung 219
Mitagieren 198
Mitarbeiter . 103, 140, 142, 147, 149, 216
Mitglieder 142
Mittelkürzungen 148, 228
mittlere institutionelle Anbindung . 179
Modellversuch 201
moniteur de stage 70
Monopolisierung 221
monoprofessionelle Arbeitsgruppen 113
Moral 150
Motivationsfragen 163
Motivationslage 26
Motive 26

multiple Übertragungen 108
Multiprofessionalität 254
Mutprobe 110
Mutter 107, 184, 211
Mythos 134, 244
Mythos der Supervision 15

N

Nachbarschaft 229
Nacherleben 177
Nachfrage nach Supervision . 162, 172, 220, 226
Nachkriegsdeutschland 49
Nachrichtendienst des Deutschen Vereins 49f, 72, 79f, 108
Nachrichtenübermittler 185
narzißtische Befriedigung 210
National Trainings Laboratories . . 128
Nationalsozialismus 51, 57ff,
Naturwissenschaften 236
Nazi-Deutschland 87
Naziherrschaft 50
Nebeneffekte 230
Nebenwirkungen 231
Neopsychoanalyse 211
Neue Armut 196
Neue Bundesländer 21f, 68
neue Methoden 50
Neue Praxis 19, 68, 79f
Neuformulierung des Problems . . 176
Neuorganisation sozialer Dienste . 189
Neurose 180
neurotische Strebungen 259
neutrale Supervision 198
neutraler Beobachter 155
Neutraler Dritter 183
Neutralität 193, 198, 200
New York 33
New York Charity Organisation Society 35
New York School of Philanthropy . . 35
nicht-planmäßige Deutungs- und Handlungsmuster 163, 206
Niederlande 16, 51, 61, 68, 76
Nijmegen 62
Non-Profit-Bereich 132, 136, 142, 151, 153
nordamerikanische Methodendiskussion 39
nordamerikanische Sozialarbeit . . . 39
normativ-reedukative Veränderungsstrategien 128
Normen 135, 154, 213, 238, 258
Notorische Übertragung 258
Notunterkünfte 104

O

Obdachlosigkeit 104
Oberarzt 201
Oberbewährungshelfer 63
Objektivismus 239
Ödipuskomplex 138
offene Tür 109
öffentliche und freie Träger . . . 23, 163
Ohnmacht 207, 209f
Ökologie 23, 150
Ökonomie 201
Omega-Rolle 107
Omnipotenzphantasie 160, 196
Opfer 51
Organisation . . . . . 17, 34, 45f,65, 74, 89, 101f, 113f, 116, 119, 129, 131, 134 ff, 139f, 142f, 152f, 165f, 171, 175ff, 181, 183, 200, 241, 246, 252, 257
Organisations-Entwicklungs-Hysterie 150
Organisations-Laboratorium . . 88, 127
Organisations-Prozeß-Modell . . . 133
Organisationsanalyse . . 129f, 133, 149
Organisationsberater 89, 145, 152, 158, 160
Organisationsberatung 16f, 20, 77, 80, 101, 114, 119, 129f, 133, 145, 148, 158, 160f, 175, 244, 247f, 251
organisationsbezogene Supervision . 37
Organisationsdiagnose 129
Organisationsdynamik 156

Organisationsentwicklung . . 17, 20, 80, 89, 96, 116, 126f, 129ff, 137, 139, 142ff, 147ff, 157, 160ff, 166, 179, 181, 183, 187, 205, 231, 242, 245, 247f, 250f, 254, 261, 263
organisationsexterner Supervisor 188, 250
Organisationsfehler 248
Organisationsformen 210
organisationsfremder Supervisor . . 188
organisationsinterne Vorgesetzten-Supervision 246
organisationsinterner Supervisor 179,185, 190, 208
Organisationskontext 125
Organisationskultur . . 134f, 140, 146f, 197, 241
Organisationsleitung 45
Organisationsmitglieder 155f
Organisationsmodell 136, 143
Organisationsphänomen 132
Organisationsplanung 130
Organisationssoziologie . . 96, 151, 249
Organisationsstruktur 28, 65, 74, 166, 113, 119, 146f, 163, 191, 252, 254
Organisationssysteme 145
Organisationstheorie . . . 127, 131f, 149
Organisationsversagen 141
Organisationsziel 131, 135, 159, 162, 164
Organisationszusammenhang 113
Organisationsveränderung 129
organisatorischer Kontext 116
organisatorischer Wandel . . . 131, 134
Organmedizin 120
Österreich 51, 61

P

P.H. Lüneburg 54
Päd: Extra Sozialarbeit/ Demokratische Erziehung 79
Pädagogik 17, 54, 91, 240, 261
Paid Agents 34
Paradigma 240
Paradoxien 232
Paris 36
Parkstudium 27
Parteilichkeit 193, 198f, 216
Partnerwahlen 138
Pathogenese 236
Patient 108, 120, 158, 160, 162, 182, 201, 208f, 218, 258f
Patientenmorde 199
Peer- und Teamorientierung 256
Peer-Group 23, 95
Peer-Group-Supervision . . . 111f, 233
Pennsylvania University 37
Pennsylvanian School of Social Work 41
Personal 140, 150, 152f
Personal- und Organisationsentwicklung 141, 143, 145, 252
Personalmangel 232
Personalressourcen 161
Personalwesen 252
personengebundenes Wissen und Können 27, 186, 237
Persönlichkeit 22
Persönlichkeit des Supervisors . . . 171
Persönlichkeitsentwicklung . . 26f, 58, 138, 202f, 209, 236
Pfarrer 24
Pflegedienstleitung 161
Pflegekind 58
Pflegepersonal 157ff, 161, 201, 253
Pflegeversicherung 22
Pflichtverletzungen 218
Phänomenologie 134, 212, 236
phänomenologisch-hermeneutisches Element der Supervisionsprozesse . 237
phänomenologische Rekonstruktion 238
Phase der Paarbildung 107
Philadelphia-University 36
Physik 236
Pionierphase 133, 147
Pionierrolle 11, 245, 255
Pluralismus 247
Politiker 185
Politische Enthaltsamkeit 200
politische Ökonomie 202
politische Prozesse 134, 157

politische Rolle der Supervision . . . 199f, 216
politisches Engagement 200
Positionen 42
postgradualer Studiengang . . . 62, 224
postmaterialistische Werte 22
Postmoderne 211
Pragmatismus 254
Praktikanten 103, 110
Praktikantenanleitung 70
praktische Philosophie 214
Präsentierproblem 173
Praxeologien 255
Praxis der Kinderpsychologie und Kinderpsychiatrie 53
Praxisanleiter . 44, 65f, 70, 182, 190, 233
Praxisanleitung 44, 52, 60, 63, 66, 69ff, 76f, 106, 109, 219
Praxisanleitungs-Seminar 109
Praxisausbildung 88
Praxisberater 44, 60f, 65ff, 70, 80, 178, 194, 219f, 226, 233
Praxisberater-Ausbildung 246
Praxisberater-Phase 118
Praxisberater-Verband 89
Praxisberatung 11, 35, 41, 44, 53, 64, 66ff, 76, 88, 93, 113, 144, 165, 178, 188, 219, 223, 228, 245ff, 254f
Praxisdefizite 68
Praxisforschung 228ff
Praxislehrer 52, 69
Praxisreflexion 256
Praxisschock 95
Praxisselbsthilfe 74
Priester 11, 36
private Supervision 46
Proband 118, 230
Problemdarstellung 173
Problemlösung . 116, 153, 176, 185, 190
Produktivität 24
Professionalisierung . . . 16, 24f, 61, 89, 94, 189, 195, 219, 223, 228, 251, 255
Professionalität 25, 193, 217
professionelle Ausbildung 35
professionelle Paradoxien 217
professionelle Reife 45
Professionellendynamik 194
professionelles Handeln 134, 231
Professor 82
Professur für Supervision . 224, 244, 252
Profit- und Non-Profit-Organisationen 127, 131
Profit-Bereich 14, 128, 142f, 247
Programm- und Produktentwicklung 231
Projektion 117, 258
Protokoll 178
Prozeß der Institutionalisierung . . 209
Prozeßabläufe 251
prozeßbezogene Forschung 236
Prüfungsbedingungen 50
Pseudomethodologie 239
Psychiatrie . . 45, 66, 139, 179, 216, 218
psychische Verwundbarkeit 202
Psycho-Markt 225
Psychoanalyse . . . 16, 18f, 36ff, 52, 91f, 96f, 107, 121, 123, 138, 151, 155, 164f, 177, 179, 186, 204, 211, 214f, 227f, 235f, 240, 247, 258ff
Psychoanalyse und Beziehungslehre 91
Psychoanalyse-Kritik 73
psychoanalysierende Verhaltensweisen 178
Psychoanalytiker . . 36, 41, 55, 81f, 120, 138, 165, 181, 194, 199
psychoanalytische Ausbildung 38
psychoanalytische Beratungsarbeit 181
psychoanalytische Einzelhilfe 38
psychoanalytische Persönlichkeitstheorie 38, 91
psychoanalytische Psychotherapie . 260
psychoanalytische Sozialarbeit . . 37, 41
psychoanalytische Supervisionsansätze 41f, 46, 184
psychoanalytische Tradition 41
Psychoboom 93, 95, 199, 224
Psychodynamik 75, 122
Psychohygiene 180f, 203
Psychologie 11, 54, 117, 140, 157ff, 160f, 207, 210, 212, 218, 225, 251, 253

psychologisches Verstehen 176
Psychologisierung 16, 40, 184, 187, 211
Psychomethoden 27, 95
Psychopathologie des Alltagslebens 36
Psychose 203
psychosoziales Arrangement 138
Psychotherapeuten . 11, 20, 41, 46, 82f, 102, 111, 187, 227
psychotherapeutische Schulen . . . 20
Psychotherapie 17, 20, 45, 56, 82, 96f, 108, 120, 139, 179, 193, 202ff, 211, 220, 227, 248f, 251, 258, 261
psychotherapie-orientierte Methodik 177, 185, 206, 249f
Psychotherapie-Verbände 111
psychotherapieähnliche Beratung . . 206
Psychotherapieforschung . . . 171, 242
Psychotherapieverfahren 16, 249

Q

Quellen der Supervision 35, 55

R

Rahmenbedingungen 171, 175
Rahmenlehrpläne 67
Rankianer 37
rationaler Dialog . . 177, 185, 206, 249f
Recht 216, 218, 248
Reduktion der Komplexität 132
Reeducation 59
REFA 130
Referenzrahmen der Supervision . . 211
Reflektionselite der Sozialarbeit . . . 183
Reflexionsprozeß 75
Reformoptimismus 21
Reformpädagogik 42, 87
Refreezing 106
regelgeleitete Reflexionstätigkeit . . 74
Regeln 134f, 154
Regieren 15
Regression 121f, 161, 177, 204
Resignation 152
Resonanzphänomen 146
Ressourcen . 47, 134, 146, 159f, 164, 166
Revision 11, 75
Rezeption . . 39, 42, 49f, 57, 59, 77, 164
Rezeption der Supervision 165
Rezeption des amerikanischen Casework 47
Rezeptionsfehler 39
Rezeptionsgeschichte . . . 53, 56, 77, 90
Rezeptionsverzerrungen 93
Richter 11
Richtlinien 159
Risikogesellschaft 21
Riten 134
Rolle des Leiters 241
Rolle des Supervisors . 45, 165, 171, 183
Rollen 42, 86, 115, 119, 155, 161, 171f, 178, 203, 211, 235, 238, 257
Rollen des Supervisanden . . . 171, 185
Rollen- und Arbeitsteilung . . 116, 163
Rollen-Settings 258
Rollenanalyse 159f
Rollenaspekte 183, 185
Rollenberatung 102
Rollendefinition 215
Rollenerwartungen 154f
Rollenklärung 174
Rollenkonflikt 69, 104, 146, 191
Rollenkonstruktion 254
Rollenkonzepte 238
Rollenmodell 66
Rollenphänomene 258
Rollenpositionen 107
Rollenspiel 110
Rollenstrukturen 107
Rollentheorie 96, 249
Rollenträger 102, 139, 159
Rollenvarianten 114
Rollenverhandeln 159ff
Routinepraktiken 242
Rückfallquoten 137, 162
Rundbrief der Gilde Soziale Arbeit . 54
Russell Sage Stiftung 40

S

Sachbearbeiter 183
sanfte Kontrolleure 232
Schicht 236

schlechtes Gewissen 254
Schlichter 155
Schul- und Bildungsbereich 20
Schuldgefühle 138, 202, 216
Schule 26, 132, 134, 138, 142, 152, 154, 209
Schule für Soziale Arbeit 61
Schüler 138, 155, 239
Schulleiter 155
Schulpädagogik 17
Schulräte 155
Schwalbacher Blätter 79, 87
Schwangerschaftskonfliktberatung 198
Schweigepflicht 209, 218
Schweiz 61
Schweizer Berufsverband für Supervision und Praxisberatung 61
seelische Gesundheit 203
Seelsorge 56
Selbstbeschuldigungen 203
Selbsterfahrung 88, 90, 109, 120, 140, 202, 204f, 208, 220, 258
Selbsthilfe- und Alternativorganisationen 146, 148, 163, 229
Selbstkontrolle 76
Selbstreflexion 11, 73, 75, 86f, 93, 109, 164
Selbstständigkeit 251
Selbststigmatisierung 25
Selbsttrainingsprogramm 112
Selbstvergewisserungsprozesse . . . 74
Selbstverwaltungsorgane 134
Selbstwahrnehmung 203
Selbstwertprobleme 209, 233
Semi-Professions 25
Sensitivity-Training 86, 88
Setting 20, 23, 114, 171, 184, 204, 235, 243
Sexualmoral 91
sexueller Mißbrauch 218
Sigmund-Freud-Institut 90
Simmons-College 35
Sinnstrukturen 240
Sisyphusarbeit 213
Situationsanalyse 173
Skill-Training 98
Skulpturtechnik 110f
Smith College of Social Work 41
Social Case Work 39f, 42
Social Diagnosis 35, 55
Social Group Work 41, 93, 261
Social Sponsoring 143
Social Work Supervision 45
Socialmanagement 79, 145, 150
sokratischer Dialog 35
Solidarität 207
Sollensregeln 213
Sonder- und Sozialpädagogik . . . 239
Sozial 79, 151
Sozial- und Gesundheitsbereich 142, 150f, 161
Sozial- und Jugendhilfeplanung . . . 23
Sozial-Marketing 142
Sozial: Extra 79
Sozialakademien 61
Sozialamt 104, 146ff, 160
Sozialapädagogische Korrespondenz 91
Sozialarbeit 15, 50, 66f, 92, 95
Sozialarbeiter . . 26, 39, 44, 70, 117, 159
Sozialarbeiter-Berufsverbände 216, 222
Sozialarbeiter-Methoden 90
Sozialarbeiter-Supervision . 11, 34, 77, 90, 92f, 101, 108, 223, 245, 247, 255
Sozialarbeiterausbildung . . . 164, 234
Sozialarbeits-Forschung 82, 260
Sozialberufe 15, 25
Sozialbeziehungen 117
Soziale Arbeit . . . 11, 16, 26f, 38, 79, 91, 137, 139, 145, 148, 151
Soziale Beschäftigungsinitiativen . 146f
Soziale Diagnose 37f
soziale Dienste 65, 148, 162, 255
soziale Gruppenarbeit 73, 88, 91, 93f, 262
soziale Matrix 108
Sozialeinrichtungen . . 23, 74, 105, 139f, 152, 163, 166, 248
Soziales Management 142
Sozialforschung 231, 241
Sozialhilfe 22, 146
Sozialisation 204, 209, 236, 248

Sozialisationshelfer 213
Sozialmagazin 16, 79f
Sozialmanagement 143
Sozialorganisation 75
Sozialpädagogik 71, 79, 108, 174
Sozialpsychologie 132, 238
Sozialschulen 51
Sozialstaat 21, 23, 166, 228
Sozialverwaltung 147
Sozialwesen 78, 80, 142, 163, 246
Sozialwissenschaft 11, 27, 47, 74, 82f, 101, 126, 131, 154f, 182, 239, 243, 249, 251, 253
Sozialwohnungen 104
Sozioanalyse . . . 89, 153f, 172, 231, 236
Sozioanalytiker 154ff, 172, 181
Soziogramm 107
Soziologen 225
soziologisch-funktionalistische Orientierung 16, 42, 92
soziologische Quellen 99
Soziotherapeuten 157, 228
Spezialdienste 141
Spezialisierung 197, 254
Spezialisten 196
spezifische Institutionsmerkmale . . 138
Spiegelphänomen 122, 241
Spiegelung 186
Spiegelung der Psychodynamik . . . 122
Spiegelungen der Professional-Klient-Beziehung 123
Spitzenverbände 226
Spontane Übertragungen 258
Sprachmuster 177
Sprecher 185
Staat 141
Stab 105, 182, 185, 190, 250
Städtische Soziale Schule Nürnberg 60
Städtischer Kindergarten 147
Stadtteilorientierung 137
Stadtverwaltung 104, 146
Staff Supervision 44
Standespolitik 219
starke institutionelle Anbindung . . 179
Stärkeführer 110
Status 42, 210, 219, 238
Statuspassagen 134
Stereotype 238
Steuerungs- und Kontrollversagen . 141
Stiftungsfachhochschule 63
Strafentlassenen-Hilfe 118
Strafverfahren 216, 218
Strafvollzug 137
Stranger Group 106, 114, 121
Strategien 135
Streetwork 179
Struktur 130, 146, 153f, 172, 210
Struktur der Supervisanden 187
Struktur und Dynamik der Institution 181
struktural-funktionaler Ansatz . . . 257
Strukturdefizite 150
Strukturtheorien 236
Student 44, 68, 233
Studentenbewegung . . . 58, 85, 91, 165
Studienanfänger 26, 163
Studiengang Supervision an der Universität/G.H. Kassel . . . 220
Studiengänge 26
Studienmotivationen 138
Studienreise 50, 54
Studium 234
Sub-Organisationskulturen 140
Subjekt-Subjekt-Beziehung 215
Subjektkompetenz 194
Subsidiarität 26, 229
Subsyteme 135, 200
Suchtarbeit 157
Suchtgefahren/Sucht 79
Suchtklinik . 116, 139, 153, 157, 176, 196
Suchtkranke 159
Suchttherapeuten 157
Summerhill 91
Sündenböcke 107
Supervisand 23, 44f, 76, 98, 102, 119, 134, 147, 172ff, 176f, 179f, 182, 184ff, 189f, 195, 198, 200, 203, 206f, 211, 214, 217f, 228, 241, 243, 250, 252ff, 257, 259
Supervisanden-Rolle 227
Supervisandenproblem 180
Supervisee 228

Supervision 35, 53, 68f, 74, 76, 79, 81, 89, 128, 139, 143, 151, 153, 164, 248
Supervision als organisationsinterne berufliche Sozialisationsinstanz 254
Supervision aus systemischer Sicht . 18
Supervision der Sozialen Arbeit 12, 17, 169, 215, 245, 255
Supervision des Supervisors 187
Supervision in den USA 54
Supervision und Recht 216
Supervision zum Instrument der Professionalisierung 41
Supervisions-Angebote 220
Supervisions-Autoren 50
Supervisions-Kongreß 227
Supervisions-Nachfrage 172
Supervisions-Setting 252
Supervisions-Weiterbildung . . 60, 62, 68, 89, 95, 102, 149, 188, 220, 223, 228, 240, 248
Supervisionsauftrag 196, 208
Supervisionsbeziehung . . 172, 181, 184
Supervisionserfahrung 16
Supervisionsergebnis 252
Supervisionsfokus 256
Supervisionsforschung . 78, 232f, 236, 240, 242
Supervisionsfunktionen 46
Supervisionsgeschichte 245
Supervisionskontrakt 217
Supervisionskritik 72
Supervisionsliteratur 99
Supervisionsmarkt . . 20, 189, 219f, 225
Supervisionsmodell 243
Supervisionsprozeß . 17, 74, 172f, 175ff, 181, 195, 203, 228
Supervisionsrezeption 47
Supervisionsstile 244
Supervisionsszene . . . 16, 108, 195, 226
Supervisionstheorien . . . 17, 111, 187
Supervisor 15, 33, 35, 44, 52, 54f, 59, 61, 64, 68, 102, 106, 112, 114f, 118f, 143, 148f, 172, 175, 178, 180, 182, 184f, 194, 196, 204, 206ff, 211, 215ff, 233, 257, 259
Supervisor in freier Praxis 89
Supervisoren-Ausbildung in Kassel 225
supervisorische Funktionen 46
supportive Supervision 44
Symbole 134, 241, 257
Symptom 108
Symptomverstärkung 217
System 258
Systemanpassung 150
Systeminnovation 128
systemische Supervision 235
systemische Verfahren 98
Systemtheorie 75, 95
Szene 111, 134, 176, 238
szenisches Verstehen 176, 237
szenisches Zusammenspiel 177
szientistisches Selbstmißverständnis der Metapsychologie 236

T

Tageszeitung 148
Taktiken 134
Täter 51
Tavistock Institute for Human Relations 85
Taylorismus 126, 128, 136
Team 59, 101, 103f, 113f, 117, 119, 133, 135, 143, 148f, 160f, 166, 171, 173, 175f, 180f, 189, 194, 207ff, 218, 226, 252
Team- und Leitungsberatung 166
Team-Supervision 74, 104, 106, 113ff, 119f, 125, 135, 143, 148f, 154, 158, 162, 166, 174, 179f, 187, 190, 207f, 210, 248, 254
Teamarbeit 59, 65, 113, 116, 118
Teamebene 159
Teamproblem 174
Teamsitzungen 116
Teamstrukturen 28, 117
Teamsupervision / Organisationsentwicklung 89
Teamsupervisor 119, 158
Technokrat 184
Telefonseelsorge 118
The Clinical Supervisor 46, 233

The Family 42, 52
Theater 199
Themen 235
Themenzentrierte Interaktionelle Methode 98
Theologen 81
Theorie und Praxis der Sozialen Arbeit 79
Theorie und Praxis der Sozialpädagogik 79
Thera.S.SE., Berlin 221
Therapeut 46, 182, 203, 209
therapeutische Verfahren 17, 93
Therapeutisierung 20, 95
Therapie 41, 75, 102, 180, 203f, 206, 215
Therapie- und Selbsterfahrungsgruppen 258
Therapiebedürfnisse 204
Therapiefälle 227
Tiefenpsychologie 15, 54
tiefenpsychologische Dimension der Supervision 55
Titelschutz 222
Top-Down 175
totale Institution 139f
Toynbee Hall 35
Traditionalismus 136
Träger 23, 103, 125, 135, 140, 163, 191, 200, 222, 241, 244
Trägerinteressen 197
Trägerverbände 190
Trainer 86
Trainings-Gruppen 86
Trainings-Laboratorien 108
Trainingsverfahren 153
Transfer der Supervision 50, 90
Transferveränderungen 47, 166, 246f, 254
Transparenz 178, 228
Trauer 203
Traum vom unabhängigen Experten 226
Traumdeutung 36
Triangel 221
Trinkerheilanstalt 153, 157
Typisierung 258
Typologische Übertragung 258

U

Über-Ich 254
überorganisiert 163
Übersetzbarkeit 238
Übersiedler 22
Überstunden 158
Übertragung . . . 38, 122f, 155, 204, 206, 239, 241, 249, 258ff
Übertragung und Gegenübertragung 77, 102, 122, 177, 184, 238
Übertragung zweiter Ordnung . . . 122
Übertragungsfiguren 107
Übertragungsformen 258
Überwachung 40, 44, 53
Umerziehungsfaktor 87
Umgekehrte Spiegelung der dritten Art 122
Umgekehrte Spiegelung der ersten Art 122
Umgekehrte Spiegelung der zweiten Art 122
unbewußte Gruppenvorgänge . . . 138
unethisches Verhalten 187, 218
Unfähigkeit zu trauern 57
Unfreezing 86, 106
ungesicherte Arbeitsverhältnisse . . 22
Universal-Supervisor 195
Universität 24, 41, 132, 154
Universität Heidelberg 235
Universitäts-Abschluß 223f
University of Chicago 35
Unsere Jugend 54, 58f, 79
Unter- bzw. Überorganisierung 145, 163
Untergebene 207
Unternehmensberatung 82, 130
Unternehmenskultur 142
Unternehmensphilosophie 142
unterstrukturierte Organisationen . 134
Unterstützer 185
Ursprung der Supervision 96
USA 11, 23, 33, 35ff, 39f, 42ff, 50f, 53ff, 59ff, 63f, 66, 85, 108, 149, 152, 182, 189, 213, 229, 232, 247, 250

V

Vater 183f, 211
Vater- und Mutterbild 138
Veränderungen im Berufssektor . . 254
Veränderungsprozesse 235
Verantwortung 215
Verband 80, 222
Verbandsgründung 251
Verbandsmanager 141
verbandsnahe Supervisoren 190
Verberuflichung 24
verdeckte ethische Implikationen . 215
Verein für Praxisberater und Supervisoren 219
Vereinsregister 221
Verfahrensweisen 154
Verfolger 58
Verfolgte 58
Verhaltensstereotypien 180
Verhaltenstherapeutische Supervision 98
Verhaltenstherapie 97
Verhaltenswissenschaft 239
Verhandler 185
Verkehrung der Ziele 137
Vermittler 185
Vernetzung sozialer Dienste 137
Verschiebungswege 173
Verschwiegenheitspflicht 217
Versetzungsanträge 201
Verspätungseffekt 151, 247
Verstehen 236, 238
verstehende Psychologie 237
Verstrickung 116, 165
Vertragsaufhebung 218
Verwaltung 23, 41, 44, 103, 140, 145, 148, 152, 157, 159ff, 199, 261
Verzerrung 237, 245
Victor-Gollancz-Stiftung 62
Vieraugen-Gespräche 35
Visitor 34
Volkseinkommen 22
Vollzugs-Kontrolleur-Perspektive . 137
Volunteers 47
Vorarbeiter als „Supervisor" 126
Vorgesetzte . . . 41, 45, 54, 66, 69, 103ff, 115, 119, 148, 179, 182f, 185, 189f, 207f, 232, 235
Vorgesetzten-Prinzip 117
Vorgesetzten-Supervision 11, 52
Vorläuferformen der Supervision . . 36
Vorschulerziehung 125, 230
Vorstände 142
Vorsupervision 220
Vorurteile 55, 238
Vrije Universiteit 225

W

Wahrnehmungen 186, 238f
Walldorf-Kindergarten 135
Wege zum Menschen 79
Weimarer Republik 57
Weiterbildung im Sozialwesen . . . 253
Weiterbildungsabteilungen 250
Weiterbildungseinrichtungen . 17, 68, 104, 165, 223, 253
Wer ist der Klient 178
Werbekosten 202
Wert- und Glaubensvorstellungen . 135
Werte 152, 213
Wertewandel 214
Wertsysteme 130
Wettbewerb 142, 151
Widersprüche 79
Widerstand 38, 57f, 65, 160, 186, 206, 249, 259f
Wien-Lainz 199
Willenspsychologie 36f
Wirkfaktoren 233, 243f, 252
Wirtschaftlichkeit 201
Wirtschaftsparadigma 236
Wirtschaft 11, 20, 261
Wissenschaftlichkeit 17, 193, 228
Wohlfahrtsbereich . 34, 64, 66, 142, 252
Wohlfahrtseinrichtung . 34, 40, 47, 89, 103, 142, 164
Wohlfahrtsstaat 22, 26, 164
Wohlfahrtsverbände 141f
Wohlfahrtswende 21
Wohngemeinschaften 91
Wohngruppen 135
Wohnungen 118

Wohnungsamt 104
Wohnungsnot 104
Wohnungspolitik 104

Z

Zeitschrift für Pädagogik 79
Zeitschrift Gruppendynamik 88
Zeitschrift Supervision 77, 121, 220, 227
Zensor 155
Zertifikat 220, 227
Zeugnisverweigerungsrecht . . 216, 218
Ziele 154, 230, 258
Zielgruppen 94, 215
Zielsetzung 255
Zielverschiebung 136, 146
Zivildienstleistende 253
Zusatzausbildung 222, 233
Zuschüsse 159
Zwangskommunikation 139
Zwei-Drittel / Ein-Drittel Gesellschaft 21f
Zwolle 62

Ausbildung zum Supervisor
im Ansatz der Integrativen Supervision

Europäische Akademie für psychosoziale Gesundheit
und Kreativitätsförderung (EAG)
Wefelsen 5
5609 Hückeswagen
Te.: 0 21 92 / 85 80